D1943309

Barbara Esser

Sag beim Abschied leise Servus

Barbara Esser

Sag beim Abschied leise Servus

Eine Liebe im Exil

Kremayr & Scheriau

Umwelthinweis:
Dieses Buch und der Schutzumschlag wurden
auf chlorfrei gebleichtem Papier gedruckt.
Die Einschrumpffolie (zum Schutz vor Verschmutzung)
ist aus umweltschonender und recyclingfähiger
PE-Folie.

Kremayr & Scheriau ist ein Unternehmen
der Verlagsgruppe Random House

1. Auflage
Copyright © dieser Ausgabe 2002 bei Kremayr & Scheriau, Wien,
in der Verlagsgruppe Random House GmbH
Satz: Uhl + Massopust, Aalen
Druck und Bindung: GGP Media, Pößneck
ISBN 3-218-00697-X
Printed in Germany

Meiner betagten Großcousine Ilse Tysh,
deren Lebensgeschichte Grundlage dieses Buchs ist.

Barbara Esser

PROLOG

Der Tod meiner Schwester hat mein zu Ende gehendes Leben verändert. Marianne starb im November 1999. Ich wollte nie, dass sie vor mir geht. Mariannes Überleben und ihre Rettung vor den Nazis haben meiner Existenz Sinn und Legitimation gegeben.

Anfang des Jahres hat sie mich besucht, wie jeden Frühling. Seit sie nach Kanada ausgewandert war, hatte es keine Woche gegeben, in der wir nicht telefoniert und Briefe geschrieben haben – und kein Jahr, in dem wir einander nicht besuchten. Als sie das letzte Mal in London war, brachte sie diesen seltsamen Husten mit. Er klang anders als ein Erkältungshusten, blechern und trocken. Schon das Zuhören war schmerzhaft. Am frühen Abend servierte ich ihr ihren trockenen Martini. Dieser Sechs-Uhr-Aperitif war eine von ihr eisern aufrechterhaltene Tradition. Marianne nippte nicht einmal davon. Ich sah das volle Glas, sah sie im Sofa kauern und hörte das Scheppern ihrer Lunge – ich wusste, was ihr bevorstand.

Marianne war mir wie eine Tochter. Sie kam 1939 nach England, als ich schon dorthin geflohen war. Sie war erst 13. Ich habe sie großgezogen, ich habe für sie gearbeitet, gekocht, genäht und gesorgt. Ich habe versucht, ihr das Unerklärliche zu erklären. Damals habe ich für sie gelebt.

Nun ist sie fort. Und plötzlich steigen die Bilder aus der Vergangenheit wieder auf, die ich so viele Jahre im Innersten zu verwahren versuchte. Nachts drängen sie sich in meine Träume und rezitieren die glücklichen und traurigen Szenen meines Lebens. Das ist ein seltsames Phänomen des Alters, dass die untersten Steine der Erinnerung mit jedem weiteren

Lebensjahr weiter nach oben rücken. Meine Altersgenossen berichten mir Ähnliches. Die Erinnerung drängelt sich vor wie ein unerzogener Flegel. Manchmal bringt sie gute Freunde mit, über die man herzhaft lachen kann. Aber oft sind ihre Gefährten auch Trauer und Schmerz.

Nach dem Tod meiner Schwester begann ich eine Therapie im Londoner Holocaust-Zentrum, um wieder einen Lebenswillen zu finden. Ob sich das noch lohnt mit 85? Ich weiß es nicht. Aber eines ist mir dabei bewusst geworden: Es lohnt sich immer, sich zu erinnern. »Erinnerung«, hat ein jüdischer Geistlicher einmal gesagt, »ist das Geheimnis der Erlösung.«

Niemand beherrscht meine Erinnerung so sehr wie Fred. Es ist schon fast 20 Jahre her, dass er eines Morgens einfach nicht mehr aufwachte, und doch vergeht kein Tag, an dem ich nicht an ihn denke. Als er im Mai 1939 nach London kam, stand in seinem Pass noch sein jüdischer Name Salomon. Salo nannten ihn Freunde. Später hat er Vor- und Zunamen geändert, so wie die meisten jüdischen Emigranten. Seine Vergangenheit allerdings ließ sich nicht abstreifen, sie verfolgte ihn bis zuletzt.

Die Bilder unserer ersten Begegnung im Hyde Park und der Anblick des sehr in sich gekehrten Mannes haben sich mir eingebrannt. Salo, der damals erst 33-jährige, bewegte sich mit der Langsamkeit eines Greises, den seine Gebrechen zur Gemächlichkeit zwingen. Er ging auf Krücken gestützt. Zwei Tage zuvor, am 22. Mai 1939, war er in London angekommen. Dass er einiges hinter sich habe, hatte sein Bruder Moishe am Telefon nur angedeutet. Und dass er selbst ihn kaum wieder erkannt habe.

Salo war auf 42 Kilo abgemagert. Er trug einen Nadelstreifenanzug, dessen Übergröße vermuten ließ, dass es sich nicht um seinen eigenen handelte. Seltsam starr stand er vor mir, den hageren Hals aus dem viel zu weiten Hemdkragen gereckt, den eine Krawatte notdürftig zusammenzurrte. Die Gesichtshaut spannte über den Wangenknochen. Vielleicht habe ich ihn für einen Moment angestarrt, mit jener Mischung aus Entsetzen und Faszination, mit der man Menschen fixiert, die einen Makel mit sich herumtragen. Der Mann, der sich so sichtlich um untadelige Haltung mühte, erinnerte mich an die todkranken Patienten, die ich in meiner böhmischen Heimat, in Aussig, als Krankenschwester gepflegt hatte.

In dem Moment, als er sich zum Handkuss beugte und den Blick freigab auf seinen knöchernen Schädel, wusste ich, dass ihm Furchtbares widerfahren sein musste. Vielleicht ahnte ich auch, dass meine schlimmsten Befürchtungen an die Realität nicht heranreichen würden. Erst Jahre später hat er mir erzählt, was wirklich geschehen war.

Wir gingen einen Kaffee trinken, und als ich mich nach einiger Zeit verabschiedete, fragte er, wann er mich wieder sehen könne. Ich lud ihn ein, zu einem meiner traditionellen Freitagabend-Dinner zu kommen, sobald er wieder bei Kräften sei.

Ich war sicher, ihn einige Wochen nicht zu sehen. Zwei Tage später, am frühen Freitagabend, klingelte es an der Tür. Da stand er, die Haare frisch pomadisiert, abermals im geliehenen Anzug, die beiden Krücken im Anschlag und einen Strauß roter Rosen in der Hand. Er war fast eine Stunde zu früh und blieb länger als alle anderen Gäste.

Er ist heute noch da.

I

Mein Lippenstift ist fast leer. Es wird Zeit, dass ich mir einen neuen besorge. In meinem Alter mäßigt sich die Eitelkeit allmählich, aber mit fahlen Lippen gehe ich nach wie vor nicht aus dem Haus. Das ist eines von den vielen, sorgsam gehegten Ritualen, die sich mit den Jahren eingraben wie die Linien im Gesicht. Bevor ich Fred traf, habe ich kaum Make-up benützt. Fred aber mochte es, wenn ich meine Lippen leuchtend rot ausmalte. »Du hast einen schönen Mund«, sagte er, »du solltest ihn nicht verstecken.« Ich fand meinen Mund stets eine Spur zu groß. So wie meinen Busen. »Als der Busen verteilt wurde, hast du fortwährend ›Hier!‹ geschrien«, zog mich mein Großvater immer auf. Wer mir diese Oberweite vererbt habe, das sei ihr auch ein Rätsel, sagte meine Mutter, die sehr zierlich war, aber den großen Mund hätte ich sicher von meinem Vater. Und die kräftigen Brauen ebenfalls. Oft habe ich mich gefragt, welche anderen, auch inneren Prägungen ich ihm wohl verdanke. Ich habe es nie erfahren, denn ich lernte meinen Vater nie kennen.

Den wenigen Fotos zufolge, die ich von ihm zu Gesicht bekam, muss er ein ansehnlicher Mann gewesen sein. Sein schwarzes Haar trug er in kühnem Schwung nach hinten gekämmt, ein paar Strähnen fielen stets in die hohe Stirn und tanzten vor den Augen, die man mir als tiefbraun und auf seltsame Weise bestechend schilderte. Mit diesem Blick hat er meine Mutter wohl fixiert, als er ihr das erste Mal begegnete. Grete war 16 damals, und die sanfte, klare Schönheit, die ich später so bewunderte, deutete sich bereits in ihrem Gesicht an. Sie war von ihren Eltern in das Stadttheater in Aussig eingeladen worden, der großen, deutsch geprägten Stadt im böhmischen Elbtal. Dieser Mann hatte zwei Reihen vor ihnen gesessen. Er habe von dem Bühnengeschehen nicht viel mitbekommen, erzählte sie mir Jahrzehnte später mit einem noch immer geschmeichelten Lächeln, weil er unverwandt auf sie gestarrt habe. In der Pause habe er dann ihre Eltern angesprochen, sich als Besitzer einer Hemdenfabrik vorgestellt und angefragt, ob er die Tochter einmal ausführen dürfe.

Kurz nach ihrem 18. Geburtstag gab meine Mutter ihm das Jawort. Sie hat ihn sehr geliebt, glaube ich, weil sie auch später nie ein Wort des Argwohns über ihn verlor. Es muss sie tief verletzt haben, dass er sie schon bald nach der Hochzeit hinterging. Und das nicht nur einmal. Grete ließ sich nach sechs Ehejahren scheiden, als sie 24 und im sechsten Monat mit mir schwanger war. Damals, 1914, war das an sich schon ein unerhörter Akt. In Türmitz aber, dem Vorort von Aussig, in dem jeder jeden kannte, grenzte es an einen Skandal. Meine Mutter nahm wieder ihren Mädchennamen Schnitzer an. Von ihrem Mann bekam sie kein Geld nach der Scheidung, einzig den Verlobungsring hatte er ihr gelassen. Sie zog von Teplitz, wo sie zuvor mit ihrem Mann gelebt hatte, zurück nach Türmitz in das Haus ihrer Eltern, die darüber alles andere als erfreut waren. Schließlich hatten sie, neben zwei Söhnen, noch zwei weitere ledige Töchter, und es plagte sie die Sorge, mit der frisch geschiedenen Heimkehrerin und deren Neugeborenem würde nun allen drei Töchtern das Stigma der Unverheiratbarkeit anhaften.

Zu dem Zeitpunkt, als ich begann, die Welt um mich bewusst wahrzunehmen, war meine Mutter schon wieder verheiratet. Ihr neuer Mann war 18 Jahre älter als sie. Er kannte meine Mutter schon seit Jahren vom Sehen, hatte sich allerdings – auch wegen des Altersunterschieds – nie an sie herangewagt. Mein Vater – ich habe ihn immer ganz selbstverständlich Vater genannt – hatte zeitlebens einen Komplex wegen seines Aussehens. Im Ersten Weltkrieg war sein rechtes Auge verletzt worden, dessen Lid seither zugekniffen war. Er hielt sein Gesicht, in dessen Mitte eine große, gebogene Nase prangte, für unverkennbar jüdisch und schämte sich dafür. Später war er sogar überzeugt, dass ihm sein Aussehen, weil es auf fatale Weise der Rassentypologie der Nazis entsprach, zum Verhängnis wurde.

Fritz Lönhardt, so hieß er, hielt bei meinem Großvater um die Hand meiner Mutter an. »Ich liebe Ihre Tochter schon seit Jahren aus der Ferne«, habe er gesagt, erzählte mir meine Mutter später. »Ich kann ihr finanzielle Sicherheit und Geborgenheit garantieren – und ich verspreche, dass ich die kleine Ilse sofort adoptieren werde.« Meine Großeltern willigten ein. Ob meine Mutter ihn aus Liebe geheiratet hat? Anfangs, vermute ich, war es wohl eher eine von Respekt getragene Sicherheitsallianz, aber es wuchs daraus eine tiefe Verbundenheit. Später ist daraus wohl Liebe geworden. Als ihr Leben davon abhing, haben sich meine Eltern immer wieder neu füreinander entschieden.

Mein Vater war Major im österreichisch-ungarischen Militär und bis zu dessen Auflösung am Ende des Ersten Weltkriegs verantwortlich für die italienischen Kriegsgefangenen, die unweit von Aussig in dem großen Lager einer Garnisonsstadt untergebracht waren. Die Stadt hieß Theresienstadt. Gut 20 Jahre später würden viele meiner Verwandten und Freunde im gleichen Lager gefangen sein. Im Vorzeige-Judenghetto der Nazis.

Damals, 1918, wohnten wir jenseits der Lagermauern im ersten Stock eines Garnisonshauses. Ich erinnere mich noch, wie ich, knapp vier Jahre alt, versuchte, im Garten die Schmetterlinge zu fangen. Natürlich waren meine kleinen Hände viel zu unbeholfen und meine Bewegungen zu ungelenk dafür. Mutter sah es trotzdem nicht gern. »Sie wissen, dass du sie fangen willst, darum flattern sie so schnell davon«, sagte sie. Ich glaubte ihr und sagte laut, damit es alle Schmetterlinge hörten: »Ich will sie gar nicht fangen.« Ich hielt das für eine kluge Art, meine Gegner zu überlisten, aber es half nichts. »Wenn du sie einsperrst, werden sie das ohnehin nicht lange überleben«, sagte meine Mutter. »Sieh sie dir lieber in Freiheit an. Im Gefängnis verlieren sie alle Schönheit, ihre zarten Flügel werden brechen, und ihre Farben werden stumpf.«

Später, als sie Vater und Mutter in ein Ghetto sperrten, habe ich oft an ihre Worte gedacht. Bis zum Schluss, erzählte man mir, habe sich meine Mutter rote Farbe auf die Wangen geschmiert, nicht um schön zu sein, sondern um die nächste Selektion zu überleben. Sie hat dazu die roten Beutel des Zichorie-Kaffeeersatzes mit Spucke befeuchtet, damit sich deren Farbe löste. Andere Frauen piekten sich mit einer Nadel in die Finger und verteilten die Blutstropfen auf ihren Wangen und Lippen.

Ich kann mich nicht entsinnen, als Kind eine Wahrnehmung für Gefahr gehabt zu haben. Nach dem Ende des Ersten Weltkriegs wurden die Kriegsgefangenen nach und nach auf freien Fuß gesetzt. Sie waren ausgezehrt und hungrig. Damals war der Hunger ein ständiger Begleiter, immer wieder gab es in Böhmen Hungerdemonstrationen. Manche Soldaten der ungarisch-österreichischen Armee waren sogar aus Hunger desertiert und hatten sich zu so genannten »grünen Banden« zusammengeschlossen, die in den böhmischen Wäldern hausten und sich meist mit Mundraub über Wasser hielten.

Auch die freigekommenen italienischen Kriegsgefangenen in Theresienstadt waren auf der Suche nach etwas Essbarem in unsere Wohnung eingedrungen. Mutter hatte es gar nicht bemerkt. Ich erinnere mich genau an das Bild, als eine Gruppe von ihnen plötzlich vor mir in unserer Küche stand. Ihr Anblick erschreckte mich weniger als er meine Neugier weckte. Einer der Soldaten hatte eine große Glasschüssel mit Eiern auf dem Schrank entdeckt und wollte sie herunterholen. Die Schüssel entglitt ihm und zerschellte auf dem Boden. Mit ihr zerbarsten alle rohen Eier. Da stand er nun, der arme, hungrige Soldat, in einer glibberigen Pfütze aus Eiweiß und Dotter. Ich muss laut gelacht haben, zusammen mit seinen Kameraden, die sich über den Anblick amüsierten. Plötzlich stand meine Mutter im Zimmer. Sie sah das Malheur und mich fidel zwischen den zerlumpten Soldaten stehen, packte mich mit einem Ruck und sperrte mich in mein Zimmer. Zum ersten Mal habe ich sie damals wirklich verängstigt erlebt. Meist strahlte sie tiefe Zuversicht aus, in die man sich schmiegen konnte wie in eine warme Decke.

Meine Mutter rief von der Offiziersmesse ihren Vater im nur 30 Kilometer entfernten Türmitz an. Als Fabrikbesitzer hatte er schon damals ein Telefon. »Dies ist kein Ort für ein Kind«, sagte sie ihm und bat ihn, mich so lange zu sich zu nehmen, bis sich die Aufstände beruhigt hätten. Noch am selben Tag kam Großvater mit seiner Pferdekutsche aus Türmitz angezuckelt. In Theresienstadt herrschte heller Aufruhr. Überall vagabundierten die Kriegsgefangenen, etliche waren bewaffnet. Auf dem Weg nach Türmitz verfolgten uns einige auf Fahrrädern. Großvaters alter Gaul lahmte gehörig, und unsere Verfolger holten auf. Als sie immer näher rückten, zerrte mich Großvater von der Kutsche, drückte mich in den Straßengraben und warf sich wie ein lebendes Schutzschild über mich. Nie werde ich das Gefühl vergessen, den schnaufenden Großvater über mir, seinen Bart, der mich am Ohr kitzelte und wie er mit gepresster Stimme flüsterte, alles werde gut. Ich fühlte mich geborgen wie im Bauch der Mutter. Und tatsächlich, nachdem sie sich vergewissert hatten, dass in unserer Kutsche nichts Essbares oder Wertvolles war, zogen die Soldaten weiter, ohne uns ein Haar zu krümmen.

Ich muss sechs gewesen sein, als dieses Urvertrauen zum ersten Mal für einen Augenblick erschüttert wurde. Inzwischen waren wir nach Türmitz, den Vorort von Aussig, zurückgezogen, wo mein Vater, der zuvor als Chemiker in einer Zuckerraffinerie gearbeitet hatte, eine kleine Teerfabrik aufgebaut hatte. Anfänglich hatte er nur drei Arbeiter, doch die Belegschaft wuchs sehr rasch. Damals wohnten wir im zweiten Stock eines Jahrhundertwendebaus direkt am Marktplatz von Türmitz. Es war eine schöne Vier-Zimmer-Wohnung mit Stuck an den Decken und Parkettböden und mit einem großen, grünen Kachelofen im Salon. Luxuriös war sie dennoch nicht, anstelle einer Toilette gab es nur ein Plumpsklo, das im Winter regelmäßig einfror. Parterre hatte ein jüdischer Kolonialwarenhändler sein Geschäft. Alle paar Tage röstete er in seinem Laden die in großen Jutesäcken angelieferten Kaffeebohnen. Durch das ganze Treppenhaus wehte dann der Duft frisch gemahlenen Kaffees. Ein Duft, der mich noch heute in meine Kindheit zurückversetzt. Von unseren Fenstern fiel der Blick auf das von mächtigen Eichen flankierte Rondell, auf dem die Straßenbahn, die Türmitz mit Aussig verband, ihre Kehrtrunden drehte.

Ich hatte viele Spielkameraden aus der Nachbarschaft. Im Rückgebäude wohnte ein freundlicher, kleiner Mann, Herr Šwechla, der als Bergarbeiter in einer der Kohleminen angestellt war. Fast jedes Jahr gab es bei der tschechischen Familie Šwechla Nachwuchs. Insgesamt hatten es die Eltern in 18 Ehejahren auf 16 Söhne und Töchter gebracht. Die wundersame Vermehrung erstaunte mich umso nachhaltiger, als ich damals in dem sicheren Glauben war, dass der Storch die Babys brächte. Wie konnte es angehen, dass sie nebenan alljährlich frei Haus geliefert wurden, während sich bei uns nichts dergleichen tat, obwohl ich, weil ich mir sehnlich eine Schwester wünschte, jeden Abend ein Stück Würfelzucker auf dem Fenstersims drapierte?

Martha, einer der jüngeren Sprosse der Großfamilie, war meine beste Spielkameradin. Sie war genauso alt wie ich und hatte nachtschwarzes, langes Haar, um das ich sie ebenso beneidete wie um ihre vielen Geschwister. Sie verbrachte meist den ganzen Tag mit mir, nur zum Schlafen ging sie nach Hause, wo sie sich ein Bett mit zwei Geschwistern teilen musste. Manchmal ließ sie mich Friseur spielen mit ihrer schweren Mähne. Ich durfte ihr Zöpfe und Affenschaukeln flechten, die immer etwas filzig und krumm endeten, und ihre Haare mit Bürstenstrichen striegeln, bis sie seidig glänzten. Wie alle kleinen Mädchen liebten wir es, uns zu verkleiden. Auf der Suche nach Stoffen und Kleidern schlichen wir uns verbotenerweise in das Schlafzimmer meiner Eltern. Schwer atmend stemmten wir den wuchtigen Deckel der Aussteuertruhe auf, die groß genug war, um uns beide zu verschlucken, und begannen, die aufeinander geschichteten Stoffe und Tücher Lage für Lage abzutragen. Spitzenumrandete Kissenbezüge, schwere Damasttischdecken und feine, mit Klöppelspitze durchsetzte Leinenservietten kamen, umhüllt von einem Hauch Moder, zum Vorschein. Ich hatte mir gerade eine Tischdecke wie einen Schleier um den Hals geschlungen, als mein Blick auf das Monogramm im Winkel des Saums fiel. Dort waren die Buchstaben »GW« eingestickt. Auch auf allen anderen Wäschestücken entdeckte ich dieses Kürzel. Ich war mir ganz sicher, denn einzelne Lettern konnte ich schon lesen. »G« war das Initial meiner Mutter Grete. Aber wofür stand »W«? Wir hießen doch Lönhardt.

Mit Herzklopfen rannte ich zu meiner Mutter, die mit meinem Vater im Salon bei einer Tasse Kaffee saß. Meine heile Welt hatte auf einmal einen Riss bekommen. »Ich versteh das nicht, Mutti, wieso steht da ein W auf deiner Wäsche. Hast du die Sachen gestohlen?« Für mich war das die einzig plausible Erklärung: Meine Mutter musste eine Diebin sein. Vater und Mutter wechselten vielsagende Blicke. »Geh mal einen Moment hinaus«, befahl mein Vater. Ich zog die Tür hinter mir zu und hörte sie drinnen mit gedämpften Stimmen streiten, verstand aber kein Wort. Plötzlich ging die Tür wieder auf. Vater kauerte sich auf Augenhöhe vor mich hin, wie er das immer tat, wenn es Gewichtiges zu besprechen gab. »Ich werde dir die Wahrheit sagen«, sagte er, und dass ich nun groß genug sei, sie zu erfahren. Ich zuckte zusammen. Wenn das der Sinn vom Großwerden war, dass einem unangenehme Wahrheiten übergestülpt wurden wie ein kratzender Pullover, wollte ich gerne darauf verzichten. Mein Blick hastete zu meiner Mutter, die ihn mit einem beruhigenden Lächeln erwiderte. »Du hast einen anderen Vater gehabt«, fuhr mein Vater fort. »Aber der war kein sehr netter Mann. Er hat deine Mutter nicht glücklich gemacht. So hat sich Grete von ihm scheiden lassen, als du noch nicht auf der Welt warst. Als ich euch beide traf, da warst du ein ganz kleines Mädchen. Ich habe mich nicht nur in deine Mutter verliebt – ich habe mich auch in dich verliebt. Ich habe dich ausgesucht, weil du etwas Besonderes bist.« Fritz Lönhardt nahm mich in den Arm und küsste mich auf den Kopf.

Damals hat er begonnen, mich für das Leben zu wappnen. Danach hat er mir Wahrheiten nie mehr verschwiegen, wenn ich danach gefragt habe. Und er hat mich nie damit alleine gelassen.

Über das Mysterium der Herkunft der Babys allerdings ließ man mich lange im Ungewissen. Die Mär vom Storchen wurde erst durch Mitschüler als solche entzaubert. Ich ahnte nicht, wie sehr meine Mutter um ein weiteres Kind kämpfte. Jedes Jahr im Frühling verreiste sie für drei Wochen nach

Franzensbad und ließ mich mit meinem Vater und dem Dienstmädchen zurück. Es sei zur Erholung, sagte man mir. Erst Jahre später erfuhr ich, dass sie sich von den im Kurort verabreichten Moorbädern eine Steigerung der Fruchtbarkeit erhoffte.

Ich war acht, als sie, überglücklich, endlich ein Kind erwartete. Die Schwangerschaft war von so vielen Komplikationen begleitet, dass meine Mutter aus Angst vor einer nicht minder schweren Geburt nach einer Hebamme sandte, die extra aus Halle angereist kam. Sie war ihr von einer dort lebenden, engen Freundin empfohlen worden, die mit ihrer Hilfe wenige Jahre zuvor einen brockenschweren Buben namens Hans Fürth entbunden hatte. Im Leben meiner noch ungeborenen Schwester sollte dieser Hans aus Halle später eine wichtige Rolle spielen.

Mit Mariannes Ankunft änderte sich mein Leben. Bis dahin war ich das kleine Mädchen gewesen, nun war ich mit einem Mal die große Schwester, der man schon bald nach der Geburt das winzige, schwarzhaarige Bündel anvertraute. Der Arzt hatte Mutter sechs Wochen strenge Bettruhe verordnet. So durfte ich, assistiert von den Dienstmädchen, das Neugeborene herumtragen und baden. Zum Stillen brachte ich es meiner Mutter ans Wochenbett. Nachmittags packte ich Marianne in den Kinderwagen und schob sie durch den Türmitzer Schlosspark.

An einem Frühsommertag hatte die Junisonne den Schwefeldunst, der das Elbtal häufig überspannte wie ein trüber und übel riechender Baldachin, gegen wolkenloses Blau vertauscht. Im Park duftete es nach Flieder und Jasmin. Auf einer Bank saßen ein paar alte Männer, hielten die Gehstöcke umklammert und debattierten lautstark über Politik. Marianne übertönte sie mit ohrenbetäubendem Gebrüll aus ihrem Korbwagen. »Sie wird Hunger haben«, sagte einer der Alten zu mir. »Vielleicht hat sie aber auch die Windeln voll«, gab ein anderer zu bedenken. »Oder sie hat Bauchweh«, meinte ein dritter. Nach einer Riechprobe war die Ursache geklärt. Eine Stoffwindel hatte ich dabei, die Technik allerdings kannte ich nur vom Zusehen. Wir betteten Marianne auf die Parkbank, die Alten standen herum und stritten sich über die Wickelmethodik und die richtige Position der Sicherheitsnadel. »Als ich jung war, hat man das so gemacht«, meinte einer der Weißhaarigen. »Grundfalsch, so hält das nie«, wusste sein Freund. Marianne hatte ein seltsam verschlungenes Knäuel um den Bauch, als ich sie wieder nach Hause brachte. Mutter lachte über den Anblick, aber sie lobte mich auch. Von da an habe ich meine Schwester oft selbst gewickelt. Auf eigentümliche Weise war sie von da an auch mein Kind. Das blieb sie bis zum Schluss.

Mit Marianne änderte sich auch meine religiöse Identität. In Türmitz lebte nur eine Hand voll jüdischer Familien, anders als in Aussig, wo sie rund ein Zehntel der gut 50 000 Einwohner stellten. Zu Hause praktizierten wir den jüdischen Glauben nicht, eine Synagoge hatte ich nur zweimal, anlässlich einer Bar-Mizwa und einer Hochzeit, betreten. Wie viele der Juden in Böhmen und Mähren waren wir, sehr zum Leidwesen der Orthodoxen, weitgehend assimiliert. Die ersten Lebensjahre habe ich mich nie als Jüdin empfunden. Das Bewusstsein einer verschwommenen Absonderlichkeit erwachte erst, als ich zur Schule kam. Auf dem Schulweg hatte ich es bereits einige Male erlebt, dass mich andere Kinder hänselten, mir die Spangen aus den Haaren rissen und riefen: »Ihr Juden habt den Jesus ermordet.« Nachdem sich die Vorfälle häuften und ich immer wieder heulend nach Hause kam, ließ mich meine Mutter jeden Tag von unserem Dienstmädchen zur Schule begleiten und wieder abholen. Diese seltsame Form des Antisemitismus entwuchs einer irrigen Interpretation des

Neuen Testaments, der damals viele Katholiken anhingen. Manche katholischen Politiker entwickelten recht absurde Verschwörungstheorien, denen zufolge die Juden nach der Weltherrschaft strebten.

Im Englischen gibt es die Redewendung: »Wenn du sie nicht besiegen kannst, werde einer von ihnen.« Das taten wir schließlich. Nach der Geburt meiner Schwester beschloss mein Vater, beide Töchter katholisch taufen zu lassen. »Du wirst sehen, diese dümmliche Feindseligkeit wird sofort aufhören, wenn sich herumspricht, dass du getauft bist«, versprach er mir. Und tatsächlich gehörte ich von da an dazu – vorerst. Die Konversion war, ebenso wie die recht verbreitete Ehe zwischen Juden und Nichtjuden, ein sehr landläufiges Indiz der Assimilation. Die Aufgabe von Religion und Tradition schien vielen Juden ein vertretbarer Preis für die vermeintlichen Privilegien der Gleichberechtigung und Integration. Meinem Vater, einem überzeugten Agnostiker, fiel der Tribut nicht schwer.

Anfänglich war offener Antisemitismus in Böhmen noch kaum spürbar. Nach der Auflösung der Donaumonarchie und der Gründung der Tschechoslowakischen Republik war die politische Debatte von den Spannungen zwischen Deutschböhmen und Tschechen geprägt. Die neue Prager Regierung hatte im sudetendeutschen Gebiet alle Denkmäler der Donaumonarchen aus den Stadtbildern entfernen lassen. In Aussig, wo mehr als 80 Prozent der Einwohner Deutsche waren, hatte man den Kaiser-Josef-Platz in Schulplatz umgetauft. Das Standbild von Kaiser Josef II. hatten tschechoslowakische Legionäre vom Sockel gekippt. In den deutschen Schulen war Tschechisch seither Pflichtfach. Wir sangen die tschechische Nationalhymne »*Kde domov muj…*« (»Wo ist mein Heim, mein Vaterland…«) auswendig und hatten am Geburtstag des Staatspräsidenten Tomáš Masaryk schulfrei. Im Aussiger

Stadttheater wurden drei Monate im Jahr tschechischsprachige Stücke aufgeführt.

Manchmal gedeiht kulturelle Identität im abgezirkelten Mikrokosmos üppiger. In Aussig blühte das schon zuvor nicht kümmerliche Vereinsleben auf, es gab über 300 Vereine. Mein Vater gründete zwei liberale Vereine, den Turnverein Jahn und den Aussiger Ruderklub. Er selbst war Mitglied der »Schlaraffia«, einer jüdisch geprägten Loge, deren Mitglieder sich zu streng geheimen Versammlungen trafen und sich mit dem sinnfälligen Grußwort »Lulu« willkommen hießen. Es gab auch viele politischen Vereine, und hier und da kippte das Klima in den deutschen Gebieten der Tschechoslowakei bereits in beklemmenden Nationalismus um. Die Sozialdemokraten, die 1919 bei den Gemeindewahlen noch gut die Hälfte der Stimmen erhalten hatten, verloren an Zuspruch. Sechs Jahre später votierten mehr Aussiger für die Nationalpartei und die Nationalsozialisten als für die Sozialdemokraten.

Mein Großvater war darüber tief besorgt. Er war zweiter Bürgermeister von Türmitz und ein eingefleischter Sozialdemokrat. Jeden Sonntagvormittag lud er ein Dutzend Männer aus Politik und Wirtschaft zum Gabelfrühstück in seine Gründerzeitvilla ein. Meine Großmutter verquirlte 30 Eier in einer großbauchigen Schüssel und briet sie in mehreren Pfannen gleichzeitig zu Rührei. Dazu gab es einige Dosen Sardinen und ungarischen Wein. Vater nahm Marianne und mich immer mit – und Hans, den Sohn seiner Schwägerin Hilde. Vetter Hans, ein zierlich gewachsener Junge mit hellem Haarschopf und klugen blauen Augen, war etwa im gleichen Alter wie Marianne und stolz darauf, bei den Lönhardt-Mädchen als männlicher Begleiter zugelassen zu sein. Im Gegensatz zu der Familie, in die er eingeheiratet hatte, war Hans' Vater Robert Frank ein strenggläubiger Jude. Er beging alle jüdischen

Feiertage mit tiefer Inbrunst und besuchte mehrmals im Jahr seine nicht minder fromme, verwitwete Mutter für diese Festtage. Auf seinen Sohn Hans, der in der Schule stets den Klassenprimus stellte, war der Vater unglaublich stolz. »Der wird«, sagte er immer, »mal Präsident von Palästina. Intelligent genug ist er – und fromm wie ein Rabbi.« Bei uns war Hans alles andere als fromm. Wir verbrachten viel Zeit mit ihm, vorzugsweise beim Großvater. Inzwischen waren wir umgezogen und wohnten, einen Steinwurf von Großvater entfernt, in einem schönen Haus mit Garten, das mein Vater hatte bauen lassen.

Opa Gustl war der Hüter eines kleinen Paradieses, das Kinder aus der ganzen Nachbarschaft anzog. Als Besitzer einer Melassefutterfabrik tüftelte er fortwährend an neuen Futtermischungen für Tiere und hielt sich – wie Noah auf der Arche – zum Zwecke der Forschung von allen Hoftieren je ein Pärchen: Zwei Schweine, zwei Schafe, zwei Kühe, zwei Ziegen und dazu rund 250 Hühner, ein Dutzend Gänse und natürlich Katzen und Hunde. In Opas Garten wuchsen 400 Stachelbeer- und 200 Himbeersträucher, sieben Pflaumenbäume und ein halbes Dutzend andere Obstsorten. Die Kellerregale waren randvoll mit Apfelwein, Powidlmus, Marmeladen und Kompott. Als Kühlschrank diente eine sarggroße Metallkiste, in der ein jede Woche neu angelieferter Eisblock vor sich hin schmolz.

Einen Pflaumenbaum hatte Großvater uns Kindern geschenkt. Wir durften die Früchte ernten und damit anstellen, was wir wollten. »Ihr könnt sie essen, Marmelade daraus kochen oder sie an eure Eltern verkaufen«, schlug Großvater uns vor. Die meisten Früchte landeten in unseren Bäuchen, die sich davon aufblähten wie Ballons. Den Rest der Ernte machten wir zu Geld.

Vielleicht weil mein Großvater mich als noch ungeborenes

Scheidungskind bei sich aufgenommen hatte oder sich in lebensrettender Entschlossenheit über mich geworfen hatte, um mich vor den italienischen Kriegsgefangenen zu beschützen – in jedem Fall war unser Verhältnis ein besonderes. Er hatte sich, obschon eine ehrenwerte Gestalt in stets maßgeschneiderten Anzügen und mit einem schlohweißen Bart, das Gemüt eines jungen Burschen bewahrt. Nie war er um dumme Ideen verlegen. Einmal drückte er Hans, Marianne und mir je eine brennende Kerze in die Hand und befestigte sich ein gestärktes Taschentuch mit einer Sicherheitsnadel rückwärtig so an die Hose, dass es abstand wie ein Hasenpüschel. Dann preschte er um den Esstisch und rief: »Zünd mir mein Schnäuzel an!« Wir verfolgten ihn und versuchten, das »Schnupptichl« in Brand zu setzen. Das ging so eine Weile, bis Großmutter plötzlich in der Tür stand und entsetzt schrie: »Gustl, bist du verrückt?« »Wieso?«, entgegnete er atemlos. »Wir amüsieren uns doch bestens.«

Als Großvater Gustl mit seiner Frau Hedwig verreisen wollte und seinen Hund zwei Tage lang allein im Haus lassen musste, montierte er eines der schweren Gewichte von der Pendeluhr ab, marschierte damit zum Metzger und ließ es sich mit einem großen Fleischbrocken aufwiegen. Den hakte er an Stelle des Pendels an die Kette, zog die Uhr bis zum Anschlag auf und war gewiss, dass sich das Futter in circa acht Stunden auf Höhe der Hundeschnauze einpendeln würde. Es hat funktioniert.

Ich habe ihn bewundert für seine verrückten Einfälle und die Selbstverständlichkeit, mit der er sich mit seinen Enkeln gegen die Erwachsenenwelt verschwor. Wenn mich mein Vater mit Taschengeldentzug bestrafte, steckte mir Opa heimlich was zu. Als meine Eltern für drei Wochen nach Tunesien verreisten, durfte ich bei meinen Großeltern wohnen, und Opa Gustl meldete mich, obwohl ich natürlich kerngesund war, für ein paar Tage in der Schule krank. Niemand wusste davon, es war eines von unseren vielen Geheimnissen. Als ich sieben war, hatte ich eine Liste der mir liebsten Personen auf ein langes Stück Klopapier geschrieben. Toilettenpapier galt zu Hause dem Schreibpapier fast ebenbürtig, wir durften es – bisweilen übertrieb es Vater mit der Erziehung zur Bescheidenheit – nur sonntags seinem Zweck zuführen, den Rest der Woche mussten alte Zeitungen herhalten. Lange also hatte ich vor der kostbaren Rolle gesessen und mit mir gerungen, ob ich meine Mutter auf Platz eins setzen sollte oder meinen Opa Gustl. Es kam mir vor wie ein Verrat, ihn schließlich auf den zweiten Rang zu verweisen.

Das sonntägliche Gabelfrühstück bei Großvater war für die Enkel ein ebenso geliebtes Ritual wie für deren Väter. Während im Kaminzimmer die Weltpolitik erörtert wurde, stritten sich Marianne, Hans und ich im Nebenraum um die leeren Sardinendosen und das Privileg, die Öltunke mit Brot aufzustippen. Je älter ich wurde, desto häufiger lauschte ich an der Tür, um Teile des Gesprächs zu erhaschen. Oft hörte ich die Stimme meines Vaters heraus, und er sprach anders als zu mir. Seine Worte hatten auf einmal einen klammen Unterton.

Seit seiner schweren Krankheit war er verändert. Papa, der seine Fabrik als Erfinder verschiedener Asphaltmixturen und Inhaber diverser chemischer Patente jedes Jahr vergrößerte, hatte seine Gesundheit für seinen Beruf aufs Spiel gesetzt, und noch war nicht klar, wer den letzten Trumpf in der Hand halten würde. Immer wieder hatte er in letzter Zeit über Schmerzen in der Zunge geklagt. Er ahnte sicher, was das zu bedeuten hatte. In der chemischen Industrie gab es eine tödliche Geißel, eine gefürchtete Begleiterscheinung. Die schweren Teerdämpfe, die Vater seinem Labor, in dem er von früh bis spät nach neuen Rezepten forschte, inhalierte, waren auf Dauer lebensbedrohlich. Erstaunlicherweise galten sie damals in geringerer Dosierung als Linderung für Tuberkulosekranke. Regelmäßig schickte man uns Patienten von der in den Elbbergen gelegenen Lungenheilanstalt zur einwöchigen Kur in die Fabrik, damit sich ihre Bronchien durch das Einatmen des schwarzen Dunstes kräftigten.

Vater bereitete das Essen seit einiger Zeit Schmerzen. Seine Zunge war zu einem dicken Kloß angeschwollen. Schließlich konsultierte er einen Arzt, der ihm die vernichtende Diagnose stellte: Zungenkrebs im mittleren Stadium. Noch am selben Tag schickte ihn der Mann zu einem Professor nach Wien, der als Koryphäe auf diesem Gebiet galt. Als Vater zurückkehrte und wir ihn vom Bahnhof abholten, war er auf schreckliche Weise entstellt. Von den Ohren führten metallene Schienen in den Mund und endeten dort in zwei Injektionsnadeln, die links und rechts in die Zunge gebohrt waren. Hinter den Ohren waren die Schienen, die mit Radium gefüllt waren, plombiert.

Drei Monate musste Vater das Radium-Gestell tragen. Er lag im Bett, konnte nicht sprechen und nur flüssige Nahrung zu sich nehmen. Die Lymphknoten unter seinen Armen waren zu der Größe von Tennisbällen angeschwollen. Manchmal hörten wir ihn vor Schmerzen schreien. Als ich mich zu ihm ans Bett setzte, schrieb er mir auf einen Zettel. »Das nächste Mal bringe ich mich lieber gleich um.«

Er überlebte, aber er erholte sich nie gänzlich von seinem Martyrium. Zudem war in dieser Zeit wohl auch die Sorge in ihm erwacht, er müsse uns eines Tages allein zurücklassen. Diese Angst ließ ihn danach nie mehr los – und ausgerechnet sie bewahrheitete sich später.

Auch wenn er versuchte, sie vor mir zu verbergen, ahnte ich um seine düsteren Gedanken. Doch ich fragte ihn nicht danach. Es gab genug Aufregendes und Neues in meinem Leben, das mich ablenkte. Mit zehn trat ich bei den Falken ein, einem internationalen sozialistischen Jugendbund. Die Falken waren judenfreundlich und hatten europaweit enge Kontakte zu den jüdisch-sozialistischen Jugendorganisationen. Wir waren so etwas wie Pfadfinder mit politischen Idealen, die sich in verschiedenen Verhaltens-Leitsätzen wie »Wir sagen mutig unsere Meinung« oder »Wir reden niemals hinter dem Rücken über andere« niederschlugen. Die böhmischen Falken wollten in der arbeitenden Jugend das Klassenbewusstsein wecken und wehrten sich gegen den Militarismus und Nationalismus der postmonarchischen Zeit. Neben aller politischen Inbrunst wollten sie aber auch einfach Spaß haben. Uniformiert in hellblauen Hemden und dunklen Röcken und Hosen unternahmen wir kleine Lagerfeuer-Gelage und große, dreiwöchige Sommerreisen nach Lindau, ins Rheinland und nach Österreich. Für mich war das der Inbegriff des Abenteuers und Erwachsenwerdens.

Eine noch größere Passion entwickelte ich für den Sport. Jeder betrieb damals irgendeine Art von Vereinssport. Im Turnverein Jahn, den mein Vater gegründet hatte, waren die Mitglieder zum überwiegenden Teil Juden. Wer nicht Jude war, war im Zweifel Sozialist. Dort ging ich zum Leichtathletik-Training. Ich trat auch in den Aussiger Ruderklub ein. Unser Vereinsgebäude stand in Wannow an der Elbe – direkt neben dem weitaus imposanteren Bootshaus des so genannten Ruder- und Eislaufvereins. Und obwohl wir der gleichen Sportart frönten, trennten uns doch Welten. Denn bei den Ruderern von nebenan ließ man schon damals keine Juden zu, in unserem Klub hingegen waren sie willkommen. Ich war zwölf, als ich mit dem Rudern begann – und als eins von drei Mädchen in eine Männerdomäne vordrang. Einmal die Woche trafen wir uns zum Training in dem Bootshaus am Elbufer. Im Vierer ruderten wir auf den weiten Schlingen des Flusses, über dem sich die Burg Schreckenstein, auf Sandsteinfelsen thronend, erhob. Wir passierten die großen Salondampfer, die den Aussiger Hafen ansteuerten, die mächtigen Frachtschiffe und die mit Baumstämmen beladenen Flöße. Unterwegs rasteten wir an einer kleinen Uferwirtschaft, die das beste Eis Böhmens produzierte. Bisweilen hielten wir auch an einer der Erdbeerplantagen an, pflückten ein paar Pfund und verdrückten dabei mindestens ebenso viele. Am Wochenende nahmen wir uns längere Strecken vor. Stromaufwärts bis zur deutschen Grenze, in die andere Richtung bis Melnik. Übernachtet wurde in der Jugendherberge.

Natürlich bahnten sich dabei die ersten aufregenden Begegnungen an mit dem anderen Geschlecht. Leider fanden immer gerade die Jungen Gefallen an mir, die ich allenfalls als Vereinskumpane wahrnahm. Dagegen gab es einen feschen Kerl namens Herbert, der seine raren Worte zu verlesen schien, bevor er sie aussprach, und sich ganz generell mit der Aura einer fast beiläufigen Souveränität umgab, die mich jedes Mal schmachtend erstarren ließ. Doch der Adonis nahm so gut wie keine Notiz von mir.

Den ersten Kuss hatte ich schon mit 13 bekommen. Der Kavalier hieß Erich Fischer, ein rotschopfiger, mit Sommersprossen übersäter Professorensohn aus Dresden, den ich bei einer der Falken-Reisen kennen gelernt hatte. Der rote Falke schickte mir glühende Briefe nach Haus. Ich war nicht sonderlich verliebt, aber es schien mir wie ein Signum der Reife.

Wenige Wochen vor meinem 18. Geburtstag war meine bis dahin recht unbeschwerte Kindheit jäh zu Ende. Am Abend des 6. Novembers 1932 hatten wir uns um das neue Radiogerät im Wohnzimmer versammelt, meine Eltern, meine Großeltern und Marianne, die ausnahmsweise aufbleiben durfte. Nach einem erfolgreichen Misstrauensvotum stand der deutsche Reichstag zur Neuwahl. »Heute«, hatte mein Vater mit, wie ich damals fand, übertriebenem Pathos angekündigt, »entscheidet sich unsere Zukunft.«

Wir empfingen den deutschen Rundfunk, was damals noch erlaubt war. Von einem ständigen Rauschen unterlegt, drang die gepresste Stimme des Ansagers aus dem Äther, der die ersten Stimmauszählungen bekannt gab. Mein Vater begann plötzlich wie besessen mitzuzählen, kritzelte hektisch Zahlenkolonnen auf einen Block, notierte die Prozente der Nazis, rechnete die Stimmen der Sozialdemokraten dagegen. So sehr hatte er gehofft, dass Deutschland, wo es beinahe täglich zu blutigen Auseinandersetzungen zwischen Nationalsozialisten und Anhängern linker Parteien kam, Vernunft annähme. Vergeblich. Die NSDAP hatte zwar gut vier Prozent der Stimmen verloren, blieb aber die stärkste Partei. Ein Drittel der Deutschen hatte Adolf Hitler gewählt.

Vater erhob sich aus seinem Sessel, plötzlich seltsam matt, und schaltete mit einer müden Bewegung den Bakelit-Kasten aus. Für einen Moment herrschte Schweigen. Niemand sagte ein Wort, Marianne presste sich noch enger zwischen mich und meine Mutter. »Das«, sagte Vater schließlich, »ist unser Ende.«

2

Wenn ich morgens mein Wohnzimmer betrete, ist sie schon da. Sie ist immer schon da. Ihr Bild hängt seit vielen Jahren an der gleichen Stelle über meinem kleinen Sekretär. Von dort, so kommt mir vor, blickt sie herab auf mich und auf mein Leben, das vor ihr ausgebreitet ist wie die Auslage einer Vitrine. Auf dem Bild ist sie ein junges Mädchen. Sie hat ein hübsches Gesicht, aber an manchen Tagen wirken ihre Augen seltsam matt, zu traurig für ihr Alter. Manchmal meine ich, Skepsis darin zu lesen, dann wieder entdecke ich einen Anflug von Langeweile. Aber wahrscheinlich bilde ich mir das alles nur ein, vielleicht sind das nur verwischte Bilder, die man auf die Leinwand der eigenen Geschichte wirft.

Das Mädchen bin ich. Ich war 20 Jahre alt, als Malva Schalek das Kreide-Porträt zeichnete. Es war im Sommer 1935 und das kupferne Licht des Spätnachmittags durchflutete unseren Wintergarten, wo ich mich, auf einem Hocker thronend, bemühte, versteinert ins Nichts zu blicken. Gab es etwas Faderes als Modell zu sitzen? Ich durfte nicht reden, und auch die Künstlerin sagte kein Wort. Meine Eltern hatten sich dieses Bild von mir gewünscht. Und Malva wollte sich damit dafür revanchieren, dass sie für ein paar Wochen unser Gast war.

Das war sie ab und an im Sommer, wenn sie mit ihrer Staffelei, den Pinseln, Künstlerkreiden und Ölfarben aus Wien nach Aussig reiste, um die schwüle Jahreszeit in den kühlen Tälern der Elbe zu verbringen. Malva war eine Cousine meiner Mutter, ihre Mutter Balduine war die älteste Schwester meiner Oma Hedwig. Malvas Onkel Joseph Simon, ein Bruder meiner Großmutter, hatte ihr Anfang des Jahrhunderts geholfen, in Wien Fuß zu fassen. Peppi, wie ihn alle nannten, verkehrte in Wien in den besten Kreisen. Er war der Bankier von Katharina Schratt gewesen, der Hofschauspielerin und Geliebten von Kaiser Franz Joseph, und hatte es in Wien zum Besitzer des Theaters an der Wien gebracht. Ihn verband nicht nur eine sehr enge Freundschaft mit Johann Strauß. Seit dieser 1887 in dritter Ehe Josephs Schwägerin Adele Deutsch geheiratet hatte, waren die beiden sogar verschwägert. Diese familiären Bande sollten sich viele Jahre nach Peppis Tod auch für mich als wichtig erweisen.

Peppi hatte seiner Nichte Malva damals ein Atelier im Dachgeschoss seines Theaters eingerichtet und sie in die Wiener Gesellschaft eingeführt. Schon bald machte sich Malva mit ihren Porträts und Interieurbildern einen Namen. Sie porträtierte viele Familien des jüdischen Großbürgertums und schuf ein Bild des Boudoirs von Katharina Schratt, das noch heute im Alten Rathaus Wien hängt.

Ich habe Malva als bescheidenen, introvertierten Menschen in Erinnerung; sie sprach nicht viel und war in den praktischen Dingen des Alltags von einer nahezu rührenden Unbeholfenheit. Weil sie einen nervösen Magen hatte, musste sie immer Diät halten und wenn wir, was häufig geschah, irgendwo eingeladen waren, ließ sie die meisten Speisen unangerührt stehen. Unsere Köchin hat ihr Schonkost gekocht und ihr das Essen durch den Fleischwolf gedreht, damit es bekömmlicher war.

So entsagend sie in ihrem persönlichen Leben wirkte, in dem auch für einen Mann kein Platz war, so hingebungsvoll war Malva in ihrer Kunst. Mit Vorliebe porträtierte sie Kinder. Sie hat meine Schwester Marianne gemalt, die Kinder vieler Freunde meiner Eltern und auch die Sprösslinge der Familien Petschek und Weinmann, der beiden reichsten jüdischen Familien Aussigs. In ihren Bildern fand Malva, die sonst ihre

Worte zügelte, eine freie und reichhaltige Sprache, die das Besondere eines Menschen auffing, sich ihm einfühlend näherte, ohne sein Innerstes zur Schau zur stellen. Malvas Ölporträts von Mutter und Opa Gustl hängen in meinem Flur. Das von Onkel Herbert, dem jüngsten Bruder meiner Mutter, habe ich im Wohnzimmer aufgehängt. Manchmal hat man beim Betrachten dieser Bilder das Gefühl, dass sie eine innere Bewegung bergen, gleich einer eigenen Erinnerung an die verstrichene gemeinsame Zeit und an jene, die sie darstellen und die nun schon lange tot sind.

Malva bildete das jüdische bürgerliche Leben ab. Den Stolz auf den oft mühevoll erarbeiteten Status und die vermeintlich gelungene Assimilation. Viele der Porträtierten sollte sie später an einem anderen Ort noch ein zweites Mal zeichnen, im KZ Theresienstadt, wohin sie 1942 deportiert wurde. Auch meine Oma Hedwig haben sie dort hingebracht und ihren jüngeren Bruder Armin. Und Tante Wog und Onkel Otto, die Geschwister meines Vaters.

Niemand konnte das 1933 vorhersehen. Und will man den Menschen vorwerfen, dass sie an das Gute glauben wollen? Dass es der schmale Steg ist, auf dem sie hoffen, durch finsterste Zeiten balancieren zu können? Meinen Vater, den steten Skeptiker, haben sie einen Pessimisten gescholten. »Fritz, du siehst das alles viel zu schwarz«, versuchten sie ihn immer zu beschwichtigen. Wie viele Nächte, wie viele sonntägliche Gabelfrühstücke hatte Vater mit den Verwandten und Freunden beisammen gesessen und sich den Kopf heiß geredet über die Zukunft. Während die anderen noch zwischen Ungläubigkeit und Zuversicht schwankten, hatte er schon begonnen, sein Leben umzuplanen. Und auch das meine.

Vater blickte nach Deutschland, wo nur zwei Zugstunden von uns entfernt der dünne Firnis der Zivilisation abplatzte, so scheinbar gänzlich ohne Einhalt, dass ich es bis heute nicht begreifen kann. Im April 1933 hatte der Boykott jüdischer Geschäfte, Ärzte und Rechtsanwälte begonnen. Nichtjuden, die sich dem Aufruf nicht beugten, mussten mit Strafen rechnen. Im Mai hatte man in Berlin und anderen Universitätsstädten die Bücher von oppositionellen und jüdischen Autoren öffentlich verbrannt. Im Juni wurde die SPD verboten, ihr gesamtes Vermögen wurde beschlagnahmt, und für SPD-Mitglieder erging ein Berufsverbot. Ein Teil der SPD-Führung floh ins Prager Exil. In Deutschland gab es jetzt nur noch eine einzige Partei: die NSDAP.

Die nationalsozialistische Gesinnung machte vor Landesgrenzen nicht Halt. Auch in der Tschechoslowakei gab es sie – politisch zunächst in der DNSAP und der Deutschnationalen Partei organisiert. Beide Parteien wurden von der Prager Regierung im Herbst 1933 verboten. Auch den deutschen Reichsrundfunk durfte man in der Tschechoslowakei nicht mehr hören. Aber die Nazis fanden schon bald einen neuen Unterschlupf. Am 1. Oktober gründete der ehemalige Turnlehrer Konrad Henlein die »Sudetendeutsche Heimatfront«. Viele Funktionäre der verbotenen Nazi-Parteien beteiligten sich an dem Gründungsakt. Und natürlich zogen ihre Anhänger in Scharen mit. »Der Henlein«, sagte mein Großvater, der mir immer sonntags aus seiner Zeitung vorlas, »ist ein ganz übler Bursche. Er wird Zwietracht säen zwischen Deutschen und Tschechen.«

»Sudetendeutsche« war nach 1918, als die tschechische Republik den Deutschen Böhmens und Mährens die Rolle einer Minderheit zuwies, rasch zu einem politischen Begriff geworden. Obwohl die meisten Deutschen der ČSR mit den Sudeten, einem Mittelgebirge im schlesisch-böhmischen Grenzgebiet, nichts zu tun hatten, zählten sich Erzgebirgler und die Deutschen aus dem Elbtal, aus Nordböhmen und Nordmähren ebenso dazu wie die Egerländer und die Deutschen Südmährens. Was anfänglich eher eine kulturelle Identität benannte, entwickelte sich nach Hitlers Machtergreifung mehr und mehr zu einer nationalen Sammlungsbewegung. Als diese sich später in einen nationalen Wahn hineinsteigerte, machte sie die Juden zu Fremden im eigenen Land.

Anfänglich verliefen die Trennlinien noch im Verborgenen. Auf unserem deutschen Mädchen-Reform-Realgymnasium setzten sich nicht-jüdische Schülerinnen manchmal ostentativ von den Mädchen weg, die aus einem jüdischen oder sozialistischen Elternhaus stammten. Von zwei Professoren wusste man, dass sie Juden nicht mochten. Weil man es wusste, machte man, so gut es eben ging, einen Bogen um sie. Und auch um die Klassenkameradinnen, die plötzlich nur noch mit weißen Kniestrümpfen in die Schule kamen. Eine hatte mich bis dahin immer zu ihrem Geburtstag eingeladen – und es war klar, warum sie das nun nicht mehr tat.

»Vielleicht sollten wir uns auch weiße Kniestrümpfe kaufen«, sagte ich bitter zu meiner Freundin Traute Fehres, die aus einem überzeugten Sozialistenhaushalt kam. »Vergiss es«, meinte Traute, »ich wette mit dir, die sind in ganz Aussig ausverkauft.«

Die weißen Strümpfe waren ein Signal der nationalen Gesinnung. Auch die Mitglieder des Deutschen Turnvereins Aussig, den die Tschechen sogar eine Zeit lang verboten hatten, trugen sie zu ihren grauen Anzügen. Natürlich waren Juden dort von der Vereinsmitgliedschaft ausgeschlossen, und es verlangte ja auch niemanden von uns nach dieser Gesellschaft. Man mied sie ebenso wie die vereinzelten Lokale und Geschäfte Aussigs, von denen man wusste, dass dort Nazis verkehrten. Mit diesem Ausweichen schien man – zumindest oberflächlich betrachtet – gut weiterleben zu können, denn in Böhmen schoss der Antisemitismus nicht wie eine Stichflamme empor wie etwa in Österreich. Er glich eher kleinen Schwelbränden, von denen viele hofften, sie würden eines Tages von alleine verglimmen, und bis dahin müsse man ihnen eben aus dem Weg gehen.

Mein Vater glaubte daran nicht. Ich erinnere mich noch genau, wie ich an einem Mittwoch im Sommer 1934 von der Schule nach Hause kam. Es war kein gewöhnlicher Tag, denn ich hatte an diesem Vormittag meine letzten Prüfungen für die Matura abgelegt. In einigen Wochen würde ich endlich mein Reifezeugnis in der Hand halten. Das Leben erschien mir wohl selten so randvoll mit Verheißung wie an diesem Tag. Mir war, als stünde ich mit einem großen Koffer an einem Bahnhof, von dem tausend Gleise in alle Himmelsrichtungen führten, und ich hätte die Wahl einzusteigen, umzusteigen, hin- und herzufahren, ganz wie es mir beliebte. Ich fühlte mich unsagbar frei.

Mein erstes Ziel stand bereits fest. Ich wollte nach Prag, in die pochende Stadt, und dort an der deutschen Universität Medizin studieren. Schon als Kind wollte ich immer nur Ärztin werden. Die arme Marianne musste unzählige Male die Kranke mimen, damit ich an ihr rumdoktern, ihr Verbände anlegen und sie mit Fürsorge zupflastern durfte. Die Materie faszinierte mich genauso wie die Vorstellung, Menschen helfen zu können. Ich hatte schon damals diese Neigung, alles wieder ganz machen zu wollen. Vielleicht auch, um mir selbst zu helfen, weil ich, wie man mir oft fast vorwarf, zu sehr mitlitt am Elend der anderen. Leider habe ich das nie wirklich abgelegt.

Mit zwölf hatte ich aufgehört, Fleisch zu essen. Der Anblick der toten Hasen und Enten, die der Kompagnon meines Vaters von der Jagd mitbrachte und in unserem Keller aufhängte, war mir zuwider. Vater war entrüstet über meinen Fleischboykott. Bei uns zu Hause wurde nicht mal koscher gegessen, von fleischlos ganz zu schweigen. Meine Mutter aber hatte ein Einsehen und das diplomatische Geschick, Vater mein Vegetarier-Sein als eine Entscheidung zu verkaufen, die meiner Gesundheit diene, da Marianne und mir das viele Fleisch, dem er frönte, ohnehin nicht so gut bekäme. Meine Leibspeise waren fortan Marillenknödel mit brauner Butter und Zucker und Zimt.

Die sollte ich auch an diesem Mittwoch, meinem letzten Schultag, bekommen. »Deine Mutter kocht dir dein Lieblingsessen«, sagte Vater, als er mich zu Hause empfing. »Das essen wir zusammen, und danach ziehen wir beide uns zurück, denn ich muss mit dir reden.« Irgendwie spürte ich, dass ihm die Worte bleischwer auf der Zunge lagen und er sie nur mit Mühe über die Lippen schob. Was ging hier vor? Was war passiert?

Ich rannte in die Küche. Mutter schloss mich in die Arme, so gut das mit ihren teigverklebten Händen ging. »Willst du mir helfen, Ilsuschka?«, sagte sie. »Dann geht es schneller. Marianne muss auch gleich da sein.« Während wir die entsteinten Marillen kleinen Hefeteigbällchen einverleibten, erzählte ich ihr zum hundertsten Mal von meinen hoch fliegenden Plänen in Prag. Mutter war mir immer wie eine Freundin, mit der ich Geheimnisse teilte, die mein Vater nie hätte erfahren dürfen. Ihre Güte und ihr Verständnis für die Seelenbefindlichkeiten heranwachsender Mädchen hatte sie zu meiner Verbündeten gemacht. Sie wusste über unglückliche Verliebtheiten Bescheid und die ersten Küsse, über Ärger in der Schule oder Zank mit einer Freundin. Doch an diesem Tag blieb sie eigenartig wortkarg. Als ich versuchte, ihr zu entlocken, was Papa denn von mir wolle, wich sie mir aus. Die großen Entscheidungen – wir lebten noch in einem Patriarchat – blieben nun mal Sache des Mannes. Wie die meisten klugen Frauen verstand es meine Mutter, hinter den Kulissen Einfluss auf meinen Vater zu nehmen, oft so unterschwellig, dass er es selbst nicht merkte. Aber vordergründig stellte er die Weichen.

Beim Essen sprachen wir über allerlei Belangloses, dabei war der Raum wie elektrisch aufgeladen von der Anspannung meiner Eltern. Endlich zogen Vater und ich uns ins Wohnzimmer zurück. Es war auch unser Musikzimmer. An dem Stutzflügel hatte ich das Klavierspielen gelernt, und Mutter hatte mich oft auf der Gitarre begleitet und dazu gesungen. Sie hatte eine schöne Sopranstimme, die durch das ganze Haus schallte. Aber in diesem Moment herrschte eine bedrückende Stille, die nur vom rhythmischen Ticken der Standuhr zerhackt wurde. Schließlich räusperte sich Vater und begann dann Wort für Wort aus seiner Kehle zu winden, und seine Worte waren wie Kanonenkugeln, die meine Luftschlösser in Trümmer legten.

»Ich weiß, was dir dein Medizinstudium bedeutet und dass ich es dir versprochen habe«, sagte er. »Aber die Zeiten sind zu unsicher, um die Wege des Herzens einzuschlagen. So ein Studium dauert mindestens fünf Jahre, und niemand weiß, was bis dahin sein wird. Diesem Hitler ist alles zuzutrauen. Wir müssen an unsere Zukunft denken, Ilse. Du hast eine junge Mutter und eine kleine Schwester. Ich bin alt und nicht mehr sehr gesund. Ich weiß nicht, wie lange ich die Fabrik noch leiten kann. Ich brauche dich hier in der Firma, vielleicht musst du sie schon sehr bald übernehmen.«

Seine Sätze dröhnten schmerzhaft in meinen Ohren. Ein tiefes Loch tat sich plötzlich in meinem Bauch auf, und ich hatte das Gefühl, als presse mir eine ferne Kraft die Luft ab. Mein Medizinstudium war geschrumpft auf ein Ausbildungsjahr an einer zweisprachigen Handelsschule in Prag, die mein Vater für mich ausgesucht hatte. Statt Heilkunde sollte ich Buchhaltung und die Grundbegriffe der Betriebswirtschaft studieren. Statt mit Menschen würde ich mich mit Zahlen beschäftigen. Ich wusste nicht, was mich mehr schockierte. Dass mein sehnlichster Traum in Stücke flog oder dass Vater sich für seinen Abschied rüstete. Ich konnte gar nicht mehr aufhören zu weinen.

»Ilsuschka«, sagte mein Vater fast flehentlich. »Du weißt, wie unendlich schwer deiner Mutter und mir diese Entscheidung gefallen ist. Nichts hätte ich dir mehr gewünscht als eine wunderbare Zeit als Studentin, die Freiheit, die Unbeschwertheit. Du bist eigentlich viel zu jung für solche Bürden. Aber die Zeit, in der wir leben, fragt nicht nach dem passenden Alter. Wir alle müssen Verpflichtungen auf uns nehmen, die uns nicht schmecken.«

Ich brachte nur Schluchzen hervor, und Vater mühte sich weiter um Trost. »Du hast ansonsten alle Freiheiten in Prag«, sagte er. »Du wirst dir eine kleine Wohnung suchen, und ich gebe dir, was immer du an Geld brauchst. Du kannst ins Theater gehen, dir schöne Kleider kaufen und dein Leben genießen. Es wird sicher trotzdem ein wunderbares Jahr für dich.«

Damit zumindest hatte er Recht. Prag wurde mein schönstes Jahr. Und rückblickend bin ich meinem Vater sogar dankbar, dass er meine Pläne durchkreuzte. Für mein Leben hat es mir mehr gebracht.

Der zurückbleibt trägt immer die schwerere Last. Vor allem Marianne war ein kleines Bündel Kummer, als sie mir half, meine Sachen zu packen. Obwohl wir so viele Jahre auseinander und ja eigentlich nur Stiefschwestern waren, verband uns mehr als eine Geschwisterliebe. Wo immer es ging, hatte ich Marianne mitgenommen. Ich hatte ihr das Skifahren beigebracht, sie Schwimmen gelehrt und ihr gezeigt, wie man beim Rudern steuert. Nun sollte ich das Autofahren lernen, und natürlich war Marianne wieder dabei. Autos wurden damals noch wie seltene Gesandte aus einer Zukunftswelt bestaunt, mit einer Mischung aus Befremden und Respekt. Meine Eltern trauten sich nicht, das Steuern eines solchen Höllengefährts zu erlernen, hielten die Anschaffung eines

Automobils aber für sinnvoll. Also entschied mein Vater, ich solle Fahrstunden nehmen. Ich tat's mit Stolz – schließlich war ich die erste Frau in Türmitz, die den Führerschein machte. Hugo, der Mann meiner Cousine Dorothea, erteilte mir die ersten privaten Fahrstunden. Er war ein ebenso hemdsärmeliger wie wagemutiger Unternehmer, vernarrt in jede Erscheinungsform der Technik und als leidenschaftlicher Segelflieger immun gegen jede Erscheinungsform der Angst, was in der Familie mit einem gewissen Kopfschütteln quittiert wurde. Vater hatte einen Praga Grand gekauft, einen nachtblauen Viertürer mit acht Zylindern und einem weißen Lenkrad. Auf dem Hof vor der Fabrik drehte ich nun unter Hugos Anleitung eiernde Runden. Marianne war in den Fond des Wagens geklettert und winkte aufgeregt aus dem Fenster. Ein knatterndes Automobil hatte damals tatsächlich noch etwas Spektakuläres. Mutter sah Marianne auf dem Rücksitz thronen und war darüber gar nicht glücklich. »Komm raus da Kind!«, rief sie. Und setzte halb ernst hinzu: »Ich will doch nicht euch beide verlieren.«

»Mami«, krakelte Marianne unbekümmert zurück, als sei das die größte Selbstverständlichkeit der Welt, »wenn die Ilse stirbt, will ich auch sterben.« Es war ihr blanker Ernst. Später, als es wirklich um das Erleben des nächsten Tages ging, hat sie diesen Satz noch viele Male gesagt.

Wir beide, glaube ich, hatten damals noch nicht wirklich ein Gefühl für die drohende Gefahr. Jugend schützt vor mancher Furcht.

Nach meinem anfänglichen Entsetzen freute ich mich schließlich doch auf die Abnabelung von zu Hause. Was mir den Abschied außerdem erleichterte, war die Tatsache, dass ich in Prag mit Traute Fehres, meiner langjährigen Banknachbarin und Busenfreundin, zusammenziehen durfte. Wir besuchten die gleiche Handelsschule in der Bergmanngasse und wohnten zur Untermiete bei einer jüdischen Witwe in einer hübschen Jugendstilwohnung unweit vom Altstädter Ring.

Traute war damals meine engste Freundin. Sie hatte die Bildung einer Intellektuellen, das Herz einer Sozialistin und den Anstand einer politisch denkenden jungen Frau. Mit demselben Eifer, mit dem sie sich in ihren Büchern vergrub, stürzte sie sich in nächtelange Debatten, bis ihr Gesicht glühte und ihre Stimme heiser knarzte. Ich habe nie wieder jemanden getroffen, dem ein Name so auf den Leib geschrieben war; denn Traute hatte Courage. Ohne ihre Kühnheit hätte ich meine Mathe-Matura wohl nie bestanden. Traute, das Zahlengenie, war während der Prüfung in der Bank vor mir gesessen. Sie hatte mir die Lösungen der schwierigsten Aufgaben auf ein hölzernes Geometrie-Dreieck gekritzelt und dieses auf den Boden fallen lassen. Sie war gewitzt genug gewesen, ein paar kleine Fehler einzubauen, damit ich nicht unversehens mit einer mathematischen Glanzleistung Verdacht erregen würde. Keiner hat es bemerkt. Ich bekam eine Drei. Aber es hätte genauso gut schief gehen können, und dann wären wir beide durch die Prüfung gefallen.

Für Traute waren derlei Freundschaftsdienste ebenso selbstverständlich wie das Eintreten für die eigene Meinung. Als ich von bestimmten Schülerinnen auf einmal gemieden wurde, hat sie sie zur Rede gestellt. »Was soll das?«, hat sie gesagt. »Sind Juden für euch auf einmal keine Menschen mehr?« Vier Jahre später hatte sich die Ausgrenzung im Klassenzimmer ohnehin erledigt. Ab Herbst 1938 wurde jüdischen Schülern der Besuch des Aussiger Gymnasiums und auch des Mädchen-Reform-Realgymnasiums untersagt. Alle jüdischen Lehrer wurden entlassen.

Traute war keine Jüdin. Ihre Vorfahren stammten aus Ungarn und hatten ihr cremeweiße, mit Sommersprossen besprenkelte Haut und tintenschwarzes Haar vermacht. Sie trug es zu einem linealglatten Bubikopf gekappt, das gab ihr eine strenge Aura. Wir beide waren ein gegensätzliches Gespann. Während Traute ihren kristallklaren Verstand Regie führen ließ, war ich schon damals der Typ Mensch, dem das Herz schnell überlief. Wahrscheinlich verstanden wir uns deshalb so prächtig.

Nach ein, zwei Monaten, in denen ich mich rasch eingelebt hatte in dieser weltoffenen und noch immer amüsierlaunigen Stadt Prag, lernte ich über einen Freund einen jungen Mann aus Mähren kennen. Er entstammte sehr armen Verhältnissen, sein Vater war Briefträger in Olmütz. Kurt, so hieß er, war schon in der Schule als heller Kopf aufgefallen. Er hatte ein Stipendium bekommen und studierte Medizin an der deutschen Universität in Prag. Er wurde meine erste große Liebe. In meinen Augen war er nicht nur einer der bestaussehendsten Kerle weit und breit. Er hatte die Demut seiner Herkunft nicht abgelegt und strahlte trotzdem ein »Was-kostet-die-Welt«-Selbstverständnis aus. Sein Lachen war siegessicher, und er hatte einen scharfzüngigen Humor. Wenn Kurti von seinen medizinischen Vorlesungen erzählte und mir zuliebe jedes Detail ausschmückte, bettete ich meinen Kopf in seinen Schoß und lauschte seinem Wissen. Das war es wohl, was mich so besonders anzog. Sein Wissen um die wichtigen Dinge des Lebens. Ums Küssen zum Beispiel. Kurt konnte küssen wie kein anderer. Davon war ich felsenfest überzeugt – obschon meine Erfahrung nicht wirklich groß genug war, um eine Statistik zu erlauben.

Kurt und ich gingen viel aus, ins Theater, ins Kino, zum Tanzen, und allmählich bekam ich eine Ahnung davon, wie viel Glanz die Großstadt bereithielt. Wie glücklich ich war! Ich wollte gar nicht mehr weg aus Prag. Wenn ich alle paar Wochenenden mit dem Zug heim nach Aussig fuhr, sandte mir Kurt glühende Telegramme hinterher. Einmal öffnete mein Vater aus Versehen eine der amourösen Botschaften, weil er dachte, das Kuvert sei an ihn adressiert. »Ich liebe dich!«, schmachtete es ihm entgegen. »Ich kann es kaum erwarten, dich wieder in den Armen zu halten.« Vater war sprachlos vor Entsetzen, aber Mutter konnte ihn beruhigen. Ich hielt mich an das Versprechen, das ich ihr vor meiner Abreise nach Prag gegeben hatte. »Küssen ist erlaubt, alles andere ist tabu.« Heute ist das ein lächerlicher Anachronismus, aber damals entsprach es der gängigen Moral.

Der arme Kurt. Auch wenn wir das Tabu bis in die Grenzgebiete ausloteten, irgendwann muss das Warten seine Moral doch mürbe gemacht haben. Während eines Praktikums in einem Sanatorium außerhalb von Prag begann er ein Verhältnis mit der Frau seines Chefs. Ich konnte ihm gar nicht wirklich böse sein, als er es mir nach Ende der Semesterferien voller Scham gestand. »Du musst sehr gelitten haben«, sagte ich ihm. Dennoch war unsere Beziehung fortan eine andere, nur mehr freundschaftliche.

Meine Eltern besuchten mich oft in Prag. Vater hatte häufig beruflich dort zu tun und nahm Mutter dann meist mit. Ein Geschäftsfreund meines Vaters, Eugen Fleischner hieß er, lud mich regelmäßig zu sich nach Hause ein. Er war Chemiker und hatte zusammen mit Vater einige Patente entwickelt. Aber er war bedeutend reicher als meine Eltern und von einer beeindruckenden Großzügigkeit. Mutter hatte er einmal eine kostbare Krokohandtasche mit goldenem Schloss geschenkt, die sie nur zu besonderen Anlässen trug. Fleischner und seine gut 20 Jahre jüngere Frau Lilly verkehrten in illustren Kreisen. Die Abendessen bei ihnen hatten mehr den Charakter eines Salons, und ich war jedes Mal entsprechend aufgeregt, wenn ich als Gast geladen war.

Einmal saß mir gegenüber ein Mann, dessen Blicke ich auf mir spürte. In seinem Gesicht verlief schon die eine oder andere Furche gelebter Zeit, tiefe Falten hatten sich von der Nase zu den Mundwinkeln gegraben. Ich schätzte ihn auf Ende 40. Seine Augen waren ein Kaleidoskop verschiedener Gemütsregungen: mal stechend und herausfordernd, dann schalkhaft für einen Moment und im nächsten klug oder zornig. Er war ein großer Raconteur, der souverän über Kunst, Literatur und Politik parlieren und von Reisen in Länder Nordafrikas und des Nahen Ostens berichten konnte, deren Namen ich kaum kannte. Man stellte ihn mir als Oskar Kokoschka vor.

Er sei auch schon einmal in Aussig gewesen, erzählte er mir später, als den Gästen im Salon noch ein Kaffee serviert wurde und er neben mir Platz genommen hatte. Kokoschka war im September 1934 von Wien nach Prag übersiedelt. Seit 1933 war die Stadt Zufluchtsstätte vieler deutscher Intellektuellen. Thomas Mann weilte in Prag, Oskar Maria Graf und Egon Erwin Kisch verlebten dort einen Teil ihres Exils, ebenso wie zahllose Journalisten, Künstler und politisch Andersdenkende sowie der gesamte Parteivorstand der SPD. Man traf sich im Café Continental, wo es Berge deutscher Zeitungen und einen deutschsprachigen Kellner namens Gustav gab. Für das Gros der Emigranten, die nun keinerlei Einnahmen mehr hatten, wurde das Geld bald knapp. Oskar Kokoschka indes, der im selben Jahr den greisen Staatspräsidenten Tomáš Masaryk malen sollte, wurde als einer der berühmtesten Gäste geradezu hofiert. Er hatte eine Professur an der Akademie angenommen und sich ein Atelier unmittelbar neben der Karlsbrücke eingerichtet. Damals war er noch nicht mit seiner späteren Frau Olda verheiratet.

»Sie haben ein besonderes Gesicht«, sagte er unvermittelt zu mir. »Ich würde Sie gerne malen.« Ich war ebenso überrumpelt wie geschmeichelt, und natürlich hätte ich am liebsten sofort zugesagt. Aber ich war eben auch das Produkt einer gestrengen Erziehung. So antwortete ich Kokoschka, ich müsse erst meinen Vater um Erlaubnis fragen.

»Ruf ihn doch an«, sagte Eugen Fleischner, »er wird schon nichts dagegen haben.« In Haushalten wie diesen gab es natürlich ein Telefon. Also rief ich zu Hause an und teilte Vater forsch mit, ich werde an diesem Wochenende nicht heimfahren, weil mich Herr Kokoschka in seinem Atelier empfangen wolle. »Bist du verrückt?«, tobte mein Vater ins Telefon. »Das kommt überhaupt nicht in Frage. Du weißt doch, was Maler gerne mit ihren Modellen tun. Du kommst sofort nach Hause! Oder ich komme dich holen.«

Der sittlichen Sorge meines Vaters verdanke ich es also, dass dieses Kokoschka-Bild nie zustande kam. Einige Monate später durfte ich dann Malva Schalek Modell sitzen. Nun mag man verstehen, warum sich auf diesem Bild ein gewisser Ausdruck der Langeweile in meinem Gesicht zeigt. Vielleicht auch der Melancholie, denn als das Bild im Sommer 1935 entstand, neigte sich meine Zeit in Prag schon ihrem Ende zu. Die flirrenden Tage und durchtanzten Nächte waren gezählt.

Es ist meinem Vater wahrscheinlich viel schwerer gefallen, mir diese Pflicht aufzubürden, als mir, sie zu schultern, und er hatte sich einen Kompromiss überlegt, um mir die Sache zu erleichtern. Bevor ich in der Fabrik anfangen sollte, durfte ich einen sechsmonatigen Erste-Hilfe-Kurs belegen, den das tschechische Rote Kreuz anbot. Man hatte in der Zeitung dafür geworben. Der Schwerpunkt des Kurses fügte sich der Zeit, in der wir lebten: Es ging um die Behandlung von Kriegsverletzungen. Man lehrte uns, wie man Schuss- und Brandwunden behandelt und offene Brüche schient, wie man Verbände anlegt und schwere Blutungen stillt. Ich kann nicht sagen, dass ich, während wir an gesunden Modellen oder Puppen übten, die Bilder von verwundeten Soldaten vor Augen hatte. In meinem Bewusstsein war das alles sehr fern, verdrängt und überdeckt von der großen Begeisterung für die Medizin.

Im Anschluss an den Kurs arbeitete ich halbtags als Krankenschwester im Aussiger Kreiskrankenhaus. Mittags radelte ich dann in die Fabrik meines Vaters, um dort den Nachmittag im Büro zu verbringen. So war mein Tag halbiert in Pflicht und Neigung, vormittags roch es nach Äther, nachmittags nach Teer. Im Krankenhaus war ich auf der Station für Hautkrankheiten eingeteilt. Ich durfte Spritzen geben, den Puls messen und Nadeln für Infusionen legen. In den ersten Wochen passierte es, dass ich einmal in eine Abteilung marschierte, aus der Gelächter und Gesang drang. Gut ein Dutzend junger, hübscher Frauen saß auf den ungemachten Betten herum. Sie lachten, spielten Karten und rauchten. Es sah aus wie auf einer Party. Ich hatte nicht die leiseste Idee, wo ich da gelandet war, begann aber pflichtbewusst die Betten aufzuschütteln und das schmutzige Geschirr zusammenzuräumen. »Das ist aber nett von Ihnen«, sagte eine der Frauen. »Würde es Ihnen etwas ausmachen, uns auch noch eine Kleinigkeit zu kochen?«, scherzte eine andere, und die anderen fielen in ihr Gekicher ein.

Plötzlich packte mich eine Hand und zog mich ruckartig aus dem Zimmer heraus. »Sind Sie wahnsinnig?«, herrschte mich die Nonnenschwester an. »Der Zutritt zu dieser Abteilung ist streng verboten!« »Aber die Tür stand offen«, entgegnete ich, »und es gab eine Menge aufzuräumen.«

»Da drinnen müssen das die Patientinnen schon selbst tun«, sagte die Schwester streng. »Das ist die geschlossene Abteilung für Geschlechtskrankheiten.« Ich habe nie wieder ein Krankenhauszimmer erlebt, in dem es so lebenslustig zuging.

Ich kann nicht sagen, dass mir dieses zweigeteilte Leben nicht behagte. Die Arbeit im Krankenhaus machte mir Spaß, und sogar an den überantworteten Aufgaben in der Fabrik fand ich zunehmend Gefallen. Ich hatte meine Familie und meine Freunde um mich. Manchmal, wenn man die Augen vor dem Weltgeschehen verschloss, konnte man glauben, dass diese heimatliche Idylle alles überstehen würde.

Es wurde Winter, und das Land schlüpfte unter eine gnädige Schneedecke, die sogar den hässlichen Fabriklandschaften zu einer adretten Ansicht verhalf. Ich ging mit Freunden zum Skilaufen ins Erzgebirge. Wir fuhren mit der Straßenbahn nach Tellnitz und stiegen von dort mit geschulterten Brettern auf. Skifahren hatte damals noch etwas Verwegenes, weil es keine Lifte und selbstredend auch keine Bergrettung gab. Einmal kam ich hinzu, wie ein verletzter Skifahrer umringt von ein paar Wintersportlern am Boden lag. Er hatte einen offenen Schienbeinbruch. Die Wunde sah schrecklich aus und machte mir zum ersten Mal bewusst, was es bedeuten würde, tatsächlich Kriegsverletzte zu behandeln. Ich schluckte meine Übelkeit hinunter und versuchte, assistiert von einem Freund, das Bein mit einem dicken Ast und einem zerrissenen Hemd so zu schienen, dass man den Patienten transportieren konnte.

Einige Tage später besuchte ich den jungen Mann im Krankenhaus auf seiner Station. Ich war ja ohnehin im Haus. Da lag er in seinen Kissen, das eingegipste Bein am Bettgalgen in die Höhe gezurrt. Als er mich sah, begannen seine Augen glasig zu schimmern. Ich fragte mich noch, ob das von den Schmerzmitteln herrühren konnte, die man ihm sicher gab, als er auch schon mit gerötetem Gesicht ein Herzbekenntnis hervorpresste. Er habe sich vom Fleck weg in mich verliebt, offenbarte er mir. Und dass das Schicksal uns zusammengeführt habe. »Ilse«, sagte er dann nach einer Pause, in der er wohl all seinen Mut zusammenraffte, »wollen Sie meine Frau werden?«

Was will man dazu sagen? Die Not gebiert bisweilen eine seltsame Entschlossenheit. Im Fall des Bettlägerigen war das

Motiv sicher ein anderes als bei Otto Pospischel, der ebenfalls wild entschlossen war, mich vor den Traualtar zu führen. Dabei liebte er mich nicht, und auch ich hatte in ihm immer nur einen grundehrlichen Freund gesehen. Otto war ein gut aussehender, muskulöser Kerl mit stets sonnengebräunter Haut und einer nachdenklichen Nickelbrille, die nicht so recht zu den bäuerlichen Lederhosen passte, die er mit Vorliebe trug. Er war vier Jahre älter als ich und Angestellter in einer der Aussiger Kohlefabriken. Wir gingen zusammen Rudern und Skifahren und diskutierten stundenlang über Politik. Als überzeugter Sozialist besuchte Otto regelmäßig politische Versammlungen, und oft brachte er von dort düstere Prognosen mit.

»In Deutschland«, sagte Otto, »tobt der Teufel.« Inzwischen, es war Herbst 1935, hatte Hitler die Nürnberger Gesetze verabschiedet, die Juden endgültig und offiziell zu Untermenschen abstempelten. Kurz zuvor war Juden die Eheschließung mit Nichtjuden untersagt worden.

Otto bat meinen Vater um ein Gespräch unter Männern. »Ich liebe Ihre Tochter nicht«, sagte er meinem völlig verdutzten Vater, »aber ich möchte trotzdem um ihre Hand anhalten. Ich bin Nichtjude, und durch unsere Heirat wäre Ilse geschützt. Wir sind uns sympathisch, wir achten einander und teilen viele Interessen. Das ist doch keine schlechte Basis für eine gute Ehe.« Mein Vater war wohl tief bewegt. »Meinen Respekt«, sagte er zu Otto. »Ihre Motive sind so ehrenhaft wie edel.« Er wolle mich fragen, versprach er, und tat das auch. Innerlich wusste er sicher, dass ich ablehnen würde. Auch wenn Romantik in dieser Zeit ein unangemessener Luxus war, für mich gab es nur ein Motiv für eine Heirat – Liebe, was sonst?

Kurt, meine vormals große Liebe, bewahrte auch als Freund eine rührende Anhänglichkeit und besuchte mich regelmäßig in Aussig. Inzwischen war er zur tschechischen Armee eingezogen worden, die begonnen hatte aufzurüsten. Angesichts der wachsenden Bedrohung aus Deutschland modernisierte man die Waffensysteme und baute die Befestigungen an den tschechoslowakischen Grenzen aus, aber all das geschah mit arger Verspätung, und die Lücken der Verteidigung, die durch die jahrelangen Sparmaßnahmen und Versäumnisse beim Militär entstanden waren, konnten so schnell nicht gekittet werden. Der deutschen militärischen Schlagkraft waren die Tschechen nicht gewachsen. Allerdings genoss die zuvor oft belächelte tschechische Armee inzwischen bei der Bevölkerung deutlich mehr Ansehen und Aufmerksamkeit. Auch bei den Spendenaufrufen zugunsten des Militärs zeigten sich die Bürger neuerdings überaus freigiebig.

Kurt war ein stolzer Soldat. Als er zum ersten Mal in seiner Uniform vor mir stand, mit dem unerschrockenen Siegerlächeln in seinem plötzlich unpassend jungen Gesicht, wurde mir ganz anders. Für ihn, so schien es, war das wie ein abenteuerliches Spiel. Dabei hatte es im Grunde schon begonnen, tödlicher Ernst zu werden. An verschiedenen Stellen des Elbtals hatten die Tschechen inzwischen Bunker errichtet. Im Herbst 1936 war die Bevölkerung aufgefordert worden, die Dachböden zum Schutz gegen Fliegerangriffe zu entrümpeln. Im alten Handelsschulgebäude in Aussig hatte man eine Kanzlei des Luftschutzkommandos eingerichtet. Im März 1937 fand in Aussig die erste Luftschutzübung statt. Das Heulen der Sirenen zerriss die Stille des Abends. Wir mussten unsere Fenster verdunkeln, und kein Faden Licht durfte nach draußen dringen.

Die Lage spitzte sich zu. Die Tschechoslowakei stand innen- und außenpolitisch unter wachsendem Druck. Im Landesinneren machte sich der Wortführer der Sudetendeutschen, Konrad Henlein, den Argwohn der Deutschen gegen die Prager Politik zunutze. Von der großen Wirtschaftskrise waren die Deutschen am stärksten betroffen, sie stellten zwei Drittel der Arbeitssuchenden. Viele der dreieinhalb Millionen in der Tschechoslowakei lebenden Deutschen fühlten sich von der Prager Regierung, die zu kaum einer Konzession bereit war, mehr und mehr schikaniert und an den Rand gedrängt. Zu dem verständlichen Unmut allerdings gesellte sich allmählich ein neuer nationaler Hochmut, den Hitler von Deutschland aus zu fördern wusste, indem er der SdP, der »Sudetendeutschen Partei«, wie sich die Heimatfront seit 1935 nannte, große Geldsummen überwies und auch den Wahlkampf finanzierte. »Henlein ist Hitlers williges Werkzeug«, hatte Großvater, der altgediente Sozialdemokrat, von Anfang an prophezeit. »Und ich fürchte, die Deutschen hierzulande werden es ihm nicht verübeln.«

Leider hat er Recht behalten. Bei den Parlamentswahlen im Mai 1935 waren zwei Drittel der deutschen Mandate an die SdP gefallen, die deutschen Sozialdemokraten hatten die Hälfte ihrer Stimmen verloren. In Aussig hatte die SdP fast 60 Prozent der Stimmen erlangt. Großvater war damals tagelang so kalkweiß wie sein Bart. Er schlich herum wie ein geprügelter Hund, und all seine kindhafte Unbekümmertheit, mit der er bisher jeder Unbill getrotzt hatte, war verscheucht. Der keuchende, keifende Unverstand, der nun plötzlich die Massen erfasst hatte, bereitete ihm Angst. »Die Deutschen wählen ihren Henker«, sagte er.

Allen voran vertraten die deutschen Turnvereine die Sache der Sudetendeutschen, schließlich war Henlein selbst einmal Turnlehrer in Asch gewesen. Die Turnerbewegung war bekannt für ihren Antisemitismus. Der Deutsche Turnverein hatte lange vor Hitlers Machtergreifung einen Arierparagraphen in seine Satzungen aufgenommen. Und in Asch hatte Henlein schon 1929 eine antisemitische Demonstration, die

Turner mitorganisiert hatten, angeführt. Damals hatte er das Amt eines Dietwarts bekleidet, so nannten die Nazis jene Ideologieträger, die seit 1934 jeder deutsche Sportverein benennen musste, und die für die Erziehung zu nationalsozialistischem Denken und Handeln in den Vereinen Sorge zu tragen hatten. Aus Angst vor einem Parteiverbot bemühte sich Henlein allerdings inzwischen, seine Judenfeindlichkeit nicht offen zu formulieren. Im Juli 1937 fand in Aussig die »Tagung für Erziehung« des Deutschen Turnverbandes statt. »Turnerkundgebung« nannte man diese Veranstaltung, bei der sportlicher Wettkampf mit politischer Propaganda einherging. Schauplatz war die Kampfbahn in Aussig, eine große Aschenbahn mit anliegendem Versammlungsplatz. Dort konnte man einen Vorgeschmack davon bekommen, wie Jungen und Mädchen »im völkischen Sinne« erzogen werden sollten. Die Bilder der stramm aufgereihten Turnerinnen und Turner ähnelten jenen aus dem Nachbarland. Es gab die verschiedensten Wettkämpfe und eine Ausstellung »Turnertum und Volk«. Ich war damals wirklich sportbegeistert, und es verging fast kein Tag, an dem ich nicht trainierte. Aber diese von einem diffusen völkischen Mythos angeheizte Turnerbewegung, die »Leibesertüchtigung« über geistige Bildung stellte, empfand ich als grotesk. Ich ahnte nicht, dass diese Veranstaltung die letzte vor dem »Anschluss« sein sollte.

»Anschluss« – das Wort ließ uns schaudern. In Henleins Reden fiel es nun immer öfter. »Ich verstehe diese Leute nicht«, sagte mein Vater anfangs noch. »Warum sind sie so versessen darauf, sich diesem unmenschlichen System anzuschließen? Was versprechen sie sich nur davon?« Aber war das nicht ohnehin nur ein dummes Hirngespinst? Ich höre noch Tante Olga, die Schwester meines Vaters, wie sie im Brustton tiefer Überzeugung schnaubte: »Sie werden es doch nicht wagen. Die Deutschen werden es nicht wagen, in der Tschechoslowakei einzufallen. Und Frankreich und England würden dem nie tatenlos zusehen.«

Wie sehr sie irrte. Wie teuer sie diesen Irrglauben bezahlte – und mit ihr Abertausende. Als Hitler im März 1938 in Wien einmarschierte und ganz Österreich in einem Handstreich annektierte, als sich Rassenhass und Terror in einem Schwall über dieses Land erbrachen, traf uns das wie ein Schlag ins Genick. Malva Schalek hatte die Donaustadt überstürzt verlassen. Die meisten ihrer Bilder hatte sie in ihrem Wiener Atelier zurückgelassen und war mit Emma Richter, der Mutter meines Onkels Oswald, ins böhmische Leitmeritz geflohen. In Wien hatten die Nazis den angesehenen Sozialdemokraten Oswald Richter unmittelbar nach dem »Anschluss« verhaftet und mit einem der ersten Transporte in das KZ Dachau deportiert. Seither gab es keine Nachricht mehr von ihm.

Tiefe Kummerfalten hatten sich in den letzten Wochen in die Gesichter meiner Eltern gegraben. Nachts hörte ich sie oft debattieren. An einem Morgen blieb Vater länger mit uns am Frühstückstisch sitzen als sonst, wo er oft schon in der Dämmerung, zeitgleich mit seinen Arbeitern, in die Fabrik aufbrach. Graue Schatten kauerten unter seinen Augen, sein Gesicht war fahl und müde. Er hatte die Hände zu Fäusten geballt, ohne es zu merken, so fest, dass die Knöchel weiß durch die Haut schimmerten. In dieser Nacht hatte er beschlossen, allem, was seiner Hände Arbeit geschaffen hatte, den Rücken zu kehren. »Wir müssen fort von hier«, sagte Vater mit einer Stimme, die so tonlos war, als dringe sie durch eine dicke Mauer. »Wir müssen raus, so schnell es geht.« Mutter versuchte noch einmal dagegenzuhalten, wie sie es wohl die ganze Nacht getan hatte. »Warum«, sagte sie, »sollten wir ein Land verlassen, in das die Juden aus Österreich zu Tausenden fliehen? Hier sind wir doch noch am ehesten in Sicherheit.«

Mein Vater schüttelte gedankenversunken den Kopf. »Selbst wenn wir hier vor einem Einmarsch der Deutschen sicher wären, so ist ihr teuflischer Geist doch schon längst im Land«, sagte er. »Er ist über die Grenze gekommen und hat sich in den Köpfen der Menschen festgesetzt. Sieh sie dir doch an, wie sie nach Hitler schreien. Sie wollen ›heim ins Reich‹. Haben die denn allesamt den Verstand verloren?«

Es sah ganz danach aus. Am 1. Mai 1938 versammelten sich 70 000 Bürger auf dem Marktplatz von Aussig, um der großen Kundgebung der Sudetendeutschen Partei beizuwohnen. Der Platz war schwarz von Menschen. Vom Balkon des Café Falk begrüßte der Bezirksleiter der SdP die Menge. Ein Redner würdigte den Anschluss Österreichs als das wichtigste geschichtliche Ereignis der jüngsten Vergangenheit, und eine Welle des Jubels rollte über das Menschenmeer. Dann trat Henlein an das Mikrofon, Beifall brandete auf. Die deutsche Volksgruppe, brüllte er, habe ein lebendiges Recht darauf, sich zum deutschen Volkstum und zur deutschen Weltanschauung zu bekennen.

Großvater war am Morgen zur Maikundgebung der Sozialdemokraten gegangen, die sich, zusammen mit den Kommunisten und den tschechischen Einwohnern Aussigs, vor der Bezirksbehörde versammelt hatten. Der Aussiger Bürgermeister Leopold Pölzl hatte gesprochen und zu friedlichem Miteinander von Tschechen und Deutschen aufgerufen. Großvater hatte laut applaudiert, hatte tapfer in die Hände geklatscht, dabei war ihm sicher mehr danach zumute, sie über dem Kopf zusammenzuschlagen.

Denn die Massen waren längst dazu übergegangen, die Mahnenden und die Moderaten zu übertönen. Bei den Gemeinderatswahlen im Mai 1938 wählten über 86 Prozent der Deutschen die SdP, die Sozialdemokraten erlebten ihre bisher größte Niederlage. Aussig war am Tag vor der Wahl in einem

Ausnahmezustand. An vielen Straßenecken marschierten tschechische Soldaten auf, das Werk des »Vereins für chemische und metallurgische Produktion« wurde von tschechischen Nationalgardisten besetzt. Auf den Höhenzügen der Stadt, der Ferdinandshöhe und der Holomirsche, hatte Gendarmerie Position bezogen. Reservisten wurden zum Wehrdienst einberufen. Die alte und die neue Elbebrücke hatten Soldaten mit Sprengstoff beladen. Im Gebirge wurden Barrikaden und Verhaue errichtet.

Die Gefahr krümmte sich über unserer Stadt wie die schwefelige Dunstdecke der Fabrikschlote. Am Abend durften wir die Häuser nicht verlassen, die Tschechen hatten Angst vor Ausschreitungen. So saßen wir zu Hause in den eigenen vier Wänden, die auf einmal aufgehört hatten, unser Nest zu sein. »Ilse«, sagte mein Vater an diesem Abend. »Ich habe lange nachgedacht. Es macht keinen Sinn, wenn wir alle sofort emigrieren. Ich habe die Verantwortung für 85 Arbeiter, die kann ich nicht einfach von heut auf morgen im Stich lassen. Außerdem weiß niemand, ob deine Mutter und ich so schnell ein Visum bekämen.« Er nahm meine Hände und drückte sie fest, wie um sich selbst zu beruhigen. »Du musst uns vorausgehen, Ilsuschka«, sagte er. »Eine junge Frau wie du, die klug ist und gebildet, bekommt am ehesten eine Arbeitserlaubnis im Ausland. Und wenn du erst einmal in Sicherheit bist, holst du uns nach.«

Marianne schluchzte laut auf, als sie das hörte. Mutter nahm sie in den Arm und dann auch mich und wiegte uns wie zwei kleine Kinder. Wir alle konnten die Tränen nicht mehr zurückhalten.

Wenn der Schmerz am größten ist, muss man Körper und Geist mit Arbeit betäuben. Ich halte das auch heute noch so, wenn schwere Gedanken den Tag verdunkeln. Ich vertiefe mich in Hausarbeit oder gehe Einkaufen. Mit mechanischen

Verrichtungen lassen sich die Dämonen ganz gut im Zaum halten. Damals konnten wir uns, nachdem die Entscheidung nun einmal gefallen und ich damit auch einverstanden war, in die Vorbereitung meiner Ausreise stürzen. Eine Anstellung im Ausland zu finden, war leichter als erwartet. Über einen Bekannten in Dublin gaben wir ein Inserat in einer irischen Tageszeitung auf. Der Andrang war zwar groß. Junge Jüdinnen aus Deutschland, Österreich und der Tschechoslowakei bewarben sich zuhauf im Ausland als Haushälterin, Köchin oder Dienstmädchen, um den Nazis zu entkommen. Aber ich hatte trotzdem Glück und bekam schon bald die Zusage für eine Stelle als französischsprachiges Kindermädchen, »French Governess«, wie sich das nannte, in dem Haushalt einer allein erziehenden jüdischen Geschäftsfrau in Dublin. Französisch konnte ich gut – im Gegensatz zu Englisch, das ich im Gymnasium zugunsten der Philosophie abgewählt hatte. Damals wäre niemand auf den Gedanken gekommen, dass diese Sprache einmal existenziell für Juden sein würde. Die letzten Monate vor meiner Abreise nahm ich jede Woche Privatstunden bei der Englischlehrerin meiner ehemaligen Schule, um wenigstens mit einem Grundwortschatz gerüstet zu sein.

Vater hatte wohl unterdessen begonnen, sich innerlich auf die Auflösung seiner bisherigen Existenz einzustellen. »Am besten, du nimmst unser Auto mit«, sagte er, »bevor es uns jemand anderer wegnimmt, und versuchst es drüben zu verkaufen.« Aber ich fürchtete mich vor der langen Autofahrt – und mehr noch vor der Tatsache, dass ein großer Teil derselben durch Nazideutschland führen würde. Eine junge Jüdin allein unterwegs in einer schicken Praga-Limousine. Wie weit würde ich damit wohl kommen?

Also entschieden wir uns doch für den Zug. Mutter bestellte nun jede Woche die Näherin ins Haus, um mich für mein neues Leben auszustaffieren. Für eine künftige Hausangestellte war ich das, was man in England »overdressed« nennt. Ich bekam einen eleganten braunen Wendemantel maßgeschneidert, mit einem Futter aus Kamelhaar, dazu viele edle Kostüme und Kleider. Mutter ging mit mir in die Modehäuser von Aussig und erstand dort Handtaschen, helllederne Handschuhe und zwei der damals obligaten Hüte. Manchmal beobachtete ich uns aus der Warte einer Unbeteiligten bei all unserer Geschäftigkeit, unter deren Oberfläche etwas Angstvolles und Verzweifeltes durchschimmerte. Innerlich ahnte ich, oder fürchtete es zumindest, dass ich meine Stadt nie wieder sehen würde. Man wird aus seinem bisherigen Leben hinausgeworfen und versucht es in einen Koffer zu packen. Als ließe sich gehabtes Glück und genossener Wohlstand in ein schickes Kleid einnähen. Mein Koffer war viel zu klein, um all das zu bergen, was mir wichtig war. Kurts Liebesbriefe sollten mit, Bücher von Kurt Tucholsky, Thomas Mann und Heinrich Heine, die Fotos der Familie, Selbstgebasteltes von Marianne und Großvaters Powidlmus. Im Grunde sollten sie alle mit hinein – alle, die ich liebte und nun in einer Ungewissheit zurücklassen musste, die viel bedrückender war als mein Abschied.

Am 13. August feierten wir den 60. Geburtstag meines Vaters. Die ganze Verwandtschaft war gekommen, Vaters Brüder und seine Schwester Olga, die Schwiegereltern, die vier Geschwister meiner Mutter mit Familie und natürlich meine Großeltern. Es war ein trauriges Fest. Niemandem von uns war wirklich zum Feiern zumute. Onkel Herbert, der kleine Bruder meiner Mutter, und seine Frau saßen wie zu Eis gefrorene Gestalten nebeneinander. Sie war Nichtjüdin, und seit sie offen mit den Nazis sympathisierte, war zwischen den beiden jedes Gefühl erloschen. Wenig später sollte sie sich scheiden lassen und damit das Todesurteil für Onkel Herbert unterschreiben.

Tante Olga war ebenfalls mit einem Katholiken verheiratet, sehr glücklich allerdings. Vielleicht wiegte sie das in größerer Sicherheit, in jedem Fall zweifelte sie noch immer daran, ob es die richtige Entscheidung war, »das arme Kind ganz allein nach Irland zu schicken«. Ich würde die erste aus der gesamten Verwandtschaft sein, die das Land verließ. Olgas Töchter Hilde und Dorothea, die sieben und zehn Jahre älter waren als ich, wollten auf jeden Fall dableiben. Nach Definition der Nazis waren sie nur Halbjüdinnen. Und Dorle, wie wir Dorothea nannten, war ebenfalls mit einem Nichtjuden, meinem Fahrlehrer Hugo, verheiratet. Die beiden hatten bereits zwei kleine Töchter, Brigitte und Renate. Nein, es drängte sie nicht, das Land zu verlassen. »Ilse wird das alles ganz tapfer meistern«, sagte mein Vater und strich mir übers Haar. Ich glaube, er sprach sich selbst Mut zu in diesem Moment. Denn unser Abschied rückte immer näher.

Eine Woche später war es dann so weit. Meine Eltern und Marianne begleiteten mich im Zug bis zur deutschen Grenze. Von Bodenbach ging mein Zug nach Deutschland. Uns blieb nur eine kurze Weile auf dem Bahnsteig, um uns zu verabschieden. Mir war ganz übel vor Kummer. Marianne weinte unaufhörlich, und durch ihren Tränenschleier murmelte mir Mutter alle erdenklichen Ratschläge zu. Ich solle genug essen, ich solle alle zwei Tage schreiben, weiter Vokabeln lernen, meiner Dienstherrin eine treue Hilfe sein, und ich solle mir keine Sorgen machen. Bald schon würden wir wieder vereint sein. Marianne klammerte sich an mich. »Ische«, sagte sie – nur sie nannte mich so – »ich zähle die Tage, bis ich dich wiedersehe. Und ich bin ganz sicher, das wird schon bald sein.« Vater blieb sehr lange stumm. Er wiegte mich in den Armen und küsste mich auf den Kopf, so wie damals, als er mir offenbart hatte, dass er nicht mein leiblicher, jedoch mein liebender Vater sei. Der Pfiff des Schaffners schreckte uns auf, und als sich der Zug mit einem Ruck in Bewegung setzte, trat Vater noch einmal an das heruntergelassene Fenster meines Abteils. Ihm war etwas Wichtiges eingefallen. »Versprich mir eins, Ilse«, schnaufte er, während er versuchte, mit dem anfahrenden Zug Schritt zu halten, »lass dir niemals deine Augenbrauen zupfen. Dass sie so kräftig sind, ist ein Zeichen von Intelligenz. Sie passen zu deinem Gesicht. Versprichst du mir das?«

Ich versprach es. Und ich halte dieses Versprechen bis heute.

3

Neulich haben sie es nach langer Zeit wieder einmal im Radio gespielt, und ich habe, in einem Anflug von Melancholie, der nachzugeben man mit den Jahren geneigter ist, sogleich die Lautstärke aufgedreht. Es gefällt mir noch immer, das Lied »My Heart And I«. Manchmal übertragen sie es auf BBC, und den meisten älteren Menschen hier in England sagt der Titel etwas. Es war Freds größter Erfolg im Königreich. Er hat den Text geschrieben, und Richard Tauber hat ihn gesungen, vor nunmehr fast 60 Jahren.

Früher habe ich oft Freds Platten aufgelegt – aber das hat nachgelassen. Es geht mir mit Freds Musik wie mit den anderen Memorabilien aus der Vergangenheit. Ich verwahre sie griffbereit, sorgfältig geordnet und etikettiert, doch die alltägliche Begegnung damit wäre zu schmerzhaft. Als kürzlich eine Verwandte aus Deutschland zu Besuch war, die gerne seine Lieder aus dem Wien der dreißiger Jahre hören wollte, haben wir die abgegriffene Doppel-LP jedoch wieder hervorgekramt. Seit jeher steht sie in erster Reihe neben meinem alten Plattenspieler. Um diesen in Gang zu setzen, mussten wir erst einmal die Bücher, die ich darauf gestapelt hatte, beiseite räumen und das schon etwas brüchige Kabel hervorfingern. Erwartungsvoll schalteten wir den Apparat ein, doch er tat kaum einen Mucks. Als sei er altersmüde wie seine Besitzerin, drehte sich der Plattenteller so schwerfällig, dass die Töne zu einem unkenntlichen, tiefen Raunen gedehnt wurden. Meine Verwandte betätigte die wenigen Schalter und Geschwindigkeitsregler, doch der Apparat kümmerte sich gar nicht darum, so als habe er in seiner Betagtheit seine einstige Funktionsweise längst vergessen.

Dann plötzlich, mit einem Schlag, war sie auf unerklärliche Weise doch wieder da, die Musik. Die Stimmen, eine Spur zu hoch und zu hastig wie bei allen alten Aufnahmen, schnellten in den Raum, und die Orchester spielten beschwingte Walzer-, Foxtrott- und Tangorhythmen. Wie ich so in meinem Sessel saß, begannen meine Füße wie von Ferne gelenkt im Takt zu wippen. Jede Zeile konnte ich mitsingen, und das tat ich nun auch – lächelnd, während mir zugleich die Tränen herunterliefen.

Das Seltsame ist, dass sich, obwohl ich nie einer Aufführung in Wien beiwohnte und diese Zeit nur aus Freds Erzählungen kenne, Szenenbilder wie eine Theaterkulisse vor meine Augen schieben, während ich die Operettenmusik höre. Ich sehe die Schauspieler auf der Bühne agieren und singen, ich sehe den Taktstock des Dirigenten, wie er ab und an aus dem Orchestergraben emporfährt – und ich sehe Fred, Salo, wie er ja eigentlich hieß, in einer der vordersten Reihen sitzen, äußerlich ruhig und innerlich, ich hätte es sicher seinen Augen entnommen, zum Zerbersten angespannt.

Mehr als der Musik hätte er wahrscheinlich den Ausprägungen des Applauses nachgespürt. Hätte herausgehört, ob er verhalten war oder euphorisch, schmetternd oder höflich, ob er stürmisch begann, um tröpfelnd zu enden oder ob er tatsächlich brandete wie eine Welle. Salo Tisch kannte alle Nuancen des Beifalls. Und er kannte jedes Wort, das auf der Bühne gesungen wurde, weil es aus seiner Feder stammte. Der junge Rechtsanwaltsanwärter dichtete lieber Liedertexte, als juristische Schriftsätze zu tippen.

Dabei standen seine Chancen damals gar nicht schlecht, auch bei Gericht Karriere zu machen. Er habe sich seiner Mutter zuliebe für die Rechtswissenschaft entschieden, hat mir Fred erzählt. Es war wohl ihr sehnlichster Wunsch, dass ihr Sohn eine akademische Laufbahn einschlug, bescheinigte diese doch, dass sie es nun endlich, nach Jahren der Heimatlosigkeit geschafft hatten, in einem fremden Land Fuß zu fassen. Isaak und Taube Tisch hatten mit ihren Söhnen Salomon und Moishe ihre Heimatstadt Tarnow in Galizien zu Beginn des Ersten Weltkriegs verlassen. Sie gehörten dem mächtigen Migrantenstrom an, der Juden aus Osteuropa schon seit Ende des 19. Jahrhunderts zu Tausenden in den Westen schwemmte, nach Amerika vor allem, aber auch nach Deutschland, Österreich, Frankreich und England.

Ostjuden nannte man sie, und die Bezeichnung bündelte, wovon man sich im Westen abzugrenzen trachtete – die Juden und den Osten. Obwohl Deutschland während des Ersten Weltkriegs viele von ihnen zum Ankurbeln der Kriegswirtschaft geholt hatte, waren sie nirgendwo wirklich willkommen. Diese Juden waren Fremdlinge. Sie sprachen jiddisch miteinander, sie trugen Kaftane, Bärte und Schläfenlocken, und sie waren umgeben von einer unangenehmen Aura der Armut und Zerschlissenheit.

Die Hetze in der antisemitischen Presse nahm schon in den zwanziger Jahren vorweg, was Jahre später in den Gaskammern seine Fortsetzung finden würde. »Schmarotzer«, »Gesindel«, »am Volksmark saugende Parasiten« waren die Stereotypen, die man über Ostjuden verbreiten durfte. Ihr massenhaftes Auftauchen beunruhigte auch die westlichen »Krawattenjuden« in ihrer assimilierten Existenz; erinnerten doch die »Kaftanjuden« aus Polen, Russland und Galizien in ihrem Anderssein an alles, was man endlich überwunden glaubte. Vom bürgerlichen Wohlstand der Westjuden trennten sie Welten. Viele von ihnen waren auf die Gunst des Zufalls angewiesen, der ihnen eine Arbeit zuwies, oder auch nicht. »Luftmenschen« nannte man sie.

Im Gegensatz zu den assimilierten Glaubensbrüdern pflegten die Ostjuden ihre religiösen Rituale in tiefer Gottesfurcht. Auch Fred war, wie er mir erzählte, in einem orthodoxen Umfeld aufgewachsen. In seiner Geburtsstadt Tarnow lebten Juden schon seit dem 15. Jahrhundert. Sie hatten einen eigenen Stadtteil gegründet; die Zydowska, die Judenstraße, und Wekslarska, die Geldwechslerstraße, zeugen noch heute davon. Im Schtetl wurden die männlichen Kinder von klein auf zum Studium der heiligen Schriften erzogen. Die Gelehrten, die »schejne leit«, erreichten das höchste Ansehen. Salomons Vater war ein orthodoxer Jude, der das Thora-Studium und den Besuch der Synagoge mit eiserner Disziplin betrieb. Vier Onkel Salomons waren Rabbiner, und somit war Salo, wie ihn jeder nannte, von Kindesbeinen an mit allen Riten der Religiosität tief vertraut. Sehr viel später, als längst erwachsener Mann, sollte er sich wieder darauf besinnen.

Als kleines Kind hatte er die »chejder«, die religiöse Vorschule, besucht, in der schon Dreijährige mit dem Studium der heiligen Schriften begannen. Anschließend wechselte er auf eine polnische Knabenschule in Tarnow. Er hatte in allen Fächern eine Eins, auch in Gesang und Betragen, allein beim Zeichnen reichte es nur für eine Zwei. Sein Vater Isaak arbeitete als Buchhalter und verdiente einen bescheidenen Lohn, der ihn jedoch besser stellte als viele der bettelarmen Juden Tarnows, die sich als Kleinhändler, Wasserträger oder Altwarenhändler durchschlagen mussten.

Zu Beginn des Ersten Weltkriegs verließen die Tischs Tarnow. Es war nicht nur die Armut, der sie entkommen wollten. Sie flohen, wie Heerscharen von Ostjuden, auch vor den grausamen Pogromen, die seit Anbeginn des Jahrhunderts in zahllosen russischen und ukrainischen Städten wüteten und bei denen jüdische Männer, Frauen und Kinder zu Tausenden ermordet wurden.

Isaak Tisch siedelte mit seiner Familie zunächst im mährischen Holleschau an, wo Salo am 28. September 1914 in die deutsche Volksschule eintrat. Er besuchte die zweite Klasse, obwohl er aufgrund seines Alters bereits in der vierten hätte sein müssen. Ein Jahr später zog die Familie weiter nach Wien. In der Leopoldstadt, dem jüdischen Viertel, fanden sie ihren ersten Unterschlupf, um einige Zeit später in die Vorgartenstraße 78 im 20. Bezirk umzusiedeln. Isaak Tisch bekam sehr bald eine Anstellung als Buchhalter bei der Fanto-Öl, einer Mineralöl-AG. Sein Sohn Salo, auf dessen Zeugnis »Kriegsflüchtling« vermerkt war, besuchte zunächst eine allgemeine Volksschule für Knaben, sodann zwei Jahre lang ein polnisches Gymnasium, bis er 1919 in das öffentliche Josef-Juranek-Realgymnasium im 8. Bezirk wechselte. Dort machte er 1924 seine Matura.

Während seiner gesamten Schulzeit – das ist den Zeugnissen zu entnehmen, die er lückenlos aufbewahrte – hatte Salo in Mathematik und Religion eine Eins. Schon damals, so erkläre ich es mir, mögen dies die Stützpfeiler seiner von stetem Neuanfang und Entrissenheit geprägten Biographie gewesen sein. Die Logik des Geistes und die Wärme des Glaubens waren für Salo Tisch wie eine Balustrade seines Ichs. Sein Fundament aber war eine noch größere Passion, die er sehr früh entdeckt hatte: die Begeisterung für das Schreiben und die Bühne.

Bereits in der Schule, so erzählte mir Fred, sei diese Affinität erwacht. Seinen ersten Bühnenauftritt hatte Salo, der im letzten Schuljahr dem Theaterverein »Schaubühne« beigetreten war, auf der Kleinkunstbühne des Café Prückel. Im Jahr seiner Matura trat er dort als Anatol im gleichnamigen Einakter von Arthur Schnitzler auf. Die künstlerische Leitung des Abends hatte Salos Klassenkamerad Severin Wallach übernommen. Neben ihrem Amateurstatus einte die beiden Oberprimaner ihre große Faszination für die Welt der Inszenierung, angesichts derer alles andere, die Matura-Prüfungen eingeschlossen, zur Nebensächlichkeit geriet.

Einige Zeit zuvor hatte Salo begonnen, Sketche und Kolumnen zu verfassen. Eine Hand voll Textproben hatte er an die Münchner Satirezeitschrift *Die Fliegenden Blätter* gesandt, wo sie, nur mit seinen Initialen S.T. versehen, bisweilen sogar gedruckt wurden. Das bescheidene Zeilenhonorar mag Salos Wunsch befeuert haben, dereinst an seinen Worten gemessen zu werden.

Ich habe Freds Gewandtheit im Umgang mit der Sprache immer sehr bewundert, und oft fragte ich mich, wie jemand, der mit Polnisch und Jiddisch aufgewachsen war, der Russisch, Latein und Französisch in der Schule lernen musste, sich so leicht in den Wiener Schmäh einfühlen konnte, um später in den ihm vollends unbekannten britischen Humor zu wechseln. Wahrscheinlich wäre aus ihm auch ein guter Rechtsanwalt geworden, der mit Worten jonglieren und sie, ganz nach Bedarf, wie rhetorische Salven abfeuern oder damit vermintes Gebiet hätte befrieden können.

In Salos Studienbuch, auch das besitze ich noch, sind alle Vorlesungen aufgelistet, die er damals besuchte. Römische und deutsche Rechtsgeschichte, Privat-, Pfand- und Familienrecht, Kirchen-, Erb- und Völkerrecht und auch Psychologie und die Geschichte der neuen Philosophie zählten dazu. Anfang 1929 legte er die juristische Staatsprüfung mit »gutem Erfolge« ab.

Der Stolz einer Mutter ist mir vertraut. Als mein Sohn Ian Anfang der 80er Jahre das Geschichts-Examen in Oxford bestand, war das für mich wie ein ergänzendes Band zu meiner zweiten Heimat. Auf trostreiche Weise verwurzelt die nachkommende Generation mit dem Boden, der den Eltern nie gänzlich vertraut sein wird. Ähnlich werden es Isaak und Taube Tisch wie ein Signum ihrer Integration empfunden haben, als ihr Sohn Salo sogar den Doktor machte. Bei der Promotionsfeier habe sich seine Mutter verstohlen die Tränen aus den Augenwinkeln gewischt, erzählte mir Fred. »Ich habe immer gewusst, dass du uns alle Ehre machen wirst«, sagte sein Vater, und sein Antlitz leuchtete vor Freude. Was ihm verwehrt geblieben war, war dem Sohn so scheinbar ohne große Mühsal gelungen.

Ihm selbst habe der Titel nicht viel bedeutet, sagte Fred. Und doch benannte der Doktor augenscheinlich den Teil einer gewandelten Identität, die Salo sogar beschloss, mit einem anderen Vornamen zu versehen. In dem gefächerten Ledertäschchen, in dem Fred zeitlebens alle wichtigen persönlichen Unterlagen verwahrte und das heute für mich wie ein Album seines Daseins ist, in einem dieser Fächer habe ich auch einige Visitenkarten gefunden, die er wohl sehr bald nach seiner Promotion drucken ließ. Dünn und kaum halb so groß wie eine Streichholzschachtel waren die Kärtchen, und sie markierten das neu geborene Leben von Salo. Über die elterliche Adresse hatte er seinen Namen drucken lassen: Dr. Siegfried Tisch stand da schwarz auf weiß.

Es ist eine der vielen Fragen, die ich ihm nicht mehr stellen kann, warum er ausgerechnet den Inbegriff des germanischen Sagenhelden zum Namen erkor. In Anbetracht dessen, was er unter den Deutschen erlitten hat, erscheint mir der Name fast makaber. Und ich kann ihn, obschon Salo in seinem Leben doch einiges an Tapferkeit und Wagemut bewies, bis heute schwer mit seiner Person in Einklang bringen. Für mich war er immer nur Salo oder Fred.

So begann Salo damals zweierlei Leben zu führen. Unter seinem Geburtsnamen arbeitete er die ersten Jahre nach seiner Promotion als Rechtsanwaltsanwärter. Beim Handels- und beim Landgericht war er zur Gerichtspraxis zugelassen, und in einer Kanzlei betraute man ihn mit der Bearbeitung verschiedener Fälle. Er habe, erzählte mir Fred später, damals viele Scheidungsstreitigkeiten betreut und dabei den inneren Schwur abgelegt, niemals, auch nicht der größten Liebe wegen, den Bund der Ehe einzugehen. »Dieses öffentliche Waschen von schmutziger Wäsche nimmt den Leuten den letzten Rest an Würde und Anstand«, sagte er. Das damalige Familienrecht, erklärte Fred, erlaubte die Scheidung unter anderem bei schuldhaftem Ehebruch oder der Verweigerung der Fortpflanzung, aber auch bei unheilbarer Zerrüttung, etwa durch Verfehlungen, die auf einer geistigen Störung beruhen, oder auf einer Ekel erregenden Erkrankung. Weil vom richterlichen Schuldausspruch abhing, welcher Ehegatte dem anderen in welchem Ausmaß Unterhalt zu zahlen hatte, waren die gegenseitigen Anfeindungen im Vorfeld des Gerichtstermins oft entsprechend indiskret.

Fred sagte, er habe in diesem Metier der Zwietracht nie seine wahre Berufung gesehen, und es muss ein Glück für ihn gewesen sein, dass er längst ein anderes Erlebnisfeld gefunden hatte. Jeden Groschen gab er für Besuche der Theater und Kleinkunstbühnen aus. Hier, in den schummrigen Kellerkabaretts und den kristallin strahlenden Sälen der großen Spielhäuser lockte die Welt des Amüsements, welches spätestens nach dem gigantischen Erfolg der *Lustigen Witwe* von Franz Léhar zum salonfähigen Motiv eines Theaterbesuchs avanciert war.

Magisch angezogen von dieser Welt, habe er immer wieder die Wiener Kaffeehäuser aufgesucht, in denen die Komponisten und Librettisten verkehrten, erzählte Fred. Das Café Bauer oder Imperial, das Café Museum, das Dobner und das Café Sacher am Opernring waren als Operettenbörsen bekannt, in denen Textdichter ihre Eingebungen an den Mann zu bringen trachteten, Komponisten nach genialischen Bühnenideen und Verleger nach potenziellen Publikumserfolgen Ausschau hielten. In den von Zigarrenrauch vernebelten und von einem dichten Stimmengeflecht übersponnenen Lokalen wandelte sich der angehende Jurist Salo zum angehenden Librettisten namens Siegfried. Hier machte er die Bekanntschaft mit den Komponisten Paul Mann und Egon Goldberg, die ebenfalls am Beginn ihrer Musikkarriere standen. Eines seiner ersten Libretti schrieb Salo noch während seines Jura-Studiums im Jahr 1928 zu der Musik von Egon Goldberg. »Kein böses Wort will ich sagen« versprach der Text – »nur duldend es tragen, was mir das Schicksal bringt durch dich!« Wenig später lautete das einfache Plädoyer eines Liedes, das Salo für Goldberg und Mann dichtete: »Ich lieb dich doch!« Die Orchesternoten verlangten von den Musikern ein »zärtliches Bluestempo«, passend zu dem Liebeskummer, der aus den Zeilen sprach.

Man kann es als Anfängerglück bezeichnen, dass ausgerechnet Richard Tauber Gefallen an Salos Lied fand und es für eine Plattenaufnahme auswählte. Der große Richard Tauber. Damals huldigte man dem Startenor, der mit einem meisterlichen Belcanto über die Grenzen zwischen E- und U-Musik hinweg sang, in Berlin und Wien gleichermaßen. Tauber hatte der schwächelnden Gattung der Operette neues Leben eingehaucht, als er sich, von der hohen Gage gelockt, im Jahre 1922 entschloss, der Oper untreu zu werden und im Theater an der Wien ein Gastspiel in Léhars *Frasquita* zu geben. Der Seitensprung geriet zur lebenslangen Affäre, die ihm viele Wächter der Hochkultur nie verziehen. Mit Léhars *Paganini* hatte Tauber 1926 Berlin erobert, und seither feierte man ihn als »Halbgott des Gesangs«, als »Mann mit Gold in der Kehle«.

»Ich lieb dich doch!« avancierte zu einem viel gespielten Schlager der Saison, und fortan blieb Siegfried der Herzensthematik treu – so wie es die Gesetze der Branche verlangten. »Sie glauben nicht an die Liebe, gnä' Frau« schrieb er 1929 zu einem Tango, den Paul Mann komponiert hatte. »Mädi, mein Mädi«, betitelte er einen Foxtrott, »Dürft ich deinen Worten glauben?« einen anderen. Er verfasste auf diese Weise ein gutes Dutzend Tanzlieder, wie sie damals die Donaumetropole überschwemmten.

Sie waren wie die letzten Schaumkronen einer Vergnügungswelle, die nach den Entbehrungen des Ersten Weltkriegs über die europäischen Metropolen gebrandet war und eine nie gekannte Begeisterung für Jazz-Rhythmen und lateinamerikanische Tänze geweckt hatte. Abends spielten die Kapellen in den allenthalben aus dem Boden geschossenen Wiener Tanzsalons und Lokalen, und auf der Tanzfläche drängten sich die herausgeputzten Paare. Die Männer trugen Smoking und schwarze Lackschuhe, die mit ihren zurückgekämmten, dick mit Pomade einbalsamierten Haaren um die Wette glänzten. Die Damen hatten Abendkleider aus fließenden, anschmiegsamen Stoffen an, mit Schleppen und tiefen Rückendekolletés, die viel nackte Haut sicht- und fühlbar machten. Ihr kinnlanges Haar war in sanfte Wellen gepresst, die den Kopf eng umschmeichelten, die Lippen leuchteten rot. Man tanzte den Shimmy, den Bummelstep, den Foxtrott, den Swing und den Tango, man lachte, man kokettierte. Für die Dauer eines ausgelassenen Abends ließ es sich einer Welt entfliehen, deren Antlitz sich unter dem Druck von Nachkriegsinflation und Weltwirtschaftskrise verhärtete. »Die Wiener«, pflegte Fred zu sagen, »verdrängen mit Vergnügen. Keiner versteht sich darauf so gut wie sie.«

Salo Tisch indes tanzte kaum. Lieber lauschte er den Melodien und Texten und beobachtete, welche Lieder das Publikum enthusiastisch aufnahm und bei welchen sich das polierte Parkett merklich leerte. All das barg Salo in seinem Gedächtnis und trug es nach Hause, in seine Studierstube in der elterlichen Wohnung, wo sich neben der rechtswissenschaftlichen

Literatur eine wachsende Anzahl von Musikzeitschriften und Notenblättern fand, in die sich der junge Dichter Siegfried mit deutlich größerem Eifer vertiefte als der Jurist Salo in die Gesetzesbücher. Nachts, wenn seine Eltern schliefen, stahl sich Salo abermals in die glitzernde Welt der Musik und Unterhaltung.

Er pflegte schon damals eine eigentümliche Arbeitsmethode. Später habe ich ihn oft damit aufgezogen. »Dass du ein Jude bist, merkt man an deiner hebräischen Art zu dichten«, sagte ich. »Du schreibst von hinten nach vorne.«

Salo begann die Zeilen stets mit den gereimten Worten am Schluss. Derer hatte er reichlich auf Lager, hatte er es sich doch beizeiten zur Gewohnheit gemacht, Einfälle für Reimfolgen in einem kleinen Notizbuch, das er immer mit sich führte, festzuhalten. Ich besitze dieses schmale Bändchen aus seiner Wiener Zeit noch, in dem er mit seiner akkuraten, schräg nach oben fliegenden Schrift die Reimzwillinge und -drillinge mit einem dünnen Bleistift in die karierte Lineatur eintrug.

»Arm – warm – Charme«, steht da zu lesen, »Tanzlokal – Damenwahl – jedes Mal«, »begehrt – verklärt – gewährt«, »Gage – Blamage«, »Mangel – Tingeltangel«, »Theater – delikater«, »Hurra – ein A!«, »Monte Carlo's – Inventar los«, »lasziv – naiv« und Hunderte andere. Nur das Wort »Liebe« sucht man vergeblich. Ich erkläre es mir so, dass Salo alias Siegfried vermutlich alle erdenklichen Reime darauf auswendig kannte.

Vom Zeilenende arbeitete er sich sodann bis zum Versanfang zurück und konstruierte den passenden Satz dazu. Gerade in der Anfangszeit, so erzählte mir Fred, sei diese Strecke häufig ein Tasten und Stolpern gewesen. Allmählich aber, mit wachsender Routine, entstanden die Zeilen bisweilen wie im Fluge, eine nach der anderen, Strophe um Strophe. Salo schrieb immer zuerst mit der Hand, strich darin herum und überkritzelte es wieder, um das Ergebnis, wenn er schließlich damit zufrieden war, auf seiner kleinen Schreibmaschine abzutippen.

»Gnädige Frau, ich darf Sie nicht lieben« schrieb er im Jahre 1930 zur Musik von Egon Goldberg, »In Deinem Blick liegt eine ganze Welt von Liebe« für Hans Kastner. Er machte die Bekanntschaft mit dem ungarischen Komponisten Carlo de Fries, der zwischen Wien und Budapest pendelte. Aus der Zusammenarbeit entstand bald eine gute Freundschaft – und der Tango »Nehmen wir an, Madame, dass Sie mich lieben«, der zwei Jahre später auch in Berlin verlegt wurde.

Die meisten erfolgreichen Wiener Librettisten wie Ludwig Herzer und Fritz Löhner-Beda, Fritz Grünbaum und Béla Jenbach, Alfred Grünwald und Victor Léon wirkten damals auch in der deutschen Hauptstadt. Doch Salo kam fast zu spät, um noch von dieser kulturellen Allianz zu profitieren. Nur wenige Monate nach seinem Debüt in Berlin begann diese Brücke bereits zu bröckeln, um mit Hitlers Machtergreifung für all jene vollends zu zerbrechen, die bald darauf zu den Ratten der Republik erklärt wurden: für die Juden.

Niemand, sagte Fred, habe damals damit gerechnet, dass sich in Berlin die Vorzeichen für jüdische Künstler so jählings ändern würden. Und es half ihm wenig, dass er den jüdischen Vornamen durch einen germanischen ersetzt hatte, wer Tisch hieß, hätte sich ebenso gut auch Rothschild nennen können. Eilfertig und mit eisernem Besen fegten die Nazis ihre Hauptstadt »judenrein«. Die freizügigen Revuen hatten sie im Visier, noch mehr aber die von jüdischen Librettisten und Komponisten geprägte Operette.

Schon bald sollte das auch Richard Tauber am eigenen Leib erfahren, der gleichzeitig einen Gastspielvertrag mit dem Berliner Staatstheater und der Wiener Staatsoper hatte. In Berlin sang er vor ausverkauften Häusern Léhar-Operetten wie *Paga-*

nini, *Zarewitsch*, *Friederike* und *Das Land des Lächelns*, in Wien waren es Opern von Verdi und Mozart. Das Lied »Dein ist mein ganzes Herz« aus dem *Land des Lächelns* hatte ihm zuletzt Weltruhm beschert.

Dabei war er wahrlich kein schöner Mann. Vor dem rechten Auge klemmte ein Monokel, das teigige Gesicht und die Leibesfülle, die er hinter drall gespannten Westen verschanzte, belegten, wie sehr der geborene Linzer der gehaltvollen k.u.k.-Küche, vor allem deren Mehlspeisen zugetan war. Taubers Gesangskunst aber machte seinen augenscheinlichen Makel vergessen. Er hatte sich, gefördert durch den aufkommenden Rundfunk und eine Vielzahl von Schallplatten, in die Herzen von Millionen gesungen.

Über Nacht aber gehörte nun auch der Weltstar Tauber zum Gesindel, denn sein Vater, ein Schauspieler, war Jude. Nur wenige Wochen nach Hitlers Machtergreifung, ein paar Tage nach den letzten freien Wahlen Anfang März, hatte man Tauber im Berliner Admiralspalast nicht mehr auftreten lassen. Kurz darauf wurde er vor der Drehtür des Berliner Kempinski von einem Schlägertrupp abgefangen und verprügelt. »Judenbengel raus aus Berlin!«, hatten sie gerufen. Noch in derselben Nacht hatte Tauber Berlin in Richtung Wien verlassen, nicht ahnend, dass er die deutsche Hauptstadt nie wieder sehen sollte.

Politik interessierte Tauber nur dann, wenn sie seine einzige und wahre Passion, die Musik, zu behindern drohte. So schickte er einen ergebenen Brief an das Reichsministerium des Inneren in Berlin, in dem er sein Verständnis für die Ziele der nationalen Regierung unterstrich. Die Antwort aus Berlin war die Mitteilung, dass man dem »jüdischen Mischling« seine beiden dortigen Villen auf Grund offener Steuerfragen beschlagnahmt habe. Es gab für Tauber – wie für so viele andere Künstler – kein Zurück mehr.

In Wien nistete sich Tauber, der das Leben in einer Suite längst der privaten Villa vorzog, wieder im Hotel ein. Von hier aus reiste er zu Gastspielen in Holland, Schweden, der Tschechoslowakei und Frankreich. Er sang in der Wiener Staatsoper und nahm weiterhin Platten auf.

Salo hatte in diesem Jahr das Libretto »Die große Liebe gibt es längst nicht mehr« zur Musik von Egon Goldberg geschrieben, und Tauber versah das Lied mit seinem unnachahmlichen Schmelz. Es sollte nicht das letzte Mal sein, dass Tisch und Tauber zusammenarbeiteten.

Immer häufiger sah man nun den jungen Textdichter Tisch, der die Juristerei inzwischen ganz aufgegeben hatte, in den einschlägigen Kaffeehäusern, und sein Gesicht, aus dessen feinen Zügen die Ebenmäßigkeit der Jugend gerade erst zu weichen begann, war dort kein fremdes mehr. Fast alle Gäste waren Juden – die Librettisten zumal, aber auch das Gros der Komponisten wie Leo Fall, Hermann Leopoldi, Ralph Benatzky oder Emmerich Kálmán. Warum das Souterrain der Oper so viele jüdische Künstler anzog, hat der renommierte Librettist Victor Léon einmal so begründet: »Das Operettenpublikum will unter Tränen lachen – und das ist genau das, was wir Juden seit der Zerstörung Jerusalems nun schon 2000 Jahre lang tun.«

Viele Juden hatten wie Tauber Berlin für immer den Rücken kehren müssen. Im April 1933 hatte in Deutschland der Boykott jüdischer Geschäfte, Ärzte und Rechtsanwälte begonnen. Zum 1. Juli hatte die Berliner Staatsoper allen nicht arischen Mitgliedern gekündigt. So begann der Aderlass, von dem sich Deutschland bis heute nicht erholt hat. Dirigenten, Generalmusikdirektoren, Kapellmeister, Professoren, Dozenten, Sopranistinnen, Tenöre, Orchestermusiker, Schauspieler, Regisseure und Produzenten flohen außer Landes. Nach Prag, Paris, London, in die Vereinigten Staaten und auch nach Wien.

Noch war die Stadt ein Ort der Vielfalt. Die kulturelle und intellektuelle Reichhaltigkeit, die man in Berlin nun auslöschte, war in Wien noch existent und äußerte sich in regem Austausch mit Prag, Paris und Budapest. Im Bann dieser mannigfaltigen Kultur, sagte Fred, habe man die Augen vor der Entmenschlichung und Uniformierung im Nachbarland verschließen können. In den Theatern, den Bars und den Tanzsalons wiegte man sich weiter zu den geschmeidigen Rhythmen, während nebenan schon zum kantigen Takt des Horst-Wessel-Lieds marschiert wurde.

Auch der Mann, dem Salo in diesen Tagen begegnete, war aus der entweihten deutschen Hauptstadt an die Donau zurückgekehrt. Salo lernte ihn im Kaffeehaus kennen. Vielleicht stellte man sie einander vor, womöglich hatte sich der andere auch so platziert, dass man ihn nicht übersehen konnte. Aber man hätte Hans J. Lengsfelder wohl selbst dann wahrgenommen, wenn er sich in einer Nische hinter einer rahmengestützten Zeitung verschanzt hätte, denn seine Präsenz füllte den Raum. Die kräftige Statur, die flinken Augen, die aufrechte Haltung duldeten kein Übergehen. Er war zwei Jahre älter als Salo, ein gut aussehender, elegant gekleideter Mann von 30 Jahren. Als die beiden ins Gespräch kamen, erzählte Salo Lengsfelder von den ersten Libretti, die er verfasst, und den zarten Erfolgen, die er damit erzielt hatte. Auch Lengsfelder hatte schon den einen oder anderen Textversuch gemacht, allerdings ohne gewaltige Resonanz. Dafür sprühte er nur so vor Einfällen und kannte sie alle, die Produzenten, die Agenten, die Theaterdirektoren und Komponisten.

Salo, der immer eine Intuition für die Charaktereigenschaften seiner Mitmenschen hatte, mag geahnt haben, dass sich mit diesem feschen Hansdampf in allen Gassen eine treffliche Allianz, eine zukunftsträchtige Symbiose würde eingehen lassen. Hans, sagte mir Fred, habe alle jene Qualitäten mitgebracht, an denen es ihm selbst mangelte. Salos Bescheidenheit setzte er unverwüstliches Selbstbewusstsein entgegen, die Schüchternheit wusste er durch seinen souveränen Auftritt wettzumachen, Salos Unwillen, um Honorare zu feilschen, wog Hans durch Verkaufsgeschick ebenso auf wie durch die Fähigkeit, andere für seine Vorhaben zu begeistern. Er hatte die Mechanismen der Operettenbranche, die als ein Vorbote der modernen Unterhaltungsindustrie den Gesetzen des Marktes und somit dem Publikumserfolg verpflichtet war, durchschaut. »Ich habe Ideen, und ich habe Kontakte«, sagte er zu Salo. »Und glaub mir, ich weiß, was das Wiener Theaterpublikum sehen will.«

So entstand das ungleiche Gespann Lengsfelder und Tisch, getreu dem Credo der Operette, das der Textdichter Alfred Grünwald folgendermaßen beschrieb: »Der Starke ist am mächtigsten allein, Libretti aber schreibt man gut zu zwei'n.« Viele Textdichter der damaligen Zeit arbeiteten im Team. Der Reihenfolge ihrer Namensnennung konnte man entnehmen, wer dabei welchen Beitrag geleistet hatte. Der Erstgenannte zeichnete meist für die Handlungsidee verantwortlich, an zweiter Stelle kam der Dichter, von dem die Gesangslyrik stammte. So war es auch bei dem Duo Lengsfelder und Tisch. Hans Lengsfelder lieferte die Ideen für den Plot, Salo Tisch reicherte sie mit Pointen und Humor an und schmiedete die zugehörigen Verse.

Die Ansprüche der leichten Muse zu erfüllen, sei wahrlich kein Leichtes gewesen, sagte Fred. Hatte doch schon lange zuvor der Operettenerneuerer Franz Lehár betont, der Erfolg einer Operette sei mehr denn je von der Qualität des Textbuches abhängig. »Man will ein Stück, ein solid gebautes, bei aller Heiterkeit spannendes Theaterstück, neue Milieus, prickelnde Dialoge, ein Ragôut aus Witz, Humor, Poesie, Eleganz, lebensfroher Erotik, ein Minimum an schwerfälligen

Motivierungen, last not least eine musikalische Atmosphäre, die heitere und graziös-sentimentale Stimmungen im Gesang und im Orchester auslöst.«

So sprach der Komponist. Doch damit waren beileibe nicht alle Erwartungen erfüllt. Das Dilemma der Autoren, die so vielen Ansprüchen gerecht werden mussten, hatte Grünwald in seinem Gedicht »Operette« auf den Punkt gebracht:

»... durch mein Genie gehalten –
Lust und Leid will ich gestalten!
Dazu noch recht viel Humor!«
So spricht immer der... Tenor...

»Im Finale muss es krachen,
Denn nur so kann man was machen!
Ein Chanson, dann kann ich zieh'n!«
Sagt die erste Sängerin...

»Riesig originell wär's einmal
Säng allein ich ein Duette,
Sowas wiederhol ich dreimal!!«
Also spricht stets die... Soubrette...

»G'spaßig muss die Rolle werden,
Dass ich schon beim Lesen berste
Und mich kugel auf der Erden.«
Sagt der Komiker, der erste!...

»Ich brauch eine Novität,
Die zumindest zwei Jahr geht...
Sonst spiel ich die Sachen nicht.«
So der Herr... Direktor spricht...

Und wer soll das alles machen ...
Dass die Leute weinen, lachen ...
Alles ahnen, vorher wissen,
Und wer wird am Schluss verrissen??
Niemand anderer, dass ihr's wisst:
Als der arme ... Librettist!

Er habe, erzählte mir Fred, in Lengsfelder nicht nur einen Kompagnon gefunden, der ihn ansporne und zugleich sein strengster Kritiker war, es wuchs daraus auch sehr bald eine aufrichtige Freundschaft. Täglich nun trafen sich die beiden und sannen über erfolgreiche Handlungsideen und gute Zeilen nach.

Der junge Librettist Hans J. Lengsfelder entstammte einer wohlhabenden jüdischen Familie aus dem böhmischen Reichenau, die über Brünn nach Wien übersiedelt war. Sein Vater war Fabrikant gewesen; er war 1927 gestorben und hatte seiner Frau Elfriede und den drei erwachsenen Kindern ein Haus in der Lannerstraße im 19. Bezirk hinterlassen. Obwohl er in Wien geboren war, besaß Hans einen tschechoslowakischen Pass – von dem sich erst sehr viel später erweisen sollte, wie wertvoll er war.

Lengsfelder war mit der Operette groß geworden. Als er zu laufen begann, hatte man im ganzen Land und über die Grenzen hinaus Lehárs *Lustige Witwe* und Oscar Strauss' *Walzertraum* gespielt. Die Stücke hatten die Ära der »silbernen Operette« eingeläutet und Wien eine nie da gewesene Operettenkonjunktur mit zum Teil vier Dutzend Erstaufführungen im Jahr beschert. Nach dem Ersten Weltkrieg und dem Zusammenbruch der Monarchie war das Fieber merklich abgeklungen.

Inzwischen stand den Wiener Theatern das Wasser bis zum Hals. Massenarbeitslosigkeit, Rezession und die neue

Konkurrenz des Kinos bedrohten ihre Existenz. Fast täglich berichteten die Wiener Zeitungen von der Theaterkrise. Schulden, Zahlungsunfähigkeit und zu hohe Ausgaben belasteten die Privattheater. Viele von ihnen mussten vorübergehend schließen.

Doch Lengsfelder ließ sich davon nicht entmutigen. Hatte er doch kurz vor dem Aufmarsch der Nazis in Berlin erlebt, wie begeistert dort die Lehár-Operetten aufgenommen worden waren. Und im Januar 1934 sollte der Altmeister des Genres beweisen, wie viel Zugkraft diese wiederholt totgesagte Gattung auch in Wien noch immer besaß.

Am 20. Januar 1934 zog Franz Lehár mit seiner *Giuditta* in die heilige Stätte der Wiener Staatsoper ein. Es war eine Sensationspremiere. 120 Rundfunkstationen übertrugen das Ereignis, auf dem Schwarzmarkt wurden die Karten zu Höchstpreisen gehandelt. Lehár, der die Gnade des Einlasses in die geweihten Hallen der Kultur mit stiller Genugtuung genoss, dirigierte höchstpersönlich die Philharmoniker, und Tauber sang, vom Publikumsrausch angefeuert, manches Lied dreimal in Folge. Die Einnahmen überboten alle Erwartungen, die folgenden 42 Vorstellungen waren ausverkauft. Das Libretto des Kassenerfolgs, der die Oper aus ihren roten Zahlen holte, stammte von Paul Knepler und Fritz Löhner-Beda. Beide sollten, jeder auf ganz eigentümliche Weise, später noch den Lebensweg von Salo kreuzen.

Auch Lengsfelder und Tisch ergatterten sich *Giuditta*-Karten und erlebten einen Abend, in dem das Publikum gar nicht genug bekommen konnte, von dem, was man – als Zugeständnis an den hehren Aufführungsort – im Textbuch als »Spieloper« annonciert hatte, was aber in Wirklichkeit nichts anderes war als eine Operette. Als sie die Treppen der Staatsoper hinunterliefen und hinter ihnen die Weihestätte der Kultur noch immer im Glanz der vielen Kronleuchter erstrahlte, vergrub Lengsfelder seine Hände in die Taschen, wie er das gerne tat, wenn seine Gedanken flanierten. Sie steuerten eine Bar an, und Hans, der auf dem Weg dorthin immer wieder die Tauber-Melodien gesummt hatte, bestellte zwei Gläser Champagner. »Lass uns auf unsere Zukunft trinken«, grinste er Salos erstauntem Gesicht entgegen. »Heute Abend haben wir gehört, wo sie liegt. Wir müssen eine Operette schreiben, statt uns mit kleinen Tanznummern zu begnügen, das sag ich dir.« Entschlossen setzte er nach einer Pause hinzu: »Und wir werden eine schreiben.« Mit einer Mischung aus Respekt und Skepsis ließ Salo sein Glas an das des Freundes klingen. Beide ahnten sie nicht, dass ihnen das Schicksal zuvor noch eine andere Chance zuspielen sollte.

Und dies ausgerechnet in einem Medium, das sich mit seinen vielerlei technischen Finessen zur Konkurrenz der beschaulichen Bühnenwelt entwickelte: im Tonfilm. Viele Komponisten und Librettisten arbeiteten für das neue Unterhaltungsmetier, komponierten Filmmusiken und verfassten Tonfilm-Schlager. Damals war das Filmgenre mit dem der Musik noch eng verwoben. Ein erfolgreicher Schlager beflügelte die Popularität eines Tonfilms – und umgekehrt. Fiel der Film indes bei dem Publikum durch, war damit meist auch das Schicksal der Musik besiegelt, die alsbald in der Versenkung verschwand.

Der Tonfilm-Markt war eng, und besonders für Juden, so erzählte Fred, wurden die Nischen immer schmaler. Um ihren Produktionen den wichtigen deutschen Absatzmarkt zu erhalten, war die österreichische Filmindustrie gezwungen, bei ihren Besetzungen Konzessionen an die judenfeindliche deutsche Kulturpolitik zu machen. Bereits zum Jahreswechsel 1933/34 waren vier österreichische Filme von der reichsdeutschen Kontingentstelle blockiert worden. Den österreichischen Filmproduzenten hatte die deutsche Reichsfilmkammer empfohlen, Manuskripte und Besetzungslisten dem Reichsfilmdramaturgen zur Kenntnis zu bringen. Nur wenn dieser mit dem Inhalt und der Besetzung des Films einverstanden war, konnte man darauf hoffen, dass der Film weder bei der Einfuhr noch bei der Zensur in Deutschland auf Schwierigkeiten stoßen würde. Die österreichischen Stellen hatten den Vorschlag akzeptiert und damit de facto ein Arbeitsverbot für jüdische und oppositionelle Filmschaffende unterschrieben.

Aber Lengsfelder war, zum Erstaunen seines Kompagnons, den die Gesetzeskunde vielleicht auch einen gewissen Rechtsgehorsam gelehrt hatte, nicht der Typ, der sich von derlei Widrigkeiten verunsichern ließ. Hans habe mehr Chuzpe gehabt als er selbst, erzählte mir Fred. Und dass er ihn oft um diese Unbekümmertheit beneidet habe. Eines Morgens rief Lengsfelder Salo aufgeregt in aller Früh in der elterlichen Wohnung an. »Rate mal, wer gestern im Heurigen-Lokal in Sievering am Nachbartisch gesessen hat«, polterte er ins Telefon. Natürlich hatte Salo keine Ahnung. »Der Peter Kreuder zusammen mit dem Willy Forst«, erzählte Lengsfelder atemlos. Kreuder war schon damals ein erfolgreicher Komponist, und Forst hatte sich als Schauspieler wie Regisseur einen Namen gemacht. »Den ganzen Abend haben sie sich über die Filmmusik zu ›Burgtheater‹ unterhalten«, erzählte Lengsfelder, »und immer wieder haben sie diese Melodie gesungen ...«

Lengsfelder summte sie vor, eine Melodie, die so eingängig war, dass man sie nicht vergaß. Der Komponist Kreuder hatte eine Polka von Johann Strauß variiert und daraus einen Ohrwurm geschaffen. Bislang aber gab es nur die Noten und noch keinen Text.

Lengsfelder witterte eine große Chance. Natürlich hatte er als Jude keinerlei Aussicht, von einer deutschen Filmgesellschaft als Texter engagiert zu werden. Aber er kannte jemanden, dessen Name unverdächtig war, einen entfernten Bekannten namens Harry Hilm. Den schickte er als Strohmann los und beauftragte ihn, gleich am darauf folgenden Tag bei Peter Kreuder im Atelier Rosenhügel anzurufen und sich als Librettist für die Filmmelodie anzubieten.

Die politische Situation in Deutschland, wo man die systematische »Ausmerzung aller jüdischen Elemente« aus dem Kulturleben forcierte, ließ ihm keine andere Wahl. Im März 1934 hatte Joseph Goebbels eine Verordnung erlassen, derzufolge alle Künstler für öffentliche Auftritte einer Fachschaft angehören mussten, die der Aufsicht der Reichstheater- oder Reichsmusikkammer unterstand. Die Mitgliedschaft in dieser Fachschaft war an den Ariernachweis gebunden.

Die Musik sollte »entjudet« werden. Dabei scheuten sich die Nazis nicht, auch Oratorien und Kantaten von Bach und Händel auf das neue Weltbild umzudichten, die Originaltexte zu überarbeiten und hebräische Inhalte oder Worte wie »Zion« oder »Jahwe« zu streichen. Händels »Judas Maccabäus« wurde zu einem vaterländischen Kampf- und Siegeslied und später zu dem Stück »Der Feldherr« umgewidmet. Auch die von einem jüdischen Texter verfassten Libretti von Mozart-Opern fielen den »Säuberern« zum Opfer. Mozarts Oratorium »La Betulia liberata« über den Judith-Stoff wurde unter dem Titel »Ildiko und Etzel« germanisiert und erzählte nun die Geschichte der Burgunderin Ildiko. Unter den deutschen Gesinnungskorrektoren waren kleine Musikdirektoren ebenso anzutreffen wie renommierte Musikprofessoren. Lockte doch – neben dem Dienst am Götzen – auch eine hübsche Tantiemensumme, weil die Oratorien eifrig aufgeführt wurden.

Die Grauen der Arisierung jüdischen Eigentums sind uns allen präsent. Aber man spricht kaum über das Unrecht der

Enteignung des geistigen Besitzes von Juden, das nicht minder schändlich war und für das es meines Wissens kaum eine Geste der Entschädigung oder auch nur Entschuldigung gegeben hat.

Salo mag insofern stellvertretend für dieses Unrecht gewesen sein, als er es in verschiedenen Versionen erlebte und dadurch in seiner ganzen Groteske. Nicht nur, dass er und Lengsfelder sich die Autorenschaft erschleichen mussten. Auch die Täter verrichteten die seltsamsten Verrenkungen, um sich der für sie so peinsamen Tatsache zu entwinden, dass bei den meisten Erfolgsstücken irgendein Jude, sei's als Komponist, Regisseur oder eben Librettist, beteiligt war. Sie sollten später auch nicht davor zurückschrecken, ein Erfolgsstück von Tisch und Lengsfelder zu arisieren. Ein Theater, das, wäre es nicht so unmenschlich gewesen, man auch als absurdes hätte bezeichnen können.

Zunächst aber bedienten sich Lengsfelder und Tisch des Tricks mit dem besagten Strohmann, um das Berufsverbot in Deutschland zu umgehen. In der Filmbranche war der Behelf eines solchen Pseudonymgebers nicht unüblich, denn auch die Führung ausländisch klingender Decknamen hatte die Reichsmusikkammer 1934 verboten und ein Jahr später die Anzeigepflicht für Emigrantenwerke bei Verlegern und Händlern eingeführt. Etliche jüdische Drehbuchautoren suchten sich nun einen Pseudonymgeber, unter dessen Namen sie weiter publizieren konnten. Manchmal war es ein Freund, manchmal floss dafür auch Geld.

Im Falle Lengsfelder funktionierte der Dreh. Kreuder willigte tatsächlich ein, sich einen Textentwurf von Hilm anzusehen. Hilm solle ihn nur bald herbeischaffen.

Ich weiß nicht, wie lange Salo und Hans daran gesessen sind, in dieser und den folgenden Nächten, und wie viele zerknüllten Seiten im Papierkorb landeten, ehe der richtige Tenor gefunden war. Am Ende jedoch war eine Zeile geboren, die um die Welt gehen sollte und zugleich wie die Überschrift ihrer beiden Leben war:

Sag beim Abschied leise Servus.

4

Es ist still in meinem Haus, vor allem tagsüber, wenn ich allein bin und weder Radio noch Fernseher laufen. Aber in meinem Inneren ist es das nie. Immer sind da die Lieder und die Melodien, die unerwartet von irgendwoher kommen und sich eine Weile dazugesellen. Sie setzen sich mir ins Ohr, oft für einen ganzen Tag, und verleiten mich dazu, leise vor mich hinzusummen. Wenn ich niedergedrückt bin, gelingt es der Musik, der inneren wie der äußeren, mich wieder aufzurichten.

Musik ist für mich eine Lebensnotwendigkeit. Sie ist treuer als die Menschen, die uns verlassen und sich entziehen können. Auf ihre Weise ist sie unsterblich. Fred ist gegangen, aber er hat mir seine Musik dagelassen. Die Operetten und die Schlager, die Balladen und Chansons. Viele habe ich auf Schallplatte, doch ich brauche sie gar nicht abzuspielen, denn die Lieder sind auch so präsent. Bisweilen schleicht sich auch die Melodie von »Sag beim Abschied leise Servus« in meinen Tag und begleitet mich bis zum Schlafengehen.

Sag beim Abschied leise »Servus«
Nicht »Lebwohl« und nicht »Adieu«
Diese Worte tun nur weh!
Doch das kleine Wörterl »Servus«
Ist ein lieber letzter Gruß,
Wenn man Abschied nehmen muss.
'S gibt jahraus, jahrein an neuen Wein
Und neue Liebelei'n
Sag beim Abschied leise »Servus«

Denn gibt's auch kein Wiedersehn,
Einmal war es doch schön

Es hat damals, erzählte Fred, eine Weile gedauert, bis die Zeilen so standen, wie man sie heute kennt. Etliche Male wollte der Komponist Peter Kreuder noch einige Worte geändert haben. Den Strohmann Hilm, der mit den Entwürfen im Atelier aufgetaucht war, brachte das in arge Verlegenheit, denn Kreuder bat ihn, die Korrekturen doch gleich an Ort und Stelle vorzunehmen. Er wunderte sich sehr, dass Hilm dies stets ablehnte und vorgab, er könne nur zu Hause arbeiten. In Wirklichkeit rief er eilends bei Lengsfelder an und ließ sich die nötigen Verbesserungen am Telefon diktieren, um einige Zeit später mit dem überarbeiteten Text wieder im Studio aufzutauchen. So flog der Schwindel nicht auf.

Niemand konnte ahnen, dass damals ein Welthit heranreifte. Als *Burgtheater* dann im November 1936 in die Kinos kam, avancierte das von Hans Moser gesungene »Sag beim Abschied leise Servus« zu einem der bekanntesten Lieder der Zwischenkriegszeit, das später in 26 Sprachen übersetzt wurde. Und in Wien und dem Rest der Welt gab es nur drei Menschen, die wussten, dass das Libretto nicht von Harry Hilm war, so wie es auf den Filmplakaten und den Musikblättern geschrieben stand, sondern von Hans J. Lengsfelder und Siegfried Tisch.

Es gibt bis heute keinen schriftlichen Beweis für Salos Mitwirken an diesem Welterfolg – nur seine Erzählung. Schon kurz nach unserer ersten Begegnung berichtete er mir von diesem Lied, als sei es für ihn ein Wertsiegel seines vormaligen Schaffens, das später entweiht wurde. Aber dennoch war es für Fred niemals ein wirklicher Triumph, den er den Nazis abgeluchst hatte, sondern zeitlebens verbittert durch die Gewissheit, dass man ihn nie mit dem weltberühmten Wienerlied in

Verbindung bringen würde – und dass das Kalkül der Arisierung insofern allen Schlichen zum Trotz aufgegangen war. Salo hat außer einer Einmalzahlung kein Geld für sein Mitwirken bekommen und sich auch nie darum bemüht. Für ihn war Geld nie eine Währung der Wiedergutmachung. Das sollte sich auch später noch mehrere Male erweisen.

Im Sommer 1935 stellte Hans Lengsfelder den Kontakt zu Fritz Spielmann her. Spielmann kam aus der Kleinkunstszene und stand ebenfalls am Anfang seiner Karriere. 1931 hatte er, damals gerade 25 Jahre alt, sein Debüt als Pianist und Interpret eigener Werke im Rahmen eines Richard-Tauber-Liederabends im Wiener Konzerthaus gefeiert. Im Kabarett Der liebe Augustin im Keller des Café Prückel hatte er parallel als Hauskomponist und Pianist die ersten fünf Programme betreut, um später zum Nachtklub Fiaker zu wechseln. Ungefähr zur gleichen Zeit wie Lengsfelder und Tisch war Spielmann dem Komponisten und Textdichter Stephan Weiss begegnet, der bereits in der Schlagerbranche erfolgreich war. Die beiden traten fortan als Komponistenteam auf – nach dem arbeitsteiligen Prinzip der Librettisten und mit ähnlicher Rollenverteilung. Weiss brachte besonderes Gespür für geschäftliche Dinge mit, Spielmann war das musikalische Multitalent. Fred sagte, er habe Spielmanns umfängliche Begabung aufrichtig bewundert, weil dieser mit demselben Können komponierte, mit dem er auch Klavier spielte, sang und Texte schrieb. Er war ein knappes Jahr jünger als Tisch.

Gemeinsam wollten Spielmann, Weiss, Tisch und Lengsfelder nun eine Operettenburleske auf die Bühne bringen, die die Entstehung des Tonfilms thematisierte. Es sollte ihr erstes Bühnenstück sein, und er habe, sagte Fred, die erste Zeit vor Aufregung kaum schlafen können. Er hatte dazu auch wenig Gelegenheit. Ganze Nächte habe er mit Lengsfelder in dessen Wohnung in der Lannerstraße zugebracht, erzählte mir Fred, und Zeilen gezimmert, verworfen, neu erdacht und abermals daran gefeilt. Lengsfelders Mutter, die eine begnadete Köchin war, versorgte die beiden mit Gulasch und Knödeln und Mehlspeisen – und zu fortgerückter Stunde brachte sie auch mal ein Viertel Wein oder einen starken Kaffee in die Dichterklause. Oft dämmerte schon der nächste Morgen, und aus dem Zimmer in der Lannerstraße drang noch immer das Klackern einer kleinen Reiseschreibmaschine.

Am 24. Januar 1936 hatte *Achtung… Großaufnahme!* in den Kammerspielen in der Rotenturmstraße Premiere, der kleinen Schwesterbühne des namhaften Theaters in der Josefstadt, das Max Reinhardt leitete. Mimi Shorp und Felix Bressart spielten in den Hauptrollen. Lengsfelder und Tisch hatten alle ihre Freunde zur und Bekannten zur Uraufführung geladen. Und natürlich waren Salos Eltern und Elfriede Lengsfelder zugegen, deren anfängliche Skepsis über die vermeintlich brotlose Kunst ihrer Söhne inzwischen beifälligem Respekt gewichen war.

Viele von Salos Studienfreunden, mit denen er sich regelmäßig im Café Herrenhof traf, saßen verstreut in den Rängen. Auch der vormalige Klassenkamerad und Bühnenmitstreiter Severin Wallach war erschienen, zusammen mit seinem Cousin Jakob Wallach. Die beiden Wallach-Vettern teilten Salos Theaterpassion und spendeten eifrig Beifall. Vor allem Jakob verstand es, mit einem kurzen, geschnalzten Claque loszuklatschen, ein Sekundenbruchteil, bevor sich der allgemeine Applaus entlud. Obwohl es nie seine wahre Berufung war, besaß Jakob diese Handfertigkeit eines Claqueurs. Deren Einsatz war damals in den Theatern sehr verbreitet. Viele der großen Künstler leisteten sich sogar eigene Claqueure, die genau im richtigen Moment, noch ehe der letzte Ton verstummt war, mit einem gezielten Handschlag den Beifall lostraten wie eine Lawine.

Aber diesmal war derlei gar nicht vonnöten. Das Publikum nahm die »Tonfilm-Reportage in zwei Abteilungen«, wie sie auf dem Programmzettel angekündigt war, begeistert auf. »Bravo!« und »Da capo!«-Rufe ertönten, und vor allem den Schlager über die »Micky-Maus« begehrte die Menge noch einmal zu hören. Tisch und Lengsfelder, die in der ersten Reihe gesessen hatten, wurden auf die Bühne gebeten, und sie verbeugten sich tief unter dem warmen Prasseln des Beifalls. Was mag Salo empfunden haben in diesem Augenblick, als er zum ersten Mal von der erleuchteten Rampe in das Dämmerlicht des Theatersaals blickte, auf die in verwischende Bewegung geratenen Reihen, auf das hundertfache Aufblitzen klatschender Hände? Ich habe ihn nie danach gefragt, aber so wie ich ihn später erlebte, war er jemand, der einen Moment des Triumphes oder auch nur des Stolzes mit sich allein auf einer winzigen Bühne seines Innersten zelebrierte und kaum etwas davon nach draußen dringen ließ.

Neben den flinken Melodien und frechen Texten hatten allerlei technische Finessen das Publikum beeindruckt. So wurden zu Beginn des ersten Akts die Zuschauer auf Film aufgenommen, um sich kurz vor Schluss selbst auf der Leinwand zu sehen. Eine kleine Novität für das verwöhnte Theatervolk. Und eine große in Salos Leben. Mit *Achtung … Großaufnahme!* war ihm und seinem Kompagnon ein, wie man fortan warb, »durchschlagender Sensationserfolg« gelungen.

Sollte es möglich sein, daran anzuknüpfen? »Aber klar«, schmetterte Lengsfelder, »wirst sehen, Salo, jetzt geht's erst richtig los. Von nun an sind wir aufgenommen in den heiligen Kreis.«

Die darauf folgenden Monate, gestand mir Fred einmal, seien die schillerndsten seines Lebens gewesen. Überwältigt sei er gewesen von dem plötzlichen Erfolg, der ihn in just jene Glamourwelt hineinkatapultierte, die man in den damaligen

Bühnenstücken gerne zitierte: die Welt des Showbusiness. Mit einem Male waren er und Lengsfelder zu Premierenpartys geladen und machten die Bekanntschaft von namhaften Komponisten, Sängern und Schauspielern. Hans, den seine Freunde einen »Steiger« nannten, weil er allenthalben dem Charme der reizenden Wiener Mädel erlag, nutzte die Gunst dieser Zeit, und auch Fred konzedierte, er habe das *dolce vita* in vollen Zügen genossen. Beide hätten sie das gehabt, was der Wiener »a Hetz« nennt – eine Menge Spaß.

Zahllose Nächte aber widmeten er und sein Freund ihrer wichtigsten Muse und verbrachten sie in ihrem Arbeitszimmer – 1936 sollte das produktivste Jahr des jungen Librettisten-Duos werden. Nur wenige Monate nach ihrem Bühnen-Debüt feierte die Komödie *Happy* im Theater in der Josefstadt Premiere. Die musikalischen Einlagen hatten Tisch und Lengsfelder textiert. Unmittelbar darauf wurde im selben Theater am 5. Juni des Jahres die *Hochzeitsreise* erstaufgeführt. Die Musik der Operette stammte von Salos Freund Carlo de Fries, die ungarische Vorlage hatten Lengsfelder und Tisch für die deutsche Bühne bearbeitet. Sie waren dazu zweimal nach Budapest gereist, um sich dort die Aufführung anzusehen. Im Theater in der Josefstadt traten in den Hauptrollen die bekannten Schauspieler Hans Thimig, Gusti Huber und Christl Mardayn auf. Es gab 80 Vorstellungen.

Mehr als ein Dutzend Mal sei er im Zuschauerraum gesessen, sagte Fred. Still wird er sich an dem »Applausrummel nach allen Aktschlüssen«, den das *Neue Wiener Tagblatt* registriert hatte, gefreut haben. Bisweilen verabredete sich Salo mit seinen Freunden Severin und Jakob Wallach zum Theaterbesuch. Jakob, dessen Vater in den letzten Tagen des Ersten Weltkriegs gefallen war, ernährte seine Familie, die Mutter und die zehn Jahre jüngere Schwester Bina, seit seinem 17. Lebensjahr alleine. Er arbeitete in einer Weinhandlung und brachte von dort gelegentlich eine Flasche edlen Tropfens mit, vermittels der man sich im Idealfall in manchem Theater eine Freikarte erschleichen konnte. Wenn Jakob dann einen Platz ergattert hatte, verdingte er sich wieder als Claqueur für seinen Freund und feuerte den Applaus an. Er machte seine Sache gut. Und er tat es gerne.

Über Stefan Weiss, den Mitstreiter im Stück *Achtung... Großaufnahme!*, lernten Salo und Hans den jungen Komponisten Leonard K. Märker kennen, der mit Weiss befreundet war. Nur Eingeweihte wussten, dass das K. für Kuh stand, weil Märker eigentlich Kuhmärker hieß, aber wie wollte man mit so einem Namen als Komponist Karriere machen? Märker war erst 25 und ein großes Talent. Der renommierte Wiener Opern-Komponist Hans Gál hatte ihm, als der Knabe Kuhmärker 15 war, vier Jahre lang unentgeltlich Privatunterricht erteilt und seinen Blick geschärft für, wie Gál es einmal nannte, »wirkliche, empfundene und erfundene, gesungene und beseelte Musik«. Vier weitere Jahre hatte Märker bei Alban Berg, dem Komponisten der Opern *Wozzeck* und *Lulu*, Harmonielehre studiert.

Beim ersten Treffen in Lengsfelders Wohnung hatte Märker einen Stapel Kompositionen im Gepäck, darunter auch einige unveröffentlichte. Er setzte sich an das kleine Klavier, das Hans in seinem Zimmer stehen hatte, und begann zu spielen. »Hörst du das?«, flüsterte Lengsfelder Salo zu. »Glaub mir, der hat ein Händchen für Schlager.« Natürlich hörte es Salo. Augenblicklich, so erzählte mir Fred, sei ihm der Rhythmus unter die Haut gefahren. Märker hatte ein besonderes Talent für prägnante, mitreißende Melodien. Seine Musik war modern, sie barg Jazz-Elemente ebenso wie Anklänge an English Waltz und Foxtrott.

Unter dem gemeinschaftlichen Pseudonym Hans Siegfried Lentis, zusammengesetzt aus Lengsfelder und Tisch, schrieben die beiden zur Musik Märkers ein weiteres Abschiedslied, das textlich an das leise »Servus« des *Burgtheaters* anklang: »Wenn ich von dir geh, weine nicht, sag mir still Adieu«, heißt es da. »Weine nicht, jede Liebelei geht einmal vorbei.«

Für den Film *Ballerine* des tschechischen Regisseurs Gustav Machaty produzierten sie den Tango »Ich brauche Liebe«. Märker kannte Machaty von dessen letztem Werk *Nocturno*, für das er eine Filmmusik komponiert hatte. In der Filmbranche war der erst 25-jährige Machaty kein unbeschriebenes Blatt. Sein Film *Ekstase* hatte ihm drei Jahre zuvor internationalen Ruhm beschert – unter anderem aufgrund der gewagten Nacktszenen der Wiener Hauptdarstellerin Hedy Kiesler.

Verglichen damit war *Ballerine* die biedersame Geschichte eines Mädchens, das sich zwischen ihrem Freund und ihrer Karriere als Ballerina entscheiden muss. Bei den Filmfestspielen in Venedig fiel das Leinwandstück völlig durch. Es kam nie wie ursprünglich geplant in die ausländischen Kinos und wurde schon kurz nach seinem Filmstart im September 1936 abgesetzt. Auch das Lied »Wenn der Frühling in Sizilien beginnt«, das Tisch und Lengsfelder zur Musik von Märker für den Tonfilm *Reise nach Sorrent* schrieben, blieb – ebenso wie der Film – ohne großes Echo.

Das Trio ließ sich davon nicht entmutigen. Manchmal sang Märker den beiden seine eben komponierten Melodien am Telefon vor, und Salo und Hans arbeiteten die ganze Nacht an den passenden Zeilen, skandierten, deklamierten und repetierten, um das Ergebnis am nächsten Morgen abermals telefonisch durchzugeben. In wochenlanger Schaffenszeit entstanden so zwei Operetten: *Der schiefe Hut* und das musikalische Lustspiel *Warum lügst du, Chérie?* Lengsfelder gelang es, für beide nach ausländischen Vorlagen entstandene Operetten jeweils eine Wiener Bühne zu finden.

Mit einem Male, erzählte Fred, sei es Schlag auf Schlag gegangen. Im November 1936 lief *Burgtheater* in den Kinos an, und alle Welt sang »Sag beim Abschied leise Servus«. Nur zwei Wochen später feierte die Operette *Der schiefe Hut* im Theater in der Josefstadt ihre Uraufführung. In den Hauptrollen spielten die damaligen Publikumslieblinge Jane Tilden und Fritz Schulz, Leonard K. Märker begleitete sie am Klavier.

Im Stück singen die beiden das Duett »Erinnerst Du Dich?«. Es ist auch auf meiner alten Langspielplatte, und immer wenn ich es höre, muss ich lachen und weinen zugleich. Vielleicht geht es mir deshalb so nah, weil es wie eine Vorahnung meiner ersten Begegnung mit Fred war, die – allerdings ohne den hosenversessenen Hund namens Bulli aus dem Lied – tragisch war und peinsam, komisch und anrührend. Nur eines war sie nicht: romantisch.

Es war ein Vorfall, der harmlos aussah,
Der zueinander uns geführt
Weil damals keiner von uns voraussah,
Dass sich das Schicksal oft maskiert ...
Ich muss noch heute darüber lachen,
Wenn ich dran denk, was uns geschah,
Wie es teils komisch war, und teils auch peinlich war,
Als ich zum erstenmal Dich sah:
Erinnerst du Dich?
Es war ein Dienstag im Juli, im Monat der Rosen,
Erinnerst Du Dich?
Da gingst Du vorbei
Und Dein entzückender Bulli zerriss mir die Hosen,
Erinnerst Du Dich?
Wir gingen dann ins Kaffeehaus, dort goss ich den Tee aus
Auf Dein neues Kleid, das tat mir leid,
Erinnerst Du Dich?

Der schiefe Hut erntete beste Kritiken. Der *Wiener Tag* lobte »feingeschliffene Pointen, szenischen Witz, geistreiche Refrains, Chansons zündend in der Pointierung«. Hans J. Lengsfelder und Siegfried Tisch schrieben »absolut heutige Texte mit ungeniert aktueller Satire«, urteilte die *Neue Freie Presse.*

Bei der Premiere waren auch Jakob und Severin Wallach zugegen, und abermals akklamierte Jakob, bis die Innenflächen seiner Hände brannten, und schrie aus so voller Kehle »Bravo!«, dass es Salo in seiner Bescheidenheit fast erröten ließ.

Nur wenige Wochen später, einen Tag vor Weihnachten, feierte die vierte Operette des Duos Lengsfelder und Tisch binnen eines Jahres ihre Uraufführung – sie sollte die spektakulärste sein. Hans Lengsfelder hatte dafür seinen alten Freund Adolf Tersch als Finanzier gewinnen können. Die wirtschaftlich arg gebeutelten Privattheater waren nicht mehr bereit, die Produktionskosten und das Risiko eines Misserfolgs alleine zu tragen, und so mussten vor allem noch wenig bekannte Autoren und Komponisten – ähnlich wie beim Film – zunächst finanzkräftige Partner finden, um ein Projekt zu realisieren. Tersch war der Bühnenwelt als Mäzen und Bewunderer gleichermaßen zugetan. Er besaß mehrere Häuser und war stolz darauf, dass in einem davon – das er selbst mit seiner jungen Frau Edith bewohnte – auch das junge Schauspieler-Ehepaar Christl Mardayn und Hans Thimig, die gemeinsam in der *Hochzeitsreise* aufgetreten waren, eine Wohnung bezogen hatte.

Tisch und Lengsfelder hatten Tersch das Textbuch von *Warum lügst du, Chérie?* zur Lektüre gegeben, und Tersch, ein Mann des schnellen Entschlusses, hatte eingewilligt, es zu finanzieren. »Das Stück hat Charme«, stellte er fest. »Und ich glaube, es passt gut nach Wien.«

Dabei spielte die Handlung in einem Landhaus in Fontainebleau nicht weit von Paris. Das »Musikalische Lustspiel in drei Akten« griff das klassische Aschenputtel-Motiv auf, mit dem es gut ein Jahrzehnt später *My Fair Lady* zu einem der erfolgreichsten Musicals der Welt bringen sollte: Ein berühmter Bühnenschriftsteller, der als Autor einiger Erfolgsstücke – darunter das Stück *Warum lügst du, Chérie?* – in den Geldadel aufgestiegen ist, lernt ein Straßenmädchen kennen, das bei ihm einbrechen wollte, und verliebt sich in sie.

Das Gossengör verkörperte die blonde Friedl Czepa, die schon an der Seite von Hans Moser und Jan Kiepura in Tonfilmen aufgetreten war, und, so sollte Salo später erfahren, gute Kontakte zu Joseph Goebbels pflegte. Den Bonvivant namens Gaston mimte Hans Schott-Schöbinger. Es war eine gelungene Weihnachtspremiere. Tisch und Lengsfelder, lobte das *Neue Wiener Tagblatt*, seien »nun abendfüllende, ja überfüllende Autoren geworden«. Das Stück erreiche das »Gigantenausmaß der Monumentaloperetten der großen Marischka-Zeit«. Die Schlager, die sich »aufs Graziöse und Fesche verstehen«, kämen dem Zuschauer schon beim ersten Hören vertraut vor.

Salo, so sah es aus, hatte es geschafft. Als er wieder auf die Bühne gebeten wurde, fiel sein Blick auf seine Eltern in der ersten Reihe. Dort saßen sie und applaudierten mit erhobenen Händen. Isaak nickte voller Anerkennung, und Taubes Augen hatten abermals den feuchten Glanz der Rührung. »Ich bin stolz auf dich, mein Sohn«, sagte der Vater später bei der Premierenfeier. »Weißt du, wenn mir jemand vor 20 Jahren prophezeit hätte, dass ich, ein Jude aus einem galizischen Ghetto, einmal meinem Sohn auf der Bühne eines Theaters in Wien zujubeln würde, no, ich hätt' ihn doch für vollkommen meschugge erklärt.«

Wie gut, sagte Fred später, dass sein Vater an diesem Premierenabend, als er trunken vor Glück und Vaterstolz seinem Sohn immer wieder auf die Schulter klopfte, nichts von der dunklen Zukunft ahnte, die sie alle erwartete. Er hätte es doch nicht glauben wollen.

Auch Salo konnte es kaum fassen, wie ihn das Schicksal auf einmal empor hob und ihm eine Leichtigkeit des Seins vorgaukelte, die etwas Unwirkliches barg. Sollte es ihm, dem jüdischen Kriegsflüchtling aus Galizien, tatsächlich gelungen sein, Anerkennung in einer Stadt zu finden, in der der Antisemitismus immer unverhohlener zu Tage trat? War er nicht noch immer, allem Erfolg zum Trotz, ein zweifach Heimatloser, als Galizier unter Wienern und als Jude unter Nicht-Juden? In der Theaterwelt freilich überwog der Liberalismus. Doch auch hier waren die Auswirkungen des Abkommens zwischen Deutschland und Österreich, die sich im Juli 1936 auf einen »Normalisierungs- und Freundschaftspakt« geeinigt hatten, immer deutlicher zu spüren. Reichsdeutsche Tageszeitungen, von denen einige nun auch wieder in Wien erscheinen durften, warnten vor der »jüdischen Überfremdung« der deutschen Kultur. Im Burgtheater wurden jetzt gelegentlich auch Nazi-Autoren gespielt. Durch Kontingentverträge stimmte man sich im Film- und Theatersektor auf nationalsozialistische Ziele ein, die sich vor allem gegen jüdische Künstler richteten.

An diesem Abend aber war all das vergessen, und Salo badete in den Glückwünschen, schüttelte Hände und empfing rot umrandete Wangenküsse von den weiblichen Mitgliedern des Ensembles. *Warum lügst du, Chérie?* wurde ein großer Erfolg und allein in Wien weit über hundert Male gespielt. Dereinst, das erfuhr Salo erst Jahre später, sollte auch Joseph Goebbels Gefallen an dem heiteren Stück finden und einen Weg ersinnen, es unter Umgehung seiner jüdischen Schöpfer auf eine reichsdeutsche Bühne zu bringen.

In Wien wurde vor allem das musikalische Leitmotiv von *Warum lügst du, Chérie?* zum Schlager, den die Salonkapellen in der ganzen Stadt in ihre Programme aufnahmen. Die Swing-Melodie klingt mir noch heute in den Ohren.

Warum lügst du Chérie, warum?
Geht man so mit der Wahrheit um?
Du lügst vom Himmel das Blau
Und weißt selbst nicht genau warum

Warum lügst du Chérie, warum?
Glaubst du wirklich, ich bin so dumm?
Schau' mir jetzt gleich ins Gesicht
Warum kannst du das nicht, warum?

Unzählige Tanzsalons suchten Lengsfelder und Tisch in dieser Zeit auf, und Salo, als habe er begonnen, sich etwas vom Vorwitz seines Kompagnons abzuschauen, entwickelte sogar die Chuzpe, die Lokalbesuche bei der Steuer abzusetzen. Das weiß ich nur, weil er seine Steuererklärung aus den Jahren 1936 und 1937 aufhob, wohl deshalb, weil später unter den Nazis die so genannte Steuerunbedenklichkeitserklärung lebensentscheidend sein konnte.

In seiner Steuererklärung von 1936 machte Salo Tisch neben 100 Schilling für Fahrten zu Bühnenproben, Sängern, Schauspielern und Komponisten, neben Porto und zwei Fahrten nach Budapest auch 250 Schilling für »Kapellmeisterbesuche in div. Lokalen« geltend. Es sei in der Branche eine bekannte Tatsache, argumentierte der »derzeitige Schriftsteller« Tisch, »dass die Kapellmeister es gerne sehen, wenn die Autoren und Komponisten die Lokale besuchen«. Je nach Häufigkeit des Besuches würden deren Lieder dann mehr oder weniger »forciert«. Somit diene der Besuch der Musiklokale

»direkt zur Erlangung« seines Einkommens, erklärte Salo und bemerkte, dass auch die Verleger die Autoren aufforderten, möglichst häufig Musiklokale zu frequentieren. Es gebe, schrieb Salo weiter, »ein Überangebot an Liedern, die auf den Markt geworfen werden. Jede Woche erscheinen mindestens vier bis fünf Tonfilme mit je zwei bis drei neuen Liedern, dazu neue Einzellieder, Lieder aus Operetten, Revuen etc., sodass man durchschnittlich mit ca. 15 neuen Liedern pro Woche rechnen kann«. Bei diesem Überangebot könne nur der »persönliche Kontakt« mit dem Kapellmeister es bewirken, dass das Lied des betreffenden Autors auch gespielt werde.

Bei »bescheidenstem Konsum (Mokka) inkl. Musikschutz und Garderobe« käme er auf rund vier bis fünf Schilling pro Lokalbesuch, rechnete Salo vor und veranschlagte 50 Besuche pro Jahr, was »sicherlich nicht zu viel ist«. Es gäbe Autoren, die drei- bis viermal in der Woche zu Propagandazwecken Musiklokale aufsuchten, betonte er, aber das könne er selbst sich bei seinen vorläufigen Einkommensverhältnissen gar nicht leisten. Offenbar beeindruckt von seinem ausführlichen Plädoyer, akzeptierte die Steuer-Administration des 20. Bezirks Salos Lokalbesuche als »Geschäftsausgaben«.

Auch im Folgejahr erkannte man seine nächtlichen Ausflüge an, die er nunmehr mit 300 Schilling budgetierte. Es sollte dies das erfolgreichste Jahr für die Librettisten Siegfried Tisch und Hans J. Lengsfelder werden. Von überall kamen Anfragen von Theatern, die das Stück *Warum lügst du, Chérie?* in ihr Programm aufnehmen wollten. Aus Prag, Hamburg, Karlsbad, Franzensbad, Pressburg, Olmütz, Paris, Bukarest, Kopenhagen, Oslo, und Budapest, aus Salzburg, Graz, Linz, Innsbruck und vielen anderen Städten. Insgesamt sollte das Stück über fünftausend Mal zur Aufführung gelangen.

In Wien lief es über 150 Mal. Der bekannte Schauspieler Otto Wallburg mimte darin den distinguierten Kammerdiener Horatio Cromwell und erntete dafür großen Applaus. Aufmerksam geworden, wollte ihn Arthur Hellmer, der neue Pächter des Theaters an der Wien, anschließend für die Filmoperette *Katinka* engagieren. Doch Wallburg war Jude, obendrein einer, der Deutschland 1934 verlassen hatte. Den neuen Gesetzen zufolge mussten jüdische Theaterschaffende aus Nazideutschland beim »Ring österreichischer Bühnenkünstler« Mitglied sein – oder bei einem der entsprechenden tschechischen, schweizerischen und deutschen Interessenverbände, mit denen sich der Ring zusammengeschlossen hatte. Die Mitgliedschaft in der deutschen Reichstheaterkammer indes war ihnen als Juden verwehrt, und der österreichische Ring nahm sie als Ausländer ebenfalls nicht auf.

Der deutsche Jude Otto Wallburg durfte nach der neuen Rechtslage nur für die Dauer eines Stücks eine Spielerlaubnis erhalten. Als Theaterdirektor Hellmer trotzdem um eine neue Auftrittsgenehmigung für ihn ansuchte, wurde die Arbeitserlaubnis für den populären Komiker nur um sieben Tage verlängert. *Katinka* hatte ohne Wallburg Premiere.

Um ein solches Arbeitsverbot zu umgehen, versuchten manche aus Deutschland geflohene jüdische Bühnenkünstler und -autoren ihre Identität zu verschleiern, ähnlich wie Salo und Hans es beim Film *Burgtheater* geglückt war. So verbarg sich der nach Wien emigrierte Berliner Erfolgsautor Hans José Rehfisch bei seinen Theaterstücken, die zum Teil auch noch in Deutschland aufgeführt wurden, hinter diversen amerikanischen und britischen Scheinidentitäten.

Die wohl sensationellste Tarnung gelang dem Schauspieler Leo Reuss, einem aus Galizien stammenden Wiener Juden, der 1935 aus Berlin zurückgekehrt war und kein Engagement gefunden hatte. Im Frühjahr 1936 verschwand Reuss plötzlich, um ein halbes Jahr später als bärtiger, filzhaariger Kauz namens Kaspar Altenberger aus den Bergen zurückzukehren und beim Josefstädter Theater vorzusprechen. Man engagierte ihn vom Fleck weg für die Rolle des Bourgeois in der Schnitzler-Novelle *Fräulein Else*, und die Journalisten stürzten sich auf die Unglaublichkeit des bühnenberufenen Bergbauern. Die *Reichspost* lobte das bodenständige Talent, das den Glauben an die genuine Kunstbegabung des unverbildeten, deutschstämmigen Volkes bestätige. Kurz vor der Premiere von *Warum lügst du, Chérie?* allerdings flog die Maskerade des jüdischen Emigranten Leo Reuss auf. Jetzt sah die deutsche Presse darin die Verschlagenheit des Judentums und die fortschreitende »Verjudung« des Wiener Theaters bestätigt. Sofort kündigte der ebenfalls jüdische Direktor des Josefstädter Theaters Ernst Lothar den Vertrag mit Reuss.

Vielleicht weil ihre Tarnung bei *Burgtheater* bis zu diesem Tag unentdeckt geblieben war, hatten Salo und Hans noch immer das Gefühl, über ihr Schicksal bestimmen zu können. Während manch jüdischer Theateremigrant aus Deutschland in Wien der Arbeitslosigkeit anheim fiel, zehrten die beiden »Textfabrikanten«, wie man sie nun mit einer Mischung aus Skepsis und Respekt nannte, von ihren jüngsten Erfolgen. Sie hatten schon ein neues Stück in Arbeit, unter Mitwirkung eines prominenten Künstlers, dem Salo einige Zeit später unter anderen, dunkleren Vorzeichen wieder begegnen sollte. Der Jude Fritz Grünbaum war in Wien eine Institution. Er hatte die Operettenlibretti für Kálmáns *Zigeunerprimas* und Leo Falls *Dollarprinzessin* geschrieben, dazu unzählige Revuen und Sketche, er brillierte als Journalist, Kabarettist, Autor und Schauspieler gleichermaßen. Vor allem aber leuchtete der Mann mit dem grimassierenden Gesicht, dessen Schelmenhaftigkeit von einer dickrandigen Nickelbrille kaum im Zaum zu halten war, als Conférencier die Befindlichkeiten der Welt im allgemeinen und der Wiener Seele im besonderen aus. Zusammen mit Karl Farkas hatte Grünbaum im Kellerkabarett *Simpl*, dessen künstlerischer Leiter er eine Zeit lang war, die Doppelconférence entwickelt, bei der sich die beiden die humoristischen Bälle zuwarfen. In Deutschland waren Grünbaums politische Satiren selbstredend längst verfemt. Es sei dafür gesorgt, hatte *Der Stürmer* 1934 in Anspielung auf die Bibel gehetzt, »dass der Grünbaum nicht in den Himmel« wachse.

Noch aber wuchs er. Im musikalischen Lustspiel *Sie Johann ...!* trat Fritz Grünbaum nicht nur als Hauptdarsteller in der Rolle des Universitätsprofessors Dr. Karl Boß auf. Er hatte auch das Buch geschrieben und zwei der Gesangstexte zusammen mit Tisch und Lengsfelder verfasst.

Man kannte sich. Grünbaum hatte in *Happy*, einem der ersten Stücke von Lengsfelder und Tisch, eine Hauptrolle gespielt. Und Hans und Salo hatten für das Simpl zwei kleine Revuen zur Musik von Leonard K. Märker betextet. Er habe dennoch nie aufgehört, von Grünbaum zu lernen, sagte Fred. Nach gut 30 Bühnenjahren hantierte dieser routiniert mit sprachlichem Witz, politischen Anspielungen und lachsicheren Pointen. Die wahre Größe des Menschen Grünbaum aber sollte Salo Tisch erst später erfahren.

Am 16. April 1937 feierte *Sie Johann ...!* in der Volksoper seine Uraufführung. »Ja, das könnt' in Wien nicht passier'n« lautet der Titel eines Liedes, das sich just über die Wiener Verhältnisse, die österreichische Bürokratie, das zensierte Radioprogramm und den desolaten Zustand des Telefonnetzes mokiert. Da derlei Anspielungen damals qua Zensur verboten waren, verlegten Grünbaum, Tisch und Lengsfelder ihre Glosse kurzerhand nach Brünn. Der ironische Refrain ließ keinen Zweifel, welche Stadt tatsächlich gemeint war. Die Kritiken waren wohlgesonnen und lobten vor allem Grünbaums darstellerische Vielfalt, aber ein Publikumserfolg war dem

Stück dennoch nicht beschieden. Nach einem Monat wurde es wieder abgesetzt.

Im Sommer 1937 reiste Salo Tisch zusammen mit seinem Kompagnon Hans J. Lengsfelder nach Paris. Es war das erste Mal, dass Salo dort weilte, und das großstädtische und weltläufige Charisma der Stadt mit ihren weiten Alleen und Boulevards und den in Stein gehauenen Insignien der Grande Nation habe ihn überwältigt, erzählte Fred. Vor allem aber herrschte in Paris ein anderes, freieres Klima des Geistes, das im austrofaschistischen Wien einem ängstlichen Duckmäusertum zu weichen begann. Zwölf Tage blieben Hans und Salo in Paris, und die Zeit reichte kaum für die Abstecher zu den wichtigsten Sehenswürdigkeiten.

Sie verhandelten wegen der französischen Aufführung ihres *Chérie*-Stückes. Und sie trafen den, wie Salo später in seiner Steuererklärung bekundete, »bekannten Regisseur Reinhold Schünzel«. Damals war Schünzel ein großer und vor allem wagemutiger Mann des Films – gewesen, muss man sagen, denn die Deutschen hatten den Regisseur im Juni 1937 aus ihrem Land gejagt. Kurz zuvor hatte er noch unter der besonderen Protektion des Führers gestanden, der ihn, den Halbjuden, wegen seiner besonderen Verdienste um den deutschen Film zum »Ehrenarier« ernannt hatte. Schließlich hatte Schünzel die Schauspielerin Renate Müller groß gemacht, der man ein besonderes Verhältnis zu Hitler nachsagte. Für die Ufa hatte er erfolgreiche Musikkomödien wie *Saison in Kairo* und *Viktor und Viktoria* gedreht. 1934 war *Amphitryon* entstanden, eine aufwändige Komödie über die antiken Götter, für die Hitler, nach einer Visite der Studios in Babelsberg, sogar 200 SS-Männer seiner Leibstandarte als Komparsen zur Verfügung gestellt hatte. Doch Doppelspieler Schünzel hatte statt des erwarteten Propagandastücks eine respektlose Persiflage auf Diktaturen gedreht. Es sollte das letzte Mal sein, dass

Schünzel den deutschen Machthabern eine Nase drehte. Bei seinem nächsten Film *Land der Liebe*, der sich abermals als Satirestück entpuppte, wurden vor der Aufführung alle kritischen Stellen herausgeschnitten. Noch vor der Premiere hatte Schünzel Berlin bei Nacht verlassen.

Nun stand er kurz vor seiner Abreise nach Hollywood, wohin ihn der Chef der Metro-Goldwyn-Mayer mit einer Traumgage gelockt hatte. Ich weiß nicht – und es wird dies auch nicht mehr in Erfahrung zu bringen sein –, wie Schünzel von *Warum lügst du, Chérie?* erfuhr und wie der Kontakt zu Tisch und Lengsfelder zu Stande kam. Aber da er ein Experte für filmische Musikkomödien war, befand sich das Stück bei ihm sicher in den besten Händen. Das Projekt wurde allerdings nie realisiert – wie ungezählte andere Fragmente von Ideen und Identitäten vertriebener Kulturschaffender, die auf dem Fluchtweg in die Exilländer auf der Strecke blieben.

Paris war dennoch eine Reise wert, schließlich sollte es Kulisse der nächsten Komödie zur Musik von Leonard K. Märker sein. *Das Ministerium ist beleidigt* war abermals als Weihnachtspremiere geplant. Am 22. Dezember 1937 feierte es seine Uraufführung in der Wiener Komödie, dem Theater in der Kärntnerstraße. Die beiden Hauptdarsteller aus dem *Chérie*-Erfolg, Friedl Czepa und Hans Schott-Schöbinger, traten auch hier wieder in den tragenden Rollen auf.

Die Posse spielt im französischen Finanzministerium, das Kopf steht, weil das Konterfei der Ministertochter auf Reklametafeln für Damenunterwäsche erscheint. Politische Anspielungen überzuckerten die Librettisten mit dem Ton süßer Naivität, damit sie die Zensur passierten. Und doch lugte unter den launigen Schlagobershäubchen die klamme Angst über die aus den Fugen geratende Welt hervor. Über Politiker, deren Trotteligkeit nur von ihrer Korrumpierbarkeit übertroffen wird, über eine »Institution« in Genf, die tatenlos zusieht, wie U-Boote auf Schiffe schießen, eine Spanienlegion, in der keiner spanisch spricht, und über die kafkaeske Bürokratie:

An ein Ministerium schreibt man
Ein Gesuch, und dieses bleibt dann
In der Einlaufstelle beim Adjunkten dort ...
Und es wechselt der Minister,
Und es wechseln die Register –
Das Gesuch jedoch liegt noch am selben Ort!
Länder werd'n in Krieg verwickelt,
Andre wiederum zerstückelt –
Das Gesuch jedoch, es schlummert weiter fort
S' Ministerium reißt man nieder,
Und erbauts's moderner wieder –
Und nur das Gesuch, das rührt sich nicht vom Ort

Der *Wiener Tag* würdigte die »charmante Satire, der es an Hintergründigkeit nicht fehlt«. Es habe viele Wiederholungen, endlose Hervorrufe und Applausstürme gegeben, berichtete das *Neue Wiener Tagblatt*. Die »bewährte Textdichterfirma« Hans J. Lengsfelder und Siegried Tisch serviere »bissige und pikante Pointen«, urteilte *Das Kleine Volksblatt.*

Aus dem Nichts heraus, das war nun längstens bewiesen, hatten es »die zwei bewährten Dichter« also geschafft, sich einen Namen zu machen. Und während sich Salo an diesem Vorabend des Fests des Friedens abermals in die warme Hülle der Anerkennung und des beifälligen Gelächters schmiegte, rüstete man andernorts schon für die Zeit des Krieges und der Kälte.

Vielleicht, so grübelte Fred bisweilen, sei ihm just dieses mit politischen Spitzen gespickte Stück später zum Verhängnis geworden, als seine Stadt vornüber in den fauligen Morast stürzte und alles Lachen erstarb. Nicht die gewagteste Satire konnte voraussehen, was nur wenige Wochen danach in Wien geschah.

5

Der Regen schlägt gegen mein Fenster. Es ist nicht der fein gestrichelte Schauer, der London oft wie Trauerflor verschleiert. Seit Tagen ergießen sich Wolkenbrüche über die Insel. In verschiedenen Grafschaften Englands steht das Wasser inzwischen meterhoch. Unaufhörlich hämmerten auf meiner Terrasse die Tropfen auf den Gartentisch. Vorhin habe ich ihn zusammengeklappt, das Scheppern war mir plötzlich unerträglich.

Immer wenn es regnete, verwandelte sich Fred in ein kauerndes Bündel Angst. Wenn sich die asphaltgrauen Wolken am Himmel übereinander schoben, krochen auch ihm Schatten übers Gesicht. Wir kannten uns etwa ein halbes Jahr, als ich das erste Mal miterlebte, wie ihn das Trommeln der Tropfen in die Vergangenheit zurückzerrte. So wie man den Duft eines Parfüms mit bestimmten Szenen und Menschen assoziiert, war für Fred das Geräusch des Regens bleibend mit Erlebnissen verkettet, an die er sich nicht mehr erinnern wollte. Er krümmte sich dann in einen Sessel, eine Decke eng um sich geschlungen, zog die Knie bis unters Kinn und hielt sich die Ohren zu. So war es jedes Mal. Oft zitterte er am ganzen Leib, und manchmal, wenn er sich unbeobachtet fühlte, weinte er tonlos in sich hinein.

Ich wusste anfänglich nicht recht, wie ich darauf reagieren sollte. Ich streichelte ihm über das Gesicht, hielt seine Hand und sprach beruhigend auf ihn ein. Meist kochte ich ihm eine Kanne Tee und legte einige Kohlebriketts im Ofen nach – gegen sein Zittern. Dabei fror er natürlich nicht äußerlich. Was ihn in seinem Innersten schaudern ließ, erfuhr ich erst über die Monate und Jahre. In Bruchstücken, von denen er manche viele Male wiederholte und andere nur zögernd preisgab und die sich allmählich zu einem Bild zusammenfügten.

Er hätte vielleicht noch entkommen können, denke ich mir manchmal. Warum ist er nicht gleich gegangen, wie die anderen, die noch am selben Tag ihre Koffer packten und mit dem Zug über die Grenze fuhren? Doch Salo alias Siegfried alias Fred war kein Hals-über-Kopf-Heißsporn. Er war ein Planer, ein Ordnungsmensch, der einen Fuß vor den anderen setzte und sich nicht zu Kurzschlüssen hinreißen ließ. Als die Nazis am 12. März 1938 in Österreich einmarschierten und der Pöbel seine Fratze entblößte, als die Wiener grölend und trunken vor Nationalstolz durch die Straßen zogen und endlich offen wagten, Juden ins Gesicht zu spucken oder sie niederzuprügeln, als die ganze Stadt in hassendem, größenwahnsinnigem Taumel den Verstand verlor, beschloss Salo, sich zügig für ein neues Leben zu rüsten. Dass er es in einem anderen, fremdsprachigen Land fortsetzen würde, war gewiss. Doch wovon sollte er dort leben? Von den Kenntnissen der österreichischen Rechtswissenschaft, die jenseits der Grenzen niemanden interessierte? Von der Schaffenskraft als Dichter deutschsprachiger Liedertexte, die niemand verstand? Nebbich, er musste sich etwas Neues suchen. Am 15. März, dem Tag, als Adolf Hitler auf dem Wiener Heldenplatz »Sieg Heil!« brüllte und ihm eine entfesselte Masse, die Arme stramm hochgereckt, zujubelte, an diesem Tag beerdigte Salo Tisch seine Heimat.

Schon am Tag nach dem Einmarsch der Deutschen in Österreich wurden jüdische Bankiers und Geschäftsleute von der SS und SA festgenommen. Büros verschiedener zionistischer Verbände wurden verwüstet und anschließend geschlossen. Am selben Abend zog die SA bewaffnet durch die Stadt und plünderte jüdische Tempelvereine. Am 18. März wurde das Amtsgebäude der Israelitischen Kultusgemeinde im

Handstreich besetzt. An der Razzia nahm auch Adolf Eichmann teil, der Mann, den Hitler aus Berlin entsandt hatte, um die »Judenfrage« in Wien anzugehen.

Um den willkürlichen Übergriffen zu entgehen, steckten sich viele Nichtjuden eilfertig ein Hakenkreuzabzeichen an, und Ausländer trugen ihre Nationalfarben im Knopfloch. So waren die Juden noch leichter zu erkennen. Wenige Tage nach dem Einmarsch der deutschen Truppen schrieb sich der Jurist und Operettenlibrettist Salo Tisch für einen sechswöchigen »Wiener Spezial-Konditor-Kurs« an der Kochschule Albert Kofranek in der Schottengasse 3 ein. »Was hätt' ich sonst aus dieser Stadt mitnehmen sollen?«, sagte er später zu mir, weil mich die Vorstellung amüsierte, wie er sich mit einem Biskuitteig herumschlagen oder Dekor-Blumen aus Marzipan schnitzen musste. »Das einzige, wofür sich die Wiener nicht schämen mussten zu dieser Zeit, waren ihre Torten.« Später zeigte er mir einmal das Zeugnis, welches ihm bescheinigte, er habe den Kurs »mit großem Interesse« besucht. Auch einen Barmixerlehrgang hatte er noch belegt – in der Hoffnung, das Gelernte dereinst in irgendeinem Hotel der Welt oder auf irgendeinem Ozeandampfer verwenden zu können.

Doch dazu kam es nicht mehr. Salo, obschon er mit der für ihn typischen Pragmatik gehandelt hatte, wurde von den Ereignissen überrollt, mit einer Geschwindigkeit, die mich noch heute sprachlos macht. Denn auf einmal konnte es den sonst so gemütlichen Wienern gar nicht schnell genug gehen mit den antijüdischen Maßnahmen. Neue Erlasse und Gesetze wurden binnen weniger Wochen verabschiedet. Die bis dahin für ihr Gemächlichkeit und Schlamperei berüchtigte Wiener Bürokratie arbeitete plötzlich mit einer Pedanterie, die preußisch anmutete.

Während sich in meiner Heimat in Böhmen der Wandel schleichend vollzog, stolperte Wien wie mit einem Nackenschlag in sein dunkles Bewusstsein. Über Nacht trampelten sie mit ihren schwarzgewienerten Stiefeln auch die blühende Wiener Kultur nieder. Das Denunziantentum blühte. Viele Heurigenwirte, die Lieder von jüdischen Komponisten spielten, wurden anonym angezeigt, Juden bei den Polizeistellen gemeldet. »Der Judenhass«, sagte Fred, »fiel in Wien auf fruchtbaren, seit Jahren bereiteten Boden.«

Jüdische Kinder mussten an die Fassade der Geschäfte ihrer Eltern »Jude« oder Beschimpfungen malen. Der Lieblingssport des Mobs war es, Juden zu »Reibpartien« einzufangen. Man zwang jüdische Männer und Frauen, auf den Knien rutschend, die Gehwege und Straßen mit einer scharfen Lauge zu schrubben. Die Putzlauge, in der die Gedemütigten knieten, verätzte ihnen die Haut, und einige mussten danach einen Arzt aufsuchen, um ihre Wunden behandeln zu lassen. SS-Männer sah man mit gestohlenen jüdischen Autos herumfahren, auf die sie das SS-Zeichen gemalt hatten. Täglich holten nun SA und SS Juden aus ihren Wohnungen und ließen sie eigene und »requirierte«, also den Juden gestohlene Autos waschen oder in ihren Unterkünften den Boden und die Klosettanlagen putzen. Auch Adolf Tersch, den reichen Freund von Tisch und Lengsfelder, der *Warum lügst du, Chérie?* vorfinanziert hatte, beorderte man zum »Bodenreiben« in eines der Nazi-Büros. Erhobenen Hauptes betrat er das Office, erzählte mir Fred. »Warum helft's den Leuten hier nicht?«, habe er die Anwesenden gefragt. »Seht's nicht, dass die alleine ihre Zimmer nicht sauber halten können?« Die SA-Schergen schickten ihn wieder weg. Wer die Erniedrigung verhöhnte, und das wagte mancher in den ersten Wochen noch, war als Opfer nicht willkommen.

»Chuzpe musste haben«, hatte Adolf, der Jude mit dem unseligen Vornamen, den er im Exil sofort ablegte, seine Freunde beschworen. »Und einen steifen Rücken musst dir bewahren.« So wie Adolfs junge Frau Edith, die wenige Tage nach Hitlers Einmarsch im Treppenhaus ihrem Nachbarn begegnete. Der trug auf einmal die hellbraune SA-Uniform, knallte die Hacken zusammen und schmetterte ihr mit erhobenem Arm »Heil Hitler« entgegen. Sie musterte ihn verächtlich vom korrekten Scheitel bis zur polierten Sohle. »Schämen's sich nicht?«, sagte sie nur, und für einen Moment fuhr der Mann zusammen.

Aber viele Wiener, erzählte Fred, schämten sich nicht im Geringsten, sondern feierten den Aufstand des Neids, der Missgunst und der blindwütigen Rachsucht. Plünderungen und Erpressungen waren an der Tagesordnung. Mal geschahen die Enteignungen mit der »Legitimation« der NSDAP, mal waren es private Raubzüge. Nationalsozialisten und Mitläufer fielen in die Privatwohnungen jüdischer Bankiers ein, in die jüdischen Kaufhäuser in der Mariahilferstraße und die kleinen Läden in der Leopoldstadt. Sie raubten Schmuck und Geld, Kleidungsstücke, Pelze, Teppiche, Kunstwerke und Mobiliar. Vielen Juden wurden Zettel mit der Aufforderung, bis zu einem bestimmten Datum auszuziehen, an die Wohnungstür geheftet, andernfalls wurde mit Plünderung gedroht. Die zwangsgeräumten Wohnungen bezogen dann Wiener Nichtjuden oder die aus Deutschland eingereisten Parteigenossen und Beamten.

Kein halber Tag verging, ohne dass in der Leopoldstadt neue Schreckensmeldungen die Runde machten. »Wir müssen versuchen, das wenige, was wir besitzen, in Sicherheit zu bringen«, sagte Salos Vater. In der argen Bedrängnis kam ihnen der Umstand entgegen, dass sich ein Arzt aus Oslo jüngst in eine Cousine Salos verliebt hatte und nun so oft wie möglich an die Donau reiste, um die Dame seines Herzens zu sehen. Ob ihn nun die Liebe so couragiert machte oder er einfach nur ein anständiger Mensch war, jedenfalls schmuggelte der Herr Doktor in schöner Regelmäßigkeit die Pretiosen der Tisch-Verwandtschaft über die Grenze. Schmuck, Pelze, Familiensilber und wertvolle religiöse Requisiten landeten so in Norwegen. Der kleine Grenzverkehr blieb glücklicherweise unentdeckt. Freilich, es waren nur materielle Dinge, die so in Sicherheit gebracht wurden, aber später klammert man sich daran, weil sie die einzige Verbindung zu einer ausgelöschten Existenz sind.

Salo verdiente nun kein Geld mehr. Über Nacht war die Quelle der Tantiemen versiegt. Auf den Theater- und Kleinkunstbühnen, in den Opernhäusern und zahllosen anderen Stätten einer bis dahin über die Grenzen hinweg strahlenden Kultur wurde das Licht ausgeschaltet. Wer zuvor mit offenen Augen verfolgt hatte, wie die Deutschen in ihrem eigenen Land gegen jüdische Kulturschaffende zu Felde gezogen waren, ahnte, was nun an der Donau drohte, sagte Fred. Viele Wiener Größen standen in Deutschland längst auf dem Index. In dem *Handbuch der Judenfrage* hieß es, man habe die Pflicht, das Judentum in der Musik restlos auszuschalten. Paul Knepler war darin ebenso erwähnt wie Alfred Grünwald, Ludwig Herzer, Bela Jenbach und Fritz Löhner-Beda.

Löhner-Beda, den Hauslibrettist von Franz Lehár und Textautor von Schlagern wie »Dein ist mein ganzes Herz« und »Ich hab mein Herz in Heidelberg verloren«, traf es als einen der ersten. Am Tag nach dem Einmarsch der Nazis wurde der Familienvater von einem bewaffneten Trupp in seiner Wohnung in der Langegasse verhaftet und in das Gefangenenhaus in der Elisabethpromenade gebracht. Der Mann, der vorher ganz Wien mit seinen Texten verzaubert hatte, galt nun als Staatsfeind. Sein Name stand auf der »Prominentenliste« – in Gesellschaft von oppositionellen Politikern, Industriellen, Gewerkschaftern, Richtern und jüdischen Künstlern.

Die schwarzen Listen, dieses tausendfach eingesetzte Instrumentarium der NS-Gewalt, hatten österreichische Nationalsozialisten schon Monate zuvor aufgestellt. Sie waren das Schmieröl im Räderwerk der Tyrannei. Nur zwei Wochen nach dem »Anschluss«, am Morgen des 1. April, wurden 150 namhafte Wiener Bürger vom Polizeigefangenenhaus in der Elisabethpromenade zum Westbahnhof gebracht. Löhner-Beda war darunter, der Wiener Bürgermeister Richard Schmitz, der Vizepräsident des Landgerichts Wien Alois Osio, der Präsident des Gewerkschaftsbundes Johann Staud und die Schriftsteller Viktor Matejka und Rudolf Kalmar. Zu den Gefangenen des so genannten Prominententransports zählte auch Oswald Richter, der bekannte Wiener Sozialdemokrat und Vetter meiner Mutter.

An diesem Tag wurde der Jurist Oswald Richter zusammen mit den anderen Prominenten in das Konzentrationslager Dachau gebracht. Noch am Wiener Westbahnhof wurden die Häftlinge der Dachauer SS übergeben. Bei Rudolf Kalmar habe ich später gelesen, wie es den Gefangenen auf dem Transport erging. Man habe sie mit genagelten Stiefeln getreten, ihnen die Gewehrkolben in die Rippen und die geballte Faust ins Gesicht gestoßen. Man habe sie gezwungen, minutenlang in das elektrische Licht zu starren ohne zu zwinkern oder Hunderte Kniebeugen zu machen, das Gegenüber zu ohrfeigen oder einander ins Gesicht zu spucken. Das Gefühl der unentrinnbaren, weglosen Einsamkeit, des völligen Ausgestoßenseins aus allen Bezirken des Menschlichen, so schrieb Kalmar, sei quälender gewesen als jeder physische Schmerz.

Salo ahnte nicht, dass ihm ein ähnliches Schicksal bevorstand. Sein geliebtes Wien, erzählte er mir, sei nicht wiederzuerkennen gewesen. Unversehens war aus der gerade noch so charmanten, weltläufigen, amüsierlaunigen und geistreichen Stadt ein Hort der Angst und des willkürlichen Terrors geworden. Im Stechschritt hatte man auch das gesellige Leben der Juden ausgemerzt. Überall, in den Theatern und Kinos, den Cafés, Wirtshäusern und Tanzlokalen musste man mit Razzien rechnen. Weder waren die Wirte erpicht darauf, Juden unter ihren Gästen zu haben, noch habe er selbst große Lust verspürt, erzählte Fred, ins Kaffeehaus zu gehen. So ging das Kalkül der gezielten Ausgrenzung schon vor den später erlassenen Ausgangssperren auf. Kaum einer wagte es noch, sich in den Lokalitäten blicken zu lassen, weil er Gefahr lief, den Abend im Gefängnis zu beenden. In der gleichen Besetzung, in der sie abends um die Häuser, in die Theater und die Bars gezogen waren – Salo, Hans, das Ehepaar Tersch und diverse Begleiterinnen – trafen sie sich nun privat.

Draußen vor der Tür entging ihnen in kultureller Hinsicht ohnehin nicht viel. Die Wiener Kleinkunstbühnen Der Liebe Augustin, die Literatur am Naschmarkt und das Simpl in der Wollzeile hatten geschlossen. Kurz zuvor hatten Karl Farkas und Fritz Grünbaum im Simpl eine ihrer letzten Doppelconférencen gegeben. Farkas hatte einen Fremdenführer gespielt, der dem aus dem Burgenland angereisten Touristen Grünbaum die neuen politischen Verhältnisse erklärt hatte. Wenig später hatte die Wirklichkeit das Bühnenszenario schon überholt. Am 10. März hatte Fritz Grünbaum zum letzten Mal die völlig abgedunkelte Bühne betreten. »Ich sehe nichts«, hatte er gesagt. »Absolut gar nichts. Da muss ich mich in die nationalsozialistische Kultur verirrt haben.«

Zwei Tage danach, so sprach es sich später in der Theaterszene herum, versuchte Grünbaum zusammen mit seiner Frau Lilly über die tschechische Grenze zu entkommen. In Pressburg wurden die Flüchtlinge aus dem Zug geholt und wieder zurückgeschickt. Eine Zeit lang hielten sie sich bei Freunden versteckt und hofften auf die Hilfe eines Anwalts, dem sie eine hohe Prämie für ein Visum nach Belgien überwiesen hatten. Umsonst, wie sich bald herausstellte. Kurze Zeit später wurde

Fritz Grünbaum ins KZ Dachau verschleppt. Immer mehr Juden verschwanden jetzt.

Er werde das Land bei nächster Gelegenheit verlassen, kündigte Hans bei einem Bridgeabend in privater Runde an. »Seien wir ehrlich«, warf er den anderen über den Rand seiner aufgefächerten Karten zu, »in Wien haben wir unsere Zukunft schon hinter uns.« Edith Tersch blickte an sich herunter, auf ihre ganz persönliche Zukunft, die sich in Form eines hochschwangeren Bauchs unter ihrem Kleid abzeichnete. »Sobald das Kind da ist«, sagte ihr Mann, als habe er ihre Gedanken eingefangen, »werden wir auch unsere Koffer packen.«

Was sollte Salo sagen? Er besaß im Leben nicht so viel Geld wie Adolf, der es als Immobilienhändler schon sehr früh zu Reichtum gebracht hatte. Ihm war nicht die Gnade der Herkunft beschieden wie seinem Freund Hans Lengsfelder, der im Besitz eines tschechischen Passes war, welcher ihm eine ungehinderte Ausreise garantierte. Wie tausend andere musste Salo sich vor den Konsulaten anstellen. Seit Hitlers Einmarsch klebten dort täglich die Trauben der Wartenden, die sich zu Hunderten und Tausenden drängten, in der Hoffnung, die nötigen Papiere für die Flucht zu ergattern. Manche harrten die ganze Nacht aus, und oft passierte es, dass die vom stundenlangen Warten Ermatteten auf der Straße von Uniformierten überfallen wurden, die sie anpöbelten und durch die Gassen hetzten. Viele, besonders die Kranken und Schwachen, verloren so ihren Platz in der Reihe, für den sie die ganze Nacht angestanden waren.

Die Kühneren versuchten, das Land illegal zu verlassen, auf eigene Faust wie Grünbaum oder unter der Führung von bezahlten Grenzgängern. In den ersten Tagen wanderten die Wiener Juden noch in Scharen in die Schweiz aus, die von Österreichern kein Visum verlangte. Diese Chance, die auch

Salo nicht nutzte, war schon bald vertan, als die Schweiz Ende März den Visumzwang für Österreicher einführte.

Warum wir nicht sofort außer Landes geflohen sind, wurden wir oft gefragt. Es gibt darauf so viele Antworten und doch keine, die tröstet. Ob in Wien oder in Aussig oder irgendwo anders – wir hingen an unserer Heimat, wir hatten unsere Familien dort, Verwandte, Freunde und Geliebte, wir hatten unsere Arbeit und unsere Traditionen, dort lebte unsere Sprache und unsere Kultur, dort wohnte unser Glück. Zu spät erkannten viele, dass sie ihr Leben aufgeben mussten, um es zu retten.

Hans J. Lengsfelder bereitete sich zügig auf seine Ausreise vor. An einem Nachmittag brachte ihm Salo die sorgsam gesammelten Zeugnisse ihres gemeinsamen Erfolgs vorbei. Der bescheidene Ruhm füllte einen ganzen Koffer. Zahllose Notenblätter waren darin, die Schellack-Platten mit den Aufzeichnungen der Operetten, die Musikhefte mit ihren Liedern, die großen Werbeplakate, Textentwürfe und eine Mappe mit den Kritiken ihrer Stücke. »Ich kann das unmöglich alles mitnehmen«, sagte Hans. »Einen Teil müssen wir hier lassen.« Der Vorschlag, den er sodann seinem Freund Salo unterbreitete, entsprach Lengsfelders unverfrorenem Naturell. Eine ganze Weile durchstreiften die beiden das Haus, in dem Lengsfelder mit seiner Mutter wohnte, auf der Suche nach einem sicheren Hort. Schließlich musste man täglich mit einer Hausdurchsuchung rechnen, die meist nur zum Anlass genommen wurde, den Besitz der Juden zu plündern. »Ich weiß wo!«, rief Lengsfelder plötzlich und zog Salo in die Toilette, wo er auf einen kleinen Lichtschacht hinter dem oben angebrachten Spülkasten deutete. »Da findet es keiner«, sagte er und verstaute, auf der Klosettschüssel balancierend, die Sachen in dem Mauerritz.

Er sei mit sehr gemischten Gefühlen in seine Wohnung zurückgekehrt, erzählte mir Fred Jahre später. Auf der einen Seite war er erleichtert, die Unterlagen verwahrt zu wissen. Aber wie weit war es gekommen, wenn Musik, die eben noch Tausende unterhalten hatte, in einem Klosettfenster landete? Wenn sie plötzlich nicht mehr das Papier wert war, auf dem sie geschrieben stand, nicht viel mehr als ein Haufen Nostalgie, die niemand mehr hören wollte oder durfte.

Noch am selben Tag stellte Salo seinem alten Weggefährten eine Vollmacht aus, die ich noch heute besitze. Darin erlaubte er Lengsfelder »unwiderruflich und rechtsverbindlich, über unser gemeinsames Werk in jeder Weise zu verfügen, Verträge rechtsverbindlich abzuschließen oder wieder aufzuheben, Beträge zu kassieren, Prozesse einzuleiten und wieder aufzuheben und alles, was er in unserem gemeinsamen Interesse für richtig hält, zu unternehmen«. Im Grunde überantwortete Siegfried Tisch alles, was er je an Kunst geschaffen hatte in seinem Leben, seinem Freund. Lengsfelder hat dieses Vertrauen nie missbraucht.

Als Salo seinen alten Freund kurz darauf in die Abflughalle des Flughafens begleitete, in dem aufgewühlten Gedränge der Ausreisewilligen, die nach nichts anderem trachteten, als die Stadt des Wahns schnellstens zu verlassen, drückte er ihm zum Abschied eine Schachtel mit Konditor-Pralinen in die Hand, getreu seinem Credo vielleicht, dass dies das einzig Süße war, das Wien noch übrig hatte für seine Bürger. Lengsfelder, der extrovertierte Charmeur mit dem chronisch unverzagten Das-wird-schon-Gemüt, sei auf einmal seltsam tonlos vor ihm gestanden, sagte Fred. Er habe ihn lange fest an sich gepresst und nur zögernd die Umklammerung gelöst. Er habe Hans noch nachgewinkt, als der Richtung Flieger schritt. Doch Hans habe sich nicht mehr umgedreht.

Vom selben Flughafen aus hatte auch Baron Rothschild, einer der vermögendsten Juden der Stadt, versucht, das Land zu verlassen. Die Nazis hatten ihn vor dem Rollfeld abgefangen und ins Gefängnis gesteckt. Niemand wusste genau, was Rothschild dort widerfahren war, aber als er wieder herauskam, vermachte er sein ganzes Vermögen den Nazis, die ihn dafür ziehen ließen. Die Gestapo beschlagnahmte das Palais Rothschild an der Prinz-Eugen-Straße und nannte es Zentralstelle für jüdische Auswanderung. Hier wurde fortan über Emigration oder Verbleib befunden – und damit über Leben oder Tod.

Salo hatte kein Glück mit den Visa-Anträgen für sich und seine Eltern. Für Isaak und Taube, beide waren über 60, bekam er keine Arbeitserlaubnis im Ausland. Und um sich frei zu kaufen, wozu man in der Zentralstelle viele vermögende Juden zwang, fehlte den Tischs das Geld. Alle hofften nun auf die Hilfe des Bruders Moïshe, der schon 1936 nach London ausgewandert war – allerdings weniger aus politischen Gründen als angefeuert von den Briefen seines zuvor emigrierten Freundes, der ihm geschrieben hatte, an der Themse herrsche weder an Arbeit noch an schönen Frauen ein Mangel. Seither lebte Mundy, wie er sich im Ausland nannte, in einem kleinen Appartement in Swiss Cottage und schickte gut gelaunte Briefe nach Hause. Tüchtig und kaufmännisch talentiert wie er war, hatte er sich in einer Fabrik, die Textil-Etiketten für Modefirmen herstellte, in kurzer Zeit zum Geschäftsführer hochgearbeitet.

Nach Hitlers Einmarsch hatte sich der Tenor der Korrespondenz mit Mundy schlagartig verdunkelt, drehte sich alles nur noch um die existenzielle Frage, wie dem Ganzen zu entkommen sei. England, das Mundy ja nun nicht mehr fremd war, schien die rettende Insel. Doch die Emigration war an unzählige Auflagen gebunden. Um ihre Heimat zu verlassen und sich freizukaufen, mussten die Flüchtenden fast alles Hab und Gut zurücklassen. Wertpapiere, wie sie Salos Vater in bescheidener Anzahl besaß, durften nicht ausgeführt und Versicherungen nicht ins Ausland transferiert werden. Für neu angeschaffte Gegenstände, die man mitzunehmen gedachte, musste man einen Kaufbeleg vorlegen und einen hundertprozentigen Zuschlag zahlen. Eine Liste aller Güter, die ausgeführt werden sollten, musste angefertigt und in mehrfacher Ausfertigung bei der Devisenstelle eingereicht werden.

Damit hatten die Schikanen noch kein Ende. Vor der Ausreise stand den Flüchtlingen ein bürokratischer Spießrutenlauf bevor, auf dem viele strauchelten und etliche, verheddert im Stacheldraht der Auflagen, auch ganz auf der Strecke blieben. Viel von dem, was mir Fred berichtete, war mir aus den verzweifelten Briefen vertraut, die mir meine Eltern aus Prag geschickt hatten.

Die Nazis verlangten von Ausreisewilligen eine »Steuerunbedenklichkeitsbestätigung«, die zu ergattern meist mehrere Wochen in Anspruch nahm. Man musste dafür Papiere von den verschiedensten Ämtern vorlegen, die natürlich nur zu bestimmten Zeiten geöffnet und dann stets von Massen Schlangestehender belagert waren. Viele Juden, die ihren Besitz in Panik zum Niedrigstpreis verschleudert hatten, konnten die Steuern, die die Nazis für die Ausreise verlangten, nicht mehr bezahlen. Die »Reichsfluchtsteuer«, die »Sühneabgabe« und die obligatorische Einzahlung in den »Auswanderungsfonds« verschlangen zusammen manchmal über 50 Prozent des Vermögens. Weil der beim Notverkauf erzielte Preis oft weit unter der offiziellen Vermögensschätzung der Nazis lag, blieb unterm Strich dann mitunter ein Minusbetrag – und damit war die Ausreise hinfällig.

Das war die Heimtücke des Systems. Bevor sie die Juden ziehen ließen, plünderten die Nazis sie durch ihre Vermögenskonfiskationen aus. So hofften sie, den Antisemitismus zu exportieren. Denn welches Immigrationsland ist schon erpicht auf verarmte Einwanderer, die soziale Probleme ins Land einschleppen? Auch England erschwerte zu dieser Zeit die Einreise durch vielerlei Hürden. Eine dauerhafte Aufenthaltsgenehmigung war weitgehend jenen vorbehalten, von deren Aufnahme sich die Briten Vorteile erhofften. Prominente Wissenschaftler oder Industrielle durften ins Land, die neben Geist auch Geld mit auf die Insel brachten. Wer dagegen über kein Vermögen verfügte, musste Gewähr leisten, nicht der Sozialfürsorge auf der Tasche zu liegen. Er musste eine Anstellung vorweisen können oder Garantien britischer Staatsangehöriger, in denen sich diese für den Ankömmling verbürgten.

Plötzlich hielt also Mundy, der Lebemann in London, das Schicksal seiner Eltern und seines Bruders in der Hand. Eine Last, die sich niemand vorstellen kann, der sie nicht selbst zu schultern hatte. Mundy setzte alle Hebel in Bewegung, um private Bürgschaften für seine Angehörigen zu bekommen. Er telefonierte mit Freunden und Geschäftspartnern, schrieb an Bekannte und sprach mit Kollegen. Zeitgleich versuchte er eine Stelle für seinen Bruder zu finden, der allerdings keine Englischkenntnisse und außer der nunmehr wertlosen Juristerei und Schreiberei keine relevante Qualifizierung vorweisen konnte – von den wahrscheinlich schauerlichen Konditorhandfertigkeiten einmal abgesehen.

Junge Frauen hatten es leichter, eine Anstellung im Königreich zu bekommen. Zu Tausenden bewarben sich die Wiener Jüdinnen beim britischen Konsulat als Hausmädchen in England. Salo aber fand, obwohl sich sein Bruder in London die Finger wund schrieb und telefonierte, keine Arbeit in England. Er muss sich gefühlt haben wie auf einem leck geschlagenen Schiff, dessen Rettungsboote längst abgelegt hatten und auf dem auch keine Schwimmwesten mehr übrig waren. Oft verschwanden Freunde oder Bekannte in diesen Tagen einfach, ohne dass man Zeit hatte, einander Lebewohl zu sagen. Hans war nun weg, die Terschs und einige tausend andere. Salo hingegen war noch immer da.

An einem Morgen im Juni klingelte es im zweiten Stock des Hauses in der Vorgartenstraße 78, und noch bevor Isaak Tisch öffnen konnte, hämmerten Fäuste gegen die Tür. Die zwei SA-Männer waren gekommen, um den Rechtsanwaltsanwärter Dr. Salo Tisch zu verhaften. Sie seien gar nicht besonders unhöflich gewesen, sagte Fred. Ließen ihm einen Moment Zeit, sich von seinen Eltern zu verabschieden. Taube stand nun, da sich die Angst der letzten Wochen bewahrheitete, reglos vor Entsetzen vor ihm. »Wir holen dich da wieder raus«, sagte Isaak mit belegter Stimme.

Salo brachte einige Tage im Gefangenenhaus an der Elisabethpromenade zu. Viele der fast 70 000 Menschen, die in den ersten Wochen verhaftet wurden, waren zunächst kaserniert. Am 22. Juni, einem Mittwoch, wurde Salo zusammen mit anderen Gefangenen nach Dachau deportiert. Es war ein sehr heißer Tag. In den Zugabteilen drängten sich auf den eigentlich vier Plätzen jeder Seite sechs Häftlinge. Man zwang sie, die ganze Zeit ins Deckenlicht zu schauen, wer sich widersetzte, erhielt Schläge. Die Fahrt dauerte 26 Stunden, und niemanden war es erlaubt, in dieser Zeit auf die Toilette zu gehen. Fred sagte, er habe die Flüssigkeit sicher herausgeschwitzt, nicht nur wegen der Hitze, sondern vor allem aus Angst. Niemand wusste, wohin man sie beförderte. In München wurden die Gefangenen in einen Viehwagen umgeladen. Alles musste ganz schnell gehen. Wer stolperte oder Schwierigkeiten hatte, den hohen Boden der Waggons zu erklimmen, wurde abermals geschlagen. Einige brachen sich dadurch die Beine. Die Wagen wurden für die letzten Kilometer nach Dachau plombiert.

Nach ihrer Ankunft hatten sie eine Doppelreihe von SS-Leuten mit Gewehren zu passieren, die, offenbar um die Neuankömmlinge einzuschüchtern, in die Luft schossen. Einige wurden von Kugeln gestreift und brachen zusammen. Die Gefangenen mussten sich nackt ausziehen und wurden in den Duschraum geführt. Die gewalttätigen Ausbrüche der Aufseher seien vollkommen willkürlich gewesen, sagte Fred. Mancher wurde geschlagen, weil er Seife benutzte, und erneut, wenn er sich daraufhin ohne Seife abspülte. Nach dem Duschen wurde ihnen der Kopf geschoren. Salo erhielt die Lagerkleidung und das entsprechende Häftlingsabzeichen. Er wurde kategorisiert als Schutzhäftling und Jude mit der Häftlingsnummer 16866.

Der Lagerkommandant hielt eine Ansprache, in der er sagte, wer sich ordentlich verhalte, dem werde nichts geschehen, wer sich aber etwas zuschulden kommen lasse, werde hart bestraft. Die Gefangenen waren in Baracken untergebracht, von denen ein Abteil als Essraum und das andere als Schlafraum diente, in dem die Stockbetten standen. In Salos Baracke waren etwa 60 Häftlinge untergebracht. Morgens um fünf wurden sie geweckt und mussten binnen Sekunden aus dem Bett springen, um einen Rapport durch die SS-Wache zu vermeiden. Das morgendliche Bettmachen war eine besondere Schikane, erzählte Fred. Die Decken mussten wie mit dem Lineal glatt gezogen werden, ohne die geringste Falte. Andernfalls drohte wieder ein Rapport. Aus dieser Zeit stammt wohl auch Salos nie mehr abgelegte Angewohnheit, Falten, die ein Tischtuch oder eine Decke warfen, wie in einem Reflex glatt zu streichen.

Nach dem Bettenmachen mussten die Häftlinge zum Kaffeeholen aufmarschieren. Brot gab es in wöchentlichen Rationen. Das übrige Essen, sagte Fred, sei erträglich gewesen und von der Menge her so bemessen, dass es nicht zur Überlebensfrage geriet. Um sechs Uhr morgens erfolgte der Namensaufruf und die Abzählung auf dem Appellplatz. Nachdem die einzelnen Abteilungen von ihren Kapos gemeldet worden waren, marschierten die Häftlinge zur Arbeit. Weil er schwere körperliche Arbeit nicht im Mindesten gewöhnt war, habe ihm in der ersten Woche jeder einzelne Muskel vor Schmerz gebrannt, erzählte Fred. Oft ließ man die Häftlinge, wenn es nichts Besseres zu tun gab, Steine auf einen Haufen tragen und sie anschließend wieder zurückschleppen, auch bei strömendem Regen. Andere waren in leichtere Kommandos eingeteilt, zu Schreibarbeiten, zu den Kartoffelschälern und den Strumpfstopfern. Es war meist selbstverständlich, dass Österreicher, die in einem solchen Kommando Unterschlupf fanden, versuchten, Landesgenossen nachzuholen.

Die Österreicher, die nun unmittelbar nach dem »Anschluss« zu Hunderten nach Dachau deportiert wurden, waren in dem deutschen Lager etwas völlig Neues, erzählte Fred. Sie entstammten – nicht nach der Definition der Nazis, aber ihrem eigenen Empfinden nach – einer anderen Nation, und die Tatsache, dass man versuchte, ihnen dieses Bewusstsein auszuprügeln, schweißte sie noch stärker zusammen. »Was bist du?«, wurden sie in den ersten Wochen oft gefragt. Keinesfalls durfte man darauf antworten: »Österreicher.« Dann setzte es Fußtritte und Ohrfeigen, oder man musste zur Strafe im Laufschritt einen mit Steinen vollbeladenen Schubkarren schieben. Das Wort Ostmärker wollten die meisten Österreicher nicht aussprechen. Wie viele andere antwortete Salo auf die Frage nach seiner Herkunft, er sei »Wiener«. Jahre später ist ihm auch das nicht mehr über die Lippen gekommen. Sein Wien existierte da nicht mehr für ihn.

Bald bekam er Briefe aus seiner entseelten Heimat. Nach zermürbenden Tagen des Wartens hatte man seine Eltern endlich darüber aufgeklärt, wo sich ihr Sohn befand. Dachau war in Wien ein Angstwort, das man nur leise flüsterte, als könne sich das Unheil durch dessen laute Benennung entladen. Die ersten Urnen aus dem KZ waren inzwischen in Wien eingetroffen. Ohne die geringste Vorbereitung oder Erklärung hatten die Angehörigen die Asche erhalten, samt einer Rechnung über die Versandkosten.

Isaak schickte seinem Sohn Geld in das Lager, als ließe sich das Schicksal damit beeinflussen – und in vielen Fällen tat es das ja auch. Zehn bis 30 Mark, die sich die Eltern vom Mund absparten. Das Geld wurde auf einem Geldkonto im KZ verwaltet. Salo ermöglichte es kleine Privilegien wie den Kauf von ein paar Kartoffeln, Äpfeln oder Zwiebeln in der Kantine. So oft es ging, leistete er sich mit Butter bestrichene Brote, auf die er rohe Zwiebelringe in dicken Schichten stapelte. Zwiebeln geben dem Bauch die Illusion der Fülle, auch wenn sie nur aus Luft ist.

Der niedere, dem blanken Überlebensinstinkt entwachsene Egoismus, der später in den Todeslagern einzog, sei in Dachau noch nicht zu spüren gewesen, erzählte Fred. In seiner Baracke habe man alles geteilt. Wer es sich leisten konnte, etwas zu kaufen, habe jenen, die kein Geld geschickt bekamen, davon abgegeben.

In seinen Briefen rang Salos Vater um Tapferkeit. Es gehe ihnen gut, schrieb er und verschwieg dem Sohn, dass die Mutter jeden Tag weinte und fast ohne Lebensmut war. Seit Salos Verhaftung hatte sich wenig Gutes ereignet. Auch Isaak und Taube Tisch hatte man zu einer »Reibpartie« eingefangen. Man hatte ihnen Zahnbürsten und einen Eimer mit Lauge gegeben und ihnen befohlen, im Schmutz kniend, das Kopfsteinpflaster zu putzen. Sein Vater schrieb ihm nicht, dass er an diesem Tag zu Hause am Waschbecken gestanden war und versucht hatte, den Dreck aus seinen Hosenbeinen zu schrubben, als ließe sich damit auch die Erniedrigung wegbürsten. Er gestand ihm nicht, dass auch er, der fromme Jud', nun manchmal an der Allmacht Gottes zweifelte.

Nur eine Woche nach Salos Deportation hatte Isaak seine Arbeit verloren. Nach über 20 Jahren hatte man den alten Buchhalter bei der Wiener Mineralölgesellschaft Fanto-Öl fristlos entlassen. Bis zum 30. Juni hatte er eine Vermögenserklärung abgeben müssen, wie alle Juden in dem einverleibten Land. Als Beruf hatte er »abgebauter Privatbeamter« eingetragen. Mit buchhalterischer Gewissenhaftigkeit hatte er die kleine Anzahl von Wertpapieren aufgelistet und seine bescheidene Altersrente für die nächsten neun Jahre im Voraus hochgerechnet. Isaak Tisch ahnte nicht, dass er nicht einmal das dritte Jahr seiner Rente erleben sollte.

Weiterhin unternahm Isaak Tisch alles ihm Mögliche, um seinen Sohn aus dem Lager zu holen. Immerhin hatte es Mundy in England geschafft, einen Bürgen aufzutreiben. Dieser hatte das britische Ausländeramt in London schriftlich darüber informiert, dass er seinen Cousin Dr. Salo Tisch aus Wien für unbestimmte Zeit einladen wolle. Mister Jaffe, ein Bekannter Mundys, der natürlich nicht einmal entfernt mit den Tischs verwandt war, betonte in dem Schreiben, er würde für den Lebensunterhalt seines Gastes aufkommen. Er bat darum, das Britische Konsulat in Wien anzuweisen, Salo das entsprechende Visum auszustellen. Jetzt fehlte eigentlich nur noch ein Reisepass. Isaak Tisch hatte sich deshalb an den Holländer Frank van Gheel Gildemeester gewandt, der in der Nähe des Stephansdoms in einem Durchgangshaus in der Wollzeile sein Büro hatte. Gildemeester war eine zwiespältige Figur. Er verfügte über gute Kontakte zu den Nazis, weil er vor 1938 inhaftierte österreichische Nationalsozialisten betreut hatte. Jetzt hatte er eine Auswanderungshilfsaktion gegründet, die einen Teil des enteigneten Vermögens reicher Auswanderer verwendete, um mittellosen Juden die Flucht zu ermöglichen. Die wohlhabenden Emigranten verzichteten auf ihr Vermögen, das »arisiert« oder zugunsten des Deutschen

Reichs eingezogen werden sollte. Zehn Prozent davon flossen in einen Fonds, um damit die Kosten mittelloser Juden zu bestreiten. Diese Aktion lief im Einvernehmen mit den Nazis, denen damals noch daran gelegen war, möglichst viele zuvor enteignete Juden außer Landes zu verbannen.

Für Isaak Tisch war Gildemeester ein letzter Strohhalm, an den er sich klammerte, denn es hatte sich herumgesprochen, dass sich der Holländer besonders intensiv um die Entlassung von Häftlingen aus den Konzentrationslagern bemühte und ständig entsprechende Eingaben an die Gestapo schickte.

Isaak Tisch, so weiß ich heute aus seiner Vermögenserklärung des Jahres 1938, die ein Verwandter wieder gefunden hat, hatte sein bescheidenes Guthaben fast gänzlich aufgezehrt. Er hatte allein vier Rechtsanwälte wegen der Ausreise konsultiert und honoriert. Er hatte die Steuerschulden seines Sohnes beglichen und die Beerdigung seiner Schwester Jette Pridles bezahlt. Jettes Mann, den Witwer Pridles, hat er mit monatlich 100 Reichsmark unterstützt. Das ist eine beträchtliche Summe, wenn man bedenkt, dass der Hilfsarbeiterlohn damals bei 45 Pfennig die Stunde lag. Schwager Pridles war erwerbslos und binnen kürzester Zeit in die Armut abgerutscht wie viele Wiener Juden damals.

An Gildemeester hat Isaak 50 Mark für einen Reisepass überwiesen und diesen auch bekommen. Erst heute weiß ich – weil sich entsprechende Unterlagen im Dokumentationsarchiv des Österreichischen Widerstands fanden –, dass Salo im Oktober 1938 freigelassen werden sollte. Es gibt eine »Liste der in Dachau befindlichen Juden, deren Ausreisepapiere völlig ordnungsgemäß fertig sind. Überreicht von Herrn Gildemeester« am 11. Oktober 1938, und den Befehl, dass die »mit anhängender Liste verzeichneten Juden auf 3–5 Tage zu entlassen sind, damit ihnen die Möglichkeit zur Ausreise gegeben ist«.

Ich sehe mir die Kopie aus dem Archiv an, bei Salo steht »Einreise nach England«. Ich glaube, Salo hat bis zu seinem Tod nicht erfahren, dass er die Freiheit damals so knapp verfehlte. Wie viel Leid wäre ihm erspart geblieben, wenn er nicht nach Buchenwald gebracht worden wäre. Ja, ich bin sicher, er wäre später ein anderer Mensch gewesen, weniger versehrt in seinem Innern. Aber die Entlassungspapiere trafen knapp drei Wochen zu spät ein, zu einem Zeitpunkt, da Salo schon gar nicht mehr in Dachau war.

Mitte September wurde plötzlich eine seltsame Betriebsamkeit in dem Lager spürbar, deren Ursache Salo erst später erfuhr. Am 15. September hatten sich Chamberlain und Hitler in Berchtesgaden getroffen. Hitler hatte die Angliederung des Sudetengebiets gefordert und unmissverständlich die Kriegsbereitschaft Deutschlands signalisiert. Seit Juli schon marschierten Truppen an der Grenze der Tschechoslowakei auf. Parallel zu der Mobilisierung bereiteten sich die Nazis auf die Unterdrückung des tschechoslowakischen Widerstands vor und begannen mit der Räumung des KZs Dachau, um dort die tschechischen Widerstandskämpfer einsperren zu können.

Am 23. September 1938, knapp drei Wochen vor dem Eintreffen seines Entlassungsbriefes, wurde Salo vom KZ Dachau in das KZ Buchenwald gebracht. Er war einer von 1200 Juden, die an diesem Tag verlegt wurden. Zu dem Massentransport gehörten viele jüdische Intellektuelle aus Österreich, Ärzte, Rechtsanwälte, Politiker und Künstler. Onkel Oswald Richter, der tapfere Sozialdemokrat, war ebenso unter ihnen wie der junge Dichter Jura Soyfer, der Kabarettist Paul Morgan und der Librettist Fritz Löhner-Beda. Sie alle wurden in eine Eisenbahn verladen und über Jena nach Weimar gebracht. Das letzte Stück vom Bahnhof bis zum Lager transportierte man sie in Autobussen, die von bewaffneten SS-Männern begleitet wurden.

Das Lager war auf die plötzlichen Masseneinlieferungen nicht vorbereitet. Die Ankömmlinge aus Dachau wurden in vollkommen überfüllte Baracken gepfercht, in denen es an allem mangelte. Tische, Stühle, Betten gab es zu wenig. Jede Zweierkoje war mit drei Mann belegt, Dutzende schliefen auf dem Fußboden.

Nunmehr hatten sie alles verloren, was ihre Identität ausmachte. Man hatte ihre Erscheinung genormt, ihre Köpfe kahl geschoren, ihre Leiber nummeriert und sie nach Gruppen gegliedert hineingeworfen in einen endlosen Kreislauf von Hunger, Prügel, Mord und Zwangsarbeit. Wie bald erlischt eine Persönlichkeit im Angesicht des Entmenschlichten, fragte ich mich manchmal. Wie lange kann sich eine Seele davor verwahren? Sind es Bruchteile von Sekunden oder Tage? Und warum haben sie ihn überhaupt dort behalten, wo er doch in Dachau freigekommen wäre? Niemand wird mir diese Fragen beantworten können, so wie auch andere Leerstellen im Leben von Salo sich nicht mehr füllen werden.

Fred hat mir beileibe nicht alles erzählt, was seine Augen dort gesehen haben. Er wollte sich selbst nicht mit den Bildern martern, vor allem aber wollte er mich schonen. »Du hättest dort nicht den dritten Tag erlebt«, sagte er zu mir. »Wer mitfühlte so wie du, der musste zerbrechen.« Um zu überleben, habe man nicht hinsehen und hinhören dürfen. Man habe wie versteinert durch alles hindurchgehen müssen.

Salo bekam die zerschlissene, blaugrau gestreifte Anstaltskluft ausgehändigt. Auf der linken Seite der von Flicken übersäten Jacke waren ein rotes Stoffdreieck und darunter ein gelbes Dreieck so eingenäht, dass sich aus den beiden übereinander liegenden Zeichen der Umriss eines Davidsterns ergab. In der Eintönigkeit ihres trostlosen Äußeren waren die Winkel, wie die Stoffdreiecke im Lager hießen, das einzige, was die Gefangenen unterschied. Die Farbe Rot stand für politische Häftlinge, Grün für Vorbestrafte, Schwarz für Arbeitsscheue, Violett für Zeugen Jehovas, Blau für Emigranten, Rosa für Homosexuelle. Gelb stand für Juden. Der gelbe Winkel, das sollte Salo noch erfahren, ordnete Juden der untersten Kaste der Lagerhierarchie zu und machte sie zum bevorzugten Ziel des SS-Terrors.

»Jedem das Seine« stand im Tor des Lagers. Alle neuen Transporte, die immer Montag und Donnerstag in Buchenwald eintrafen, mussten einem Bestrafungszeremoniell auf dem Appellhof beiwohnen, bei dem Häftlinge auf einen hölzernen Prügelbock geschnallt und mit einem Ochsenziemer ausgepeitscht wurden. Die dumpfe Betäubtheit, mit der sich viele der Neuangekommenen schon in Dachau ummantelt hatten, die Versteinerung des Innersten reichte nun kaum mehr, um die Schreie und das Röcheln der Gemarterten zu ertragen. Wie überhaupt alles bisher Gesehene fast ohne Bewandtnis war angesichts der Zukunft, in die sie sich hier einzugliedern hatten. »Verglichen mit Buchenwald«, sagte Fred, »war Dachau ein Paradies.«

Salo wurde einem Arbeitsplatz zugeteilt, der im Lager mit der Hölle gleichgesetzt wurde: dem Steinbruch. Die meisten Häftlinge, allen voran die jüdischen, mussten dort ihre ersten Wochen überstehen. Es gab keinerlei maschinelle Hilfsmittel, von Arbeitskleidung ganz zu schweigen. Alle Arbeiten, das Brechen und Zuschlagen der Kalksteine, das Beladen der Loren und ihr Herausziehen aus der Sohle des Bruchs, das Tragen der Steine und ihr Transport zum Lager, geschahen allein durch die Körperkraft der Häftlinge. Schwere Verletzungen und Verstümmelungen waren unvermeidlich, und wer den Gefahren ausweichen wollte, wurde von SS-Leuten, Kapos und Vorarbeitern geschlagen oder bestraft. Eine der meistgefürchteten Strafen war das »Baumhängen«, erzählte Fred einmal, stockend und unter Tränen. Dabei wurde der Häftling an seinen rückwärtig um den Baumstamm gefesselten Händen hochgezogen und, in der Luft baumelnd, aufgehängt, bis die Kugeln aus den Pfannen der Schultergelenke sprangen. Der Anblick der an den Buchen hängenden Gestalten, die stundenlang unter Schmerzen schrien und schließlich das Bewusstsein verloren, hat Fred immer wieder in seinen Träumen heimgesucht. Ebenso hat ihn das Bild der wie Tiere vor die Lastkarren gespannten Häftlinge verfolgt, die man im Lager die »singenden Pferde« nannte, weil sie singen mussten, während sie die tonnenschweren Lasten zogen.

Das gesamte Leben im Konzentrationslager diente in seiner systematischen Organisiertheit nur dem einen Ziel, der größtmöglichen Peinigung, sagte Fred. Menschen, die dieselbe Sprache sprachen wie ihre Opfer und die als Kind von ihren Müttern die gleichen Wiegenlieder vorgesungen bekommen hatten, hatten sich eine Vision der Hölle ausgedacht, an die keine bisherige menschliche Phantasie heranreichte. Von allen Quälereien, die sie ersonnen, war der Wasserentzug eine der übelsten.

Schon nachdem er die ersten Stunden Steine geschleppt habe, von denen manche so schwer gewesen seien, dass ein Athlet unter ihrer Last getaumelt wäre, habe seine Kehle zu brennen begonnen, erzählte Fred. Vor, während oder nach der elf-, oft auch dreizehnstündigen Arbeit einen Schluck Wasser zu trinken war bei Prügelstrafe verboten. Täglich erhielt jeder Häftling nur ein viertel Liter Trinkwasser. Auch für die Körperpflege fehlte das Wasser. Pro Baracke hatte der Lagerkommandant Koch die tägliche Ration auf vier Eimer festgesetzt. Vier Eimer Wasser für über 100 Menschen.

Beim notdürftigen Waschen habe er den Blick auf seinen binnen weniger Tage ausgezehrten Körper bewusst vermieden, sagte Fred. Die Tagesration bestand aus einem knappen Pfund Brot, einem Liter dünner Krautsuppe, etwas Margarine, Wurst oder Käse. Nicht einmal für einen normal arbeitenden Menschen hätte das Essen ausgereicht, die Arbeitersklaven aber verurteilte es zu ewigem Hunger.

Vor allem der Appellplatz, in dessen Mitte ein auf einem Sockel errichteter Galgen aufragte und ein paar vereinzelte Buchen herumstanden wie das zynische Zitat einer verschwundenen Welt, gerade diese Stätte muss Salo als einen Ort der Verdammnis erlebt haben. Die Bilder der dort erduldeten Erniedrigung waren es auch, die noch Jahrzehnte später immer dann aus ihm hervorbrachen, wenn es stark regnete und ihn das Hämmern der Tropfen an das Geräusch erinnerte, mit dem der Regen auf die Dächer der Holzbaracken niederprasselte.

In Buchenwald regnete es oft, sagte Fred. Die nasse Kälte war während der Arbeit noch eher zu ertragen als bei dem allabendlichen Zählappell, der sich oft über Stunden hinzog. Im strömenden Regen standen sie in Holzschuhen, zerrissenen Stiefeln oder mit Lumpen an den Füßen im Schlamm des Platzes, der ihnen oft bis über die Knöchel reichte. Während der gesamten Zeit mussten die Häftlinge militärisch stramm stehen, auf Befehl die Mützen vom Kopf reißen, Marschlieder singen oder dem Strafvollzug auf dem »Prügelbock« zusehen. Beim Fehlen von Häftlingen zog sich der Terror oft über mehrere Stunden hin. Nachdem einmal zwei Häftlinge ausgebrochen waren, mussten die Gefangenen fast eine ganze Nacht bei Eiseskälte im Freien stehen. Einige von ihnen starben in den darauf folgenden Tagen an Erschöpfung.

Auch an die Allgegenwart des Todes kann man sich gewöhnen. Manchen schien er wie eine Erlösung. »Muselmann« nannte man die Häftlinge, die jeden Lebenswillen aufgegeben hatten und mit entleerten Augen zwischen den Welten torkelten, um schon bald die schlimmere von beiden zu verlassen, indem sie als »Zaunkönig« endeten, als Selbstmörder am elektrischen Stacheldraht. Aber es gab auch viele, die ihr Menschsein nicht aufgaben, sondern es mit dem Rest von Haltung und Kultur, dem einzigen, was sie dem Grauen entgegenzusetzen hatten, verteidigten.

Die österreichischen Künstler hatten es nicht verlernt, unter Tränen zu lachen. Fritz Grünbaum, der Simpl-Kabarettist, Paul Morgan und der junge Dichter Jura Soyfer wagten sich abends in die Blocks der Mitgefangenen, um dort Sketche aufzuführen. Sie traten auch in den Baracken der nichtjüdischen Häftlinge auf, deren Zutritt Juden eigentlich streng verboten war. Ein Tisch wurde zur Bühne umfunktioniert, und darauf improvisierte Grünbaum dann Kabarettvorstellungen für seine Leidensgenossen. Für eine halbe Stunde habe er sie aus ihrem Elend herausgehoben, erzählte Fred. Für einen Moment brachte er eine Heiterkeit in die Holzbaracke, die getragen war von jenem feinen Geist und jener tiefen Menschlichkeit, die den Rest des Tages so viele Welten von der ihren entfernt waren.

Der Wiener Kabarettist Paul Morgan hatte gute Chancen gehabt, der Hölle zu entkommen. Er hatte schon alle Papiere für die Einwanderung nach Holland und Jugoslawien beisammen und stand kurz vor der Entlassung, als sein Block strafexerzieren musste, weil der Blockführer Lebensmittel in den Betten gefunden hatte. Wieder einmal regnete es, und auf dem Appellplatz pfiff ein eisiger Wind. Paul Morgan wankte zum Blockführer, riss sich die Mütze vom Schädel und stammelte: »Ich bin krank, ich habe Fieber, Herr Blockführer.« Er wurde zurück in die Reihe gejagt. Als endlich ein Pfiff das Ende der Strafe signalisierte, musste Morgan auf einer Bahre ins Revier getragen werden, in dem er noch in dieser Nacht, am 10. Dezember 1938, starb. Auf Sondererlaubnis der Kommandantur durften Hermann Leopoldi und Fritz Grünbaum den toten Freund am nächsten Morgen vom Revier zum Tor tragen. »Wer wird denn weinen, wenn man auseinander geht?«, summten seine Mitgefangenen. Es war sein Lieblingslied gewesen.

Es gab zwei Arten von Musik im Lager, sagte Fred. Die eine untermalte das Grauen, mit der anderen ließ es sich ertragen. Jeden Morgen marschierten die Blocks zu den Klängen der Lagerkapelle zum Appell auf und anschließend zu ihren Arbeitsstätten. Die ein Dutzend Mann große Kapelle musste auch während der Durchführung von Strafen spielen, etwa wenn Häftlinge auf den Prügelbock gespannt wurden. Das Vergehen an der Musik gipfelte in der Angewohnheit des Lagerführers Rödl, die Blocks, wenn sie abends todmüde von der Arbeit zurückkehrten, dazu zu verdonnern, Kinderlieder zu singen. Ende 1938 kam Rödl auf die Idee, einen Wettbewerb um ein Lagerlied auszuschreiben. Einen zünftigen Marsch sollten die Gefangenen sich ausdenken, dem Gewinner versprach er zehn Mark Belohnung.

Er habe einen Text-Versuch gemacht, erzählte Fred, aber alles in ihm sei wie erstarrt gewesen. Wie sollte man etwas in Worte fassen, für das es keine Worte gab? Schließlich war es Löhner-Beda, der einen im Grunde revolutionären Text schrieb, und Hermann Leopoldi komponierte die Melodie dazu.

Als Autor des Textes gaben sie einen Nichtjuden aus – auch im KZ galt das Nazi-Dogma der »entjudeten« Musik. Der Kapo der Poststelle reichte das Lied ein, und dem Lagerführer Rödl gefiel der Buchenwaldmarsch. Am Weihnachtsabend 1938 stand Salo Tisch, Gefangener des Block 9, mit Tausenden anderer trauriger Gestalten auf dem Appellplatz in Buchenwald und sang das Lied:

Wenn der Tag erwacht, eh die Sonne lacht,
die Kolonnen ziehn zu des Tages Mühn
hinein in den grauenden Morgen

Und der Wald ist schwarz und der Himmel rot,
und wir tragen im Brotsack ein Stückchen Brot
und im Herzen, im Herzen die Sorgen

O Buchenwald, ich kann dich nicht vergessen,
weil du mein Schicksal bist.
Wer dich verließ, der kann es erst ermessen,
wie wundervoll die Freiheit ist!
O Buchenwald, wir jammern nicht und klagen,
und was auch unser Schicksal sei,
wir wollen trotzdem ja zum Leben sagen,
denn einmal kommt der Tag: dann sind wir frei!

Und die Nacht ist kurz, und der Tag ist so lang,
doch ein Lied erklingt, das die Heimat sang:
Wir lassen den Mut uns nicht rauben!
Halte Schritt, Kamerad, und verlier nicht den Mut,
denn wir tragen den Willen zum Leben im Blut
und im Herzen, im Herzen den Glauben.

Obwohl es sicher das Letzte war, was seine Auftraggeber anstrebten, habe das Lied Tausenden Häftlingen Mut gemacht, sagte Fred. Es wurde zur Hymne der Heimatlosen. Wenn sie es morgens beim Ausmarsch der Kolonnen sangen und nach deren Rückkehr am Abend, legten sie all ihren Hass und ihre Hoffnung hinein. Lagerführer Rödl schien zu einfältig, um diese Dimension zu begreifen. Bisweilen fand er Gefallen daran, zu der Melodie zu tanzen, während auf der einen Seite die Lagerkapelle spielte und auf der anderen die Leute ausgepeitscht wurden.

Von alledem erfuhren Salos Eltern natürlich nichts. Zweimal im Monat war es den Häftlingen erlaubt, an ihre Angehörigen zu schreiben. Dass es ihm gut gehe, schrieb Salo – so, wie es die Lagerordnung befahl. Dabei zeigte sein verwüsteter Körper bereits erste Symptome einer todbringenden Krankheit. Seine Zeit hatte begonnen abzulaufen, und er wusste es nicht einmal.

In Wien kämpfte Isaak Tisch noch immer verzweifelt um die Rettung seines Sohnes. Die Stadt war inzwischen zum Hexenkessel geworden. Schon im Oktober waren die Fensterscheiben einiger Synagogen eingeschlagen, Thorarollen geschändet und Bethäuser zerstört worden. Den großen Tempel im 2. Bezirk hatte man angezündet. Am höchsten jüdischen Feiertag, zu Jom Kippur, hatten die Nazis Hunderten von Juden ihre Wohnungsschlüssel abgenommen und ihnen gesagt, sie sollten sich zum Abtransport an der Ostbahn einfinden. Erst am nächsten Nachmittag hatten die Familien ihre Schlüssel wieder erhalten.

Die Dämme der Zivilisation waren bereits unterspült, und so brauchte es nicht viel, bis sich eine Flutwelle der Niedertracht über die Stadt ergoss. Die Novemberpogrome, von den Nazis in Anspielung auf die im Widerschein der gelegten Feuer glitzernden Scherben der Verwüstung »Kristallnacht« genannt, traten das jüdische Leben in Wien aus. Über 40 Synagogen und Bethäuser brannten. Der prügelnde und plündernde Mob hatte Wien unterjocht. Man hatte die Amtsräume der Kultusgemeinde gestürmt und einige hundert Angestellte festgenommen. Menschen wurden totgeschlagen, Tausende wurden verhaftet und viele von ihnen nach Dachau deportiert.

Fast 10 000 Juden waren zwischen dem 10. und 14. November auch in Buchenwald eingeliefert worden. Westlich des Appellplatzes hatte man ein Pogromsonderlager mit fünf scheunenähnlichen Notbaracken eingerichtet, das von den anderen Blöcken durch einen Stacheldraht getrennt war. Es gab keine sanitären Anlagen, keine Heizung, keine Fenster, nicht einmal ein Fundament. Zum Schlafen mussten sich die Häftlinge in enge Holzregale pferchen, Stroh und Decken fehlten.

Isaak Tisch schrieb seinem Sohn nicht, dass man auch sein Zuhause ausgelöscht hatte. Viel von dem, was sich die Eltern in den Jahren rechtschaffener Arbeit aufgebaut hatten, war verloren. Man hatte die Tischs inzwischen mit einer Räumungsaufforderung aus der Vorgartenstraße 78 vertrieben, in der sie ein Vierteljahrhundert gewohnt hatten, und aufgefordert in die Taborstraße 21a, Wohnung 26, zu ziehen. Die Taborstraße war eine von vormals jüdischen Geschäften gesäumte Einkaufsmeile und das Haus, in das sie zogen, ein prachtvolles Jugendstilgebäude in der Nähe des Karmeliterplatzes. Es steht noch heute, und ich habe es mir einmal angesehen. Dicke Stuckgirlanden säumen die Eingangshalle, geschliffene Facettenfenster brechen das Licht. Die Wohnung Nummer 26 im zweiten Stock liegt hinter einer glänzenden Eichentür, sie hat ein Dienstbotenzimmer, eine Küche, und hohe Flügeltüren führen vom ersten bis zum vierten Zimmer. Eine schöne Wohnung für eine kleine Familie. Die Tischs aber waren nicht freiwillig eingezogen, sondern vom Wohnungsamt eingewiesen worden. Sie mussten sich die Wohnung mit mehreren fremden Familien teilen, und wahrscheinlich hatten sie, wie die meisten Zwangsumgesiedelten, nicht mehr als ein Zimmer für sich. Mitte des Jahres hatten die Nazis damit begonnen, die jüdische Bevölkerung in bestimmten Stadtbezirken wie Herdenvieh zusammenzutreiben. Hausbesitzer wurden zur Kündigung jüdischer Mieter genötigt und jüdische Hauptmieter verpflichtet, jüdische Untermieter in ihren Wohnungen aufzunehmen. Juden sollten nur in jüdischen Häusern wohnen. Das Haus in der Taborstraße 21a war ein solches jüdisches Haus. Es war gleich nach dem Anschluss unter kommissarische Verwaltung gestellt worden.

Auch jene, die bisher gezögert hatten, das Land zu verlassen, trachteten jetzt nur noch danach zu fliehen. Ende 1938 verließen die ersten großen Kindertransporte die Stadt. Viele Kinder konnten nur noch von ihren Müttern Abschied nehmen, weil die Väter schon in die Konzentrationslager deportiert worden waren. Die Flucht war nach den Novemberpogromen nicht leichter geworden, weil nun alle das Land verlassen wollten. Die Auswanderungsabteilung der Kultusgemeinde in Wien war hoffnungslos überlaufen.

Die ungebremste Brutalität der Nazis gegen die Juden hatte aber endlich das Ausland aufgeschreckt. England und die USA lockerten ihre Einreisebedingungen. Die Hetzjagd der Novembertage hatte nun auch dem Letzten die Augen geöffnet, und die von vielen gehegte Hoffnung, dass Alte, Frauen und Kinder von dem Terror verschont bleiben würden, ein für alle Mal zerstört. Ich weiß nicht, ob Salos Eltern ihr eigenes Entkommen mit derselben Beharrlichkeit verfolgten, mit der sie um die Befreiung ihres Sohnes kämpften. Weil eine Auswanderungserlaubnis nach drei Monaten wieder verfiel, musste Isaak Tisch wieder von vorne anfangen, um ein Visum für seinen Sohn zu ergattern.

Obwohl sie nun selbst fast nichts mehr besaßen, hatte er nicht aufgehört, seinem Sohn weiterhin jeden Monat 30 Mark nach Buchenwald zu schicken – die Höchstsumme, die Häftlinge empfangen durften. Das Geld bedeutete oft Überleben, sagte Fred. Nicht nur, weil man damit in der Kantine einkaufen konnte. Man konnte es auch an die SS oder an Häftlingsfunktionäre »spenden« und sich damit im Zweifel eine etwas weniger schlechte Behandlung erkaufen.

Irgendwann um Weihnachten herum muss Salo sich infiziert haben. Zu diesem Zeitpunkt ahnte noch niemand, dass eine tödliche Krankheit im Lager ausgebrochen war. Irgendwann wird Salo das Fieber gespürt haben, die ständige Abgeschlagenheit, die rasenden Kopfschmerzen, das Zittern und das Frösteln. Irgendwann um diese Zeit muss auch der Entlassungsbefehl für den Schutzhäftling Salo Tisch ergangen sein, weil es Mundy gelungen war, ein gültiges Visum für die Dominikanische Republik zu organisieren.

Als man Salo Tisch am 19. Januar aus dem KZ Buchenwald entließ und er zitternd unter kaltem Schweiß die Entlassungserklärung unterschrieb, in der er sich verpflichtete, niemals über das dort Erlebte zu sprechen, muss sich auf seinem Bauch schon der kleinfleckige rote Ausschlag gezeigt haben, der kennzeichnend ist für Typhus. Salo trug noch seinen Sträflingsanzug. Er war viel zu dünn, um die harte Kälte des Tages abzuhalten. Salo fror, und gleichzeitig lief ihm das Wasser die Schläfen hinunter.

Als er später die Ursache seines Fiebers erfuhr, war er überzeugt, dass ihm die tödliche Krankheit das Leben gerettet habe, weil man ihn aus Angst vor einer Typhus-Epidemie entlassen habe. Er erzählte mir auch, dass er vor den Toren des Lagers von jüdischen Helfern aufgelesen worden sei. Am Weimarer Bahnhof, das weiß ich inzwischen, kümmerten sich damals Mitarbeiter der örtlichen jüdischen Gemeinde um die Buchenwald-Entlassenen. Salo wurde ärztlich untersucht. Man gab ihm Essen und warme Kleidung und besorgte ihm eine Fahrkarte. Man verständigte seine Eltern in Wien und bat sie, den Sohn sofort nach seiner Ankunft in ein Spital zu bringen. Salo bekam Geld mit auf die Reise und den eindringlichen Rat, die Kleidung in Wien zu verbrennen und nicht – wie sonst üblich – an das Hilfskomitee zurückzuschicken.

Zum ersten Mal seit langer Zeit trug er wieder eine Kleidung wie die anderen Menschen, doch sicher kennzeichneten ihn der kurz zuvor noch ein letztes Mal kahl geschorene Kopf und der ausgezehrte Körper zur Genüge als einen KZ-Entlassenen. Wie mag er sich gefühlt haben beim Anblick einer Welt, die man dort, wo er herkam, zu vergessen haben schien?

Was mag er gedacht haben, als er Frauen und Kinder und Reisende sah, die sich aufrecht und ohne Angst bewegten? Als er auf Menschen traf, die ihm freundliche Worte schenkten und sich seiner annahmen? Salo wird den Rückweg in einer fiebrigen Benommenheit überstanden haben, die wohl weniger von seiner Krankheit herrührte als vielmehr von der Unfassbarkeit, dem Regen von Buchenwald entkommen zu sein.

Heute weiß ich, dass es in seinem Innersten nie wirklich aufgehört hat zu regnen.

6

Gestern Abend war ich bis weit nach Mitternacht auf. Die Lichter in den anderen Zimmern waren gelöscht, und meine Untermieterin schlief schon seit Stunden. Sie ist Ärztin (es ist beruhigend, eine Ärztin im Haus zu haben) und muss früh aufstehen. Ich bin lange an meinem Schreibtisch gesessen und habe einen Brief an eine Verwandte in Chicago getippt. Das Hämmern der Tasten überlagerte die nächtliche Stille. Ich mag das Geräusch, für mich verströmt es eine innere Ruhe, die sich dämpfend über die Unrast des Tages legt wie ein wollenes Tuch. Die Gedanken breiten sich in Klarheit aus, und die Nacht schenkt ihnen Raum. Ich kann nicht zählen, wie viel tausend Nächte ich an meiner Schreibmaschine verbracht habe. Es vergeht auch heute kaum ein Tag, an dem ich nicht einen Brief auf ihr schreibe. Meine Finger fliegen nicht mehr über die Tasten wie einst, aber sie sind noch flink genug, um mit meinen Gedanken Schritt zu halten.

Ich stelle immer auf den engsten Zeilenabstand. Eine störrische Angewohnheit aus Kriegstagen, wo man häufig nur eine Seite Papier hatte und sie bis auf den letzten Zentimeter mit Worten pflasterte. Es drängte sich darin alles Erlebte, die guten und die schlechten Nachrichten, die Angst, die Hoffnung, die Freude und die Verzweiflung. Um der Zensur zu entgehen, verbarg sich die wahre Botschaft oft zwischen den Zeilen.

Vor meiner Abreise nach Irland hatten meine Eltern und ich einige Codeworte vereinbart, mit denen wir in unseren Briefen Sachverhalte oder Personen verschlüsseln wollten. Einen Herrn Kind tarnten wir mit dem Namen Babyson.

Kreuzer war das Synonym für schlechte Nachrichten. Knöpfe waren das Geheimwort für Geld, daran erinnere ich mich noch. Ein recht naheliegender Begriff zugegebenermaßen, wahrscheinlich haben sich die Zensoren darüber amüsiert. Trotzdem waren gerade die Knöpfe für uns eine Frage des Überlebens. Im Grunde waren es auch die Briefe selbst, weil sie die Zuversicht wach hielten, dass eine gemeinsame Zukunft möglich sei.

Nach meiner Ankunft in Dublin schrieb ich jede Woche nach Hause, und das Papier reichte nie, um alles, was mich an Neuem umgab, zu schildern. Das Schicksal hatte mich in ein Haus geführt, in dem die jüdische Tradition viel präsenter war als zu Hause in Böhmen. Im Grunde begegnete ich in Dublin zum ersten Mal der jüdischen Kultur.

Meine Hausherrin führte das Leben einer koscheren Jüdin, aber sie war weit entfernt von weltfremder Frömmelei. Mrs. Sally Citron besaß zusammen mit ihrer Schwester Rosy Wine eines der teuersten Schneiderateliers in Dublin. Einmal im Monat reisten die beiden nach London, um bei Liberty's Stoffe zu kaufen, die sie dann nach eigenen oder fremden Entwürfen von ihren Näherinnen zu Modellen verarbeiten ließen. Mrs. Citron war geschieden und hatte einen fünfjährigen Sohn, Sammy, und eine siebenjährige Tochter, Keila, um die ich mich nun kümmern sollte. Ich sprach nur Französisch mit den Kindern, mir selbst fiel das damals noch erheblich leichter als Englisch. Keila war von Geburt an behindert. Ihre Beine und Arme waren mager und verwachsen, und auf dem zierlichen Rücken hockte ein mächtiger Buckel. Sie tat mir Leid, ich bemühte mich, besonders umsichtig mit ihr zu sein, aber genau das brachte sie wohl in Rage. Manchmal erzählte sie ihrer Mutter, ich hätte sie geschlagen. »Ich weiß natürlich«, sagte Frau Citron zu mir, »dass meine Tochter lügt. Sie hat mir diese Geschichten auch schon bei Ihren Vorgängerinnen aufgetischt. Es dauert sehr lange, ehe Keila jemanden an sich heranlässt. Seien Sie geduldig mit ihr.«

Morgens chauffierte ich Keila und Sammy mit dem Auto zur Schule. Um vier holte ich sie wieder ab, und wir verbrachten den Nachmittag zusammen. Manchmal fuhren wir hinaus an die See zum Baden und Picknicken. Hinter den Dünen hatte ich einen kleinen, wilden Strand entdeckt, wo das Wasser seicht und der Boden sandig war, sodass die Kinder ohne Gefahr in den Wellen spielen konnten. Ich liebte diesen Ort, wo der Blick am Horizont vagabundieren konnte ohne anzustoßen. Weit weg von der heimischen Enge des Elbtals erlebte ich hier zum ersten Mal den Ozean, und seine Grenzenlosigkeit gab mir das Gefühl auch einer inneren Weite. Wenn ich vom Strand zurückkehrte, war ich wie aufgetankt mit der Zuversicht, dass ich schon bald mit meinen Eltern und mit Marianne dort sitzen und in die Wellen starren würde.

Vormittags, wenn die Kinder in der Schule waren, räumte ich ihre Zimmer auf und wusch ihre Sachen. Sammy trug, wie es der orthodoxen Tradition entsprach, einen kleinen Tallit, ein rechteckiges Stück weißen Stoffs mit einer Öffnung für den Kopf und mit Quasten, Zizit genannt, an den vier Ecken. Weil das Stofftuch seinen weißen Urzustand längst zugunsten einer grauen Schmutzstarre aufgegeben hatte, steckte ich es in die Wäsche und wusch es gründlich aus. Frau Citron, die immer erst gegen acht Uhr abends nach Hause kam, wenn ich die Kinder schon ins Bett gebracht und ihnen eine Gutenacht-Geschichte vorgelesen hatte, war entsetzt, als sie den nunmehr wieder strahlend weißen Schal sah. »Was haben Sie damit gemacht?«, fragte sie mich fassungslos. »Ich habe ihn gewaschen, nichts weiter«, sagte ich. »Aber wissen Sie denn nicht, dass es ein Sakrileg ist, Zizit zu waschen? Die Zizit sollen an die Erfüllung der religiösen Pflichten erinnern. Sie dienen zur Stärkung gegen die Gefahr der Sünde. Man darf sie niemals waschen.« Nein, natürlich wusste ich das nicht. Ich wusste so vieles nicht. Ich hatte keine Ahnung, was es bedeutete, sich koscher zu ernähren, und verstand auch kein Wort Hebräisch.

Mit der Zeit jedoch begann ich mich in diese neue Welt vorzutasten. Sonntags besuchten wir oft die Eltern meiner Hausherrin. Manchmal, wenn Mrs. Citron geschäftlich in London zu tun hatte, fuhr ich alleine mit ihren Kindern dort hin. Deren Großvater, der alte Herr Solomon, lebte mit seiner Frau in einem großen, eleganten Haus in Dublin. Er war ein rundlicher Mann mit gutherzigen, warmen Augen. Für ihn war ich wohl wie ein verlorenes Schaf. Immer nach dem koscheren Mittagsmahl erzählte er mir Geschichten aus dem Alten Testament, und gelegentlich brachte er mir ein paar hebräische Buchstaben und Worte bei.

»Wenn du willst«, sagte Nora, die als Köchin bei Sally Citron angestellt war, »zeige ich dir, wie man koscher kocht. Und eigentlich solltest du auch die wichtigsten irischen und britischen Rezepte beherrschen. Man kann ja nie wissen, vielleicht wirst du es einmal brauchen.« Sie hatte Recht. Viele vom Festland emigrierten Jüdinnen arbeiteten inzwischen als Köchinnen auf der britischen Insel. Ich kannte nur die böhmische Küche und auch diese nur vom Zusehen. Die letzten Wochen vor meiner Abreise hatte ich unserer Köchin zu Hause über die Schulter geschaut und mir die Zubereitung von Knödelteig, Tafelspitz und Apfelstrudel erklären lassen. Ich hatte Mutters *Prager Kochbuch* in meinen Koffer gepackt und einen Teil ihrer handgeschriebenen Rezepte. Aber ob sich die Briten wohl für Mehlspeisen und Wiener Schnitzel erwärmen konnten?

Niemand ahnte von meinen Kochstunden bei Nora. Es war unser Geheimnis. Damit ich ihr zusehen konnte, ging Nora dazu über, das Abendessen für Mrs. Citron bereits um die Mittagszeit zu kochen, solange die Kinder noch in der Schule waren. Ich rührte und schmeckte ab und schnippelte mit, so gut ich konnte, und trug alle Rezepte in ein Notizbuch ein. Schlichte Grundlagen wie die Garzeit von Pellkartoffeln notierte ich mir, aber auch, wie man einen Plumpudding und Gefillte Fisch zubereitet oder das irische Sodabread. Ich mochte diese Vormittagsstunden, wenn wir uns in unserem kleinen Küchenkosmos, hinter den von Kochdämpfen milchig beschlagenen Scheiben vor der Welt verschanzten. Das Kochen hat noch heute etwas Kontemplatives für mich, auch wenn es inzwischen länger dauert, weil ich oft sehr zerstreut bin. In den Zeiten größter Unrast war mir die Küche stets ein Hort des inneren Friedens.

Rosy, die Schwester meiner Hausherrin, wohnte nicht weit von uns im selben Viertel. Auch sie beschäftigte eine junge Jüdin vom Festland als Hausangestellte. Bina Wallach stammte aus Wien und war ein Jahr jünger als ich. Sie hatte ihre Heimat bereits im Sommer 1937 verlassen und hoffte nun, ihren Bruder Jakob nach Irland nachholen zu können. Wir freundeten uns rasch an. Im Exil schart man instinktiv Menschen um sich, deren Schicksal in ähnlichen Bahnen verläuft. Das schweißt zusammen. Noch heute sind die meisten meiner Freunde ehemalige jüdische Flüchtlinge, und Bina zählt noch immer zu meinen engsten Freundinnen. Wir sprechen natürlich meist Englisch miteinander, damals aber war die Tatsache, dass ich mich mit ihr in meiner Muttersprache unterhalten konnte, wie ein Stück Heimat für mich. Wir verbrachten fast alle freien Tage miteinander, gingen ins Kino oder ins Theater, und Bina, die bereits fließend englisch sprach, flüsterte mir die Übersetzung ins Ohr, wenn ich etwas nicht verstand. Anfangs erschloss sich mir die Handlung meist eher als Ahnung, und auch das nur dank der Bilder. Von den oft obendrein durch einen Akzent verschlüsselten Dialogen erfasste ich nur kleine Brocken.

Ich habe Binas Bildung bewundert. Sie stammte aus einem armen, streng jüdischen und sozialdemokratischen Elternhaus, war Mitglied des zionistischen Jugendklubs in Wien gewesen und hatte sich beizeiten eine geradezu niederschmetternde Belesenheit angeeignet. Inzwischen las sie auch englische Bücher: Oscar Wilde, Charles Dickens oder Galsworthy. In vielem erinnerte sie mich an meine Freundin Traute Fehres. Ihre unerschütterliche Tugendhaftigkeit war bisweilen etwas anstrengend. Nicht nur, dass sie als überzeugte Kommunistin mit ihrer Meinung nicht hinter dem Berg hielt, sie kannte auch kein Pardon, wenn es um Unzulänglichkeiten anderer ging. Einmal erlaubte ich mir auf dem Heimweg vom Kino über einen fremden Gartenzaun hinweg eine Rose abzurupfen, um mein Dienstmädchenzimmer mit einem Farbtupfer zu adeln. »Bist du verrückt?«, bellte Bina mich an. »Das ist Diebstahl! Was meinst du wohl, was die Leute denken, wenn sie jüdische Flüchtlingsmädchen dabei erwischen, wie sie Blumen stehlen?« Ich hatte augenblicklich ein so tonnenschweres Gewissen, dass ich die Rose schuldbewusst in die Erde steckte, als könne das die Untat ungeschehen machen und die Blume weiterwachsen lassen.

Bina war in der Fremde alles andere als freundlich empfangen worden. Bevor sie nach Dublin kam, war sie als Kindermädchen bei der Familie eines jüdischen Zahnarztes in London beschäftigt gewesen. Und obwohl selbst Jüdin war, hatten die englischen Juden sie auf demütigendste Weise behandelt. Bina hatte einen Hungerlohn von nur zehn Schilling die Woche bekommen. Sie durfte das Esszimmer nicht betreten, weil man meinte, sie könnte das Parkett beschädigen, und als sie die Familie in den Ferien an die englische Küste begleitete, inspizierte die Frau des Zahnarztes zuvor Binas Garderobe und sortierte alle schicken Kleidungsstücke aus, damit niemand Hausmädchen und Hausherrin verwechselte. Man verbot Bina, im Meer zu baden, und sperrte sie abends mit der kleinen Tochter in ein Zimmer. Aber all das zusammen sei nicht so schlimm gewesen, sagte Bina, wie ein anderes bestimmtes Verbot, welches man verhängte. Es war Bina nicht erlaubt, über ihre Mutter und ihren Bruder in Wien zu sprechen. Nach der Rückkehr aus den Ferien hatte Bina gekündigt und die Stelle in Dublin angenommen. Zum ersten Mal fühlte sie sich herzlich aufgenommen.

Während Bina um meine inneren Werte besorgt war, beriet ich sie, was ihr Äußeres anging. Sie hatte kein sicheres Gespür für Farben und Schnitte, die ihr standen, und war dankbar, wenn ich sie bei ihren bescheidenen Einkäufen begleitete oder sie zu einer neuen Frisur ermunterte. Theoretisch waren wir beide durch die Tätigkeit unserer Chefinnen modisch auf dem Laufenden, aber in der Regel fiel nicht viel aus deren Atelier für uns ab. Und eigentlich hatte ich auch ganz andere Sorgen als à la mode zu sein.

Zu Hause zerbrach meine Heimat. Wurde zerschlagen und zerstampft von den Aufständischen der Unkultur. Wurde geopfert für den Irrglauben, um den Machthunger eines Größenwahnsinnigen stillen zu können. Nur drei Wochen nach meiner Abreise hielt Hitler eine Rede, in der er den Sudetendeutschen seinen »Schutz« zusicherte. In Aussig, wo man die Rede im Rundfunk übertrug, versammelten sich Zigtausende zu spontanen Kundgebungen auf dem Marktplatz. Viele Juden packten schon in diesen Tagen ihre Sachen und flohen ins Landesinnere. Sie waren Immigranten im eigenen Land.

Täglich berichteten die englischen Zeitungen auf ihren Frontseiten über das Pulverfass Tschechoslowakei und die »Sudetenkrise«. Am 15. September 1938 reiste Chamberlain nach Berchtesgaden, um mit Hitler über die Zukunft der Sudetendeutschen zu verhandeln. Ich konnte kaum schlafen in diesen Nächten. Niemand, der bei Sinnen war, konnte das in dieser Zeit der Weltangst. In London wurden Gasmasken an die Bevölkerung verteilt. Im Hyde Park hatte man Schützengräben ausgehoben, und in den vornehmen Vierteln räumten die reichen Großstädter die Pretiosen aus ihren Privatpalästen und ließen sie auf ihre Landsitze in Sicherheit bringen. Eine britische Zeitung rechnete die dreieinhalb Millionen Sudetendeutschen mit den zehn Millionen potentiellen Toten eines Zweiten Weltkriegs auf, nach dem unausgesprochenen Motto: Würde sich das lohnen? Dabei war es doch viel mehr als eine Entscheidung über Krieg oder Frieden. Es ging darum, einem Mann, der die Welt unter sein Joch pressen wollte, Einhalt zu gebieten.

Stattdessen gewährte man ihm freies Geleit. Ich erinnere mich noch an das Bild in der Zeitung, das Chamberlain zeigt, wie er in London aus dem Flugzeug steigt, nachdem er das Münchner Abkommen unterschrieben hatte, das die Abtretung der sudetendeutschen Gebiete an das Reich Hitlers besiegelte. Die Briten atmeten auf, aber für mich war es ein Augenblick der Schande und des Verrats. Neville Chamberlain schwenkte stolz den Vertrag und verkündete – zum Preis des Sudetenlandes – sei nun »peace in our time«. Zu gerne wäre ich dort gestanden und hätte ihn zur Rede gestellt. Warum er uns im Stich gelassen hat, hätte ich ihn gefragt. Warum er uns der Peitschenherrschaft ans Messer lieferte. Das sei »Appeasement«-Politik, hätte er dann wahrscheinlich erklärt. Und dass die Tschechoslowakei ein weit entferntes Land sei, über das man in England wenig wisse.

In dieser Nacht, am 29. September 1938, kehrte meine Familie ihrer verlorenen Heimatstadt für immer den Rücken. Der Vater einer Schulfreundin von Marianne läutete am späten Abend an der Tür meiner Eltern. Er war Arbeiter und Obmann bei der sozialdemokratischen Partei und hatte heimlich Rundfunk gehört, obwohl die Tschechen wenige Tage zuvor alle Rundfunkgeräte von den Aussigern eingezogen hatten. Er hatte erfahren, was in München beschlossen worden war, und sich sofort mit seinem Lastwagen auf den Weg zu meinen Eltern gemacht. »Sie müssen weg von hier«, beschwor er meinen Vater, als dieser ihm die Tür öffnete. »Die reichsdeutschen Truppen werden am 1. Oktober im Sudetenland einmarschieren. Sie müssen raus, sonst passiert Ihnen etwas.«

Mein Vater zögerte keinen Moment. Er weckte meine Mutter, Marianne und die Dienstmädchen und bat sie, so schnell wie möglich alle wichtigen Dinge zusammenzupacken. Die plötzlich hereinbrechende Bedrohung zwang sie, binnen weniger Stunden alle Facetten des inneren und äußeren Besitzes eines ganzen Lebens zu gewichten und sich von manchen für immer zu trennen. Ein Schmerz, der Emigranten wohl ebenso vertraut ist wie die Gewissheit, dass viele Wurzeln, die in diesen Momenten aus der Erde gerissen werden, nie wieder nachwachsen werden.

Stundenlang packten meine Eltern in jener Nacht. Rollten die teuren Teppiche auf und schlugen die Bilder von Malva Schalek in Decken ein. Verpackten das Meißener und Rosenthal-Porzellan, das Silber, die böhmischen Gläser und die kostbaren Damasttischdecken, die Bettwäsche, den Schmuck. Einige Möbel stellten sie bei Hugo, meinem Fahrlehrer, im Magazin seines Hauses unter. Vater holte die Rezepte seiner chemischen Erfindungen und die Patente aus dem Safe seines Büros und barg die Basis seiner Existenz in einem ledernen Aktenkoffer. Marianne presste ihre Lieblingspuppe an sich, als sie bei Nacht und Nebel Richtung Prag ratterten.

Ich erfuhr davon erst, als sie mich aus der Hauptstadt, wo sie bei Freunden Unterschlupf gefunden hatten, im Haus von Mrs. Citron anriefen. Vaters Stimme klang brüchig, aber vielleicht lag das nur an der schlechten Verbindung. »Hier geht alles drunter und drüber«, sagte er. »Jeden Tag gibt es neue

Nachrichten, und oft sind sie genau das Gegenteil von dem, was man noch am Vortag zu Ohren bekommen hat. Es kommen täglich Flüchtlinge aus dem Sudetenland hierher, und wir wissen nicht, wie lange uns die Tschechen noch in Prag dulden.« Ich hörte die Sorge in seinen Worten. »Ich versuche wirklich alles«, versicherte ich ihm. »Aber ich finde mich noch sehr schwer zurecht hier. Auch die Sprache ist so fremd für mich. Und ich kenne kaum jemanden.« Hätte ich noch länger weiter gesprochen, ich hätte mich sicher in Selbstmitleid hineingeredet. Das Heimweh, die Angst, die Fremdheit, die Einsamkeit stauten sich in mir, bereit, sich jeden Moment in einem Tränenschwall zu entladen. Aber eine Fernverbindung war zu teuer, um zu heulen. Und Vater lenkte auch gleich ein. »Das wird schon, Ilse«, beruhigte er mich. »Du hast so viel Sprachtalent, in einigen Wochen wirst du wahrscheinlich schon auf Englisch träumen. Und ein Mensch wie du bleibt nicht lange allein, du wirst sicher bald Freunde finden. Gib nicht so schnell auf. Vielleicht hilft es uns ja, wenn du meine chemischen Erfindungen erwähnst. Die Kopien von meinen Patenten hast du doch dabei. Versuch einfach, sie an der richtigen Stelle vorzulegen.«

Ich versuchte es. Es war wohl eine der Angst entsprungene Kühnheit, die mir den Mut gab, auf höchster Ebene vorzusprechen, im irischen Außenministerium. Ich bekam für die darauf folgende Woche einen Termin bei einem Mitarbeiter, einem Mister Ford. Zehn Minuten gestand man mir zu. Zehn Minuten, um meine Familie zu retten. Die Nächte zuvor habe ich kaum ein Auge zugemacht. Bina half mir, mein Plädoyer zu formulieren, und ich lernte es Wort für Wort auswendig. Mein tragendes Argument war, dass das Wissen meines Vaters dem »war effort«, den Kriegsanstrengungen also, dienlich sein könnte, weil Fritz Lönhardt ein Patent entwickelt hatte, das die Herstellung von Dieselöl aus Kohle ermöglichte. Ich spulte die Rede immer wieder ab, ich übte mit Bina Antworten auf mögliche Gegenfragen und feilte an den Formulierungen.

Endlich war es so weit. Der Termin war an einem Dienstagvormittag, und Mrs. Citron gab mir frei. Herr Ford war sehr freundlich. Er begrüßte mich mit einem festen Händedruck und bestellte uns bei seiner Sekretärin eine Tasse Kaffee. Ich glaube, die Patentabschriften meines Vaters, die ich umklammert hielt, zitterten in meinen feuchten Händen, und sicher stotterte ich ein bisschen, als ich meine Rede aufsagte. Ich kam auch gar nicht besonders weit. »Miss Lönhardt«, unterbrach mich Mr. Ford schon sehr bald, »ich weiß, wie viel Hoffnung Sie auf diese Begegnung gesetzt haben, und glauben Sie mir, wenn ich etwas für Sie tun könnte, würde ich es tun. Aber mir sind die Hände gebunden. Irland kann im Moment keine jüdischen Flüchtlinge mehr aufnehmen, wir haben unsere Quote schon erreicht, und wir sind ein armes Land. Wenn ich Ihnen einen Rat geben darf: Nehmen Sie das nächste Boot nach England und suchen Sie sich dort eine Arbeit. In London gibt es viele jüdische Organisationen, die Ihnen helfen können, und England kann auch mehr jüdische Immigranten aufnehmen als wir.«

Man gewöhnt sich an Rückschläge mit der Zeit. Man schüttelt sich wie ein Hund die Nässe aus dem Fell, immer wieder, und mit jedem neuen Mal dosiert man die Hoffnung sparsamer. Aber dieses erste Scheitern ließ mich einknicken wie einen Ast, auf den jemand tritt. Es hat lange gedauert, bis ich begriff, dass Menschen, die zu Hause eine gesicherte Existenz gehabt und über Generationen ihren Beitrag geleistet hatten zur Kultur und Gemeinschaft ihres Landes, auf einmal morsches Treibholz waren, das niemand wirklich haben wollte. Es hat nie aufgehört, mich zu quälen, das Wissen, dass viele Tausende mehr hätten gerettet werden können, wenn diese Länder sie nur aufgenommen hätten.

Am 5. Oktober dankte der tschechoslowakische Präsident Edvard Beneš ab. Am 9. Oktober wurde Aussig von deutschen Truppen besetzt. Weit über Pockau, einen kleinen Vorort der Stadt, hinaus reihten sich die Massen zum dichten Spalier, um die vom Erzgebirge herabkommenden Truppen der deutschen Wehrmacht zu begrüßen. Hakenkreuzfahnen und Reisiggewinde zierten die Fassaden, und über der Menge erhob sich ein Wald Tausender zum Hitler-Gruß hochgereckter Arme, als die Soldaten vorbeimarschierten. Am Abend versammelten sich die Aussiger zur »Befreiungskundgebung« auf der Kampfbahn, und die Massen skandierten im Chor: »Wir danken unserm Führer.«

Wie immer fackelten die Nazis nicht lange. Zwei Tage nach dem Einmarsch, am 11. Oktober, mussten die Juden der Stadt, jene, die noch nicht geflohen waren, ihr Vermögen anmelden. Die Häuser der Juden wurden beschlagnahmt, die Besitzer wurden vertrieben oder verhaftet. Die jüdischen Geschäfte, deren Auslagen zum Teil schon Tage zuvor von Nazis verwüstet worden waren, wurden enteignet. Aussig, die vormals stolze und lebensgewandte Stadt, war nun in der Hand der Rechtsverächter.

Auch den Juden Fritz Hutterer haben sie in diesen Tagen aufgegriffen, erzählte mir später ein Freund. Hutterer war schon sehr betagt, er war einer der populärsten Schauspieler Aussigs, ein Vollbluttheatermann und ein begnadeter Komiker. Die Feier seines fünfzigjährigen Bühnenjubiläums hatte die Stadt bezahlt, als er noch den Ruf einer Institution genoss. Nun zerrten ihn die Nazis aus seiner Wohnung, stellten ihn auf einen Leiterwagen und fuhren ihn hinaus aus der Stadt. Man hat nie wieder etwas von ihm gehört – und auch nicht, dass sich jemand dem Abtransport in den Weg zu stellen versuchte. Dabei war die Aussiger Oper zuvor jahrelang Zuflucht für viele aus Hitlerdeutschland vertriebene jüdische Künstler gewesen, die das Kulturleben der kleinen Stadt mit großstädtischem Glanz versehen hatten. Der Dirigent Franz Allers war Opernchef geworden und hatte *Fidelio* und *Carmen* und den kompletten *Ring des Nibelungen* inszeniert. Aus Berlin, wo man ihn von der deutschen Oper verjagt hatte, emigrierte der Sänger Fred Destal und brillierte in den Rollen des Wotan, Hagen und Rigoletto.

Aber Aussig hatte aufgehört, ein Refugium zu sein. Jüdische Schüler und Lehrer wurden von den deutschen Schulen vertrieben. Auch der Direktor unseres Mädchen-Reform-Realgymnasiums, Hugo Lebenhart, musste seinen Dienst quittieren, weil er Jude war. Aus der Stadtbibliothek verschwanden alle jüdischen, marxistischen oder liberalistischen Bücher. Die Gedenktafel im Vestibül, die an den jüdischen Stifter der Bibliothek, Eduard Jakob Weinmann, erinnerte, wurde abmontiert.

Aus Türmitz schickte Großmutter mir einige Blätter beschriebenes Büttenpapier, von denen sie meinte, man könne sie zu Geld machen. Es waren handschriftliche Briefe von Johann Strauß, die dieser ihr geschrieben hatte, als Oma Hedwig noch ein junges Mädchen war. Sie waren in der Tat sehr wertvoll, wie mir ein Auktionshaus in Dublin bestätigte. Großmutter sandte immer nur einen einzelnen Brief, aus Angst, er könnte unterwegs verloren gehen. Ich solle sie nur verkaufen, ermunterte sie mich, ich könne das Geld sicher besser gebrauchen als sie, und vielleicht könne es ja auch die Ausreise meiner Eltern beschleunigen.

In Prag hatten inzwischen zahlreiche private Hilfsorganisationen aus England ihre Tätigkeit aufgenommen, etwa die britischen Quäker, ein »Save The Children Fund« oder ein Hilfsfonds der Labour Party. Es ging ihnen zunächst weniger um Emigration als um Hilfeleistung vor Ort. Dem britischen Foreign Office war, wie englischen Zeitungen zu entnehmen war, daran gelegen, die Immigration der tschechoslowakischen Flüchtlinge nach Großbritannien so weit wie möglich zu begrenzen. Auf der Prioritätenskala rangierten die jüdischen Flüchtlinge weit unten. Von dem britischen Botschafter in Prag, einem Herrn Newton, wusste man, dass er dazu riet, das Flüchtlingsproblem restriktiv zu behandeln.

Vater schrieb mir, dass er in seiner Not auch Ferdinand Rauter um Hilfe gebeten habe. Rauter, ein gebürtiger Österreicher, war der Sohn des Leiters der Aussiger Blindenschule und als gefragter Pianist ein weit gereister Mann. Er tourte mit der isländischen Sängerin Engel Lund durch die Lande und war in fast allen europäischen Metropolen aufgetreten. Sie hatten die Völkerverständigung, von der sich die Welt gerade abkehrte, zu ihrem musikalischen Programm erhoben und präsentierten Volkslieder aus aller Welt. Ich hatte sie einige Male in Aussig gehört. Engel war zwar keine himmlische Schönheit, ihre Stimme jedoch schien ein Gottesgeschenk. Sie trug Lieder in 17 verschiedenen Sprachen vor, und Ferdinand begleitete sie am Klavier. Wenn Engel sang, war ihre Gestik reduziert, und ihr Gesicht blieb fast ohne Mimik. Es war, als fließe alle Regung in ihre Stimme, und tatsächlich ließ ihr Gesang kaum einen Zuhörer unberührt. Engel sang »Maria durch den Dornwald ging« auf Deutsch, »Arum di lichtelach« auf Jiddisch, »De tolv hellige Ting« auf Dänisch. Das Duo war auch oft in Deutschland aufgetreten. Einen Tag vor Hitlers Machtergreifung hatten sie in Hamburg ein Konzert gegeben und beschlossen, die vier jiddischen Lieder nicht aus dem Programm zu nehmen. Nach dem Konzert kam ein SS-Offizier ins Künstlerzimmer und drückte seine Verwunderung darüber aus, wie ein so schlechtes Volk derart schöne Musik haben könne. Als später die Reichskulturkammer Ferdinand Rauter und Engel Lund einlud, in Dresden einen nordischen Abend zu geben, schrieb Ferry zurück, dass sie bis zum Ende des Dritten Reichs, schon anderweitig vergeben seien.

Inzwischen waren beide nach England emigriert. Vater war froh, einen guten Freund auf der Insel zu wissen, und er bat Rauter, auch mit mir Kontakt aufzunehmen. Viele Jahre später hat mir Ferdinand die Briefe meines Vaters gegeben, deren Worte zwischen Drangsal und einer sich immer wieder zur Vernunft rufenden Disziplin schwankten, und es rührt mich sehr, wenn ich sie heute lese. Am 7. November 1938 schrieb mein Vater an den »lieben Ferry«, dieser wisse inzwischen vielleicht von seinen Eltern, »dass auch uns ein großes Unglück widerfahren ist«. Allgemein habe es geheißen, berichtete mein Vater, dass den »Nichtariern« ein Optionsrecht zustehen und man ihnen Zeit und Gelegenheit geben werde, ihr Eigentum zu liquidieren. All das sei nicht eingetroffen. Eine Rückkehr in die alte Heimat sei nicht möglich, im Gegenteil, die Zurückgebliebenen kämen nun langsam alle nach Prag. Man wisse nicht, wie lange die Tschechen sie dort dulden würden, und nun gelte es, sich eine neue Heimat zu suchen. Nahezu alle Länder seien versperrt und der Transfer von Geld mache Schwierigkeiten, erklärte mein Vater, aber trotzdem dürfe man den Mut nicht sinken lassen. Mehrere Aussiger Schlaraffen – die Mitglieder der Schlaraffia-Loge – planten eine kollektive Auswanderung samt ihren Familien. Jedes Land sei ihnen willkommen, betonte mein Vater, und sie schreckten vor keiner Arbeit zurück. Nie vergaß Vater, am Ende seiner Schreiben die innigsten Grüße und Handküsse an Fräulein Lund zu bestellen.

Der gute Ferdinand ließ uns nicht im Stich. Er machte sich auf den Weg nach Dublin und stand eines Morgens einfach in der Tür, weil Mutter ihm geschrieben hatte, dass ich mich in meiner neuen Umgebung einsam fühle. Wie freute ich mich, ihn zu sehen! Wir fuhren an den Strand zu meinem Lieblingsplatz und gingen dort spazieren. Ferdinand berichtete von seinen Konzerten in London. Vor einigen Monaten hatten er und Engel Lund ein Privatkonzert in Maresfield Gardens, Hausnummer 20, gegeben. Bewohner des Hauses war Sigmund Freud, der seine Freunde zu diesem musikalischen Abend geladen hatte. Engel und Ferdinand hatten ihr Programm »Folk Songs of Many Lands« dargeboten. »Den Gästen hat es gut gefallen«, sagte Ferdi. Und auch Sigmund Freud, von dem bekannt war, dass er sich – von Mozart-Opern abgesehen – für Musik nicht über die Maßen begeisterte, habe anhaltend applaudiert. Seine Meinung war in musikalischen Kreisen hoch geschätzt. Schließlich kannte er viele Komponisten wie Brahms und Schönberg persönlich. In Wien hatten ihn Gustav Mahler konsultiert und auch Richard Tauber. Trotzdem war der Auftritt von Ferdinand Rauter und Engel Lund das einzige Konzert, das je in Freuds Exiladresse stattfand.

»Du solltest auch versuchen, nach London zu gehen«, sagte Ferdinand. »Dort bist du nicht so einsam, denn es wimmelt in London nur so von deutschsprachigen Juden. Und im Bloomsbury House hat das jüdische Komitee seine Arbeit aufgenommen. Die Leute arbeiten Tag und Nacht, um Juden die Emigration zu ermöglichen. Sie werden mehr für dich und deine Eltern tun können als irgendjemand in Irland.« Ich erzählte Ferdi von meinem gescheiterten Auftritt im Außenministerium. »Seitdem steht für mich fest, dass ich so schnell wie möglich nach London übersiedeln muss«, sagte ich. »Aber erst muss ich dort einen Job finden, sonst lässt man mich doch gar nicht ins Land.«

Er werde sich umhören, versprach Rauter. Ich solle mir keine Sorgen machen. Als er sich abends verabschiedete, wollte ich ihn gar nicht gehen lassen, weil mit ihm auch das Tröstliche und Vertraute, das ihn umgab, entschwinden würde. Ferdi lächelte mich durch seine runden Brillengläser aufmunternd an und drückte mich fest. »Ich schreib' Dir, sobald ich etwas erfahre«, sagte er. »Lass den Kopf nicht hängen, Ilse. Du wirst sehen, schon bei einem unserer nächsten Konzerte in London wirst du in der ersten Reihe sitzen.«

Vater hatte Ferdi auch von seiner Angst um Marianne berichtet. Er war der Meinung, dass sie mit ihren 14 Jahren für eine Anstellung im Ausland noch zu jung, für ein Internat aber im Grunde schon zu alt sei. Marianne lernte in Prag nun Nähen und Frisieren, das Schicksal hatte auch ihre hochfliegenden Träume von einer Karriere als Malerin auf das Überbleibsel des Überlebens gestutzt. Sie sei zur Zeit ihre größte Sorge, hatten meine Eltern gestanden.

So besuchten Ferdi und ich an jenem Nachmittag auch eine katholische Klosterschule namens Loretto Abbey in der Nähe Dublins, von der Ferdinand viel Gutes gehört hatte, vor allem auch, dass dort junge Mädchen vom Festland Aufnahme fänden. Das Schulgeld war nicht besonders hoch, und die Schule selbst hatte eine zwar sittenstrenge, aber doch freundliche Aura. Als meine Eltern von dieser Möglichkeit erfuhren, muss ihnen ein Stein vom Herzen gefallen sein. »Dankbaren Herzens« schrieben sie Ferdinand, dass er sie von ihrer zurzeit größten Sorge befreie. »Wenn es einen Gott gibt, wird er es Euch lohnen«, sagte Vater. Ein Satz in einem seiner Briefe berührt mich besonders. »Du kannst künftig Marianne mehr Vater sein als ich«, steht da, als habe er damals schon begonnen, mit dem Schlimmsten zu rechnen.

Bis Marianne wirklich ankam, verstrichen noch quälende Monate der Angst. In ihren Briefen berichteten Vater und Mutter von »schauderhaften Sachen«, die in der Heimat geschahen. Alle Nichtarier würden verhaftet und kämen nur frei, wenn sie sich verpflichteten auszuwandern. »Jetzt müssen die armen Leute ohne jeden Kreuzer weg«, schrieb Vater. »Sogar Leute von über 70 Jahren werden verhaftet und müssen Straßen kehren.« Herbert, der jüngere Bruder meiner

Mutter, sei ins Gefängnis Königstein in Sachsen gebracht worden. Seine »arische« Frau habe sich von ihm getrennt.

Den ganzen Tag brachten meine Eltern damit zu, Ämter und Behörden abzuklappern, sich anzustellen, Briefe zu schreiben, Gesuche einzureichen, Bestätigungen herbeizuschaffen und sich durch den Dschungel der sich täglich ändernden Erlasse und Verlautbarungen zu schlagen. Als Ende Oktober bekannt geworden war, dass Großbritannien einige Visa zu Verfügung stellte, hatte ein Ansturm auf die britische Passbehörde in Prag eingesetzt. Auch Vater hatte Tage dort zugebracht und war am Ende doch wieder weggeschickt worden. Zurück zu den Flüchtlingskomitees der Stadt, bei denen man sich in Listen eintragen musste. Niemand konnte sagen, ob diese je eine Bewandtnis haben würden, weil sich das britische Hilfswerk, die Flüchtlingskomitees und die britische Passbehörde ständig in den Haaren lagen, wer nun die letzte Entscheidungsbefugnis über die Dringlichkeit der Fälle habe. Und so endete manches Schicksal als notierter und nie wieder aufgegriffener Name auf irgendeiner Liste.

Vater und Mutter lebten von dem Geld, das Vater noch hatte retten können. Die Firma hatte er seinem nichtjüdischen Kompagnon übertragen und harrte nun einer Pension, die ihm in Aussicht gestellt worden war. Wie immer war Geld der Schmierstoff im Getriebe einer kafkaesken Bürokratie. Eine Zeit lang hieß es, die Tschechen gestatteten den Auswanderern, 100 000 Kronen mit ins Ausland zu nehmen, 14 000 aber müssten sie im Land lassen, erzählte mein Vater. Zuvor war das Gerücht umgegangen, dass für die deutschen Juden ein längeres Verbleiben in Prag gar nicht möglich sei. »Kaltblütig« werde in Prag nach den Weisungen der ehemaligen Feinde gehandelt, schrieben meine Eltern, und man fürchte inzwischen, dass sich in der Hauptstadt bald dasselbe Spiel ergebe wie im Sudetenland.

Das Münchner Diktat hatte der Tschechoslowakei ihre wichtigsten Gliedmaßen abgetrennt und dem deutschen Reich einverleibt. Das Land hatte ein Drittel seiner Bevölkerung verloren, fast ebenso viel Territorium, den Großteil seiner Schwerindustrie, zwei Drittel seiner Kohlereservoirs und 40 Prozent seines Nationaleinkommens. Zurückgeblieben war ein amputierter Staat, der nun auch aufgehört hatte, eine Demokratie zu sein, und sich in Vasallentreue dem Berliner Alleinherrscheranspruch unterwarf. Nach deutschem Vorbild hob die neue Prager Regierung im Zuge eines Ermächtigungsgesetzes die Verfassung auf und führte das Einparteien-System ein. Opposition war verboten, für politische Gegner wurden Konzentrationslager errichtet. Obwohl der Hochkommissar des Völkerbundes sein Veto einlegte, begann die tschechische Regierung Tausende sudetendeutscher Flüchtlinge in Transporten zurück in ihre ehemalige Heimat zu schicken, darunter auch Sozialdemokraten, die gegen Henlein gekämpft hatten. Für viele gerade der politisch Engagierten bedeutete dies Gefängnis und Konzentrationslager, wenn nicht sogar den sicheren Tod. Aus Verzweiflung nahmen sich etliche vorher das Leben.

Die elterlichen Briefe aus einer entmenschlichten Welt versetzten mich jedes Mal in Aufruhr. Noch schlimmer waren die Dinge, die Bina über die Reichspogromnacht in Wien zugetragen bekam. Was niemand wirklich für möglich gehalten hatte, war nun tatsächlich geschehen. Dabei quälte uns am meisten, der Zerstörung gleichsam als Zaungast beiwohnen zu müssen, ohne etwas tun zu können. Kalt und klamm wie ein nasses Gewand klebt einem die Ohnmacht am Körper, und immer wenn man meint, sie mit allerlei Aktionismus besiegt zu haben und sich an einem Hoffnungsschimmer wärmt, kriecht sie schon wieder hervor und haucht einem kühl ins Genick.

Am 1. Dezember hielt Joseph Goebbels eine Rede in der Aussiger Reithalle. Es war eine Wahlkundgebung zur »Ergänzungswahl« im Sudetenland, die drei Tage später stattfand. Die Stadt war mit Tausenden Fahnen geschmückt, in den Schaufenstern waren Bilder von Hitler und Henlein aufgestellt. Abends zogen SA- und SS-Männer in einem Fackelzug durch die Stadt. Am Sonntag stimmten 99 Prozent der Wähler der neuen Regierung zu – so jedenfalls waren die offiziellen Zahlen der Nazis. Vier Wochen später, in der Nacht des Jahreswechsels, wurde die jüdische Synagoge in Aussig niedergebrannt.

Vater beschwor Mutter, doch zusammen mit Marianne das Land zu verlassen, weil sie leichter eine Anstellung im Ausland bekäme als er, der schon 60 war. »Ich rate ihr ständig zu«, schrieb er, »damit wenigstens sie und die Kinder in Sicherheit sind.« Sie wolle ihn aber absolut nicht verlassen und von einem Weggehen ohne ihn nichts wissen. »Das Weggehen«, erklärte er, »ist übrigens nicht so einfach, wie man in England glaubt. Es ist hier alles mit kolossalen Schwierigkeiten verbunden. Man will uns zwar fort haben, aber erschwert die Ausreise.« Das Flugzeug sei auf drei bis vier Wochen im Voraus ausgebucht. Nach Amerika sei es noch schwerer zu kommen, klagte Vater. Selbst Leute mit einem Affidavit, einer Einreisebewilligung in die USA, rechneten damit, dass sie mindestens ein bis anderthalb Jahre warten müssten, schrieb er. In seinem Brief bot sich der vormalige Unternehmer Fritz Lönhardt für alle, auch die niedersten Arbeiten an. Er gehe auch als Knecht mit Grete in einen Haushalt irgendwo in der Welt, nur auf seine mangelnden Sprachkenntnisse müsse man Rücksicht nehmen. In Prag versuchte Vater nun Tschechisch zu lernen, aber sein alter Kopf, klagte er, sperre sich. Wie viele Flüchtlinge aus Böhmen und Mähren hatte er die tschechische Staatsbürgerschaft beantragt und hoffte, dass er damit Erfolg haben würde. Dann, so wähnte er, wären er und Grete vorläufig in Sicherheit. Er sollte sich irren.

Aus London schrieb mir meine Freundin Susie. Sie war bereits einige Monate zuvor mit ihrer Familie aus Aussig geflohen. Susies und meine Eltern waren enge Freunde, ihr Vater war Schlaraffe wie meiner, und auch wir Töchter hatten uns angefreundet. Susie besuchte das gleiche Gymnasium wie ich, drei Klassen unter mir. Ihre Eltern besaßen mehrere Kohlegruben in Aussig, und der Wohlstand im Hause Meyer hatte mich stets mit einer gewissen Befangenheit belegt. Bei den Mahlzeiten, die von Mädchen mit weißen Häubchen und Spitzenschürzen aufgetragen wurden, reihten sich links und rechts der Porzellanteller, die silbernen Messer und Gabeln in mehrfacher Ausführung, und ich wusste nie recht, ob ich das Besteck in der vorgeschriebenen Reihenfolge verwendete.

Nun waren derlei anstrengende Annehmlichkeiten nichtig, und wie so viele jüdischen Flüchtlinge arbeitete Susie, das Mädchen aus bestem Hause, nun selbst als Hausangestellte. Sie war Gouvernante bei einer Londoner Familie und berichtete, dass man sie dort gut behandle. »Die Köchin hier hat gekündigt«, schrieb sie mir, »und meine Hausherrin, Mrs. Laver, sucht eine neue. Ich habe ihr schon von Dir erzählt und dass Du hervorragend kochst. Sie ist sehr interessiert. Ach Ilse, es wäre so schön, wenn wir unter einem Dach arbeiten würden, findest Du nicht?«

Und ob ich das fand. Ich wollte unbedingt nach London, vor allem wegen der jüdischen Hilfsorganisationen, aber auch, weil immer mehr Freunde aus Aussig und Türmitz dort eintrafen. Bina hatte nun auch eine Stelle bei einer jüdischen Familie in London gefunden. Sie war inzwischen abgereist, und ich folgte ihr am 24. Dezember.

Es kam mir sehr gelegen, dass ich das erste Weihnachtsfest ohne meine Familie an Bord einer Fähre verbrachte, die durch die sturmgepeitschten Wellen der Irischen See nach England schaukelte. Der Speisesaal war gähnend leer, weil sich alle Passagiere seekrank in ihre Kabinen verkrochen hatten oder wie nasse Wäsche mit grünlichem Gesicht über der Reling hingen.

»Na, junge Frau, Sie haben ja noch eine ganz gesunde Farbe«, sprach mich einer der Matrosen im Speisesaal an. »Ich werde glücklicherweise nie seekrank«, entgegnete ich. »Dann erfüllen Sie die besten Voraussetzungen, um bei uns anzuheuern«, scherzte er. »Wollen Sie uns nicht heute Abend Gesellschaft leisten? Wir feiern Weihnachten mit einem netten kleinen Dinner.«

Eigentlich war mir nicht so recht nach Feiern, aber es würde sicher nicht schaden, meine Gedanken, die nicht weniger aufgewühlt waren als die See, durch etwas Ablenkung zu glätten. Auf der schwankenden Schiffstoilette fädelte ich mich also in ein schöneres Kleid und zwickte mir etwas Röte in die Wangen. Für den wilden Männerhaufen, der mich mit »Hoho« und unterdrückten Pfiffen empfing, war ich erwiesenermaßen einen Tick zu elegant. Den ganzen Abend waren die Seemänner darum bemüht, mich von der legendären irischen Trinkfestigkeit zu überzeugen, tranken Guinness-Bier wie die Bürstenbinder und sangen dazu aus voller Kehle. Mit Köpfen, leuchtend rot wie Christbaumkugeln, grölten sie gälische Weihnachtsweisen und irische Zechlieder und ermunterten mich immer wieder mitzusingen. Viele von ihnen schwankten noch wie auf stürmischer See, als die Fähre bereits durch die ruhigeren Küstengewässer vor dem walisischen Hafen Holyhead glitt.

Ich hatte ebenfalls wackelige Knie – aus anderem Grund allerdings. Susie hatte mich vor ihrer Chefin in den Himmel gelobt, und ich zitterte bei der Vorstellung, nun die hochgeschraubten Erwartungen erfüllen zu müssen. Was wusste ich schon vom Kochen? Auf der Zugfahrt nach London kreisten Szenarien von kohlschwarz verbranntem Essen, steinhartem Braten und ausgelaufenem Pudding vor meinen Augen. Ganz sicher würde ich mich bis auf die Knochen blamieren. Und meine Mutter würde sich für mich schämen.

Ich habe zeitlebens nie zu Pessimismus geneigt, an diesem Tag nach Weihnachten jedoch war ich zusammengeknautscht von Kleinmut und Angst. Immerhin erlebte ich dann das, was Pessimisten häufiger widerfährt als jenen, die wie ich immer vom Besten ausgehen: Ich wurde positiv überrascht.

Mrs. Laver war mir von der ersten Sekunde an sympathisch. Sie begrüßte mich ganz unenglisch mit einer Umarmung, nachdem Susie, Tränen in den Augen, mir zuvor vor Wiedersehensfreude fast die Luft abgedrückt hatte. »Ich habe viel Gutes von Ihnen gehört«, sagte Mrs. Laver strahlend. »Und ich bin schon ganz gespannt auf Ihr Essen.« Mir wurde flau im Magen, und ich feuerte fragende Blicke in Richtung Susie, die mir grinsend zuzwinkerte. Morgen würden sie mich sicher schon wieder aus dem Haus jagen. Schade, denn es war ein schönes Heim, in dem die Lavers wohnten. Ein schlankes, herrschaftliches Regency-Haus, das über den Wellington Square in Chelsea blickte. Mrs. Laver zeigte mir mein potenzielles Reich im Keller. An den ockergelben Wänden der Küche hingen kupferne Töpfe in offenen Holzregalen. In der Mitte stand ein großer, von Schrammen und Brandringen vernarbter Tisch. Daneben lagen der Kohlen- und Weinkeller und meine Dienstmagd-Wohnung mit Tisch, Schrank, Bett und Stuhl. »Kennen Sie sich mit der englischen Küche aus?«, fragte Mrs. Laver. »Ein bisschen, aber ich verstehe mehr von der böhmischen«, sagte ich. »Um ehrlich zu sein, darunter kann ich mir sehr wenig vorstellen«, sagte sie. »Uns ist nur die französische Küche ein wenig von unseren Reisen aufs Festland vertraut. Die schmeckte uns immer ganz hervorragend.«

Ich erklärte ihr vorsichtig, dass zwischen Frankreich und Böhmen doch die eine oder andere kulinarische Welt liege. »Warum kochen Sie uns nicht einfach ein Probemenü und wir lassen uns überraschen?«, schlug sie vor. Weil ich fürchte, dass das in einer Katastrophe enden wird, hätte ich gerne geantwortet, aber natürlich erklärte ich mich einverstanden.

Die Menüfolge hatte ich mir schon in den letzten Tagen zurechtgelegt, und Mamas *Prager Kochbuch* konnte ich fast auswendig. Susie begleitete mich zum Markt und zeigte mir, wo es die Zutaten zu kaufen gab. Den ganzen Nachmittag verbrachte ich in der Küche. Ich versuchte mich an alles zu erinnern, was mir Mutter und Nora erklärt hatten. Die Fenster waren von den heißen Kochdünsten beschlagen, und auch ich selbst glühte vor Nervosität.

Abends wurde das Essen schließlich im Speiselift hoch in den Salon befördert und dort von dem Zimmermädchen Kathlyn aufgetragen. Ich räumte die Küche auf und ging nervös zu Bett. Am nächsten Morgen kam Mrs. Laver in die Küche. »Das Abendessen war köstlich, Ilse«, lobte sie mich. »Wirklich köstlich! Verraten Sie mir, wie alle diese fremdartigen Gerichte heißen und wie Sie sie gemacht haben?« Nur zu gerne erklärte ich, dass man die Bällchen in der Suppe Markklößchen nennt, dass das Schnitzel Vienna Style in Ei, Mehl und Semmelbröseln paniert wird und die Bratkartoffeln ihren kräftigen Geschmack, der sie vom faden englischen Kartoffelbrei abhob, viel Zwiebeln und Petersilie verdanken.

Ich hatte also bestanden, und es begann eine Anstellung, die zu meinen angenehmsten zählen sollte. Ich verdiente nicht viel, ein Pfund die Woche, aber es reichte zum Leben. Zu den Laver-Kindern Patrick und Bridget entspann sich sehr bald ein inniges Verhältnis. Eigentlich war ihnen der Umgang mit niederem Personal und der Zutritt zur Kellerküche untersagt. Aber Mrs. Laver wusste von Susie, dass ich über mehr als den herkömmlichen Bildungsstand einer Köchin verfügte, da ich maturiert und vier Sprachen gelernt hatte. Jeden Morgen kam sie die steilen Stiegen herunter, um die Küche zu inspizieren und das Lunch mit mir zu besprechen. Nachmittags, nach der Schule, stürmten die Kinder dann herein, naschten am Knödelteig und frästen Fingerspuren durch die Topfencreme – auch das war eigentlich streng verboten.

Im Hause Laver wurden viktorianische Traditionen hochgehalten. Um fünf Uhr nachmittags wurden Patrick und Bridget von Susie umgezogen, gekämmt und gescheitelt. Dann durften sie für eine Stunde zu den Eltern in den Salon, um dort Konversation zu machen. Einmal kam Mr. Laver mit den beiden Kindern in die Küche gepoltert, als ich gerade dabei war, einen Strudelteig auszuwalken. »Sagen Sie, Ilse«, schmetterte er, »wir haben gewettet, wo Albanien liegt. Können Sie's uns sagen?«

Ich zeichnete mit meinen Mehlfingern den italienischen Stiefel in die Strudelteigplatte und das östliche Mittelmeergebiet. »Da«, sagte ich, »nordwestlich von Griechenland liegt Albanien.« »Sind ein gutes Mädchen«, sagte Mr. Laver und schlug mit der flachen Hand auf den Tisch, dass das Mehl staubte. »Kinder«, wandte er sich Patrick und Bridget zu, »es sieht so aus, als hätte euer alter Vater die Wette verloren.«

Um sechs bekamen die Kinder ihren »High Tea«, das Abendessen. Sie nahmen es ohne ihre Eltern, nur im Beisein von Susie ein, die sie anschließend ins Bett brachte. Die Eltern dinierten zwei Stunden später alleine im Salon. Mr. Laver erschien dazu stets im Dinner-Jacket, Mrs. Laver hüllte sich in ein Abendkleid, dessen Seide über den Boden raschelte. Schwerer Schmuck zierte ihr Dekolleté.

Ein seltsamer Anblick und auf seine Art very british. Mitten in einer aus den Fugen geratenen Zeit klammerte man sich an die äußere Form, als ließe sich damit die Welt im Zaume halten. Dabei ahnten inzwischen immer mehr Briten, dass sich die Geschehnisse auf dem Kontinent nicht länger in Appeasement-Watte packen ließen. Seit Anfang Dezember trafen die Transporte mit jüdischen Kindern aus Deutschland, Österreich und der Tschechoslowakei in Großbritannien ein. Kein anderes Land sollte in den nächsten Monaten so viele Kinder aufnehmen wie das Vereinigte Königreich – fast 10 000 insgesamt. Die jüdischen Organisationen, aber auch viele Privatleute spendeten für die verlangte Garantiesumme von 50 Pfund je Kind, Marks & Spencer stiftete Kindernahrung und Kleidung.

Die Zeitungen druckten Bilder der Ankömmlinge aus einem verrohenden Land. Sie trugen dicke Mäntel und Mützen und Schilder um den Hals, auf denen ihr Name stand. Wie sehr ich mir wünschte, Marianne könnte unter ihnen sein. Seit fast drei Monaten zogen sich nun die Formalitäten ihrer Ausreise hin. Sie hatte längst eine offizielle Einladung der Klosterschule Loretto Abbey, aber es fehlte immer wieder das eine oder andere Papier.

Jeden Mittwochnachmittag traf ich mich mit Bina, und wir fuhren mit der Untergrundbahn zum Bloomsbury House. Das große Gebäude war früher einmal ein Hotel gewesen. Hier und da bröckelte der Putz von den Mauern und Risse faserten über die Wände. Niemand störte sich an den Insignien des Verfalls, denn in dem Haus wohnte unsere Hoffnung auf Zukunft. Das Bloomsbury House beherbergte das Gros der in England tätigen Flüchtlingsorganisationen. Im Erdgeschoss und im zweiten Stock residierte die größte Hilfsorganisation, das »Jewish Refugees Committee«, bei dem die Mehrheit der Hitler-Flüchtlinge registriert war. Im ersten Stock hatte das »Movement for the Care of Children« sein Büro, darüber arbeiteten verschiedene konfessionelle oder berufsständische Verbände, wie die Quäker, katholische, protestantische oder anglikanische Hilfskomitees und Organisationen, die Juden des Festlands in Anstellungen vermittelten. Nur wenige Flüchtlinge hatten das Glück, in ihrem erlernten Beruf arbeiten zu können, die meisten, darunter auch Ärzte oder Rechtsanwälte, mussten froh sein, eine Beschäftigung als Landarbeiter oder Hausangestellte zu ergattern.

Bina und ich zogen Wartenummern und reihten uns in die breiten Schlangen der Besucher, die die Türen der Büros belagerten. In den Gesichtern vieler hier auf den langen Fluren der Bürokratie Gestrandeten spiegelte sich das Elend des Exils, das ihnen bis auf ihr Überleben alles genommen hatte, was einst ihren Stand und ihr Glück ausgemacht hatte. Für die Gnade des bloßen Entkommens waren sie enteignet, entwürdigt und entwurzelt worden. Oft dauerte es Stunden, bis wir in eines der Großraumbüros zu einem der Dutzend Schreibtische vorgelassen wurden. Die Mitarbeiter, zeitweise waren im Bloomsbury House mehr als 600 beschäftigt, waren ausnehmend freundlich und bemüht, uns Mut zu machen.

Unter dem Eindruck der Novemberpogrome und der Kritik vielerlei Flüchtlingskomitees und Privatinitiativen, die an die moralische Verpflichtung Englands appelliert hatten, zeigte sich die britische Regierung inzwischen offener für Emigranten. Ende Januar hatten sich Großbritannien und Frankreich mit der tschechischen Regierung geeinigt, vier Millionen Pfund für die Abwicklung der Emigration zur Verfügung zu stellen. Man hatte ein Visum-System eingeführt. Nicht nur, wer eine Arbeitserlaubnis oder eine Unterhaltsgarantie vorweisen konnte, erhielt ein Visum, auch jene, die Großbritannien als Transitland benutzen wollten, durften einreisen. Kinder ohne Begleitung kamen bis zum Alter von 17 Jahren ohne Visa ins Land. Für Marianne standen die Chancen sehr gut. Es fehlte nur noch eine Garantie für ihren Unterhalt.

Meine Dienstherren Laver, das werde ich ihnen zeitlebens

danken, erklärten sich bereit, für Marianne zu garantieren. Mit meinem kargen Wochenlohn hätte ich die verlangte Summe von 50 Pfund niemals bestreiten können. In Dublin wollte der Rechtsanwalt meiner ehemaligen Chefin, ein Mr. Collins, das Schulgeld für Mariannes Klosterschule übernehmen. Mit Herrn Collins hatte ich mich während meines Aufenthalts angefreundet und er hatte immer wieder betont, wie froh er sei, wenn er mir und meiner Schwester in irgendeiner Form helfen könne. Wie unzählige andere Flüchtlinge verdankte Marianne ihre Rettung großherzigen Menschen wie diesen.

Endlich kam die erlösende Nachricht aus Prag. Jeden Freitagabend, wenn das Zimmermädchen Kathlyn frei hatte, erlaubten mir die Lavers, meine Eltern anzurufen. Ich telefonierte ungern auf ihre Kosten und bemühte mich, alle Neuigkeiten in wenige Gesprächsminuten zu pressen. »Machen Sie sich wegen der Gebühren keine Sorgen, Ilse«, sagte Mrs. Laver dann oft. »Für Sie sind diese Minuten die wichtigsten der Woche, und uns machen sie nicht arm.« Manchmal, wenn mir nach einem solchen Telefonat die Augen überliefen, nahm sie mich in den Arm und versuchte mich zu trösten. In ihrer großen Güte erinnerte sie mich oft schmerzlich an meine Mutter.

Es war Mitte Januar, als Vater mir das exakte Ankunftsdatum von Marianne mitteilen konnte. Sie würde mit dem Zug kommen wie die Kindertransporte, allerdings ganz allein. Sie würde Deutschland durchqueren müssen und über Belgien nach England reisen, so wie ich wenige Monate zuvor. Aber die Reiseumstände hatten sich verschlechtert in dieser kurzen Zeit, und Marianne war erst 14. Ich hatte große Angst um sie.

Kaum ein Bild hat sich mir so eingebrannt wie der Anblick meiner Schwester, als sie tränenüberströmt auf dem Bahnsteig der Victoria Station stand. Ihr Gesicht glänzte nass, ihr Pagenkopf war zerzaust. Um den Hals trug auch sie ein großes Schild mit ihrem Namen darauf. Ich war, bis heute kann ich mir das nicht verzeihen, zehn Minuten verspätet. Oder waren es sogar mehr? Mein Autobus war nicht gekommen, ich war mit Herzstechen zur U-Bahn gerannt und dann am Bahnsteig die Treppen hoch zu den Zuggleisen. Da stand sie wie versteinert in einer ruhelos surrenden Masse von Kommenden und Gehenden, als fürchte sie, jeder weitere Schritt würde sie in diesen Menschenstrom hineinsaugen und für immer verschlucken. Wie verlassen muss sie sich gefühlt haben in dieser Ewigkeit des Wartens. »Da bist du ja endlich, Ische«, schniefte sie. »Tut mir so Leid, meine Kleine«, entschuldigte ich mich, »der Bus ist nicht gekommen.« Für den Augenblick einer langen Umarmung verflüchtigte sich aller Lärm um uns, ich hörte nur noch Mariannes Schluchzen und spürte, wie sie in meinen Armen zitterte. Auch ich konnte meine Tränen nicht mehr zurückhalten. Ich hatte meine kleine Schwester wieder. Wenigstens sie.

Die nächsten Tage durfte Marianne bei mir wohnen. Mrs. Laver hatte einen Schrank und ein Bett für sie gekauft und in meinem Zimmer untergebracht. Aber die ersten Nächte kuschelten wir uns ohnehin in ein Bett, so wie wir das zu Hause in unserem gemeinsamen Zimmer auch oft getan hatten. Abends, wenn die Ruhelosigkeit des Tages zu weichen begann, und wir im Dunkeln meiner Kammer lagen, zogen die Schatten auf. Marianne weinte oft, ich hielt sie im Arm und streichelte ihr über ihre weichen Haare. »Ich vermisse Mama und Papa so arg«, sagte sie. »Glaubst du, Ilse, dass wir irgendwann wieder mit ihnen zurück nach Hause können, wenn das alles endlich vorbei ist?« Ich bemühte mich, jede Nuance von Unsicherheit und Angst aus meiner Stimme zu verbannen. »Ja«, sagte ich, »ich glaube fest daran. Und wir dürfen diese Hoffnung nie aufgeben.«

»Kann ich denn nicht hier bei dir bleiben?«, fragte Marianne zum hundertsten Mal. »Ich will nicht nach Irland in eine Nonnenschule, in der ich niemanden verstehe. Ich möchte hier zur Schule gehen.«

»Ich habe dir doch schon so oft erklärt, warum das nicht möglich ist«, sagte ich matt. »Ich muss arbeiten, um Geld für dich und mich zu verdienen, ich kann mich nicht um dich kümmern. Und London ist zu gefährlich. Überall heben sie Schützengräben aus und bauen Bunker. Wenn es einen Krieg gibt, wird er zuerst die Großstadt treffen.«

»Aber du bist doch hier, und wenn du stirbst, will ich auch tot sein«, sagte Marianne wieder trotzig. »Ich will nicht ohne dich leben.« Lange streichelte ich Marianne, bis sie endlich in meinem längst eingeschlafenen Arm weggenickt war. Sie hatte meine Tränen zum Glück nicht bemerkt.

Für Kost und Logis meiner Schwester behielt Mrs. Laver einen Teil meines Wochenlohns ein – einen allenfalls symbolischen Teil, denn Marianne hatte den tüchtigen Appetit einer Heranwachsenden. »Du scheinst doch etwas Kochen gelernt zu haben, Ische«, sagte sie, als sie mittags bei mir in der Küche saß und den vierten Knödel mit Bratensoße verschlang. »Mama wäre stolz auf dich.« Ehrlich gesagt, wenn ich mich spätabends aus meinem Schürzenkleid schälte und müde ins Bett fiel, hatte ich bisweilen den gleichen Gedanken. Meine Eltern wären stolz auf mich gewesen, wenn sie hätten sehen können, dass ich mich in diesem umgestülpten Leben ganz gut zurechtfand. Meine Nächte waren kurz. Morgens musste ich um halb fünf aufstehen, um die Öfen im Haus zu schüren. Vielleicht, dachte ich manchmal, hätte mich der Standeswechsel von der Unternehmertochter, die selbst stets von Hauspersonal umgeben war, zum Dienstmädchen tatsächlich gedemütigt, wenn mich mein Vater nicht von Anfang an zu Bescheidenheit erzogen hätte. »Ihr müsst auch für schlechte Zeiten gerüstet sein«, sagte er immer. »In schlechten Zeiten gehen verwöhnte Kinder unter, glaubt mir.« Vater bestand darauf, dass wir unsere Unterwäsche selbst wuschen, weil das keine Arbeit für unsere Wäscherin sei. Auch unser Zimmer mussten Marianne und ich selber sauber halten. Süßigkeiten waren wie Medaillen, die man sich durch Wohlverhalten verdienen musste, es gab sie nicht einfach so. Obwohl ich damals oft unter der Strenge meines Vaters litt, und Marianne wohl noch mehr, war ich ihm später dankbar. Ich empfand meine Arbeit bei den Lavers nicht als Erniedrigung, sondern als eine Möglichkeit, mich zu bewähren. Manchmal konnte ich mich sogar darüber amüsieren, dass in meinem Schrank edlere Kleidung hing, als meine Chefin sie trug. Viele Jüdinnen vom Festland waren in ihrer Freizeit besser angezogen als ihre Dienstherren.

Ich wusste von einigen, die zuvor den Status der höheren Tochter genossen hatten, wie schwer es ihnen nun fiel, die niederen Arbeiten einer Hausangestellten zu verrichten. Zu Hause hatten sie französische Konversation gelernt und Klavierunterricht bekommen, und alles war auf das Ziel einer reichen Heirat ausgerichtet gewesen. Abgesehen davon, dass viele von ihnen noch nie einen Besen oder einen Kochlöffel in der Hand gehalten und kein rechtes Geschick für derlei Verrichtungen hatten, waren auch etliche darunter, die von ihren Arbeitgebern herabwürdigend behandelt wurden. Dass sie sich kurz vor ihrer Auswanderung die Grundbegriffe des Kochens angeeignet hatten, hatte sie freilich nicht gegen die inneren Verletzungen wappnen können, die dieser Seitenwechsel mit sich brachte. Ich hörte von zwei Jüdinnen aus Aussig, die sich später im Exil das Leben nahmen.

Meine Kollegin Susie, die ebenfalls allen Wohlstand zurückgelassen hatte, meisterte ihr neues Leben mit einer schulterzuckenden Gelassenheit, um die ich sie manchmal beneidete. Sie hatte eine große Sorge weniger als ich – ihre Eltern waren bereits ebenfalls in London und hatten auch etwas Geld mit hinüberretten können. So viel, dass sie es sich erlauben konnten, in einem Hotel zu wohnen. Ihre Familie plante, bald nach Amerika zu emigrieren, und Susie sparte für die Neue Welt, so gut es ging. Als Kindermädchen bekam sie ein Pfund mehr als ich in der Woche. Wir alle versuchten, von dem wenigen, was wir verdienten, etwas zur Seite zu legen. Eigentlich sollte ich jeden Mittag für Susie, Kathlyn und mich kochen. Aber wir entschieden, auf diesen Luxus zu verzichten und uns stattdessen das Essensgeld auszahlen zu lassen. So saßen wir mittags plaudernd am langen Tisch in meiner Küche, vertilgten die Reste vom Vorabenddinner oder schmierten uns Brote. Den Vorschlag hatte uns Mrs. Laver unterbreitet: »Es macht doch wenig Sinn, wenn wir das Essen vom Vortag wegwerfen und Ilse jeden Mittag noch einmal kocht«, hatte sie zu uns gesagt. »Wenn es Ihnen nichts ausmacht, Reste zu essen, rechnen wir das Essensgeld auf den Lohn auf. So bleibt Ihnen ein bisschen mehr.«

Manchmal kam es mir vor, als fühle sie sich, weil ihr Land Hitler so lange nicht ernst genommen hatte, mitschuldig an unserem Schicksal und bemühte sich, dieses Unbehagen durch ihren Großmut zu beschwichtigen. Kurz nachdem Marianne nach Irland abgereist war, kam Mrs. Laver zur morgendlichen Menübesprechung in die Küche, wo ich mit lustloser Niedergeschlagenheit Suppengemüse putzte. Inzwischen hatte ich mir einen gewissen Status in dem Haus am Wellington Square erkocht. Mrs. Laver lud nun fast jede Woche Gäste ein, um mit ihrer böhmischen Köchin zu prahlen, wie sie sagte. Man lobte mein Essen mit einem für britische Verhältnisse überbordenden Enthusiasmus. Gefühlsäußerungen – und ich war zeitlebens eine wandelnde – betrachten die Engländer mit einer Mischung aus schaudernder Faszination und barem Entsetzen. An diese Kühle habe ich mich nie wirklich gewöhnen können.

Entgegen dem britischen Gebot der »stiff upper lip« war Mrs. Laver indes ein regelrechter Gemütsmensch, was möglicherweise auch daher rührte, dass sie als Schauspielerin und angesehenes Mitglied der Royal Shakespeare Company Übung darin hatte, eigenen Regungen Ausdruck zu verleihen und auch die ihrer Mitmenschen nicht als blanke Zumutung zu empfinden. »Sie vermissen Marianne, nicht wahr?«, sagte sie an diesem Morgen. Ich nickte wortlos. »Wissen Sie, Ilse, ich habe nachgedacht«, fuhr sie fort. »Es tut Ihnen nicht gut, dass Sie hier so wenig Kontakt haben. Sie haben Ihre Freundinnen Bina und Susie, aber das ist ein bisschen wenig auf die Dauer. Was halten Sie von der Idee, wenn Sie einmal die Woche Ihre Freunde aus Aussig zu uns zum Abendessen einladen?«

Sie ließ mir gar keine Zeit zu antworten, sondern schichtete alle ihre Gedanken vor mir auf dem Tisch auf, die sie sich wohl schon seit Tagen zurechtgelegt hatte. »Freitagabend wäre ein guter Termin«, sagte sie. »Das ist doch bei den Juden traditionell der Abend des Sabbatmahls. Und in Ihrem Kreis gibt es sicher einige praktizierende Juden. Freitagabend hat auch Kathlyn immer frei, und mein Mann und ich gehen meistens aus, also würde dieser Abend perfekt passen. Sie kochen Ihren Freunden ein reichliches Mahl, damit sie sich einmal in der Woche richtig satt essen können. Sie haben völlig freie Hand, was sie einkaufen, lassen Sie einfach in den Geschäften anschreiben, so wie Sie das auch sonst tun, und wir zahlen es dann am Ende des Monats. Und wenn etwas übrig bleibt, geben Sie es Ihren Freunden mit nach Hause.«

»Mrs. Laver«, stammelte ich, und wie immer, wenn ich tief gerührt war, begann mein Englisch zu stolpern, »alles, was ich dazu sagen kann, ist danke. Tausend Dank. Sie ahnen nicht, welche Freude Sie mir damit machen.«

»Wie viele Freunde aus Aussig haben Sie denn hier?«, fragte Mrs. Laver. »Inzwischen sind es genau 36«, antwortete ich und sah, wie sich ihre Augen vor Erstaunen weiteten. »So viele?« Nun war sie es, die sprachlos war. »Wenn das so ist, dann müssen Sie eben jede Woche sechs von ihnen einladen und das abwechselnd, sodass jeder alle sechs Wochen an der Reihe ist.«

Es wurde eine wunderbare Sabbatmahls-Sitte. Jeden Freitagabend hatte ich ein Stück Zuhause zu Gast. Meistens kochte ich böhmisch und nicht koscher, dazu wusste ich noch zu wenig; auch war die Küche der Lavers nicht koscher geführt. Ich breitete ein weißes Tuch über den schrundigen Küchentisch, deckte das einfache Geschirr und steckte die Kerzen auf, die traditionell zu Beginn des Sabbats entzündet werden. Ich kochte immer drei Gänge, eine kräftige Suppe vorweg, Fisch oder Fleisch als Hauptgericht und zum Nachtisch eine Mehlspeise.

Die Abendessen wurden bald zu einer Institution. Zu den Gästen zählten viele junge Männer aus meinem Aussiger Ruderklub und Freundeskreis. Im Gegensatz zu den weiblichen Flüchtlingen, von denen viele in Hausanstellungen waren und genug zu Essen hatten, ernährten sich die Männer oft nur von Fisch und Chips. Die meisten hatten wie ich ihre Eltern in Böhmen oder Prag zurücklassen müssen, und wir tauschten uns darüber aus, welche Versuche wir jeweils unternahmen, um den Rest unserer Familie nach England zu holen. Trotz dieser Themen war die Stimmung nie gedrückt und fügte sich schon aus purer Wiedersehensfreude dem jüdischen Gebot, dass die Menschen am Sabbat nicht an Elend und Leid erinnert werden sollen. Fast immer endete der Abend damit, dass wir einander jüdische Witze erzählten. Paul Friedländer, ein Rudererkollege, der nun in London weilte, hatte stets die neuesten Flüchtlingswitze parat, welche bevorzugt die mangelnden Englischkenntnisse der emigrierten Juden aufs Korn nahmen. »Kennt ihr den, wo zwei jüdische Flüchtlinge im Bus nach Wembley fahren?«, warf er in die Runde. »Fragt der eine den anderen: ›Is this Wembley?‹ – ›No, it's Thursday.‹ – ›So am I. Let's go out and have a drink!‹« Manchmal hatte ich Bauchweh vor Lachen, und die Tränen liefen mir über die Wangen. Man mag es jüdisch nennen, das Unter-Tränen-Lachen, aber vielleicht ist es auch nur eine Frage der Lebenseinstellung. Ich habe es Gott sei Dank nie verlernt.

Bevor Kathlyn um zehn Uhr wieder nach Hause kam, füllte ich die Dinner-Überbleibsel in Schraubgläser und gab jedem eins mit nach Hause. Für viele meiner Gäste war es tatsächlich die einzige richtige Mahlzeit der Woche. Einige Male zählte auch Hans Fürth zu meinen Gästen, jener Hans aus Halle, der gut 20 Jahre zuvor von der gleichen Hebamme auf die Welt geholt worden war wie meine Schwester Marianne.

Er hatte meine Adresse von seiner Mutter aus Deutschland bekommen und Kontakt mit mir aufgenommen. Bei unserem ersten Treffen hatte er sich sogleich nach Marianne erkundigt, deren Heranwachsen er, wenn er mit seiner Mutter in Aussig zu Besuch war, von klein auf mit beifälliger Aufmerksamkeit verfolgt hatte. Hans, der sich wie die meisten Flüchtlinge sofort einen neuen Namen zugelegt hatte und sich nun Anthony Firth nannte, war bereits 1936 nach London ausgewandert, um dort Automobil-Ingenieurswissenschaften zu studieren. Sein Vater, ein Chemiker wie der meine, war zwei Jahre zuvor sehr jung gestorben, und der Großindustrielle Franz Petschek, der in Aussig und Halle Kohlegruben besaß, hatte aus alter Freundschaft mit Hans' Vater die Vormundschaft des Halbwaisen übernommen. »Der Junge muss raus«, hatte er 1936 zu dessen Mutter gesagt, nachdem sich die Situation für Juden in Deutschland drastisch verschlechterte. Petschek hatte für ihn einen Studienplatz am College für Automobile Engineering in Chelsea besorgt. Nun war Anthony – seine Freunde nannten ihn Tony – mit dem Studium fertig und suchte nach einem Job, weil ihm ohne Arbeitsplatz der Entzug der Aufenthaltsgenehmigung drohte. Aber es gehörte nicht zu Tonys Wesensart, sich von derlei Widrigkeiten verunsichern zu lassen. Er war fest entschlossen, auf keinen Fall mehr nach Deutschland zurückzukehren.

Mitte 1938 hatte er zusammen mit zwei Freunden eine Kosmetikfirma gegründet, die flüssigen Lippenstift – eine Erfindung Tonys – vertrieb. Ich musste lachen, als er mir davon erzählte. Und mochte die Welt zusammenstürzen, Tony verstand es immer, sich mit lebenszugewandten Nebensächlichkeiten zu umgeben und dabei mit hasardeurhaftem Gleichmut den Unannehmlichkeiten zu trotzen. Weil sie Probleme mit der Rohstofflieferung für ihre Lippenstifte hatten, plante er für Februar 1939 eine zweitägige Geschäftsreise nach Prag. Ausgerechnet in die Stadt, deren jüdische Bewohner nach nichts anderem trachteten, als ihr zu entkommen. Er hatte schon ein Flugticket gekauft und fragte mich nach der Adresse meiner Eltern, die er gerne dort besuchen wollte.

Seine Ankündigung versetzte mich in Aufruhr. Es war ein seltsames Gefühl der Ohnmacht, einen Menschen bei ihnen zu Besuch zu wissen, der eine Woche später wieder bei mir am Tisch sitzen würde – ohne sie, allenfalls mit einem Brief von ihnen. Genauso war es dann auch. Tony kam zurück, in seiner Unverzagtheit doch sichtlich erschüttert. Er hatte meine Eltern auf einen Kaffee getroffen. Sie hatten sich sehr gefreut, ihn zu sehen, und hatten ihm Briefe und Fotografien für Marianne und mich mitgegeben. Und Vater hatte ihm seine goldene Omega-Taschenuhr in die Hand gedrückt, für den Fall, dass sie seine Töchter einmal zu Geld machen müssten. »Es geht ihnen gut, und sie sehen auch gut aus«, versicherte Tony mir. Und doch war ihm natürlich nicht entgangen, dass sich der Strang um den Hals der Stadt langsam zuzog. Etliche Leute hatten Tony ein Vermögen für sein Rückflugticket nach

London geboten. Mit einem der letzten Tickets, das ihm seine Frau Olda besorgt hatte, hatte auch Oskar Kokoschka Prag nunmehr in Richtung London verlassen.

Ein latentes Gefühl der Verunsicherung lastete auf der Stadt, drohend wie ein Monster, das jeden Moment zum Todesstoß ausholen könnte. Der tschechische Außenminister war nach etlichen Absagen endlich Ende Januar bei Hitler vorgelassen worden. Er wollte in Erfahrung bringen, was man in Berlin von der Tschechoslowakei erwarte, und versicherte die Willfährigkeit seiner Regierung, in allen strittigen Fragen einlenken zu wollen. Die um ihre staatliche Selbstständigkeit kämpfenden Slowaken waren kaum mehr im Zaum zu halten und spielten Hitler, der entschlossen war, die leidige tschechoslowakische Frage in seinem Sinne zu erledigen, in die Hand.

Am 16. März stand ich in meiner Kellerküche und schrubbte den alten Holztisch mit einer Wurzelbürste, als plötzlich Mrs. Laver in der Tür stand. Eine wächserne Blässe lag auf ihrem hübschen Gesicht. »Ilse«, sagte sie, »ich war schon auf dem Weg zur Theaterprobe und bin wieder umgekehrt, weil ich mich nicht wirklich gut fühle. Ich werde heute zu Hause bleiben und mich erst einmal ein wenig hinlegen. Wenn Sie hier unten fertig sind, wecken Sie mich doch. Ich würde Sie gerne bei Ihren Einkäufen begleiten, damit ich weiß, wie Sie das alles inzwischen so bewältigen.«

Ein ungewöhnlicher Vorschlag. Nie zuvor war meine Chefin auf die Idee gekommen, mit mir einkaufen zu gehen. Aber ich dachte mir nichts dabei und klopfte eine gute halbe Stunde später an ihre Tür. Sie war schon angezogen, und so gingen wir los, jede mit einem Einkaufskorb über dem Arm.

An der Straßenecke war ein Zeitungskiosk. Der Besitzer hatte die kleinen Werbeschilder mit den Schlagzeilen des Tages auf dem Trottoir aufgestellt. Vier Worte prangten auf einem der Plakate, und jedes einzelne traf mich wie ein Pfeil. »Nazis Move Into Prague«, stand da in fetten Lettern. Die Buchstaben verschwammen vor meinen Augen, und mit einem leisen Knarzen fiel mein leerer Weidenkorb zu Boden. Ich spürte, wie mir die Knie wegknickten und sich Mrs. Lavers Arme um mich schlossen, weil ich taumelte. Sie hielt mich fest, und in diesem Moment wusste ich, dass ihre vermeintliche Übelkeit nur ein Vorwand gewesen war, mich nicht mit dieser Nachricht, die mein Leben für immer veränderte, allein zu lassen. Ich weinte, während sie mich festhielt und meine Hand drückte. Und dann diesen Satz sagte, den ich bis heute in meinem Gedächtnis bewahrt habe.

»I will be a mother to you now«, sagte sie. »Ich werde Ihnen von nun an eine Mutter sein.«

7

Mein Weg zum Supermarkt ist stets eine kleine Odyssee. Ich laufe länger als eine halbe Stunde dorthin. Vor mir her schiebe ich einen kleinen, vierrädrigen Rollwagen, in dem ich meine Einkäufe verstauen kann. Der Wagen gibt mir zugleich Halt – ohne ihn würde ich gelegentlich sicher Gefahr laufen zu stürzen. Allenthalben sind jetzt diese Stützen in meinem Leben angebracht. Haltegriffe im Bad, ein zweiter Handlauf auf der linken Seite meiner Treppe, ein Gehstock.

Das Alter beansprucht eine neue Form der Tapferkeit, von der man nie ahnte, dass man sie einmal würde aufbringen müssen. Zwar schleicht sich der Verfall auf gnädige Weise über die Jahre ein, aber er ist doch unerbittlich in seiner Unaufhaltsamkeit. Dabei hat man im Innersten die Jugend nie verloren, sie ist in jeder einzelnen Zelle bewahrt, und Körper und Geist erinnern sich an alles, was sie gelebt und geleistet haben.

Wenn ich die Augen schließe, kann ich noch die hölzernen Ruder in meinen Händen spüren, und wie sich meine Bauchdecke jedes Mal verhärtete, wenn ich mich zurücklegte und die Riemen durch das Elbwasser zog. Ich kann das Gefühl wachrufen, auf Skiern die Hänge des Erzgebirges hinunterzuschwingen und das Geräusch der schabenden Kufen auf dem zugefrorenen See. Vielleicht lässt einen das Wissen um die vormals besessene Kraft das Schwinden derselben mit etwas mehr Haltung ertragen. Was will man anderes entgegensetzen denn Beherrschtheit und Würde?

Wie sehr sich Fred um untadelige Haltung bemühte, als wir uns das erste Mal begegneten, dieses Bild ist wie mit

Reißnägeln in mein Inneres geheftet. All sein Ringen um einen aufrechten Gang unterstrich aber nur die Versehrtheit seiner Erscheinung. Nicht nur die Krücken, die er links und rechts umklammert hielt, gaben ihm etwas Gebrochenes, es war der ganze Mensch, der so wirkte.

Bina hatte mich an diesem Mittwochmorgen, dem 24. Mai 1939, bei den Lavers angerufen. Der alten Sitte gemäß hatten wir uns für unseren freien Nachmittag verabredet. Ausnahmsweise wollten wir diesmal nicht ins Bloomsbury House gehen, sondern einen Friseur in der Tottenham Court Road aufsuchen, von dem Bina erfahren hatte, dass er Modellschnitte zum Nulltarif anbot. Mehr hätten wir uns auch nicht leisten können.

Es ist jedoch nie zu dem Haarschnitt gekommen. An diesem Morgen war Bina von ihrem Bruder Jakob angerufen worden. Er war seit März in London, und Bina war glücklich, dass sie es geschafft hatte, ihn aus Wien rauszuholen. Es war noch früh am Morgen, als das Telefon schellte. Jakobs hastige Worte platzten aus dem Hörer. »Du erinnerst dich doch an Salo Tisch, den Textdichter aus Wien?«, sagte er aufgeregt.

Natürlich erinnerte sie sich. Kurz vor ihrer Abreise hatte sie die Aufführung von *Warum lügst du, Chérie?* in der Wiener Scala gesehen, zusammen mit Jakob, der wie wild geklatscht und »Bravo!«-Rufe abgefeuert hatte. Danach waren sie noch in eine Bar gegangen, und Salo hatte in Feierlaune mehr getrunken, als sein zierlicher Körper vertrug. Es war eine strahlende Nacht gewesen, wie es überhaupt eine leuchtende Zeit war für Salo.

Bina erinnerte sich auch an die Worte ihres elf Jahre älteren Bruders Jakob, als dieser zwei Monate zuvor aus Wien eingetroffen war. »Salo wird sterben«, sagte er. »Ich habe ihn noch im Krankenhaus besucht vor meiner Abreise. Der Tod steht in seinem Gesicht.«

Jakob, der treue Weggefährte, der sich bei so vielen Aufführungen von Salos Stücken die Hände heiß applaudiert und den Aufstieg des Freundes von einem Niemand zu einem Jemand mit stolzer Begeisterung verfolgt hatte, der die Eltern Tisch in ihrer Angst um den ins KZ verschleppten Sohn getröstet und insgeheim genauso sehr um ihn gebangt hatte – wie grenzenlos war seine Freude gewesen, als er im Januar erfuhr, dass Salo wieder in Wien war, ja vor allem, dass sein Freund überhaupt noch am Leben war. Er hatte sich sogleich auf den Weg in das Rothschild-Spital begeben, das jüdische Krankenhaus, in dem Salo lag. Alle anderen Spitäler der Stadt nahmen keine Juden mehr auf. Man hatte Jakob wieder weggeschickt, der Patient sei sehr schwach und der Empfang von Besuchen sei ihm noch lange nicht gestattet.

Auf der Quarantänestation, abgeschottet von der Außenwelt, rang Salo mit dem Tod. Das Fleckfieber hatte von seinem ganzen Körper Besitz ergriffen. Auf Rumpf und Gliedmaßen wucherten nun die Roseolen, die zarten, blassroten Hautmale, die den Lagertyphus kennzeichnen. Zeitweise verwirrte das Fieber dem Kranken die Sinne, und er wirkte wie ein Trunkener. Man versuchte, es mit Leibumschlägen zu senken, und verabreichte ihm leichten Hafer- und Gerstenschleim sowie abgekochtes Wasser. Doch sein Körper behielt fast nichts davon bei sich und verlor täglich weiter an Substanz. Auch das Typhusfieber, das meist nach der vierten Woche gemeinsam mit dem masernartigen Ausschlag abklingt, bestand bei Salo fort, und das war fast immer ein untrügliches Zeichen für das nahende Ende.

Zwei Rückfälle hatte Salo, und als ihn sein Freund Jakob kurz vor seiner Abreise endlich sehen durfte, erschrak er über das Gesicht, das ihn hinter der Glaswand, durch welche die Seuchenkranken von den Gesunden geschieden waren, mit tränenden, lichtscheu zusammengekniffenen Augen anblickte.

Jugendjahre: Die Malerin Malva Schalek porträtierte Ilse Lönhardt 1935

Mutterglück: Am 2. Februar 1915 brachte Grete Schnitzer Tochter Ilse zur Welt

Die Familie: Fritz Lönhardt (3.v.l.), Tochter Marianne (6.v.l.), links daneben Ilse und ihre Mutter

Das letzte gemeinsame Foto: Ilse (l.) mit Mutter und Marianne im Frühjahr 1938

Siegfried Tisch und Hans Lengsfelder im Jahr 1935

Bühnenszene aus »Hochzeitsreise« mit Hans Thimig und Christl Mardayn (1936)

Notenblatt der Operette »Warum lügst du, Chérie?«

Das frisch vermählte Ehepaar Tysh

Ilse Tysh 1950 in London

Passfoto des jungen Salo Tisch

Hochzeit am 24. August 1947

Ilse Tysh im Herbst 2001

Dort lag nicht der 33-jährige Salo. Dort lag ein anderer Mensch als jener, dem Jakob auf der Bühne zugejubelt und mit dem er durch die Nachtbars gestreunt war. Aus dem knöchernen Antlitz eines alten Mannes schaute ihn der Tod an.

An all das erinnerte sich Bina, als ihr Bruder Jakob sie an diesem Morgen mit sich überschlagender Stimme anrief. »Bina, du wirst es nicht glauben, was ich dir jetzt sage«, schepperte es aus dem Telefon. »Salo ist da! Er ist hier in London! Er ist vorgestern angekommen! Ist das zu fassen? Er ist tatsächlich draußen! Heute Nachmittag wollen wir uns mit ihm und seinem Bruder im Hyde Park treffen, und es wäre schön, wenn ihr, du und Ilse, auch dabei wärt.«

Natürlich sagten wir den Friseurtermin ab und waren schon vor den anderen im Park. Wir lehnten uns in zwei der hölzernen Liegestühle. Wenn man die Augen schloss und die warmen Strahlen der Maisonne über das Gesicht streichen ließ, konnte man sich in einer friedlichen Idylle glauben. Lachende Kinderstimmen flirrten durch die Luft, die Vögel zwitscherten, und aus manchem Liegestuhl drang das Klimpern von Stricknadeln. Wie wohltuend es gewesen wäre, aber das Bewusstsein ließ es nicht zu, nur einen Lidschlag lang zu vergessen. Dass sie inzwischen an jedem größeren Platz in London Bunker in die Erde gehöhlt und Gasmasken an die Bürger verteilt hatten. Dass die Kriegsangst umging wie ein Gespenst. Dass Hitler im Falle eines Krieges die »Vernichtung der jüdischen Rasse in Europa« angekündigt hatte. Dass die Konzentrationslager in Deutschland überfüllt waren. Dass meine Eltern und Binas Mutter noch immer in der Falle saßen – und mit ihnen Tausende andere.

Ich spürte einen Schatten auf meinen Lidern und öffnete sie wieder. Zu dritt standen sie vor mir. Jakob und sein Freund Moishe, der sich hier Mundy nannte und den ich nur flüchtig kannte. Und zwischen den beiden dieser greisenhafte Mann, den sie mir als Salo, den Bruder von Mundy, vorstellten. Für den Bruchteil einer Sekunde war ich, wie aus einem Reflex heraus, versucht, meine Augen sogleich wieder zu schließen. Denn was sie erblickten, war grausam.

Noch immer kauerte der Tod in Salos Gesicht, dessen hohle Wangen eine papierene Haut überspannte. Aus seinen Augen sprach eine stumpfe Leere. Ich meinte auch ein Aufflackern von Stolz darin zu erkennen, aber vielleicht bildete ich mir das nur ein. Salo sah mich lange an, und ich streckte ihm schnell meine Hand zur Begrüßung entgegen, um seinen Blick, der mir zu intensiv schien für einen Fremden, zu zerstreuen.

Er nahm sie sacht und beugte sich, so gut es seine Krücken zuließen, um mir einen Handkuss zu geben. Mir war zum Heulen zumute in diesem Moment. Nicht nur, weil die Geste eine Reminiszenz an die alten Sitten meiner Heimat war, auch weil in diesem Augenblick, als ich den gebeugten, ausgezehrten Menschen vor mir sah, eine furchtbare Ahnung in mir aufstieg.

Die Ahnung, dass alles wahr war.

Alles, was die Zeitungen über die Geschehnisse im Nazideutschland berichteten und was über das Martyrium der Juden gemunkelt und gemutmaßt wurde – es musste wahr sein. Hier stand dieser zerstörte Mann, der einige Monate zuvor einem Konzentrationslager entkommen war, und er war das leibhaftige Indiz für das Leid seines Volkes. Das also können Menschen einander antun, dachte ich. Ich hatte es mir vorher nicht vorstellen können.

Bilder meiner Eltern rasten durch meinen Kopf, Sätze meines Vaters aus seinen Briefen. »Überwinde deine Bangigkeit!«, hatte er kürzlich aus Prag geschrieben. Aber das ging nun nicht mehr. Der Anblick Salos zerschmetterte jede Illusion. Wenn es mir nicht gelänge, meine Eltern aus der besetzten Tschechoslowakei rauszuholen, waren sie verloren.

Ich stand auf, wie um die bleiernen Gedanken abzuschütteln. »Wollen Sie sich nicht setzen?«, fragte ich Salo.

»Oh, vielen Dank«, sagte er lächelnd und ließ sich, von Jakob gehalten, bedächtig auf dem Stuhl nieder. Im Liegen war seine Magerkeit noch augenfälliger. Unter dem Anzug, den ihm sein Bruder wohl geborgt hatte, staken die Beckenknochen und Kniegelenken wie dürre Äste hervor.

»Glaub mir, ich erkenne ihn wirklich kaum wieder«, flüsterte Mundy mir zu. »Er wiegt gerade noch 42 Kilo. Ich frage mich, was er erlebt hat. Er will nicht drüber sprechen.«

Es sollte Jahre dauern, bis Salo dafür Worte finden würde.

»Wie habt ihr es denn geschafft, dass er das Land verlassen durfte?«, fragte ich Mundy. Es war dies eine der ersten Fragen, die Flüchtlinge einander im Exil stellten, wenn sie noch Angehörige in der Heimat hatten.

»Wir haben ein Durchreisevisum nach Schanghai für ihn bekommen«, sagte Mundy. »Er darf nur drei Monate hier bleiben, dann muss er England wieder verlassen.«

Schanghai stand auch auf meiner Liste der Exilländer für meine Eltern. Einige tausend Juden aus Deutschland, Österreich und der Tschechoslowakei hatten inzwischen in dieser Handelsmetropole Zuflucht gefunden. Man konnte ohne Visumsschranken einreisen, musste allerdings eine Schiffspassage vorweisen, um ein Visum für das Durchreiseland zu bekommen, was die Angelegenheit gehörig erschwerte. Die Schiffe dorthin waren allesamt ausgebucht, für die Tickets wurden horrende Preise verlangt, und auch in Schanghai selbst erwartete die europäischen Juden, wie man hörte, keine rosige Zukunft. Die Chancen für eigenständige wirtschaftliche Aktivität waren in der Hafenstadt, in der vier Millionen Chinesen lebten, äußerst gering. Das Gros der Juden musste in dem von Japanern kontrollierten, verwahrlosten Stadtteil Hongkew ein Unterkommen finden. Aber immerhin, sie lebten.

Und Salo besaß sie nun auch, die Passage in die Freiheit. Mundy hatte das Schiffsticket nach Schanghai besorgt, weil das Visum in die Dominikanische Republik während Salos Krankenhausaufenthalt abgelaufen war. In Salos Pass, den er Jakob zeigte, prangte ein mit roter Tinte gestempeltes Visum – wie ein Siegel seines Überlebens, an das fast niemand mehr geglaubt hatte. Wer nicht dieses Gefühl des Ausgeliefertseins erlebt hat, wird kaum ermessen können, was es bedeutete, schließlich einen solchen Stempel im Reisepass zu haben. Alles hätte ich dafür gegeben, damit ihn meine Eltern nur endlich bekommen hätten.

Mundy riss mich aus meinen Gedanken. »Lasst uns ins Cumberland gehen«, schlug er vor. »Mir ist nach einem Kaffee, auch wenn er dort vom Tee kaum zu unterscheiden ist.«

Das Cumberland lag unweit des Hyde Park hinter dem Marble Arch. Der grauweiße Hotel-Koloss war erst fünf Jahre alt, bei den jüdischen Flüchtlingen aber schon eine Institution. In der rauchgeschwängerten Art-Déco-Lobby herrschte von frühmorgens bis spät nachts eine Art babylonisches Stimmenwirrwarr. Deutsch, Jiddisch und der Wiener Dialekt waren in der Übermacht. Seit die Einwanderungszahlen aus anderen Ländern anstiegen, hörte man auch vermehrt Tschechisch und Polnisch. Für die Dauer eines wässrigen Kaffees, vor dem man so lange sitzen bleiben durfte, wie es einem beliebte, hatte man eine Ahnung der eigenen Herkunft, die darin bestand, dass man seinesgleichen traf. Und dass man sich in seiner Muttersprache unterhalten durfte.

In der Öffentlichkeit war das damals verboten. Alle jüdischen Flüchtlinge hatten bei ihrer Ankunft ein kleines blaues Brevier mit den Benimm-Regeln für das Gastland überreicht bekommen. In unserer stand (auf Deutsch), dass wir nicht Deutsch reden, keine deutschen Zeitungen lesen und englische Gebräuche oder Bestimmungen nicht kritisieren sollten. Man solle es vermeiden, durch Manieren, lautes Sprechen oder Kleidung Aufsehen zu erregen, weil dem Engländer derlei »Schaustellungen« missfielen. Man solle keiner politischen Organisation beitreten, die gesellschaftlichen Sitten beachten und die »besten jüdischen Eigenschaften« beibehalten.

Wir mühten uns redlich, diese »Ehrenpflichten« zu erfüllen, und jeder lernte Englisch, so schnell es ging. Ich zog es in der Öffentlichkeit noch immer vor zu schweigen. Das tastende Englisch und der kontinentale Akzent hätten mich sehr bald als Fremde erkennbar gemacht, und darauf legte ich keinen allzu großen Wert.

»Sprechen Sie denn Englisch?«, fragte ich Salo, als sich unsere Gruppe durch das drangvolle Foyer zwängte. »Ein Dutzend Worte vielleicht«, erwiderte er und zog die Stirn in Falten, wie er es, das war mir gleich aufgefallen, gerne tat, vor allem, wenn er verlegen war. »Aber ich tue mich nicht besonders schwer mit Sprachen«, sagte er. »Bisher habe ich sie immer schnell gelernt.«

»Die englische Speisekarte kannst du in drei Minuten auswendig«, scherzte Bina, »denn so groß ist die Auswahl hier nicht. Soll ich dir ein Sandwich ordern? Die sind hier ganz passabel.«

Salo nickte ergeben. Er schien von all dem überrumpelt. Wie eine Marionette, deren Fäden man gekappt hatte, versank er in dem großen Ledersessel, der ihn fast verschluckte. Er lächelte höflich, und jedes Mal, wenn ich ihn ansah, begegnete ich seinem Blick. Alles andere, die sich ihm darbietende fremde Welt mit ihren vielen neuen Facetten, schien unbemerkt an ihm vorüberzuziehen. Seine Augen waren auf mich gerichtet, und sein Blick war dabei weder ergeben noch starr oder aufdringlich, er ruhte auf mir wie eine warme Hand. Allmählich schwand meine Verlegenheit, und ich begann zu erzählen.

Ich erzählte ihm von meiner Arbeit, von meinen Eltern, meiner Schwester. Ich erzählte von meiner netten Dienstherrin, Mrs. Laver, und wie sie mir kürzlich aufgetragen hatte, die viktorianisch weißen Kellerstiegen neu zu kalken. Wie ich, weil die britischen Hauseingänge in ihrer Uniformiertheit kaum zu unterscheiden sind, stattdessen die Kellertreppen der Nachbarin feinsäuberlich geweißelt und poliert hatte, bis sie in nie da gewesenem Glanz erstrahlten, und sehr entrüstet war, als mich meine Chefin schalt, ich hätte ihren Auftrag nicht erledigt. Dafür war die Nachbarin hoch erfreut, als sie mein Versehen entdeckte.

Bina und die anderen lachten über mein Missgeschick und endlich, zum ersten Mal, zeigte sich auch auf Salos Gesicht ein Schmunzeln. Es war ein mattes Lächeln, als habe er diese Regung verlernt.

»Du siehst müde aus, Salo«, sagte sein Bruder. »Lass uns langsam aufbrechen, du musst dich ausschlafen.«

Salo schälte sich mühevoll aus seinem Sessel. Als wir uns verabschiedeten, sagte er so leise, dass die anderen es nicht hören konnten: »Fräulein, ich muss Sie wiedersehen.« Es klang fast wie ein Flehen.

»Wenn Sie wieder bei Kräften sind, sind Sie herzlich zu meinem Dinner eingeladen«, sagte ich. »Wir treffen uns jeden Freitag um halb acht. Ihr Bruder hat meine Adresse.«

»Ich freue mich sehr darauf«, sagte Salo. Wieder küsste er meine Hand zum Abschied.

Ich fuhr allein mit der U-Bahn zurück nach Chelsea. Auf dem Heimweg brach plötzlich alles hervor. Auf einmal spürte ich einen Schrecken und eine Furcht in mir, die ich so noch nie erlebt hatte. Es war anders als die herzrasende Panik, die einen bisweilen überfällt. Nein, jede Regung und Bewegung schien plötzlich wie unter einem Kälteschock verlangsamt. Es war mitten im Mai, und ich war starr vor Kälte.

In dieser Nacht fand ich keinen Schlaf. Ich weinte viel. Salos Bild wollte mir nicht aus dem Kopf. Immer wieder sah ich seine Augen vor mir, die stumm waren und doch etwas heraus brüllten, das keiner verstehen konnte.

Mrs. Laver entging meine Verfassung nicht. »Ilse, Sie haben Sorgen, nicht wahr?«, fragte sie mich am nächsten Morgen. Sicher sah ich ziemlich verheult aus. Ich war froh, ihr alles erzählen zu können. Dass ich tags zuvor zum ersten Mal einem Menschen aus einem Konzentrationslager begegnet war. Dass ich die ganze Nacht kein Auge zugetan hatte. Dass mich dieser Anblick verfolge und ich unendliche Angst um meine Eltern hätte, um meine Großeltern, um Onkel Herbert, Tante Hilde und Tante Trude, um alle, die in meiner Heimat festsaßen.

»Beruhigen Sie sich, Ilse«, sagte Mrs. Laver sanft. »Schauen Sie, Sie haben schon so viele Dinge auf den Weg gebracht, es wird sicher nicht mehr lange dauern, bis Ihre Eltern Prag verlassen können. Die Welt ist doch inzwischen aufgewacht, und alle wissen, wie gefährdet die Juden unter diesem deutschen Unmensch sind. Sie dürfen nicht den Mut verlieren.«

Wusste wirklich alle Welt, was den Juden drohte in Nazideutschland? Manchmal zweifelte ich daran. Nach dem Einmarsch der Deutschen in Prag, so hatte ich gehofft, würde endlich allen aufgehen, welche Gefahr – nicht nur für Juden – von dem deutschen Wahnsinnigen ausging, den keine Appeasement-Politik mehr bremsen konnte. Aber das Gegenteil war der Fall. Die Errichtung des Protektorats Böhmen und Mähren förderte die restriktiven Tendenzen der Immigrationspolitik in Europa und Übersee. Die Schweiz beschloss am 15. März die Einführung der Visumspflicht für Inhaber tschechoslowakischer Pässe. Und auch Großbritannien kehrte nach einer Phase der Liberalisierung der jüdischen Einwanderung im April 1939 zu antijüdischen Einschränkungen zurück.

Kanada schottete seine Grenzen mit dem Argument ab, es handle sich bei den Immigranten um Personen aus einem Gebiet, das nun von einem feindlichen Land besetzt sei. Es war mitnichten leichter geworden zu fliehen.

Im Morgengrauen des 15. März 1939 hatten noch mehr als 450 sudetendeutsche Flüchtlinge das bereits von deutschen Truppen besetzte Mährisch-Ostrau passiert und das Protektorat in Richtung des polnischen Ostseehafens Gdingen verlassen. Mit ihnen war ein Teil des Personals der Prager Außenstelle des »British Committee for Refugees from Czechoslovakia« nach Polen übersiedelt, um von dort die Emigration nach Großbritannien zu organisieren. Die Auswanderungsabteilung des Prager Instituts für Flüchtlingsfürsorge verlor nach dem 15. März 1939 jede Bedeutung. Ihre Verbindung zu den britischen Organisationen riss ab.

Der Schock der deutschen Okkupation hatte eine Fluchtwelle ausgelöst. Viele hatten das Land auf eigene Faust durch illegale Grenzübertritte verlassen. In Kohlezügen versteckt waren einige nach Polen gelangt, andere waren durch unterirdische Bergstollen, die bis ins Nachbarland reichten, entkommen oder indem sie die Oder durchschwommen hatten. Etliche hundert waren so – meist bar jeden Reisedokuments – bis Mitte April nach Polen gelangt. Fast alle waren Juden.

Unterdessen saßen meine Eltern noch immer fest. Vater schien das Wagnis, sich ohne sichere Aussicht auf ein Visum nach Polen aufzumachen, zu groß. Uns allen erschien es sinnvoller, den Vorteil, dass ich nun schon einmal in Großbritannien war, zu nutzen und abzuwarten, bis ich daselbst etwas erreicht hätte.

Doch bei den Flüchtlingsorganisationen wurde das Geld knapp, weil die Emigranten aufgrund der sinkenden Aufnahmebereitschaft anderer Länder nun länger in England blieben als nur zwei, drei Monate. Das britische Flüchtlingskomitee hatte die Londoner Regierung um weitere finanzielle Mittel für die Evakuierung gebeten, aber die Regierung hatte abgelehnt.

Damals konnte ich es mir kaum erklären, was Vater mir berichtete. Oft, so schrieb er, sei er einen ganzen Tag angestanden, bis er endlich an der Reihe war, und als man ihn sah, habe man ihn wieder ans Ende der Schlange zurückgeschickt und ihm gesagt, er müsse noch etwas warten. Das liege wohl daran, mutmaßte Vater, dass er so jüdisch aussehe.

Er hatte wohl nicht Unrecht. Heute weiß ich, dass man sich seitens der offiziellen britischen Stellen wie dem Finanzministerium und dem Foreign Office im Frühjahr 1939 auf eine »Rangfolge« für tschechoslowakische Flüchtlinge einigte. An erster Stelle standen die politischen Flüchtlinge, und die jüdischen Asylsuchenden zählten meist als »economic refugees«. Als hätten sie nicht mehr zu verlieren als ihren Besitz, der ihnen meist ohnehin schon genommen worden war.

So aber gab es eine Art von Selektion, über deren genaue Handhabung die britischen Flüchtlingskomitees heftig zerstritten waren. Insgesamt waren die Ausreisemöglichkeiten für Nichtjuden besser als für Juden, wenngleich jüdische Flüchtlinge die Mehrheit der Ausreisewilligen und damit auch das Gros der Emigranten stellten. Immer wieder hörte man, dass Juden, die nunmehr zu Tausenden auf dem Weg nach Großbritannien ins polnische Kattowitz und nach Krakau geflohen waren, von polnischen Behörden zurück ins Protektorat abgeschoben wurden. Manchmal wurden sie auch direkt an die Gestapo ausgeliefert.

Es gab keinen Tag, an dem ich mir nicht den Kopf darüber zermarterte, was ich noch tun könnte. Manchmal wurde mir ganz flau von den nicht enden wollenden Grübeleien, die sich wie klebrige Fäden über alles legten. Ich war froh, wenn ich ordentlich zu tun hatte. Die Arbeit durchtrennte die Gedankenknäuel.

Am Freitag ging ich für das Sabbat-Abendessen einkaufen.

»Kochen Sie etwas besonders Feines«, hatte Mrs. Laver gesagt. »Das wird Sie ablenken.« Nach wie vor bezahlten die Lavers meine Dinner-Einladungen. Zur Vorspeise sollte es eine dicke, tschechische Kartoffelsuppe geben, als Hauptspeise Schnitzel und für die koscheren Gäste gebratene Heringe, dazu frische Erbsen und Karotten. Zum Nachtisch wollte ich Powidldatschgerln machen. Um halb sieben Uhr abends schellte es an der Tür, eine Stunde vor dem offiziellen Eintreffen der Gäste. Meine Küche glich einem Schlachtfeld und ich hatte noch die mehlbestäubte Schürze um, als ich öffnete.

Vor mir stand eine hagere Gestalt, die von dem großen Rosenstrauß, den sie in der Hand hielt, fast verdeckt wurde. Es war Salo. Er sah etwas besser aus als zwei Tage zuvor. Hatte die Haare mit Pomade auf Hochglanz gebracht und sich abermals in den geliehenen Anzug seines Bruders geworfen. Noch immer waren da die beiden Krücken an seinen Händen, und ich fragte mich, wie er es wohl geschafft hatte, den Rosenstrauß von Swiss Cottage, wo er mit seinem Bruder wohnte, bis nach Chelsea zu schleppen.

Die Überraschung stand mir wohl ins Gesicht geschrieben. Ich war davon ausgegangen, Salo frühestens in zwei Monaten wieder zu sehen. Sofern er dann überhaupt noch in London und nicht schon auf dem Schiffsweg nach Schanghai gewesen wäre.

»Entschuldigen Sie, ich weiß, ich bin viel zu früh«, beeilte er sich zu sagen. »Aber ich wusste nicht, wie lange ich hierher brauchen würde, und so habe ich mich schon am Nachmittag auf den Weg gemacht. Vielleicht kann ich Ihnen ja ein wenig zur Hand gehen.«

Ein jüdisch bemutterter Mann, der an Krücken geht, dient sich dir als Küchenhilfe an, dachte ich mir. Was für ein Angebot!

Ich lud ihn ein, am großen Küchentisch Platz zu nehmen, den ich mit einem weiteren Gedeck für den unerwarteten Gast versah, und bot ihm ein Glas Wasser an (Alkohol gab es nie am Freitagabend).

Während ich den Kartoffelteig für die Powidldatschgerl auf der bemehlten Arbeitsfläche ausrollte und kleine Kreise ausstach, in deren Mitte ich einen Klecks Pflaumenmus setzte, spürte ich wieder Salos Blick, der jede meiner Bewegungen verfolgte. Am Tisch lehnend erzählte er von den Kochkünsten seiner Mutter und ihrer sagenhaften Hühnersuppe, deren zahlreiche Ingredienzen er niemals zur Gänze entschlüsselt habe.

Als Salo nach seiner Entlassung aus Buchenwald in Wien eingetroffen war, hatte ihm die Mutter zu Hause zunächst die koschere Hühnersuppe angeboten, doch Salo hatte nicht einen Löffel davon gekostet. Taube Tisch war fast beleidigt gewesen. »War das Essen im Lager so gut, dass du nun meine Suppe verschmähst?«, hatte sie gefragt, bis sie erkannte, dass ihr Sohn sogar für diese Stärkung zu schwach war, und ihn die Eltern ins Spital brachten.

»Wie geht es Ihren Eltern jetzt?«, fragte ich. Salo zuckte resigniert mit den Schultern. »Entsetzlich, wie allen Juden in Wien«, sagte er. Jeden Tag, erzählte er, gäbe es in Wien neue Erlasse, welche die Juden immer noch mehr gängelten und diskriminierten. Jüdische Studenten waren im November zwangsexmatrikuliert und jüdische Buchhandlungen geschlossen worden. Bibliotheks-, Theater- und Kinobesuche waren Juden untersagt, und auch Ausgehverbote konnten willkürlich verhängt werden. Juden durften keine Kraftfahrzeuge mehr besitzen, jüdische Ärzte und Apotheker durften nur noch jüdische Patienten behandeln. Tausende jüdischer Betriebe waren in Wien »arisiert« worden, und man hatte den Juden, sofern sie nicht schon verhaftet waren, lächerlichste

Summen dafür gezahlt. Auch der Max Pfeffer Verlag, bei dem Salo viele Lieder publiziert hatte, war seinem Besitzer abgenommen worden.

Im Februar hatte man die Juden gezwungen, alle Gegenstände aus Gold, Platin oder Silber sowie wertvollen Schmuck bei öffentlichen Ankaufsstellen abzuliefern, und abermals hatten sie nur Bruchteile des materiellen Werts erstattet bekommen, vom ideellen gar nicht zu reden. Auch Isaak und Taube Tisch hatten die wenigen Pretiosen, die ihnen noch verblieben waren, abgeben müssen.

Unzählige waren so in die Verarmung getrieben worden und nun auf die Unterstützung der jüdischen Wohlfahrtspflege angewiesen, die täglich einige tausend Suppenrationen an Bedürftige ausgab. Jüdische Frauen und Männer waren gezwungen, neben ihrem eigentlichen Vornamen den Namen »Israel« beziehungsweise »Sara« zu führen. Wenig später, kurz vor Salos Flucht, war in der Stadt der Mieterschutz für Juden aufgehoben worden, und damit war der erste Schritt zu einer ghettoartigen Konzentration der Juden getan. Fast 100 000 Juden hatten die Stadt des Terrors nunmehr verlassen. »Ich muss meine Eltern dort rausholen«, sagte Salo, und ich wusste, wie viel Angst hinter diesem Satz lauerte.

Später, als die anderen Dinnergäste eintrafen, hielt Salo sich mit den Schilderungen aus seiner Heimat zurück, als bremse ihn ein innerer Widerstand. Fast wortlos verfolgte er die Unterhaltung. Nur wenn man ihn direkt ansprach, antwortete er – meist karg mit einem »Ja« oder »Nein«. Immer wenn ich ihn ansah, begegnete ich seinen braunen, merkwürdig ruhenden Augen, die auf mich gerichtet waren.

Um zehn Uhr begann man sich zu verabschieden, weil dies die Zeit war, zu der die Lavers gewöhnlich heimkehrten. Salo blieb sitzen und wartete, bis alle gegangen waren. »Es ist spät, Salo«, sagte ich schließlich, nachdem wir uns noch eine Weile unterhalten hatten. »Sie haben einen langen Heimweg vor sich, und ich muss morgen sehr früh aufstehen.«

Ich begleitete ihn die Außentreppe hoch zur Straße. Salo verabschiedete sich nach alter Manier mit einem Handkuss und machte sich auf dem Weg Richtung U-Bahn. Ich schaute ihm nach, seiner schattenhaften, schmalen Silhouette, die sich gegen das grünliche Licht der Straßenlaternen abhob. Allenthalben hatte man in London jetzt dieses neue leichengrüne Straßenlicht, das die Dinge unwirklich erscheinen ließ. Auch Salo, der sich langsam entfernte, leicht vornübergebeugt, die Schultern hochgezogen, die Gehstöcke schräg staksend, glich in diesem Moment einem Wesen aus einer anderen Welt. Nur zwei Jahre zuvor hatte dieser Mann Theater gefüllt und Menschen zu Begeisterungsstürmen hingerissen. Wie wenig hatte man von ihm übrig gelassen.

Bis zu seinem Tod hat er nicht erfahren, dass an eben jenem Abend des 26. Mai 1939, als Salo zur Londoner U-Bahn humpelte, in Berlin eine Operette im Kleinen Theater Premiere feierte, die den Titel *Lüg nicht, Baby!* trug. Es war Diebesgut, das dort aufgeführt wurde, ein nicht mal gelungenes Plagiat des erfolgreichen Originals *Warum lügst du, Chérie?* Man hatte Salos und Lengsfelders größten Bühnenerfolg schlicht »entjudet«.

All das weiß ich erst heute, da mir das Textbuch des Plagiats vorliegt, das sogar im gleichen, nunmehr arisierten Max Pfeffer Verlag erschienen war wie das Original. Auch die Handlung und die Figuren sind nahezu identisch, allerdings spielt *Lüg nicht, Baby!* statt in einem Landhaus in Fontainebleau in einem Landhaus in Schottland, und auch ideologisch wurde es auf NS-Gesinnung getrimmt. So hat der deutsche Librettist Berndt Werner das Lied, in dem Tisch und Lengsfelder die Vorzüge des Junggesellendaseins loben, zugunsten einer Ode an die Ehe mit einer Frau »von Rasse« ausgetauscht. Die Musik schrieb Hans Carste, ein damals 30-jähriger, aufstrebender Komponist von Filmmusiken und Kapellmeister mit eigener Tanzkapelle in Berlin. Carste, so erfuhr ich jetzt, komponierte später die Titelmelodie zur »Tagesschau« im deutschen Fernsehen, was sicher einträglicher war als das kleine, nicht von Erfolg gekrönte Stück *Lüg nicht, Baby!*. Ende der 50er Jahre avancierte Hans Carste zum Aufsichtsratsvorsitzenden der deutschen Urheberrechtsgesellschaft GEMA. Ob er wohl wusste, dass die Urheber des Stücks *Warum lügst du, Chérie?* Juden waren, die man um ihre Rechte betrogen hatte?

Es hätte Salo nur gequält, das alles zu erfahren. Ich weiß noch, wie sehr er sich aufregte, als ihn einige Wochen nach seiner Ankunft in London der Brief der Schauspielerin Friedl Czepa erreichte, in dem ihm diese mitteilte, sie habe Joseph Goebbels, den sie »Pepperl« nannte, Lieder aus *Warum lügst du, Chérie?* vorgesungen, dieser sei begeistert gewesen, und nun sei das Stück unter dem Titel *Lüg nicht, Baby!* in Berlin aufgeführt worden. Salo ist dem nie nachgegangen, was hätte es auch gebracht?

Ich entsinne mich, dass ich an diesem Abend des 26. Mai in einem eigentümlichen inneren Aufruhr zurückblieb, der sich auch während der routinierten Handgriffe in der Küche und später beim Zubettgehen nicht legte. Meine Gedanken drehten sich im Kreis, in dessen Mitte Salo mit seinen traurigen Augen stand. Es war in allererster Linie Mitgefühl, das ich für ihn empfand, und der fast mütterliche Reflex, ihn durch kräftige Kost wieder aufpäppeln zu wollen. Aber es mischte sich darunter auch etwas anderes, und ich vermochte nicht zu sagen, was es war.

In den Tagen darauf erreichte mich eine Nachricht meines Vaters, die mich, als ich sie öffnete, vor Erleichterung lachen und weinen ließ. Vater hatte ein Visum für Großbritannien bekommen. Endlich! Er verdankte dies nicht zuletzt den Garantien, die Franz Kind aus Manchester unterschrieben hatte, jener Herr Kind, den wir in unseren Briefen stets mit dem Namen Babyson tarnten. Kind war promovierter Chemiker und Sohn eines ehemaligen Angestellten meines Vaters. Inzwischen hatte er es zum Generaldirektor einer der größten Ölraffinerien in Manchester gebracht. Er hatte sich bereit erklärt, für beide Eltern zu garantieren, und deshalb war Vater zuversichtlich, dass man auch Mutter bald ein Visum ausstellen würde. Herr Kind wollte sich auch wegen einer Anstellung für meine Eltern umhören, hatte er versprochen. Dabei kannte er niemanden von uns persönlich.

Bedrohliche Zeiten enthüllen das wahre Gesicht der Menschen. Es gibt Couragierte, die ihren Anstand bewahren, und es gibt andere. Man hat mit beiden zu tun.

In London grassierte erneut die Kriegsangst, die sich nach dem Münchner Abkommen kurz gelegt hatte, und wurde mit jedem Tag greifbarer. Seit Hitlers Okkupation der Rest-Tschechoslowakei schlich sich auch bei jenen, die die Appeasement-Politik beklatscht hatten, die Gewissheit ein, dass Hitler vor nichts zurückschreckte. München war nur eine Atempause gewesen, und nun tickte die Zeitbombe. Mit gut acht Millionen Einwohnern würde London, damals die größte Stadt der Welt, das vorrangige Ziel deutscher Angriffe sein. Es war das Herz und das Hirn von England. Seine größte Stärke und damit sein verletzlichster Punkt.

Ich war froh, Marianne in Sicherheit zu wissen. Sie schrieb regelmäßig aus ihrer Klosterschule in Dublin. Richtig glücklich schien sie dort nicht. Die fremde Sprache bereitete ihr Schwierigkeiten. Das Essen sei grausig, die Nonnen seien streng und bestünden darauf, dass die Mädchen sogar in der Badewanne noch ein Hemd trugen. Außerdem vermisse sie mich und zähle die Tage, bis sie mich in den Sommerferien besuchen könne.

Auch Tony, der Freund aus Halle, erkundigte sich des öfteren, wann denn meine kleine Schwester, die nun langsam groß wurde, wieder nach London käme. Mit Tonys Beauty-Business, dem er den klingenden Namen »Adèle Maurice« verliehen hatte, stand es nicht zum Besten. Den wunderbaren Vertrag, den er im Frühjahr in Prag abgeschlossen hatte, könne er jetzt als Klosettpapier benutzen, klagte er. Inzwischen bot Tony neben dem flüssigen Lippenstift auch Hausbesuche von Kosmetikerinnen an, die Society-Ladys für Partys aufdonnerten. Eine Weile war das Geschäft gut gelaufen, doch nun ließ die Nachfrage spürbar nach.

Die Leute hatten andere Probleme. Manche hamsterten Grundnahrungsmittel und kauften Erste-Hilfe-Produkte in den Apotheken. Jeder Bürger Londons fand in seinem Briefkasten Flugblätter der Regierung, die vor den Gefahren eines deutschen Gasangriffs warnten und Ratschläge für den Fall einer Luftattacke gaben. Alle Bürger waren mit Gasmasken ausgestattet, die Kinder hatten Micky-Maus-Gasmasken bekommen, was die Sache nicht wesentlich komischer machte.

Wie Schmisse entstellten zahllose Schutzgräben das Gesicht der Stadt, insgesamt Hunderte von Kilometern lang durchfurchten sie in Zickzack-Linien die den Londonern so heiligen Parks und öffentlichen Plätze. Hunderttausende Bürger nahmen das Angebot der Regierung an, sich die Errichtung eines kleinen Bunkers, des so genannten »Anderson-Shelters«, in ihren Gärten und Hinterhöfen subventionieren zu lassen. Er war einfach zu bauen und bot sechs Erwachsenen Schutz. Man sah ihn jetzt überall in den Gärten, das erdüberschüttete Dach oft mit Salatköpfen oder Blumen bepflanzt. Für die Königsfamilie wurden ein gassicherer Raum und ein Bunker im Keller des Buckingham Palace installiert.

Die Lavers hatten keinen Garten und also auch keinen Platz für einen »Anderson«. Stattdessen inspizierte Mr. Laver den

Kohlenkeller neben meiner Küche und wiegte nachdenklich den Kopf. »Für den Anfang wird das gehen, doch eine Lösung von Dauer ist es sicher nicht«, sagte er.

Aber was war schon eine sichere Lösung von Dauer? Bei den Offiziellen wie der »Air Raid Precautions«, ARP, diskutierte man, ob es Sinn mache, öffentliche Parkplätze zu Schutzräumen für 30 000 Personen umzurüsten, und ob unterirdische Luftschutzbunker einer 500-Kilo-Bombe standhalten oder durch sie zum Massengrab geraten würden. Niemand wusste vorherzusagen, wie tödlich die Waffen der Deutschen sein würden.

Nach nächtelangen Diskussionen entschlossen sich die Lavers, London bei Ausbruch des Krieges zu verlassen. Ein Entschluss, den viele Bürger Londons fassten – vorausgesetzt, sie konnten es sich leisten. Schon Monate zuvor hatte die Stadt mit der Evakuierung der Kinder begonnen.

Die Lavers besaßen ein Gut in Wales, in das sie nun zusammen mit einem befreundeten Ehepaar ziehen wollten. Ich verstand ihre Entscheidung nur zu gut, trotzdem war ich geschockt, als sie mir eröffneten, dass ich meine Arbeit bei Kriegsausbruch leider verlieren würde, weil sie mich nicht mitnehmen könnten.

»Aber wir haben schon etwas Neues für Sie gefunden«, beschwichtigte mich Mrs. Laver. »Die reizenden Piggotts würden Sie nur zu gerne in ihrem Haushalt als Dienstmädchen und Köchin aufnehmen.« Die »reizenden« Piggotts waren Freunde von Lavers, und der Zufall wollte es, das Mrs. Piggott, die sehr musikbegeistert war, sich auch mit Ferdinand Rauter und Engel Lund angefreundet hatte. Ich war sogar einige Male zu Teepartys bei ihnen eingeladen gewesen, zusammen mit Ferry und Engel. Henry Piggott, den ich, so hatte man mir erklärt, mit »Sir Henry« anzureden hatte, war ein MP, ein Member of Parliament, und im Transportministerium beschäftigt. Obschon es ihm Stand und Status gestattet hätten, war er alles andere als ein Snob, sondern ein herzlicher und bodenständiger Mensch. Seine Gemahlin, gertenschlank, wie es dem damaligen Geschmack der Oberschicht entsprach, war eine Person mit scharf gemeißelten Gesichtszügen und das krasse Gegenteil von ihm. Zu mir aber war sie immer betont freundlich und versäumte nie, mich für meine Kochkünste zu loben. »Falls es Ihnen einmal nicht mehr gefällt bei ihren Brötchengebern«, scherzte sie oft, »können Sie morgen bei uns anfangen.«

Wieder einmal hatte der Weltlauf mir die Entscheidung aus der Hand gewischt. Bei Kriegsausbruch würde auch ich London verlassen und mit den Piggotts nach Reading in die Provinz ziehen, wohin das Transportministerium verlagert werden sollte. Ich würde als Hauswirtschafterin bei ihnen arbeiten. So sehr mir der Gedanke missfiel, es gab einen Menschen, der sich ganz ausdrücklich darüber freute – Salo. Er sei froh, mich in Sicherheit zu wissen, sagte er. Und dass ich allein wegen meiner kleinen Schwester, die kurz zuvor ihre gesamten Sommerferien bei mir in London verbracht hatte, gut auf mich aufpassen müsse.

Salo kam jetzt, stets mit einem Strauß roter Rosen in der Hand, jeden Freitag zum Dinner. Statt sechs hatte ich so nun immer sieben Gäste, und Salo meinte, das sei auch gut so, schließlich sei Sieben eine jüdische Glückszahl. Das Sabbatdinner schien ihm in jeder Hinsicht zu bekommen. Langsam füllten sich die hohlen Wangen, und die vormals knochendürren Arme, die aus seinen Sommerhemden lugten, gewannen merklich an Substanz. Er trug jetzt wieder seine eigenen Anzüge.

Bei Tisch langte er tüchtig zu, und inzwischen scheute er sich auch nicht mehr, sich an der Unterhaltung zu beteiligen. Ich war beeindruckt von seinem Wissen. Nicht nur über die

Musik und die Juristerei, er kannte sich auch in der Politik, in der Philosophie und der Literatur aus und hatte immer genug gelesen, um sich eine fundierte Meinung zu bilden, mit der er nicht hinter dem Berg hielt. Ich genoss es, ihm zuzuhören und ihm Fragen zu stellen. Es gab so viele Fragen, auf die ich selbst keine Antwort wusste. Salo hatte fast immer eine, und das gab mir eine eigentümliche Ahnung des Aufgehobenseins und der Sicherheit. Ich hatte gemeint, dieses Gefühl zuhause zurückgelassen zu haben. Nun war es auf einmal wieder da.

Stets hatte Salo ein kleines Wörterbuch dabei, in dem er alle englischen Begriffe nachblätterte. Er erzählte mir, dass er auch schon viele Male im Kino gewesen sei und immer eine kleine Taschenlampe mitnehme, in deren Schein er sich die aufgefangenen Worte in ein Notizbuch eintrug. Es war verblüffend, wie schnell Salo sich die fremde Sprache aneignete. Jedes Mal beherrschte er viele Worte mehr.

Inzwischen waren wir vom förmlichen »Sie« auf das »Du« umgestiegen, ohne ein albernes Trinkritual der Brüderlichkeit, das nicht angemessen gewesen wäre in einer Zeit wie dieser. Salo eröffnete mir bei dieser Gelegenheit, dass er sich fortan Fred S. Tysh nennen und dies auch in seinem Pass eintragen wolle, weil mit einem jüdischen oder deutschen Namen in England kein Staat zu machen sei. Es würde Salos alias Siegfrieds dritte Identität sein.

Wie einer inneren Strömung folgend, stellte sich mit jeder Begegnung eine größere Nähe und Vertrautheit her. Wo er jetzt langsam wieder aussah wie ein Mensch, begann ich Fred auch als Mann wahrzunehmen. Er kam mich oft abends noch besuchen, half mir bei meiner Arbeit oder saß mit mir am Küchentisch. Einmal blieb er so lange, dass er die letzte U-Bahn verpasste und mitten in der Nacht einen mehrstündigen Fußmarsch von Chelsea bis nach Swiss Cottage zurücklegen musste. Wenigstens brauchte er die Krücken inzwischen nicht mehr.

Wir sprachen viel über seine Religion, und Fred wollte wissen, wie ich zum Glauben stand. Ich erzählte ihm, dass ich bisher nur wenig Berührung damit gehabt hätte – anders als er. Beim Abschied auf dem Wiener Flughafen hatte ihn sein Vater beschworen: »Und bleib mir ein frommer Jud«. Er halte sich an dieses Versprechen, sagte Fred. Und er tue dies nicht nur aus der Verpflichtung des Sohnes.

An einem dieser Abende erzählte mir Fred, wie er im Exil zum jüdischen Glauben zurückgefunden hatte. Seine Worte bewegten mich sehr. 30 Jahre später hörte ich diese Geschichte ein weiteres Mal, anlässlich Freds Ernennung zum »Chatan Bereschit« in seiner Synagoge. »Chatan« ist hebräisch für Bräutigam. Der »Chatan Bereschit« trägt am »Simchat Thora«, dem Freudentag der Lehre, zum Auftakt des einjährigen Zyklus der Lesungen den ersten Abschnitt der Thora vor. An diesem Tag werden die Thorarollen siebenmal um das Lesepult getragen, die Gläubigen singen, und es finden Festmähler zu Ehren der Thora statt.

Bei der abendlichen Feier hielt Fred eine kleine Ansprache vor den Mitgliedern unserer jüdischen Gemeinde. Er war sehr bewegt über die Ehre, die ihm zuteil geworden war. Ich habe das Manuskript seiner Rede noch, die mehr ausdrückt, als ich erklären kann.

»Als ich nach England kam«, sagte Fred damals, »als einer von zahllosen Hitler-Flüchtlingen und nach acht Monaten Konzentrationslager, war alles, was ich in meinen Taschen hatte, 17 Shilling und sechs Pence. So viel hatte man mir erlaubt mitzunehmen, und mein Jura-Examen aus Wien war nicht mehr das Papier wert, auf dem es stand. Meine Englischkenntnisse waren null, meine Perspektiven waren null, meine Erwartungen waren minus null. Ich fühlte schmerzlich, was es heißt, ein Fremder in einem fremden Land zu sein. Das Gefühl tiefer Schwermut verließ mich nicht. Als ich auf die Straße ging und all die fremden Worte über den Schaufenstern las, wurde das Gefühl von grenzenloser Einsamkeit fast unerträglich.

Auf wundersame Weise aber verschwanden diese Gefühle an einem Sonntagmorgen, als mein Bruder vorschlug, mir die Petticoat Lane zu zeigen. Es war keine spektakuläre Einkaufsstraße, sicher nicht so schön wie die Bond Street. Aber für mich hatte sie doch etwas ganz besonderes. Ich schaute mich um, und plötzlich hielt ich inne. Ich staunte und starrte, weil ich etwas entdeckt hatte, das mich augenblicklich mit warmem Vertrauen erfüllte – und einer Hoffnung, die ich nicht mehr gespürt hatte, seit ich meine Heimat verlassen hatte.

Was ich entdeckte, waren die Schriftzüge über den Schaufenstern und Läden. Von dort blickten mich all die guten und vertrauten Namen an wie Goldberg, Finkelstein, Rosenthal, Oppenheim.

Mein innerer Wandel war unbeschreiblich. Er war fast reflexartig, und er war wunderbar. Ich war nicht länger deprimiert, ich war nicht länger allein. Weil mir plötzlich vor meinen Augen aufging, dass ich von meinem Volk umgeben war. Mochten die Goldbergs, die Finkelsteins und all die anderen auch Englisch sprechen. Sie sagten auch ›Schema Jisrael‹ – so wie ich. Sie waren Juden wie ich, und ich war sicher, dass sie etwas hatten, von dem auch ich absolut überzeugt war: ein jüdisches Herz.«

Allem äußeren Wandel zum Trotz war Siegfried Tisch, der sich nun Fred S. Tysh nannte, im Innern der Jude Salomon geblieben. Seine seelische Heimat hatte man ihm nicht nehmen können. Aus diesem Bewusstsein schien Fred mit einem Mal eine zukunftsgerichtete Kraft zu schöpfen und die Entschlossenheit, ein neues Leben zu beginnen. Sein nunmehr drittes.

Weiterhin lernte er jeden Tag englische Vokabeln und trug sie in ein Heft ein. »Ich glaube, ich werde bald wieder Liedertexte schreiben«, sagte er. Ich war beeindruckt von seinem Willen, doch ich war auch skeptisch. Wie viele deutsche Schriftsteller mühten sich hier mit der fremden Sprache, die nie die ihre sein würde. Die meisten lebten von der Hand in den Mund und waren auf die Unterstützung der Flüchtlingsorganisationen oder des PEN-Clubs angewiesen. Auch Fred hatte noch keine Anstellung. Er spekulierte auf einen Job in der Firma seines Bruders, die Etiketten für Markenkleidung von Harrods und Liberty's herstellte. Aber dazu musste sein Englisch noch besser werden, und überdies fehlte ihm noch immer eine offizielle Arbeitserlaubnis. Mit der Ausstellung einer solchen war die Ausländerabteilung des Innenministeriums äußerst zurückhaltend. Auf keinen Fall sollten jüdische Flüchtlinge, die weiterhin ins Land strömten, den Briten ihre Jobs wegnehmen.

Im Juli 1939 richteten die Deutschen in Prag die Zentralstelle für jüdische Auswanderung unter der Ägide von Adolf Eichmann ein. Das Prinzip ähnelte jenem in Wien: Die Juden sollten das Land verlassen, aber vorher versuchte man, sie zu schröpfen, so gut es ging, indem man den größten Teil ihres verbliebenen Vermögens einzog und ihnen obendrein eine »Reichsfluchtsteuer« aufdrückte. Vater schrieb, er habe gehörige Probleme mit der »Steuersache«. Seine und Mutters Briefe taumelten zwischen Hoffnung und Resignation. »Man muss jetzt mit sich machen lassen, was kommt«, schrieb Vater. »Wann wird für uns die Sonne wieder scheinen?«, fragte Mutter und setzte hinzu, sie hoffe auf den »Ausbruch des Friedens«.

Trotzdem schickten meine Eltern schon zwei Koffer vorweg nach London. Mit der Post kam der Kofferschlüssel und eine Liste des Kofferinhalts an, ein schmaler, langer Zettel, auf dem Vater in seiner gestochenen Schrift das Gepäck für ihr neues Leben aufzählte: 2 Nachthemden Fritz, 1 Paar Schuhe Grete, 1 Paar Hausschuhe Fritz, 14 Paar Strümpfe, 6 Taschentücher, 1 Busenhalter Grete, 2 Seidenblusen Grete und etliches mehr. Es war – den Umständen entsprechend – eine bescheidene Liste, und Fritz Lönhardt ahnte nicht, dass er all die Dinge, die er mir schickte, nie mehr sehen würde.

Meine Eltern sandten auch die kostbare Weißwäsche, die Damasttischdecken, die Leintücher, die Servietten mit Klöppelspitze und die Bettwäsche mit den Monogrammen »GW« und »GL«. Als ich den Vulkanfieberkoffer öffnete und darin die Stücke aus meiner Kindheit wieder fand, die, so meinte ich, sogar noch den Duft von damals verströmten, schwankte ich zwischen Freude und Schmerz. In der Hoffnung, meine Eltern schon bald in Sicherheit zu wissen, mischte sich die Trauer über den Verlust unserer Vergangenheit.

Aber nun sah es ja doch so aus, als hätten wir alle eine Zukunft. Für Vater hatte ich inzwischen, dank der Hilfe von Franz Kind, eine Stelle in der chemischen Industrie in der Stadt Hull in Yorkshire gefunden. Für Mutter, die in Prag begonnen hatte, sich mit Schneiderarbeiten ein kleines Zubrot zu verdienen, suchte ich eine Stelle als Näherin. Man habe ihr mitgeteilt, schrieb sie, dass sie auch die Nähmaschine mitnehmen dürfe. Es gelang mir sogar, eine kleine, möblierte Wohnung in Hampstead, wo viele Juden lebten, für meine Eltern zu finden. Die Lavers hatten sich erboten, mir Geld vorzustrecken. Es musste jetzt alles schnell gehen, weil die Kriegsgefahr mit jedem Tag wuchs.

Doch die Vorbereitungen in Prag, zumal Vaters Steuerangelegenheit, zogen sich hin. Es fehlten ihm viele Unterlagen aus seiner Firma, und er hatte nicht genügend Erspartes, um die Fluchtsteuer zu bezahlen. Die Zeit arbeitete gegen uns.

Am 1. September fielen Hitlers Truppen in Polen ein. »Wir müssen Geduld haben«, mahnte Vater noch einen Tag später in einem Brief an mich. »Wenn ich zu Euch kann«, schrieb er, »so wird es Mutti früher oder später auch möglich sein. Wir können nur alle hoffen, dass sich die Welt beruhigt.« Er habe eingesehen, notierte er schicksalsergeben, dass der einzelne Mensch »eben nichts und nichts« zu bedeuten habe. Wenn man aus dieser weltgeschichtlichen Affäre nicht gut herauskomme, so hätten Gott oder die Vorsehung es so gewollt – »und wir müssen es ertragen«.

Am nächsten Morgen, am 3. September, erklärten England und Frankreich Deutschland den Krieg. Der Zweite Weltkrieg hatte begonnen.

Mittags um halb zwölf heulten in London die Sirenen los. Jeder kannte ihr Kreischen von den Übungen, aber diesmal hörte ich es kaum, so taub und pelzig war alles in mir. Über den Dächern der Stadt stiegen die großen, zylinderförmigen Ballons gen Himmel, die die feindlichen Kampfflieger zwingen sollten, höher zu fliegen. Die Angst vor einem Gasangriff war mit den Händen greifbar. Unter dem Jaulen der Sirenen suchte jedermann Schutz in Bunkern und Kellern oder auch nur hinter einer offenen Tür. Ich war allein mit Mr. Laver zu Hause. Seine Frau und die Kinder waren schon am Vortag nach Wales abgereist. Die Kinder hatten beim Abschied geweint und mich umarmt. »Was wird denn jetzt aus Ilse?«, hatten sie gefragt. Meine Freundin Susie war inzwischen mit ihren Eltern nach New York aufgebrochen. Kathrin war zurück nach Irland gezogen. So harrten wir beide in dem Kohlenkeller aus, jeder die Gasmaske in Griffweite, und Mr. Laver glaubte, seine Angst durch an mich gerichtete Avancen zerstreuen zu können. Es gab in diesem Moment wohl nichts, wonach mir weniger zumute war.

Obwohl sich dieses erste und auch das folgende Sirenengeheul als Fehlalarm herausstellte, lag meine Hoffnung schon jetzt in Trümmern. Alle Fluchtländer hatten ihre Grenzen sofort dichtgemacht. Natürlich auch England. In Prag, wo meine Eltern auf ihren gepackten Koffern saßen, war die halboffene Tür wieder ins Schloss gefallen. Hätte der Krieg drei Wochen später begonnen, wären sie wahrscheinlich noch raus gekommen. Auch Binas Mutter saß in der Falle. Auch sie hatte in Wien schon die Koffer gepackt, weil sie im letzten Moment ein Affidavit für die USA ergattert hatte. Nun war es über Nacht wertlos geworden.

Ich hasste es, in diesem Kohlenkeller eingesperrt zu sein, wo man nichts tun konnte außer dazusitzen und auszuharren, bis der Alarm vorüber war. Die Gedanken falteten sich auf und verstrickten sich in angstvollen Gespinsten, in denen man sich trefflich verheddern konnte. Fast jede Nacht heulten die Sirenen. Die ganze Stadt lag starr im Dunkeln wie ein schwarzer Riese. Wir mussten Verdunkelungsvorhänge zuziehen oder Jalousien; Theater und Kinos waren geschlossen.

Jeden Morgen klingelte das Telefon. Fred rief an, um zu erfahren, ob alles in Ordnung sei. Seine Stimme tat mir gut. Und es beruhigte mich zu wissen, dass mit dem Ausbruch des Krieges auch seine Weiterreise nach Schanghai erst einmal vom Tisch war. »Ich will dich eigentlich nicht in London zurücklassen«, hörte ich mich sagen. »Ich habe Angst um dich.«

»Schau«, sagte er sanft, »wenn ich sterbe, passiert niemand anderem etwas. Aber du hast die Verantwortung für deine Schwester. Du musst London verlassen. Ich werde dir jeden Tag schreiben und dich besuchen.«

Der Gedanke an Freds Tod versetzte mich in Panik. Und auf einmal wusste ich, was es mit diesem Gefühl, das sich unter das anfängliche Mitleid gemischt hatte, auf sich hatte. Ich hatte mich verliebt.

Die Liebe in Zeiten des Krieges gedeiht anders als in friedlichen Tagen. Gelegentlich ist ihr Fundament die Angst, das Mitleid oder die Einsamkeit. Womöglich ist sie weniger frei, aber oft ist sie auch stärker und bedingungsloser. Es sind in diesen Kriegsjahren in meinem Freundeskreis einige der besten Ehen entstanden.

Zum Glück war ich zu sehr mit den Vorbereitungen meiner Abreise beschäftigt, um mein Seelenleben auszuleuchten. Die Piggotts waren schon mit Sack und Pack nach Reading abgereist, und ich folgte ihnen wenige Tage später. Ich hatte kaum Zeit, mir zu vergegenwärtigen, dass dies schon wieder ein Abschied war. Das Laver-Haus, in dem ich mich so wohl gefühlt hatte, starrte mich aus kahlen Fenstern wie aus entleerten Augen an, und alles Leben war entwichen.

Reading, 50 Kilometer westlich von London im Themse-Tal in der Grafschaft Berkshire gelegen, gefiel mir von Anfang an nicht besonders. Am liebsten hätte ich schon am Bahnhof kehrtgemacht, denn auch der Empfang durch Mrs. Piggott war alles andere als warmherzig. Man wies mir in dem Haus eine kleine Kammer zu, ohne Ofen und mit einem alten, durchgelegenen Bett. »Die Luxus-Zeiten sind für uns alle wohl erst einmal vorbei«, sagte Lady Piggott achselzuckend.

Aber es reichte nicht einmal für eine menschenwürdige Behandlung. Die ersten drei Tage durfte ich noch mit der Familie essen. Dann meinte Mrs. Piggott, es sei wohl besser, wenn ich meine Mahlzeiten in der Küche einnähme. Diese wurden von Mal zu Mal spärlicher, und oft gab sie meine Ration einfach dem Hund, einem riesenhaften, speicheltriefendem Untier. Ich ging dazu über, die gekochten Kartoffeln dicker abzupellen und die Schalen zu essen. Auch bei den Äpfeln verfuhr ich so.

Freds Briefe waren wie Strohhalme. Er schickte tatsächlich fast täglich einen – und stets in Reimform. Es waren Liebesgedichte, wie ich schönere nie bekommen habe. Manchmal waren sie urkomisch und brachten mich zum Lachen, dann waren sie voll ernsthaftem Gefühl, zärtlich und sehnend.

Am Anfang hatte ich darauf bestanden, dass Fred die Briefe an mich mit der Hand schrieb. Ich achte noch heute auf die Handschrift der Menschen, sie sagt sehr viel aus. Als ich einige solcher Briefe von ihm bekommen und seine Schrift für sympathisch und charakterstark befunden hatte, war er froh zu erfahren, dass es von nun an auch gerne getippte Zeilen sein dürften. Er müsse sich auch nicht immer die Mühe machen zu dichten, schrieb ich ihm. »Da sieht man, wie wenig du mich noch kennst«, war seine Antwort. »Weißt du denn nicht, dass mir Lyrik viel leichter fällt als Prosa?«

Marianne schickte Karten aus ihrer Klosterschule in Dublin. Das Lernen falle ihr nach wie vor schwer, schrieb sie, aber in Sport und Handarbeiten sei sie unter den Besten. Sie habe auch eine nette Freundin gefunden. »Sei nur weiter tapfer und bekämpfe Deine Bangigkeit«, hatte Vater ihr kürzlich geschrieben, und dass der liebe Gott uns schon wieder zusammenführen würde.

Wir alle sandten einander in dieser Zeit derlei Durchhalte-Briefe, in denen man berichtete, dass es einem selbst gut gehe, und die Sorge um die anderen äußerte. Mutter versuchte es zu kaschieren, doch war sie in steter Sorge. Ob Marianne genug esse und Warmes zum Anziehen habe und ob ich gut behandelt werde. Von Papa kamen – vor allem an Marianne gerichtet – immer wieder Tapferkeitsappelle. »Trachte, Deine Bangigkeit zu überwinden«, schrieb er Marianne im November 1939, »wir müssen es auch tun.« Und Mutter erkundigte sich bei Marianne, wie die Schularbeit in Geographie und Geschichte ausgefallen sei – als ob es nichts Wichtigeres gäbe auf der Welt.

Unser Vetter Hans Frank, mit dem wir damals in Großvaters Garten gespielt hatten, sei inzwischen nach Dänemark emigriert, schrieb sie. In Türmitz ginge es Großvater nicht so gut, er sei sehr schwach und verweigere in letzter Zeit das Essen. Es machte mich tieftraurig, das zu hören. Und doch war es typisch für den politischen Sturkopf Großvaters. In einer Welt, die aufgehört hatte, eine menschliche zu sein, wollte er nicht mehr leben. Also beschleunigte er auf seine Weise seinen baldigen Abgang.

Vater hoffte noch immer, schon bald nach England emigrieren zu können. Sein Visum allerdings war inzwischen abgelaufen, und seine Angelegenheit lag nach wie vor bei der Zentralstelle in Prag. Viele Juden seien nun nach Palästina ausgewandert, berichtete Vater, aber er selbst zweifle an einer Zukunft in diesem Land, in dem er mit seinem Wissen keinen Heller würde verdienen können. Die Jüdische Gemeinde in Prag bot landwirtschaftliche Kurse für Palästina-Immigranten an, doch mein Vater meinte, dafür sei er nun wirklich zu alt. Vor allem aber wollten er und Mutter doch mit ihren Kindern zusammen sein und entschieden sich deshalb letztlich immer wieder gegen alle anderen in Frage kommenden Länder. Es war dies, wie sich später herausstellte, die falsche Entscheidung.

Mutter hatte mir mitgeteilt, dass die Frau ihres Vetters Oswald Richter ebenfalls in Reading gestrandet war. Ihren Mann, den berühmten Wiener Sozialdemokraten, hatte man im Januar im KZ Buchenwald ermordet. Als offizielle Todesursache war der Witwe »Herz- und Kreislaufschwäche« mitgeteilt worden. Maria Richter und ihre beiden Töchter Renate und Liane lebten in einer Mietwohnung in der Stadtmitte. Ich besuchte sie, so oft ich konnte. Manchmal lieh mir Maria ihre Schreibmaschine, damit ich meine Briefe nach London und Prag flinker schreiben konnte. Meine Eltern beschwerten sich regelmäßig über meine Schreibfaulheit, aber meist war ich abends einfach zu erschöpft und fiel wie ein Stein ins Bett.

Mrs. Piggott behandelte mich wie eine niedere Magd. Oft musste ich mitten in der Nacht aufstehen und ihr ein Glas heißer Milch ans Bett bringen, weil sie nicht schlafen konnte.

Wie sollte sie auch? Sie teilte ihr Ehebett mit dem stinkenden Riesenhund, ihr Mann nächtigte auf der Chaiselongue. Ich hielt immer die Luft an, wenn ich ihr etwas brachte, weil ich das Odeur des Hundes nicht ertrug. Wahrscheinlich war Mrs. Piggott in erster Linie wegen ihres sabbernden Vierbeiners aufs Land gezogen. In London hatten Besitzer von Haustieren in den ersten Kriegstagen 100 000 Katzen und Hunde einschläfern lassen, um ihnen einen möglichen Gastod zu ersparen.

Die Tochter der Piggots war nicht wesentlich charmanter. Immer wieder lieh sie sich ungefragt Kleidung von mir aus, auch den schönen Wendemantel, den Mutter noch für mich hatte schneidern lassen. Sie brachte ihn nicht mehr zurück und sagte, er sei ihr im Büro gestohlen worden. Als Ersatz gab sie mir ihren alten, fadenscheinigen Mantel, der so kleidsam war wie ein Handwerkerkittel.

»Wegen Euch Juden haben wir jetzt Krieg«, sprach Mrs. Piggott aus, was wohl einige dachten. Manchmal hatte ich das Gefühl, sie wolle mich dafür bestrafen, dass ihr Leben jetzt nicht mehr in so behaglichen Bahnen verlief wie einst.

Vielerorts verloren die Leute ihre Arbeit. Die Steuern waren gestiegen, das Benzin rationiert, die Kohle knapp. Jedoch seien die großen Tanzhallen in London wieder eröffnet worden, berichtete Fred, und dass die Leute davor Schlange stünden. Auch einige Theater spielten wieder, wie überhaupt die anfängliche Aufregung sich legte, weil, allen Kassandra-Rufen zum Trotz, sich bislang nicht ein einziger deutscher Bomber am Himmel gezeigt hatte.

Den meisten war bewusst, das dies allenfalls ein Aufschub war, dennoch kehrten die evakuierten Kinder gegen Ende des Jahres zu Tausenden nach London zurück. Immer mehr Leute trauten sich, entgegen des offiziellen Rats, ohne ihre Gasmaske das Haus zu verlassen, erzählte Fred. Nur die allabendliche Verdunkelung wurde weitgehend eingehalten. Unter dem schwarzen Schleier der Nacht verlor die Stadt ihr Gesicht und die Dimension der Gegenwart. Unkenntlich gemacht hätte sie ebenso gut eine Ansammlung von Hütten an einem silbern scheinenden Fluss sein können, so wie 2000 Jahre zuvor. Die Straßen wurden zu Mysterien, und jede Nacht gab es etliche Unfälle, weil Passanten über Bordsteine, Sandsäcke oder andere Hindernisse stolperten oder von den Autos, die nur mit einem kleinen Innenlicht beleuchtet waren, angefahren wurden.

Die Weihnachts-Illumination in London verdiente den Namen nicht. Nur in den großen Straßen waren »glimmer lights« erlaubt, die mehr an die Notbeleuchtung eines Hinterausgangs erinnerten denn an festliches Licht. Die meisten Schaufenster glichen nachts gähnenden schwarzen Mäulern.

Aber wer war schon in Weihnachtsstimmung? Vor allem Mutter klang sehr niedergeschlagen. Sie hatte am 3. Dezember ihren 47. Geburtstag gefeiert, und es war kein heiteres Fest gewesen. Malva Schalek, die Malerin, war mit Emma Richter, der Tante meiner Mutter, zu Besuch gekommen. Malva wohnte jetzt bei ihrem Bruder Robert in Prag. Von Vater hatte Mutter Bonbons, ein Hemd und eine Hose geschenkt bekommen, und damit war das Budget schon mehr als erschöpft. Mutti sei sehr deprimiert in letzter Zeit, hatte Vater mir in einem Brief gestanden.

Sie arbeitete jetzt von früh bis spät als Näherin und sagte, dass dies das Einzige sei, was sie von ihren traurigen Gedanken ablenken könne. Große Sorgen machte sie sich, weil Marianne sich plötzlich entschieden hatte, die Schule zu verlassen. Sie halte es dort keinen Tag länger aus, meinte sie, und Mr. Collins, der nette Rechtsanwalt aus Dublin, den ich bei meiner ersten Arbeitgeberin Mrs. Citron kennen gelernt hatte, bot an, sich ihrer anzunehmen und sie als Kindermädchen in seinem Haus anzustellen. Mutter war deswegen sehr beunruhigt. Und noch mehr litt sie wohl darunter, dass ihr die Hände gebunden waren und sie nur zusehen konnte, wie die Dinge ihren Lauf nahmen.

»Ich hätte nie gedacht, dass mir so bange sein wird«, schrieb sie an Marianne. »Was wird mit meiner Kleinen jetzt geschehen? Fast ein Jahr bis Du schon fort, es war ein trauriges Jahr für mich, und oft denke ich mir, dass ich Dich noch bei mir haben könnte, und Du hättest hier auch etwas lernen können.«

Der liebe Gott möge uns starke Nerven geben, wünschte sich mein Vater zu Weihnachten und zum neuen Jahr, »damit wir doch noch einmal zusammen kommen.«

Es war klirrend kalt geworden in diesen letzten Tagen des Jahres. Sir Henry Piggott saß abends am sparsam befeuerten Kamin und strickte. Ja, der MP strickte tatsächlich Wollmasken für die britischen Matrosen, warme Modelle, die das ganze Gesicht bis auf Augen, Mund und Nase bedeckten. Ich war eine Niete im Stricken, aber dennoch versuchte ich mich, wenn ich mich nach getaner Arbeit noch dazu aufschwingen konnte, an einem Wollpullover. Am liebsten hätte ich mir einen Overall vom Scheitel bis zur Sohle gestrickt, weil ich die ganze Zeit erbärmlich fror.

Alle klagten über den harten Winter, dem man wegen der Verknappung der Kohle wenig Wärmendes entgegenzusetzen hatte. Man konnte die Öfen immer nur kurz anheizen und musste sich ansonsten warme Gedanken machen. Mein Zimmer war ungeheizt, und jeden Morgen war das Wasser in der emaillierten Waschschüssel bis zum Boden gefroren. Nachts konnte ich vor Kälte kaum schlafen, meine Füße taten weh, obwohl ich alle Strümpfe, die ich besaß, übereinander gezogen hatte. Dank der chronischen Mangelkost war ich inzwischen auch so dünn geworden, dass der Frost direkt an den Knochen zu nagen schien.

Eines Morgens entdeckte ich auf meinen Füßen und Unterarmen flache, bläulich verfärbte Knoten, die schmerzten. Es waren Frostbeulen, wie der Hausarzt, den ich daraufhin aufsuchte, feststellte. Er attestierte auch die fortgeschrittene Unternährung und gab mir einen Brief an die Piggotts mit, in dem er drohte, sie anzuzeigen, falls sie mir nicht vernünftig zu essen gäben und einen Ofen in meinem Zimmer aufstellten. Sie versprachen, beides zu tun, aber der Ton von Mrs. Piggott war fortan noch eisiger als der strenge Winter.

Ich wollte nur noch weg, zurück nach London, und ich hatte Sehnsucht nach Fred. Wie sehr freute ich mich, dass er mich zu Weihnachten besuchen kam. Wir saßen in meiner Kammer, in der die Piggotts nun tatsächlich einen kleinen Holzofen aufgestellt hatten (vorübergehend, später heizten sie mit ihm die Garage, damit ihr Auto morgens besser ansprang). Fred schenkte mir einen scharlachroten Lippenstift. Mrs. Piggott hätte mich wahrscheinlich geohrfeigt, wenn ich, die Dienstbotin, tagsüber mit angemalten Lippen herumgelaufen wäre. Aber an diesem Abend legte ich ihn auf, und Fred blickte mich strahlend an. Wie schön ich sei, sagte er, wie glücklich er sei, mich gefunden zu haben und dass ich ihn wieder das Lachen gelehrt hätte. »Meine Mutter«, meinte er, »würde dich aufessen vor Liebe.« Von einem orthodoxen Juden ausgesprochen, ist das ein enormes Kompliment.

Spät am Abend setzte sich Fred an die Schreibmaschine, die ich mir von den Richters geborgt hatte, und schrieb ein Gedicht zur Jahreswende. Ich hatte ihm noch nie bei der Arbeit zugesehen und war beindruckt, wie behände er in die Tasten hämmerte. Die Verse, die in dieser Nacht entstanden, sind die ersten englischen, die von Fred existieren. Auf ihre Art sind sie wegweisend, weil sie deutsch beginnen und englisch fortfahren – wie eine Parabel für das Leben des Salo Tisch, der nun entschlossen war, seinen Gang ins unbekannte Nichts als Fred S. Tysh fortzusetzen:

Und wieder einmal kauft man 'nen Kalender
Und hofft, man fängt ein neues Leben an.
Die Seele ist ein großer Scharlatan
Und hüllt sich gern in festliche Gewänder.

Man sieht sich noch bei früheren Silvestern:
Man war vergnügt, gesichert und zu zweit.
Das scheint heut' eine ganze Ewigkeit –
Und wenn man rechnet, war es fast noch gestern.

Für uns besteht die Welt jetzt nur aus Schienen,
Doch keiner weiß, wohin sein Train ihn führt.
Das Herz ist kalt, es fröstelt und es friert
Und man sitzt doch an glühenden Kaminen.

Die Stefansturmuhr hat in früher'n Tagen
Dem neuen Jahr gesagt: Nun, hoppla, renn'!
Jetzt hören Wiener und Berliner den Big Ben.
Und beide wissen wir, wie viel's geschlagen.

Doch trotzdem lassen wir den Mut nicht sinken.
Wer leben will, der sagt dem Leben: Ja!
Denn wie's auch immer sein mag – wir sind da
Und das ist schließlich auch ein Grund zum Trinken.

Whatever fate may bring, we've got to face it,
Whatever days may come we're not afraid
There are a lot of things to be repaid
There is still something and we must replace it.

But let's forget. This year's last night is falling,
Few minutes till and then it has to go.
Now nineteenhundredfourty comes: Hello!
Once more a year begins and life is calling.

8

In meinem Garten kämpfen sich die ersten Veilchen durch die Moosdecke an das Frühjahrslicht. Ich freue mich jedes Jahr wieder über den Anblick. Wenn sie zu violetten Büscheln herangewachsen sind, werde ich mir eine Hand voll pflücken und auf die kleinen Vasen im Haus verteilen. Bald darauf wird es die ersten Schlüsselblumen geben, die Primeln, die kleinen Narzissen und die Maiglöckchen. Manchmal kriechen an einer Stelle plötzlich rote Tulpen oder gefüllte Märzbecher aus der Erde und rufen mir in Erinnerung, dass ich dort im vorangegangenen Herbst Blumenzwiebeln vergraben hatte. Über diese Überraschungen freue ich mich besonders. Ein Leben ohne meinen Garten könnte ich mir gar nicht mehr vorstellen.

In den ersten Jahren nach dem Krieg, als wir noch keinen Garten hatten, habe ich jeden Montag zwei kleine Blumensträuße bei einer alten Blumenhändlerin an der U-Bahnstation in Turnham Green gekauft. Sie hieß Mrs. Smith. Ihre Gesichtszüge waren schroff wie die Küste von Cornwall, und ihr Tonfall war nicht wesentlich sanfter. Sie war eine störrische alte Lady, deren Eigensinn so weit reichte, dass sie, als England das Pfund dezimalisierte, beharrlich dem alten Währungssystem treu blieb, bei dem ein Pfund Sterling 240 Pence entsprach.

»Ich bin zu alt, um dieses Zehnersystem zu lernen«, sagte sie einmal zu mir, nachdem sie zuvor einen Amerikaner, der auf der neuen Umrechnung bestand, zeternd in die Flucht gejagt hatte. Wer das nicht akzeptiere, solle woanders seine Blumen erstehen. Ich musste lachen. »Oh, and by the way«, fügte sie hinzu, »Das wollte ich Sie schon lange einmal fragen. Warum kaufen Sie immer diese kleinen Blumen wie Veilchen oder Maiglöckchen und nie große Sträuße?«

Ich zögerte erst einen Moment, doch dann erzählte ich ihr, dass ich die Blumen vor die gerahmten Fotos meiner Eltern stelle. »Meine Eltern sind unter den Nazis umgekommen, und sie haben kein Grab«, sagte ich. »Also schmücke ich ihre Bilder mit Blumen, so wie andere Leute Gräber schmücken.«

Die Gesichtszüge der Frau wurden mit einem Mal weicher. »Oh dear«, seufzte sie und sagte dann: »Darling, würden Sie mir einen Gefallen tun und von nun an immer zu mir kommen, wenn Sie frische Blumen brauchen? Und ich möchte nicht, dass Sie dafür zahlen.« Fortan standen jeden Montag zwei kleine Gebinde für mich bereit, und die alte Dame weigerte sich, auch nur einen Penny dafür zu nehmen. »Es ist das Wenigste, was ich tun kann«, sagte sie.

Einige Monate später war der Blumenstand verwaist. Mrs. Smith sei ganz plötzlich gestorben, hieß es, und niemand wusste, wo sie begraben war. Ich war erschüttert. Ich hätte ihr gerne gelegentlich Blumen ans Grab gebracht. Es wäre das Wenigste gewesen, was ich hätte tun können.

Das mit dem Blumenschmuck halte ich auch heute noch so. Jede Woche stelle ich einen frischen kleinen Strauß vor die Porträts meiner Eltern. Ich habe das wohl von meiner Mutter übernommen. In ihrer kleinen Wohnung in Prag standen immer Vasen mit Blumen oder frischen Zweigen vor den Bildern von meinen Großeltern, Marianne und mir. Weil sie uns nicht besuchen durfte, war das ein Zeichen ihrer Nähe.

Während der ersten Jahre hatte ich die Fotografien meiner Eltern immer in Reichweite neben meinem Bett platziert. Vor dem Einschlafen habe ich sie oft lange betrachtet und in Gedanken mit ihnen gesprochen. Bisweilen habe ich sogar gebetet, zu einem Gott, von dem ich mehr und mehr bezweifelte, dass es ihn gab. Aber das Beten hat mich beruhigt.

Fred betete heimlich. Ich glaube, er wollte mir nicht zeigen, wie gläubig er war. Manchmal verbrachte er eine kleine Ewigkeit auf dem Klo. Es gab ja wenig andere Rückzugsmöglichkeiten in der damaligen Beengtheit. Wenn er zurückkam, sagte er, er habe für mich und Marianne und seine und meine Eltern und alle anderen Menschen, die er liebe, um Hilfe angesucht. Auch Freds Bruder Mundy, der bis dahin nicht durch große Gottesfurcht aufgefallen war, begann zu beten in dieser Zeit.

Insgeheim flehte wohl jeder auf seine Weise darum, dass sich die Welt besänne und man wieder mit den Seinen zusammen käme. Fred setzte alles daran, seinen Eltern die Flucht nach Palästina zu ermöglichen, rannte von einer Behörde zur nächsten, aber es scheiterte immer wieder an verschiedenen Hürden. Weit über 100 000 Juden hatten Wien bis jetzt verlassen, knapp 60 000 lebten noch dort. Tausende jüdischer Wohnungen waren inzwischen zwangsgeräumt und die hinausgeworfenen Mieter im 2., 9. und 20. Bezirk zusammengepfercht worden. Wenn ein Mieter seine Wohnung nicht räumte, wurden seine Möbel auf die Straße gestellt und der Verweigerer festgenommen und in ein Konzentrationslager deportiert.

Mehr als die Hälfte der Wiener Juden lebte nunmehr im 2. Bezirk in Leopoldstadt. Auch die Juden aus den einzelnen österreichischen Bundesländern waren nach Wien zwangsübersiedelt worden. Seit Januar 1940 durften sie dort nur noch in jüdischen Geschäften einkaufen. Nach neun Uhr abends hatten Juden Ausgangssperre. Den Burggarten, den Prater und den Park von Schönbrunn durften sie schon lange nicht mehr betreten. Freds Vater war sonntags gerne in den öffentlichen Gärten spazieren gegangen. Jetzt hatte man ihm auch diese Freiheit genommen. »Zu Hause« lebten er und Taube Tisch in engster Raumnot mit anderen jüdischen Familien zusammen.

Auch in Wien lahmte die Emigration seit Ausbruch des Krieges. Im Frühjahr 1940 wurde das »Palästina-Amt« in Wien liquidiert. Fred war so niedergeschlagen wie ich. Manchmal hatte man das deprimierende Gefühl, man haste auf einem großen Spielbrett Richtung Ziel und eine Riesenhand packe einen und versetzte einen immer wieder an den Start zurück, egal, wie viel Felder man schon zurückgelegt hatte. Es war erschöpfend.

Von überall hagelte es Absagen. Aus Oslo, wo ich mich schriftlich wegen einer Einreise erkundigt hatte, waren meine Eltern auf spätere Zeiten vertröstet worden. Vater hoffte nun auf die Hilfe eines Geschäftsfreunds in Florenz namens Strittmatter, mit dem er seit einiger Zeit korrespondierte und den wir in unseren Briefen mit dem Namen »Guglielmo« tarnten. Da eine direkte Einreise nach Großbritannien nicht möglich sei, suche er nun ein Land, »wo wir vorübergehend Aufenthalt nehmen könnten, um dort die Bestätigung unserer Visa für Illses Land abzuwarten«, schrieb Vater an Strittmatter. Vielleicht sei das in Italien möglich, fragte er, und ob Herr Strittmatter sich diesbezüglich kundig machen könne. »Das Leben als solches wäre überhaupt erträglich, wenn man wüsste, was die Zukunft bringt«, notierte mein Vater. Er lebe in ewiger innerer Unruhe und nur für den Tag, sagte er, und er wisse nie, ob er den nächsten Tag noch ruhig verleben könne. Ewig werde er dem Freund für seine Bemühungen dankbar sein. »Sie wissen gar nicht, welche Erfrischung Sie uns durch Ihre Briefe gebracht haben, wir sind eben Herzlichkeit und Treue nicht mehr gewöhnt.«

Mutter, die wir »Mutz« nannten, litt wohl am meisten unter dem Umstand, von der Erfahrenswelt ihrer Töchter abgekoppelt zu sein. An Marianne sandte sie eine Liste mit 20 Fragen, weil »uns doch alles, was Deine Person betrifft, sehr interessiert« und sie Angst hatte, dass man einander fremd würde. Sie wollte wissen, wie der Abschied aus dem Konvent war und der Weihnachtsabend, ob Marianne gewachsen und schon unwohl sei, wie ihr Zeugnis ausgefallen war und ob sie in Dublin auch junge Männer kenne oder nur Nonnen. Mich fragte sie nach Salo aus. Ob er lieb sei, fragte sie, und wem er im Wesen ähnle. Wir sollten ihnen Fotos schicken, baten unsere Eltern, nachdem sie erfahren hatten, dass Bilder ohne Beschriftung die Zensur passierten. »Es ist alles sehr traurig«, klagte Mutter. »Wenn mir gar zu bang ist, trösten mich die Menschen damit, dass sie sagen, jeder soll glücklich sein, der seine Kinder draußen hat. … Ich stelle mir das Glück etwas anders vor.«

Auch wenn die meisten Briefe, die ich von überall dorther bekam, wohin Freunde und Verwandte inzwischen verstreut waren, wenig Zuversicht verströmten – sie erhellten den Tag, weil sie die Bande untereinander stärkten. Viel mehr war uns nicht geblieben von unserer Vergangenheit. Bisweilen kam sogar ein Päckchen, und man öffnete es mit einer Mischung aus Freude und Melancholie. Zu meinem 25. Geburtstag schickte mir Mutter Ansteckblumen aus Samt und ein Nadelkissen, die sie selbst genäht hatte. Marianne, die nun hoffte, bald zu mir kommen zu dürfen, sandte ein selbst gemachtes Bilderrätsel. Geschenke zu kaufen, konnte sich keiner von uns mehr leisten.

Wenige Tage nach meinem Geburtstag erreichte mich die Nachricht vom Tod meines Großvaters. Es war ein selbstbestimmter Tod. Vier Monate lang hatte Großvater die Nahrung verweigert, weil er, wie Mutz schrieb, »die böse Zeit nicht mehr ertragen« konnte. Am Schluss kam kein Wort mehr über seine trockenen Lippen, nur die Tränen flossen tonlos aus dem erloschenen Gesicht. Mutter hatte keine Erlaubnis bekommen, zur Beerdigung ihres Vaters nach Türmitz zu reisen. Sie wusste nicht einmal, wo ihr Vater begraben wurde, schrieb sie.

Obwohl ich mit der Nachricht gerechnet hatte, traf sie mich doch mit aller Wucht. Opa Gustl, der auf meiner Klopapierliste der meistgeliebten Menschen gleich hinter meinen Eltern rangiert hatte, der sich mit mir verschworen und dessen Bart mich immer gekitzelt hatte, war als erster vorausgegangen. Zurück blieb die drohende und unausgesprochene Frage, wer ihm als Nächstes folgen würde.

Vater drängte nun immer vehementer auf Ausreise. Er schrieb an seine ehemaligen Vertreter in Sofia und Stockholm, und es verging keine Woche, in der er nicht bei mir nachfragte, ob ich etwas erreicht hätte. Von Strittmatter hatten wir schon lange nichts mehr gehört. Ich solle mich wegen Palästina erkundigen, wegen China, Bolivien und St. Domingo, trug Vater mir auf, und ob man nicht in Irland doch Interesse an einem Fachmann habe. »Ilse«, schrieb er, »überlege und handle, suche und finde, wenn Du kannst.« Aber all das tat ich doch schon seit Monaten. Ich schrieb an Konsulate und Flüchtlingsorganisationen und besprach mich mit allen Bekannten und Freunden. Doch niemand hatte Interesse an einem zwangspensionierten, 61-jährigen Fabrikbesitzer, von dessen einstigem Besitz nur sein Wissen übrig geblieben war. Die Rechnung der Nazis war bei meinen Eltern aufgegangen: Erst hatte man ihnen ihren Status geraubt, und nun waren sie als mittellose Juden in keinem Land willkommen. Auch Herbert, der Bruder meiner Mutter, setzte alles daran zu emigrieren. Aus dem Gefängnis war er inzwischen wieder entlassen worden. Er lebte nun bei seiner Schwester und der Mutter in Türmitz und verdingte sich als Tagelöhner auf dem Bau. Das jüdische Leben war in Aussig verstummt. Die Reste der Außenmauern und das Erdgeschoss der niedergebrannten Aussiger Synagoge sollte wenig später die Metzgerfirma Robert Houdek erwerben, die fortan in der vormals geheiligten Stätte Wurstwaren herstellte.

Er müsse das Haus in Türmitz verkaufen, schrieb Vater, um die Steuer für sich und Mutter bezahlen zu können. Aber viel Geld würde er dafür nicht mehr bekommen, befürchtete er. Zu wenig jedenfalls, um die Landungs- und Reisegelder für die fernen Länder, die zum Teil bei 1000 Dollar lagen, aufbringen zu können.

Was konnte man noch tun? Auf alle Fälle musste ich schnellstmöglich zurück nach London. Von Reading aus waren mir die Hände gebunden, und ich wollte Fred näher sein. Er hatte auch kaum mehr Bedenken gegen meine Rückkehr, schließlich gab es nach wie vor keine Luftangriffe.

Überhaupt schien Fred mit jedem Tag festeren Boden unter den Füßen zu gewinnen. Ich konnte es kaum glauben, aber er schickte sich tatsächlich an, in einer völlig fremden Sprache Texte zu schreiben. Kein einfaches Unterfangen, an dem etliche große deutsche Schriftsteller, die neben ihrer Leserschaft und dem heimischen Kulturkreis oftmals auch ihre Themen eingebüßt hatten, scheiterten. Ein Autor zu sein sei schon kein Leichtes, hatte mal ein jüdischer Flüchtling gesagt. Ein Jude zu sein, erschwere die Angelegenheit. Ein jüdischer Autor zu sein, erreiche die Nähe einer kleinen Tragödie. Was aber, wenn dieser jüdische Autor zu allem Überfluss noch aus einem fremden Land käme?

Nach wie vor trug Fred, der noch immer von seinem Bruder finanziell über Wasser gehalten wurde, jeden Penny in die Kinos und Theater, um ein Gefühl für die englische Sprache zu entwickeln. Seine Sinne, vormals wie verschleiert, waren wieder geschärft und speicherten die Eigenheiten der angelsächsischen Kultur. »Stell Dir vor«, schrieb er mir, »in London habe ich eine Straße namens ›Seven Sisters Road‹ entdeckt. Das schreit doch nach einer Vertonung.«

Es war Freds erster englischer Titel. »Seven Sisters Live In

The Seven Sisters Road« beschrieb, recht nahe liegend, sieben Schwestern, von denen jede eine bestimmte Eigenschaft besaß. Fred schickte mir den Textentwurf zur Korrektur nach Reading. Von nun an war ich immer seine erste Leserin. Wenn ich lachte, war er zufrieden, wenn nicht, schrieb er es noch mal um. Diesmal lachte ich.

Einige Monate später wurde das Lied publiziert. Fred hatte inzwischen einen Agenten gefunden, einen englischen Juden namens Erich Glass. Er hatte auch den Komponisten Hans May wieder getroffen, mit dem er schon in Wien zusammengearbeitet hatte und der, wie einige andere Emigranten, im Exil einen eigenen Verlag namens »Schauer & May« gegründet hatte. Nach nur einem guten halben Jahr hatte es der aus Wien geflohene galizische Jude Salo Tisch tatsächlich geschafft, in einer neuen Sprache als Textdichter zu reüssieren. »Seven Sisters« wurde sein erster Hit in der Fremde.

Von den Tantiemen kaufte sich Fred einen neuen Anzug. Vielleicht war für ihn, der acht Monate lang zerschlissene Lagerkleidung getragen hatte, die äußere Erscheinung wie ein Triumph über die erfahrene Erniedrigung, denn Fred legte zeitlebens allergrößten Wert auf eine untadelige Garderobe. Als das Geld noch knapp war, half er sogar ein bisschen nach, den Schein zu wahren, an dem ihm so viel lag. Er ließ sich die Etiketten, die in der Firma seines Bruders hergestellt wurden, in seine Anzüge einnähen. »Harrods« prangte dann über der linken Innenreverstasche, und Fred freute sich über die kleine Köpenickiade.

Dem vormaligen Wiener Unterhaltungspianisten Hans May, der eigentlich Johann Mayer hieß und fast 20Jahre älter war als Fred, verdankte dieser etliche seiner ersten Engagements. May hatte schon vor seiner Emigration im Jahre 1933 Tonfilmmusiken komponiert, und weil dieses Metier sich leichter in einen fremden Kulturkreis konvertieren lässt als die Sprache, hatte er im Exil daran anschließen können. So eröffnete sich für Fred unverhofft die Chance, englische Libretti zu der von May komponierten Filmmusik des Kinodramas *The Stars Look Down* beizusteuern. Er schrieb den Text für die »Starlight Serenade«, die ebenfalls ein Erfolg werden sollte.

Wie in alten Zeiten saß Fred mit Hans May nächtelang am Klavier und skandierte die nunmehr englischen Reime. Ostern 1940 schickte er mir ein bunt bemaltes Ei nach Reading und dazu die Karte: »I cannot come zu Easter, Producers sind big Biester. Doch sei nicht bös, I beg, and have statt mir this egg!« Wie sollte ich ihm böse sein?

Wieder in seiner bewährten Passion arbeiten zu können, gab Fred ungeahnten Auftrieb, aber er war zu sicherheitsbedacht, um darüber seinen Realitätssinn zu verlieren. »Von der Dichterei allein kann ich hier nicht leben«, sagte er mir. Als er endlich eine Arbeitsbewilligung bekam und ihm sein Bruder anbot, in seiner Textilfirma die Buchhaltung zu übernehmen, willigte Fred sofort ein. Zahlenakrobatik lag ihm genauso wie die Zeilenkunst. So hatte er schließlich die drei Säulen seiner Identität wieder errichtet: die Logik, die Religion und die Muse. Sein Leben, so schien es, stand wieder auf einem Fundament.

Auch ich hatte inzwischen gute Aussichten auf eine Anstellung in London. Verschiedene Familien wollten mich dort als Kindermädchen engagieren, wohlhabende Flüchtlinge – auch die gab es – suchten eine Köchin. Paul Friedländer, der Ruderfreund aus Aussig, meinte, ich solle doch chauffieren, er lebe ganz gut davon. Ich selbst wollte am liebsten wieder in einem Krankenhaus arbeiten. In meinem Kopf stapelten sich gründlich durchdachte Pläne wie ein Gegenentwurf zu der kollabierenden Welt. In London wollte ich mir und Marianne, die dort im Idealfall eine Lehre machen würde, eine Zwei-

Zimmer-Wohnung mit Kochnische suchen und dann ein Zimmer mit Frühstück und Nachtmahl untervermieten. Derlei Dienstleistungen waren gesucht im Moment, weil es viele Junggesellen vom Kontinent in die Stadt verschlagen hatte, die nicht mal ein Spiegelei braten konnten. Nach meiner Rechnung würde ich mit der Kocherei sogar etwas dazuverdienen. Tagsüber würde ich arbeiten, und abends hätten wir endlich ein eigenes Zuhause, nach dem ich mich wohl am allermeisten sehnte.

Anfang Mai bewarb ich mich beim Queen Mary's-Hospital in Paddington um eine Stelle als Krankenschwester. Ich bekam recht bald eine Zusage und sollte schon am 1. Juli anfangen. Was war ich glücklich! London war wie ein Silberstreif. Ich würde in meinem Lieblingsberuf arbeiten, meine eigene Wohnung haben, Fred wäre da und bald auch Marianne. Und vielleicht bliebe uns sogar etwas Geld für Vater und Mutter übrig, wenn sie nur erst einmal in England wären. Die erste Zeit, so besprachen wir das in unseren Briefen, würden wir Töchter wohl für unsere Eltern sorgen müssen.

Je finsterer die Gegenwart, desto mehr mühte ich mich, mir eine helle Zukunft auszumalen. Das Alter zehrt diese Haltung auf. Mit 25 war die verbleibende Zukunft allem Kummer zum Trotz mächtig und verheißungsvoll. Doch je umfangreicher die Zeit, die man hinter sich hat, umso mehr verliert sich die Anhänglichkeit an die Zukunft, die irgendwann nur noch so dünn ist wie die Sichel des ersten Mondes.

Am 9. April 1940 waren die Deutschen in Norwegen einmarschiert, am 10. Mai fielen Wehrmacht-Truppen in Belgien und Holland ein. In London trat Chamberlain zurück und machte dem neuen Premier Winston Churchill Platz, der seinem Land in der Antrittsrede Blut, Schweiß und Tränen verhieß. Am 15. Mai ergab sich das wenige Tage zuvor von Hitlers Truppen besetzte Dänemark kampflos, knapp zwei

Wochen später gab Belgien auf. Die deutsche Wehrmacht marschierte gen Paris.

»Alle unsere Freunde sind der Meinung, dass jetzt jede Reise auf diesem Erdteil teils undurchführbar und teils unratsam ist«, schrieb ich meinen Eltern. »Bald wird kein Land mehr den gegenwärtigen Geschehnissen indifferent und untätig gegenüberstehen können.«

Sogar Tony, der wackere Berufsoptimist, der sich nach der Pleite seines Beauty-Business nun mit kleinen Filmrollen über Wasser hielt, zürnte: »Für meinen Geschmack machen die Deutschen zur Zeit zu viele Fortschritte.« Wenn sich Sarkasmus in Tonys Humor mischte, war das ein untrügliches Indiz für den Ernst der Lage. Trotzdem klammerte ich mich an den Strohhalm Strittmatter. Eine andere Hoffnung gab es im Moment nicht.

Am 4. Juni wurde Churchills Geschichte machende Rede im Rundfunk übertragen. Es gab wohl niemanden in England, der nicht ein- oder zweimal am Tag die News hörte. In den Pubs verstummten die Gespräche und die Menschen hielten bei ihrer Arbeit inne, wenn Churchill sprach. Ich stand am Herd, als seine Stimme aus dem Küchenradio drang: »We shall fight on the beaches, we shall fight on the landing grounds, we shall fight in the fields and in the streets, we shall fight in the hills, we shall never surrender«, sagte die Stimme. »Wir werden niemals aufgeben.« Die Tonlage hatte nichts von dem cholerischen Geplärre, das man von Hitler-Reden kannte, und ging einem doch durch Mark und Bein. Die Rede krempelte die nationale Seelenlage um. Churchill appellierte an die Tapferkeit und die Eintracht im Kampf gegen den Feind, und auch wir, die wir die Sprache des Feindes sprachen, fühlten uns angesprochen. Nur zu gerne wollte ich dazu beitragen, Hitler-Deutschland zu schaden. Ich war froh, dass ich mich in einem Krankenhaus beworben hatte. Verletzte Soldaten zu pflegen schien mir sinnvoller als die hysterischen Launen meiner Herrschaft abzuwettern.

Immer wieder hatte Mrs. Piggott in den letzten Wochen meinen Lohn einbehalten, weil ich, zunehmend nervös, irgendein Geschirrstück zerdeppert hatte. Einmal war mir eine Tasse heruntergefallen, von der sie behauptete, es sei eine höchst wertvolle gewesen. Schuldbewusst sandte ich die Scherben an Ferdinand Rauter nach London und bat ihn, eine neue Tasse zu kaufen. Er besorgte tatsächlich eine neue und teilte mir mit, er habe sie bei Woolworth für einen Penny erstanden. Mrs. Piggott, das Biest, hatte mir dafür glatt das Zehnfache berechnet.

In diesen aufgewühlten Tagen erreichte mich ein Brief von Strittmatter. Es sei ihm gelungen, ein Durchreise-Visum für meine Eltern zu bekommen, sagte er, und dass sie sich sofort auf den Weg machen sollten. Sie dürften bei ihm wohnen, und er werde auch finanziell für sie garantieren.

Der Himmel riss auf. Nie wieder war ich wohl so erleichtert wie in diesem Moment. Ich telegraphierte meinen Eltern nach Prag. Vater sandte einen Satz zurück, der sich für immer in mein Gedächtnis brannte. »Wir legen unser Schicksal in Deine kleinen Hände, Ilse«, schrieb er. Und dass sie Prag mit dem nächstmöglichen Zug verlassen und sich noch heute Tickets besorgen wollten.

Am Tag darauf, es war der 10. Juni 1940, schlossen Mussolini und Hitler einen Pakt. Italien trat auf Seiten Deutschlands in den Krieg ein. Alle Fluchtmöglichkeit war damit verloren. Wieder einmal waren wir um einen Wimpernschlag zu spät. Meine kleinen Hände hatten nichts ausrichten können.

Vielleicht bin ich heute noch verzweifelter darüber, dass sich dieses Fenster zur Freiheit schloss, kaum dass es einen Spalt breit geöffnet war, als ich es damals sein konnte, als man nie aufhörte zu hoffen und sich mit einem winzigen Rest Zuversicht über die Zeit zu schleppen. Mit der Hoffnung, dass der Krieg bald ein Ende habe, dass Deutschland wirtschaftlich ausblute und es meine Eltern dann endlich schaffen würden, zu mir zu kommen.

Aber die Geschehnisse zermürbten den Mut. Am 14. Juni marschierten die Deutschen in Paris ein. Am 22. Juni erklärte Frankreich, der letzte verbleibende Verbündete Englands, seine Kapitulation. Einige Tage später bekam ich einen Brief von dem Krankenhaus in Paddington, in dem man mir mit Bedauern mitteilte, dass ich die Stelle nun leider doch nicht antreten dürfe, da es Flüchtlingen aus dem Feindesland nicht erlaubt sei, verletzte Soldaten, die zu Tausenden von der alliierten Front auf dem Festland zurückgekehrt waren, zu pflegen. Man hatte Angst, diese könnten im fiebrigen Delirium militärische Geheimnisse ausplaudern.

Somit war auch meine Aussicht auf eine eigene Wohnung und Stelle in London über Nacht zerschlagen. Eine Rücknahme der Kündigung bei den Piggots kam nicht in Betracht, also wandte ich mich an die mir verwandte Familie Hochwald, die mir in London vorübergehend Unterschlupf anbot. Josef Hochwald, der mit einer Cousine meiner Mutter verheiratet war, hatte in Brünn einen Textilhandel gehabt und zehrte nun von alten Geschäftsverbindungen. In London handelte er mit englischen Woll- und Tweedstoffen und lebte ganz gut davon. Ich nahm sein Angebot dankbar an und verbrachte die ersten Wochen bei seiner Familie in dem jüdischen Viertel Golders Green im Norden von London.

Onkel Josef war sehr großzügig. »Du brauchst etwas zum Anziehen«, sagte er und dass er mir Stoff schenken und mir auch einen guten Schneider nennen könne. »Du solltest aber lieber deinen Fred mit dorthin nehmen«, riet er mir. »Der Herr Schneider ist bekannt dafür, dass er seine weiblichen Kunden gerne betatschelt.«

Mit wachsamen Augen verfolgte Fred dann tatsächlich die erste Anprobe. Ich hatte mir ein Kostüm aus grauem Tweedstoff bestellt. Der Schneider, Mr. Sigora, fuchtelte mit seiner Kleiderkreide an der Taille herum und strichelte mir plötzlich unversehens große Brusttaschen auf die Jacke. Das war nun wirklich nicht nötig, meine Körbchengröße D noch durch aufgesetzte Taschen zu betonen. »Ich will dort keine Taschen, das habe ich doch von Anfang an gesagt«, reklamierte ich sofort. Herr Sigora nickte beflissen. »Okay, no pockets«, sagte er, und ehe ich mich versah, rieben seine großen Hände kräftig über meinen Busen, um die Kreidestriche wegzurubbeln. Fred war zu langsam gewesen, aber er ließ es sich dennoch nicht nehmen, die Schneiderkosten zu übernehmen.

Für die jüdischen Flüchtlinge war es in London nicht gemütlicher geworden. Nun, da England allein gegen den Feind stand, lag die Furcht vor Nazispionen über dem Land wie der immerwährende Nebel. In den Zeitungen hatte es bereits ein Jahr zuvor Meldungen gegeben, dass die Gestapo Juden als Spione nach Großbritannien eingeschleust habe. Die Meldungen hatten bei den sonst so besonnenen Briten eine eigentümliche Paranoia vor einer fünften Kolonne entfacht. Ängste, die Churchill nach seinem Amtsantritt zusätzlich schürte, als er forderte, man solle »enemy aliens« und suspekte Personen lieber hinter Stacheldraht sperren. Nach der Kapitulation Frankreichs verschärfte sich der Ton, und Churchill sprach die Weisung aus, die das Schicksal von Tausenden von Juden besiegelte: »Collar the lot!«, ordnete er an – »Schnappt sie alle!«

Man teilte uns in zwei Lager auf: die »friendly aliens« und eben die »enemy aliens«. Um die Flüchtlinge zu kategorisieren, wurden sie vor Ausländertribunale geladen, die man im ganzen Land eingerichtet hatte, und dort eingehend befragt. Ich hatte das Tribunal in Reading durchlaufen, und man hatte mich, versehen mit dem Stempel des »friendly alien«, wieder ziehen lassen, weil ich die Tschechoslowakei vor Hitlers Einmarsch verlassen hatte. Emigranten aus Deutschland und Österreich galten als »enemy aliens«. Fred gehörte ebenso dazu wie sein Bruder und natürlich Tony aus Halle. »Enemy aliens« waren zunächst einmal suspekt. Lieber riskierte man, einige Tausend Unschuldiger in Sippenhaft zu nehmen, als sich einen potenziellen Nazi-Spion durch die Lappen gehen zu lassen.

Schon am 15. Mai hatte die erste Verhaftungswelle begonnen, bei der 2200 vorwiegend in militärischen Sperrgebieten lebende Männer festgenommen worden waren. Mitte Juni befanden sich bereits 12 000 Deutsche und Österreicher hinter Stacheldraht. Einige entgingen der Verhaftung eine Zeit lang vermittels einen simplen Tricks. Unter den in London lebenden jüdischen Flüchtlingen sprach es sich schnell herum, dass die Männer von Scotland Yard immer in den Morgenstunden zwischen sechs und acht Uhr früh erschienen, um die Leute zu verhaften. Was lag da näher, als etwas früher aufzustehen und nicht anwesend zu sein, wenn es an der Tür schellte? So verbrachten eine ganze Menge Juden in diesem Sommer die Morgendämmerung in irgendeinem Park. Fred und sein Bruder standen um fünf Uhr auf und schlugen sich die Dämmerstunden in Hampstead Heath um die Ohren. Genauso hielt es Tony eine ganze Weile, der frühmorgens durch den Hyde Park stromerte. Nach einiger Zeit jedoch wurde ihm die Sache zu dumm, und er betrachtete es, da man nun täglich mit deutschen Bombenangriffen rechnete, als die »gesündere« Variante, den Krieg außerhalb Londons zu verbringen. »Ich bin nicht so gut in diesem Helden-Business«, sagte Tony immer. Also blieb er zu Hause und wurde tatsächlich zwei Tage später festgenommen. Er ahnte nicht, dass man ihn gleich auf der anderen Seite der Erdkugel in Sicherheit bringen würde.

Ich wusste nicht einmal, dass sie ihn verhaftet hatten. Plötzlich war Tony wie vom Erdboden verschluckt – wie viele andere auch. Das Verschwinden von Freunden war inzwischen an der Tagesordnung. Binnen weniger Wochen internierte man in England mehr als 27 000 Flüchtlinge. Das alles ging sehr britisch vor sich und war nicht im Ansatz mit deutschem Habitus zu vergleichen. Es gab keine Sammeltransporte, sondern immer nur individuelle Festnahmen, bei denen die Polizisten meist um ausgesuchte Höflichkeit und Rücksichtnahme bemüht waren. Das änderte indes nichts an der Absurdität des ganzen Unternehmens. Die letzte noch nicht gefallene Demokratie Europas entschloss sich, Tausende hinter Stacheldraht zu sperren, die auf der Flucht vor Hitler oft kaum mehr gerettet hatten als ihre blanke Haut. Die Welt, sie war wohl wirklich aus den Angeln.

Auch Ferdinand Rauter wurde sehr höflich verhaftet und interniert. Kurz zuvor hatte ich noch eines seiner Konzerte in der National Gallery gehört. Ferdinand Rauter und Engel Lund spielten dort fast gratis, der Eintrittspreis lag bei einem Penny. Als erster österreichischer Musiker war Rauter schon im Oktober 1939 in der Nationalgalerie aufgetreten – vor kahlen Wänden, weil man alle Bilder abgehängt hatte. Die deutschen Volkslieder hatten er und Engel Lund aus ihrem Programm »Folk Songs of Many Lands« genommen. Ihre völkerverständigende Botschaft war noch immer dieselbe, doch irgendwie schien sie im Moment nicht besonders zeitgemäß zu sein.

Nach seiner Verhaftung wurde Ferdinand Rauter zunächst in das Zwischenlager in Bury gebracht, wo man ihn sogleich zum Lagerkommandanten wählte. Und was tat der Lagerkommandant, der zeitlebens von der lindernden Wirkung der Musik überzeugt war? Abends, wenn er und seine Mitgefangenen unter die Decken krochen, sang ihnen Ferdinand

Schlaflieder vor. Zusammen mit einem Musikprofessor sang er zweistimmig Schubert- und Straußlieder. Viele Gefangenen weinten.

Auf der Isle of Man, wo Rauter schließlich landete, gab es wenigstens ein paar alte Klaviere und eine Hand voll anderer Instrumente. Fast 14 000 Internierte befanden sich auf der Insel, und fast alle waren Juden. Sie durften sich frei bewegen und lebten in den Ferienhäuschen des englischen Mittelstandes, die man vor ihrer Ankunft geräumt hatte. Unter den Internierten waren viele Wissenschaftler und Musiker, und so erblühte hinter dem Stacheldraht sehr bald eine reichhaltige Kultur. Es entstanden improvisierte Lager-Universitäten, an denen Gelehrte Vorlesungen hielten. Es gab Konzerte, Theateraufführungen, Kunstausstellungen und Fortbildungsveranstaltungen.

Ferdinand traf dort etliche geflohene Musiker und Komponisten aus Deutschland und Österreich, mit denen er musizierte. Aus der Zusammenarbeit entstand das »Refugee Musicians Committee«. Es ging dabei nicht nur um das stärkende Gemeinschaftserlebnis des Musizierens, sondern auch darum, jüdischen Flüchtlingen eine Arbeitserlaubnis für musikalische Betätigung zu verschaffen – mitunter gegen den Widerstand der britischen Musikervereinigung. Das Committee konnte die berühmte Pianistin Myra Hess als Fürsprecherin gewinnen, die als Freundin des Königshauses über beste Verbindungen verfügte und den Musikern zu Auftritten verhalf. Ferdi gehörte augenscheinlich zu dieser Gattung von Menschen, denen es immer wieder gelang, selbst aus der größten Bedrängnis noch das Beste rauszuschlagen.

Insofern ähnelte er Tony, der hinsichtlich der Internierung die schlechteren Karten gezogen hatte. Man hatte ihn zunächst in ein Auffanglager auf einer ehemaligen Pferderennbahn und sodann nach Liverpool gebracht. Dort fand sich

Tony zusammen mit 2000 anderen Gefangenen auf dem Truppenschiff Dunera wieder, das am 11. Juli 1940 zu einer zweimonatigen Schiffspassage nach Australien auslief.

An Bord der Dunera herrschten unmenschliche Zustände. Als sie durch die aufgepeitschte Irische See schaukelten, hingen die Gefangenen kotzend über der Reling, nur Tony hielt sich aufrecht, er wurde nie seekrank. Gleich am ersten Tag marschierte er zu dem Metzger, der auf dem Deck seinen Arbeitsplatz hatte, und fragte ihn, ob er nicht Hilfe brauche. Auf die Frage, was er, Tony, denn vom Metzgern verstünde, antwortete er: »Nicht viel, aber ich wette, dass ich das in zwei Tagen lerne.« So verbrachte er die Strecke von Liverpool nach Australien als Metzgergehilfe. Das hatte den Vorteil, dass er genug zu Essen bekam und nicht wie die anderen Gefangenen den ganzen Tag unter Deck darben musste, wo Gestank, Gedränge und Hitze unerträglich waren. Tony musste Schweine- und Rinderhälften zerlegen und über das schwankende Deck balancieren. Ein halbes Rind ging auf diese Weise über Bord. Es herrschte starker Seegang, und Tony stand vor der Wahl: »Das Rind oder ich.« Das Rind ist schon tot, dachte er sich und ließ es fallen.

In Australien angekommen, mussten die Gefangenen ihr eigenes Lager in Hay errichten. Wieder meldete sich Tony als Bauleiter, und wieder bekam er den Job. Man drückte ihm Pläne in die Hand und Vermessungsinstrumente, von deren Handhabung er nicht die leiseste Ahnung hatte. Als der Chef-Ingenieur des Militärs nach ein paar Wochen zur Abnahme kam und die errichteten Holzbaracken mit den Plänen verglich, bekam er einen Tobsuchtsanfall. Die Hütten standen alle falsch herum. »You built it in the wrong fucking place«, brüllte er Tony an. Tony ließ sich das nicht gefallen. »Für den Hungerlohn, den Sie uns zahlen, nehmen Sie es verdammt noch mal genau so, wie wir es gebaut haben«, brüllte er zurück. Nie wieder, erzählte er später, habe er sich so frei gefühlt wie in diesem Moment – als Gefangener in einem Barackenlager irgendwo im australischen Outback.

Fred hatte panische Angst vor der Internierung. Allein das Wort Lager löste bei ihm die grauenhaftesten Bilder aus. Seine Erleichterung, als man ihm schließlich mitteilte, dass er als ehemaliger KZ-Häftling nicht verhaftet werden würde, war überschattet von der noch viel größeren Angst vor einer deutschen Invasion in England. Nach der Evakuierung bei Dünkirchen und seit Hitler die Vorbereitung der Operation »Seelöwe« gegen Britannien angekündigt hatte, würgte diese Furcht England fast die Luft ab.

An einem Abend saßen Fred und ich zusammen und hörten die Nachrichten. Die deutschen Luftflotten hatten mit Angriffen auf die Stützpunkte der Royal Air Force begonnen. Manchmal konnte man in der Ferne den dumpfen Widerhall schwerer Bombeneinschläge hören. Noch tobte die Luftschlacht außerhalb Londons, aber es war nur eine Frage der Zeit, bis sie über unseren Köpfen wüten würde. Mehr als 100 000 Kinder waren inzwischen wieder aus der Hauptstadt evakuiert worden. In den Straßen rollten die Soldaten Stacheldrahtschlangen aus, Häuser wurden verbarrikadiert und Straßen- und Ortsschilder abmontiert, um im Falle der Invasion den Feind zu verwirren.

Freds Gesicht verhärtete sich, und man konnte zusehen, wie sich die Farbe daraus verlor. »Du sollst etwas wissen«, sagte er, als die News zu Ende waren. Er sprach langsam, jedes Wort abwägend und es schließlich wie unter Schmerzen hervorpressend. »Ich habe einen Revolver organisiert«, sagte er. »Ich habe ihn gut versteckt. Wenn die Deutschen kommen, werde ich uns alle erschießen. Zuerst dich und Marianne und dann mich. Und Gott wird mir verzeihen.«

Ich war starr vor Entsetzen. »Was soll das heißen, ich verstehe dich nicht«, stammelte ich. »Warum willst du uns umbringen? Ich glaube nicht, dass die Deutschen hier einmarschieren. England steht nicht ganz allein gegen Hitler. Wir haben doch auch die Exilregierungen von all diesen Ländern mit ihren Streitkräften hier in London, die Tschechen, die Franzosen, die Belgier, die Norweger.«

Fred schien mich gar nicht zu hören. »Wenn die Deutschen kommen, ist das unser Ende«, sagte er nach innen gerichtet. »Ein zweites Mal mache ich das nicht mehr mit. Wir würden es ohnehin nicht überleben.«

Manchmal war Fred erschreckend düster. Manchmal ahnte ich, dass mein Lachen nie die hintersten Winkel seiner Seele erhellen würde, weil es dort für immer Nacht blieb. Ich konnte ihn verstehen, aber ich selbst war ganz anders. Dachte gar nicht daran, kampflos zu sterben. Nein, ich war sogar fest entschlossen, mich der »Home Guard« anzuschließen, einer Art zivilen Armee, die sich seit einiger Zeit in allen Stadtteilen Londons formierte.

Wie man hörte, waren die ersten Übungen äußerst dilettantisch verlaufen, und die Bürgerwehr hatte sich stellenweise, in Ermangelung richtiger Ausrüstung, mit Lanzen aus einem Theaterfundus bewaffnet. Doch der Kampfesmoral tat das keinen Abbruch. Sie einte alle Briten, von der Hausfrau bis zum Habenichts. In den Straßen spielten die Kinder »English and Germans« statt Räuber und Gendarm, und es schien ihnen einen Heidenspaß zu machen.

Man gewöhnt sich erstaunlich schnell an die Anwesenheit des Todes, verschalt sich hinter achselzuckendem Fatalismus und rettet sich in schwarzen Humor, den uns die Briten zur Genüge vorführten. Merkwürdig, dass mich heute, wo ich in manchen Monaten öfter zu Beerdigungen als ins Theater gehe, die Allgegenwart des Todes fast mehr belastet als damals im Krieg.

Ich war nur wenige Wochen bei den Hochwalds, die mich

rührend umsorgten, denen ich aber nicht weiter auf der Tasche liegen wollte. Eines Morgens entdeckte ich ein Inserat in der Zeitung, das wie maßgeschneidert klang: »Jüdische Flüchtlinge suchen böhmische Köchin.« Ich stellte mich gleich vor, und man engagierte mich vom Fleck weg.

Wo war ich da gelandet? Es waren ihrer vier jüdische Emigranten aus Prag, allesamt Männer um die 30 und dem gleichen Metier entstammend. Sie teilten sich eine große Wohnung in der Vivian Avenue im Londoner Stadtteil Hendon nahe Golders Green. In Prag waren sie Pelzhändler gewesen und hatten als solche offenbar genug Geld verdient, um auch im Exil nicht darben zu müssen.

Ich weiß nicht, wie sie es anstellten, aber sie schienen auch hier über erstrangige Kontakte zum Schwarzmarkt zu verfügen und brachten Köstlichkeiten mit nach Hause, von denen unsereins, die wir inzwischen nur noch rationierte Lebensmittel bekamen, nur träumen konnten. Ganze Hasen schleppten sie an, Fasane, Enten und Rehrücken. Dazu schwere Weine und feinen Käse.

»Sagen Sie uns einfach, was Sie zum Kochen brauchen«, sagten sie, »und wir besorgen es dann.« Oft bestellten sie auch Menüs für den Abend, gefüllten Braten mit Knödeln und Kraut und als Nachtisch eine süße Mehlspeise. Manchmal saßen sie bis weit in die Nacht am Tisch, rauchten, spielten Poker und leerten die Rotweinflaschen im Stundentakt, so wie es dem Klischee von einer Männerrunde entspricht. Dann aber waren sie wieder wie kleine Kinder, die sich bei Tisch um das Essen keilten. »Der hat mehr bekommen«, schimpfte der eine und fingerte seinem Nachbarn im Teller herum. »Wenn hier nicht ordentliche Tischmanieren einkehren, koche ich morgen nur Grießbrei«, drohte ich manchmal. Diese Drohung zog.

Es schien ihnen an nichts zu mangeln – außer an weiblicher Gesellschaft. Ihre Frauen – bis auf einen waren sie alle verheiratet – waren noch in Prag, und sie wollten versuchen, sie nachzuholen. Die Vorstellung, bis dahin mönchisch zu leben, behagte ihnen offenbar nicht. Besonders einer hatte ein Auge auf mich geworfen und versuchte mich bei jeder Gelegenheit, in den Po zu kneifen. Manchmal hämmerte er mitten in der Nacht an meine Tür. Natürlich öffnete ich nie.

Ich erzählte Fred kein Wort davon, er hätte sicher darauf bestanden, dass ich kündige. Dabei ging es mir ansonsten gut. Von den Abendessen blieb meist so viel übrig, dass ich Fred etwas mitbringen konnte. Was die leibliche Versorgung anging, kamen wir beide so ganz gut über die Runden. Hunger leiden jedenfalls mussten wir nicht.

Im großen Tanzsaal des Bloomsbury House trat jeden Sonntagnachmittag ein Flüchtlingsorchester auf. Fred und ich waren oft dort. Es gab Tee, Kaffee und Kuchen gratis, und man spielte English Waltz, Tango und Walzer. Als Salongeiger schlängelte sich der aus Wien geflohene Ungar Isidor durch die Tischreihen, der sinnigerweise den Nachnamen Geiger trug. Wie alle Musiker trat er ohne Gage auf, nur für den Lohn eines warmen Essens.

Fred war ein wunderbarer Tänzer, besonders den Tango beherrschte er mit Bravour, den Walzer mochte er nicht. Aber er war auch darauf bedacht, dass unser Pas de deux nicht von Dritten gestört wurde. Als mich ein junger Mann zu einem Walzer auffordern wollte, antwortete Fred, noch ehe ich etwas sagen konnte: »Die Dame tanzt nicht.« Ich musste lachen. Es war Freds Art, seine Liebe zu zeigen.

An diesen Orten, wo man alte Freundschaften wieder fand und neue schloss, blieben die Emigranten weitgehend unter sich. Die meisten von ihnen scharten sich in den Stadtteilen Swiss Cottage, Hampstead, Chelsea und Kensington und suchten die gleichen Zentren der Zerstreuung auf. Im Café Cosmo in Swiss Cottage traf man nur Österreicher und Tschechen. Ich ging oft mit Bina hin. Der Czech Club war beliebter Sammelpunkt der Sudetendeutschen, bekannt für seine guten Knödel und dafür, dass man dort ungestört politisieren konnte.

In Hampstead gab es den Freien Deutschen Kulturbund, den Fred aber mied, weil er nichts mit der deutschen Kultur zu tun haben wollte, auch wenn es die jüdisch geprägte der Emigranten war. Viel lieber ging er in das von österreichischen Flüchtlingen gegründete Austrian Centre. Es war nicht nur Heimweh, das die Österreicher dorthin trieb, sondern auch das Bedürfnis, sich damit für alle sichtbar von dem »Anschluss« Österreichs zu distanzieren. Das Austrian Centre, das zunächst in einem schäbigen Haus in Westbourne Terrace untergebracht war, machte für viele die Emigration erträglicher.

Die kleine österreichische Insel hielt eine Bibliothek samt Lesesaal bereit, ein Restaurant mit günstigen Gerichten, Vortragsräume, Englischunterricht, Vorlesungen und Debattierklubs. Beliebter Treffpunkt war das zugehörige Laterndl, eine typisch österreichische Kleinkunstbühne, ein Fleckerl Wien mitten in London. Fred traf dort auch Paul Knepler wieder, den Lehár-Librettisten aus Wien, der zusammen mit seinem Sohn Georg die musikalische Leitung des Laterndl übernommen hatte. Georg Knepler arbeitete tagsüber als Sekretär im Austrian Centre, und abends begleitete er die Kabarett-Aufführungen im Laterndl am Flügel. Es war gar keine Frage, dass man sich für die Kultur seiner Heimat engagierte, um sie vor dem Vergessen zu bewahren. Auch Fred, der sich mit Paul Knepler bald sehr anfreundete, half gelegentlich mit Textideen für Sketche aus. Es war für ihn eine der wenigen Gelegenheiten, in seiner Muttersprache zu schreiben. Man spielte Selbsterdachtes, aber auch die *Dreigroschenoper* und viele Stücke von dem jungen Wiener Schriftsteller Jura Soyfer, der wenige Tage nach Freds Entlassung im KZ Buchenwald im Alter von nur 26 Jahren an Typhus gestorben war.

Im *Blue Danube* zog der Wiener Kabarettist Peter Herz gegen die Nazis vom Leder. So scharfzüngig, dass ihm der *Völkische Beobachter* einmal drohte: »Wir werden diese frechen Burschen in der Finchley Road, die es wagen, uns zu verhöhnen, schon einmal in die Finger bekommen, dann wird diese ›Blaue Donau‹ in ein KZ abgeleitet werden.« Peter Herz ließ sich davon nicht beeindrucken. Seine Conférencen waren gut besucht. Fred und ich gingen gerne mit Freunden hin. Unsere Wehr gegen die Nazis war der Witz, unser Widerstand war das Lachen. Mehr hatten wir nicht in der Hand.

Ich hätte Marianne gerne dabei gehabt. Sie sandte unglückliche Briefe aus Dublin, wo sie inzwischen als Aupairmädchen bei einer Familie arbeitete, und beklagte sich, dass sie dort nicht genug zu essen bekäme. »Ich bin ganz dünn geworden«, schrieb sie, und dass sie nun endlich nach London kommen wolle. Ich vertröstete sie noch und schickte ihr fortan jede Woche zehn Shilling, damit sie sich etwas zu essen kaufen konnte.

Auch um meine Eltern machte ich mir große Sorgen. Seit Monaten hatte ich keine Nachricht mehr von ihnen, der Krieg hatte den Briefkontakt abgeschnitten. Einem ihrer letzten Briefe hatte ich entnommen, dass Marianne Bauer sie fast täglich besuchte. Marianne, eine ehemalige Aussiger Ruderkameradin von mir, arbeitete als Krankenschwester in einer Augenklinik in Prag. Optisch hätte sie mit ihren weizenblonden Haaren und den wasserblauen Augen das perfekte Hitlermädel hergegeben. Aber sie war das uneheliche Kind einer Jüdin. Ihre Mutter hatte sich das Leben genommen, als Marianne noch ein Kind war, und ihr Onkel, ein Rechtsanwalt aus Aussig, hatte sie adoptiert. In Prag, wohin sie schon vor der Annexion des Sudetenlandes übersiedelt war, hatte sie einen deutschen Freund. Sie war sehr glücklich mit ihm, und beide sprachen schon vom Heiraten. Wenige Tage nach Hitlers Einmarsch in der Stadt aber hatte der Deutsche sie verlassen.

Ich werde Marianne nie vergessen, was sie für meine Eltern tat. Mehrmals die Woche brachte sie ihnen ein warmes Mittagessen. Sie ließ es in der Augenklinik mitgehen und schmuggelte es irgendwie unter ihrem weißen Schwesternkittel heraus. Es war ein riskanter Freundschaftsdienst. Wenn man sie erwischt hätte, wäre sie sicher nicht nur ihre Stelle los gewesen. Dennoch beruhigte es mich, Menschen wie sie in der Nähe meiner Eltern zu wissen.

In der Nacht auf den 8. September 1940 begann der »Blitz« in London. Morgens um vier tauchten mehrere hundert deutsche Kampfbomber auf. Die Flieger füllten den ganzen Himmel und servierten einen Vorgeschmack der Hölle. Ihre Bomben gingen vor allem in den Docks im Osten Londons nieder, wo Millionen Tonnen Holz lagerten, die sich augenblicklich in eine Feuersbrunst verwandelten. Tausend Feuerwehrpumpen versuchten das Flammeninferno zu bezwingen. Es gab einige hundert Tote, und es war nur der Anfang.

Von nun an kamen die Bomber jede Nacht und oft auch bei Tag. Eines der schlimmsten Feuer, so dachte man damals noch, legten sie am 10. September im St. Katherine's Dock, wo die riesigen Lagerhallen standen, in denen Paraffinwachs aufbewahrt wurde. Die Flammen schossen 200 Meter hoch, und das Paraffin quoll wie Lava überall hervor und legte sich als wächserne Decke über das Wasser der Themse. Von den siebengeschossigen Lagerhallen blieb nur ein Haufen rauchender Asche.

Ich hatte keine Angst. Nicht um mein Leben. Ich bangte um die anderen, allen voran um Fred. Wenn möglich, riefen wir einander nach wie vor jeden Morgen an, um uns zu vergewissern, dass der andere noch am Leben war. Ich durfte das Telefon der Pelzhändler benutzen, und Fred teilte sich einen Anschluss mit seinem Bruder. Aber oft waren die Leitungen kaputt, und man blieb tagelang ohne Nachricht.

Zum Glück war der Stadtteil Swiss Cottage, wo Fred mit seinem Bruder inzwischen in einem kleinen Appartement wohnte, von den Bombenangriffen verschont geblieben. Nur einmal hatte sich ganz in der Nähe eine Bombe verirrt. Ich war an diesem Abend bei Fred zu Besuch gewesen. Wir saßen mit Mundy und dessen Freundin vor dem Kamin und spielten Karten, als wir die Detonation hörten. Im selben Moment platzte aus dem Kamin eine Rußwolke hervor, die offenbar von der ungeheuren Druckwelle, die die Bombe erzeugt hatte, herrührte. Sie bedeckte das ganze Zimmer mit einer schwarzen Rußschicht. Aus Schornsteinfeger-Gesichtern blitzten erstaunt aufgerissene Augen, dann die weißen Zähne, weil jeder beim Anblick des anderen in Gelächter ausbrach. Bis in die Morgenstunden waren wir damit beschäftigt, überall den Ruß wegzuputzen. Auch wenn es heute schwer vorstellbar ist, damals konnten wir gar nicht aufhören zu lachen.

Ständige Lebensgefahr züchtet einen fast sarkastischen Mut, den man in friedlichen Zeiten wohl nie aufbringen würde. Nachdem wir die ersten Tage überlebt hatten, begannen wir uns langsam sicher, ja fast unverletzbar zu fühlen. Den meisten ging es so. Wenn eine deutsche Fallschirm-Bombe zu Boden segelte, rannten die Leute oft zu dem vermuteten Landeplatz, als sei nichts zu befürchten. Aus der deutschen Fallschirmseide, so hatte es sich herumgesprochen, ließen sich schöne Blusen und Kleider nähen.

Von September bis Mitte November kamen die deutschen Todesschwadronen jede Nacht – mit Ausnahme einer einzigen, in der das schlechte Wetter einen Angriff vereitelte. Die schlimmsten Nächte waren die klaren. In der hell erleuchteten Vollmondnacht vom 15. Oktober zog eine Flotte von mehr als 400 deutschen Flugzeugen am Himmel von London auf und ließ über 500 Tonnen Bomben auf die Stadt fallen. Allein in dieser Nacht starben 400 Zivilisten.

Im Zentrum waren der Buckingham Palace, der Tower, Madame Tussaud's und das Natural History Museum, der Tower und der Zoo getroffen worden. Im West End lagen viele vornehme Klubs in Schutt und Asche. Die Oxford Street wurde so schwer zerstört, dass man meinte, dort die nächsten Monate nicht mehr einkaufen zu können. Doch schon vier Tage später waren die Geschäfte wieder eröffnet, manche hatten ostentativ den Union Jack über die Trümmer gebreitet, und der Verkauf ging weiter. Vor der St. Paul's Cathedral hatte sich eine schwere Bombe tief in die Erde gebohrt, ohne zu explodieren. Mutige Männer gruben sich zu dem Ungetüm vor, bargen es mit aller Sorgfalt und brachten es nach Hackney Marshes, wo das Ding in die Luft ging und einen 30 Meter großen Krater riss. Den Helden wurde das »George Cross« und die »George Medal« verliehen. Neue Orden, die King George für tapfere Militärs und mutige Zivilisten ersonnen hatte.

Das Volk huldigte den Helden aus den eigenen Reihen, und der Krieg verbrüderte die Bürger zu einer Laien-Armee. Bei der »Home Guard« kämpften Pfadfinder neben Pensionären, Beamte neben Geschäftsleuten, junge Mütter neben alten Menschen. Natürlich freiwillig und unentgeltlich. Ich arbeitete als »Messenger« in Swiss Cottage für die »Home Guard«. Zweimal die Woche hatte ich die ganze Nacht Dienst. Wir waren zu viert in kleinen Blechhütten untergebracht, die kaum größer waren als eine Gartenlaube. Wir schliefen, sofern an Schlaf zu denken war, in unserer Straßenkleidung auf Matratzen. Es gab einen Heißwasserkocher für Tee, mehr nicht. Vor der Hütte stand ein »Home Guard«-Posten, der die Bombeneinschläge verfolgte. Meist waren es alte Veteranen, die schon im Ersten Weltkrieg gekämpft hatten und nicht so leicht aus der Ruhe zu bringen waren. Wenn eine Bombe in der Nähe detonierte oder Flammen aufstiegen, weckte uns der

Mann sofort und schickte uns mit dem Fahrrad zur nächsten Zentrale, wo wir den Einschlag zu melden hatten. Nie bin ich schneller geradelt, als in diesen Nächten. Als »friendly alien« durfte ich Fahrrad fahren, den »enemy aliens« war das verboten.

Das Herz schlug mir bis zum Hals, wenn ich durch verwaiste und abgedunkelte Straßen raste, während sich am Himmel der Widerschein der Feuer spiegelte und das Dröhnen der Flieger, das Krachen der Einschläge, das Knattern der Abwehrgeschosse und das Heulen der Sirenen zu einem kakophonischen Chor verdichteten. Unterwegs hängte mein Stolz die Furcht ab, denn zum ersten Mal hatte ich das Gefühl, wirklich etwas tun zu können gegen die verhassten Nazis. So marginal mein Beitrag als kleine Fahrradbotin auch sein mochte, mir war jeder Tritt in die Pedale wie ein Tritt gegen den Feind. Ich blühte regelrecht auf, wenn ich Dienst hatte.

Zigtausende Menschen wurden in den ersten Wochen der Bombardements obdachlos. Man brachte sie in ehemaligen Schulen, Turnhallen oder U-Bahnstationen unter, und mobile Küchen versorgten sie. In den U-Bahnen schliefen die Leute auf Strohsäcken und Matratzen, ganze Familien wohnten unter der Erde.

Die meisten Kinos und Theater im West End nahmen ab Oktober 1940 wieder ihr Programm auf, meist zeitlich nach vorne verlegt, damit man abends, pünktlich zum Luftangriff, wieder zu Hause war. Fred und ich sahen uns *Vom Winde verweht* am Leicester Square an. Natürlich musste ich ständig heulen. Fred zog ein Taschentuch nach dem anderen aus seiner Jackentasche und reichte es mir wortlos. Inzwischen schien er mich wirklich zu kennen. Wir gingen sehr häufig ins Kino. Die Welt dort drinnen war schöner als die draußen.

Meine vier Pelzhändler blieben recht stoisch – auch was meine persönliche Sicherheit betraf. Sobald am Abend die Sirenen losheulten, nahmen sie den Lift hinunter zum Luftschutzkeller und ließen mich zurück. »Ilse, brühen Sie uns doch noch schnell eine Kanne Tee auf, und machen Sie uns ein paar Sandwichs, damit wir dort unten nicht vor Hunger sterben«, sagten sie mir. In dieser Zeit habe ich mir angewöhnt, Sandwichs sehr zügig zu belegen, und auch der Tee war meist recht dünn, weil ich ihn nicht lange ziehen ließ. In der Küche einer im vierten Stock gelegenen Wohnung fühlt man sich nicht besonders behaglich, wenn die ganze Stadt unter den Detonationen erzittert.

Trotzdem schmierte ich immer ein paar Brote zu viel, damit auch noch etwas für die anderen Hausbewohner abfiel. Die Pelzhändler hatten nichts dagegen. Irgendjemand hatte auch immer etwas Kuchen oder ein paar Äpfel dabei, und man teilte alles mit großer Selbstverständlichkeit.

Im Keller nannten sie mich »Miss Cheerful«, weil ich immer eine Menge jüdischer Witze auf Lager hatte. Die meisten Hausbewohner waren Juden, die im Stadtteil Hendon die Mehrheit der Bevölkerung stellten. Oft bogen wir uns vor Lachen, während um uns herum die Welt in Stücke flog. Es war wie ein aufgetragenes Lachen, eine Spur zu laut und zu schallend, weil sich darunter die mühsam zurückgehaltene Anspannung und die Erschöpfung des anhaltenden Schlafentzugs verbargen. Meist sangen wir auch. Überall in den Luftschutzkellern sang man gegen die Angst und das Donnern der Explosionen an. Ich trug tschechische Lieder vor, und gemeinsam schmetterten wir englische Volkslieder. In ganz England hörte man damals das Lied »We're Going To Hang Up The Washing On The Siegfried Line«. Eine Häme auf die Deutschen, deren Verteidigungslinie man hier die Siegfried Line nannte und auf welcher man nun bald deren Unterhosen aufhängen würde. Der Name Siegfried stand für hässliches Deutschtum – ein Glück, dass Fred ihn abgelegt hatte.

Gewöhnlich war man in Luftschutzkellern auch gut vor frischer Luft geschützt. In den meisten stank es gottserbärmlich. Mehr Durchzug gewährten die U-Bahnstationen, die kurz nach den ersten Angriffen als Bunker genutzt wurden und in manchen Nächten über 170 000 Menschen aufnahmen. Doch selbst dort, in vermeintlich sicheren Bauten, kamen Menschen durch Einsturz, Überflutungen oder Panikfluchten ums Leben.

In unserem Keller hockten die Bewohner von 60 Apartments aufeinander, und für uns alle gab es nur vier Latrinen. Schnell addierten sich die Körperausdünstungen zu einer Geruchswolke, die man in Scheiben hätte schneiden können. Die Kinder schliefen oder spielten auf dem Boden, der zum Teil mit Matratzen ausgelegt war. Babys wurden an die Brust gelegt. Viele Frauen strickten. Eine von ihnen brachte mir das Rückstrick-Muster bei und ich begann einen Winterpullover für Fred. »Bis der fertig ist, wird auch der Krieg zu Ende sein«, sagte Fred trocken, denn er wusste, dass ich in Handarbeiten keine große Leuchte war. Ich wollte ihm das Gegenteil beweisen und strickte fortan bei jedem Bombenalarm wie besessen an dem Wollstück weiter. Als Fred den Pullover schließlich nach wenigen Wochen anprobierte, reichte er ihm bis zum Knie.

Meine Talente lagen wohl tatsächlich woanders. In der Zeitung entdeckte ich das Inserat eines Tierarztes, der nach einer böhmischen Köchin Ausschau hielt, die ihm zugleich als tiermedizinische Assistentin zur Hand gehen solle. Er bot das Doppelte meines bisherigen Gehalts, und ich sagte sofort zu.

Der Tierarzt, der nur ein paar Häuserblocks von den Pelzhändlern entfernt wohnte, hieß Edgar Lustig und war ganz selig, als ich ihm böhmische Speise auftischte, die er so sehnlich vermisst hatte. Nicht alle freilich, denn auch der Herr Doktor erhielt nur, was ihm das »Ration Book« zuteilte.

Viele Leute brachten ihre Haustiere zum Einschläfern in seine Praxis. In den Luftschutzkellern waren Tiere nicht erwünscht, und immer weniger Menschen konnten sich das Futter noch leisten. Inzwischen war es sogar verboten, Nahrungsmittel, die auch zum menschlichen Verzehr geeignet waren, an Hunde und Katzen zu verfüttern. So verging kaum ein Tag, an dem Herr Lustig nicht des traurigen Amts waltete, den Vierbeinern eine finale Injektion zu verabreichen. Manchmal klingelte sein Telefon, wenn er gerade dabei war, und er drückte mir die Spritze in die Hand, damit ich das Angefangene zu Ende brächte. Spritzen zu setzen hatte ich ja als Krankenschwester gelernt. Aber das waren andere Spritzen gewesen, heilende. Nun also waren es tödliche, die die Tiere davor bewahren sollten, das zu erleben, was den Menschen womöglich bevorstand. Was für eine entgleiste Welt.

Zwei Tage vor Silvester kehrten die feindlichen Bomber noch einmal nach London zurück. Die Wochen zuvor war es ruhiger gewesen, und die Stadt hatte etwas aufgeatmet. Die Deutschen hatten ihre Aufmerksamkeit auf andere Städte gelenkt, sie hatten Birmingham angegriffen und Coventry zu einem Skelett gebombt.

Nun also kamen sie noch einmal. Es war der erste Sonntag nach einem erstaunlich ruhigen Weihnachten, ein trügerisch stiller Tag. London schlummerte im Sonntagsschlaf, die Feuerwachen waren nicht in Alarmbereitschaft, und wegen des niedrigen Wasserstands waren die Feuerwehrboote auf der Themse manövrierunfähig. Die Stadt war verwundbar wie selten, und sie sollte es teuer bezahlen. 1500 Feuer brannten in dieser Nacht, die meisten davon in der City. Sie verdichteten sich zu zwei gewaltigen Feuersbrünsten, wie sie London während des Krieges nie wieder erlebt hat.

Wie durch ein Wunder überstand es die St. Paul's Cathedral, obwohl sie von mehr als 20 Brandbomben getroffen wurde.

Aber um die Kathedrale herum lag eine Trümmerlandschaft, die noch Tage später, als Fred wieder zur Arbeit ging, rauchte und schwelte. Das Geschäftshaus, in dem Fred arbeitete, stand noch, aber er sah viele Männer ratlos mit ihren Aktentaschen in den Trümmern stehen, unter denen ihr vormaliger Arbeitsplatz begraben war. Als hofften sie auf einen Wink des Schicksals, erschienen etliche von ihnen auch am nächsten Tag wieder an Ort und Stelle.

Inzwischen hatte man sich daran gewöhnt, auf dem Weg zur Arbeit über Schuttberge zu klettern. Fred sah abends oft aus, als käme er von einer Baustelle. Die Haare und die Kleidung waren überpudert mit einer grauen Staubschicht, die die ganze Stadt zudeckte. Unverdrossen bürstete er allabendlich seinen Anzug aus und polierte seine Schuhe, bis sie wieder glänzten wie eine Speckschwarte. »Warum tust du das?«, fragte ich einmal. »Bis morgen Abend ist doch alles wieder genauso schmutzig.«

Fred hielt inne, als sei er schmerzlich getroffen. »Was denkst du?«, sagte er kopfschüttelnd. »Ich werde mir doch von den Deutschen nicht noch einmal den Dreck aufzwingen lassen. Und wenn ich mich jede Stunde von Kopf bis Fuß ausbürsten muss.«

So focht jeder seinen Kampf. Ich radelte durch die Bombennächte, und Fred wehrte sich mit der Kleiderbürste gegen die Deutschen. Das sah nicht wirklich nach Sieg aus.

9

Heute Morgen war ich schon in aller Früh wach. Draußen duckte sich noch die Dunkelheit, und kalte Nachtluft drang durch den offenen Spalt des Fensters. Sie fuhr mir über das Gesicht und holte mich zurück nach London. Über Nacht war ich wieder in Böhmen gewesen. Ich war durch unser Haus in Türmitz gegangen, aber alles war anders als früher. Das Haus war verwaist. Da, wo einst die Möbel gestanden hatten, klafften kahle Stellen wie Wundmale an den Wänden. Mutter und Vater waren nicht da, auch Marianne war fort.

Die Heimat hört nicht auf, mich nachts heimzusuchen. Emigrantenträume nennen sie das. Meine Freunde haben sie auch, alle Flüchtlinge kennen sie. Gleich einer nächtlichen Schicksalsgemeinschaft versammeln wir uns während des Schlafs im Vorführraum unserer Vergangenheit. Tagsüber, wenn der Verstand die Ängste bezwingt, sind die Bilder der Heimat heiterer. Manchmal blitzt die Idylle des Elbtals vor meinem Auge auf, die Blumenpracht in Großvaters Garten, die eleganten Straßen in Prag. Nachts treten die Schrecken herein. Oft träume ich, dass Vater und Mutter vor meinen Augen abgeführt werden. Ich möchte schreien und sie festhalten, doch meine Glieder können sich nicht bewegen, und meine Schreie bleiben stumm.

In den ersten Monaten nach meiner Ankunft in England brach die Heimat Nacht für Nacht in meinen Träumen hervor. Während des Kriegs dann drängte die Gegenwart die nächtliche Nostalgie zurück. In den Luftschutzkellern war der Schlaf zu dünn für Träume.

Fred, bei dem ich manchmal übernachtete, hatte damals

die schlimmeren Träume, wenn er denn überhaupt Schlaf fand. Mitunter schrie er oder schreckte schweißnass auf, und ich musste ihm lange beruhigend zureden, um ihn in die Gegenwart zurückzuholen. Nicht nur die eigenen Traumata quälten ihn, er zermarterte sich vor allem wegen seiner Eltern. Die Ungewissheit über ihr Befinden gab den schlimmsten Befürchtungen Raum.

Unter den Wiener Juden machten im Januar 1941 die ersten Gerüchte von der bevorstehenden »Umsiedlung« nach Polen die Runde und versetzten die Bewohner in hellen Aufruhr. Wenig später wurden die ersten Juden vom Wiener Aspangbahnhof in das »Generalgouvernement«, das unter deutsches Besatzungsrecht gestellte Zentralpolen, deportiert. Die Namenlisten wurden von der Zentralstelle für jüdische Auswanderung zusammengestellt; der jüdischen Kultusgemeinde oblag die Benachrichtigung der Selektierten und die Verpflegung der Internierten in den Sammellagern. Nach fünf Transporten stellte man die Deportationen vorübergehend ein. Noch war die Systematik der Vernichtung nicht vollends ausgearbeitet.

Von Vater und Mutter gab es kaum mehr Lebenszeichen. Der Briefverkehr zwischen Prag und London war nach wie vor unterbunden, und alles, was meine Eltern tun konnten, war sporadisch nach New York zu schreiben, wohin meine Freundin Susie Meyer, die vormalige Governess bei den Lavers, mit ihren Eltern emigriert war. Die USA waren noch neutral. Es gehe ihnen gut, schrieben meine Eltern immer, und dass sie weiter alles versuchten, um außer Landes zu kommen. Auch Fred erhielt nur noch über Freunde in den USA Nachricht von seinen Eltern in Wien, die inzwischen in ein Judenhaus in der Großen Schiffgasse hatten umziehen müssen. Er ahnte nicht, dass dies ihre letzte Adresse sein sollte.

Wohl niemand von uns mochte sich vergegenwärtigen, wie

aussichtslos die Lage für die Zurückgebliebenen war. Heute weiß ich, dass das Schicksal meiner Eltern schon damals so gut wie besiegelt war. Ende 1940 hatte man die Juden Prags gezwungen, alle Ersparnisse auf Sperrkonten zu überweisen. Gold, Silber und Juwelen hatten sie zuvor schon abgeben müssen. Nunmehr war ihnen nur noch die Entnahme minimaler Summen von dem Konto erlaubt, und die Summen wurden immer weiter herabgesetzt. Meine Eltern waren inzwischen schlicht zu arm, um noch ausreisen zu können. So wie Tausende andere Juden auch.

Marianne wollte ich immer sehnlicher bei mir haben. Inzwischen hatten die Luftangriffe etwas nachgelassen, und ich wagte es, wieder weiter als bis zum nächsten Tag voraus zu planen. Wenn Marianne hier wäre, könnten wir zusammen wohnen und uns ein eigenes Zuhause schaffen. Dazu musste ich allerdings meine Stelle als Hausmädchen aufgeben und mir einen Arbeitsplatz suchen, der nicht zugleich mein Domizil war. Eine Weile widerstrebte es mir, meine gut bezahlte Anstellung bei Herrn Lustig ohne die feste Aussicht auf eine nachfolgende aufzugeben, bis die Entscheidung durch äußere Kräfte beschleunigt wurde.

Es sollte eigentlich ein besonders glanzvoller Abend werden, jener, an dem Herr Lustig seine Nachbarin, die bis zu meiner Ankunft oft für ihn gekocht und sich so seiner Anhänglichkeit versichert hatte, zu Ehren ihres Geburtstages einlud. Lustigs Vater hatte eigens einen Hasen auf dem Schwarzmarkt organisiert. Zwar war ich noch immer kein Freund von Hasenbraten, dazu rührte mich der Anblick der Tiere zu sehr, aber ich gab mir doch redlich Mühe, aus dem teuren Stück eine schmackhaftes Gericht zu zaubern. Ich füllte den zuvor marinierten Hasen mit Kräutern und garte ihn in einem kräftigen Rotweinsud. Bald duftete es verlockend in der ganzen Wohnung. Die Gerüche erinnerten mich an die Festtagsessen zu Hause in Türmitz, wo die Kochdüfte immer wie feine Fahnen aus der Küche geweht waren.

Als ich, noch ganz in Gedanken, das Essen auftischte, hörte ich Edgar Lustig sagen: »Ilse, das hatte ich vergessen, wir hätten natürlich das gute Rosenthal-Service für diesen Abend aufdecken können.« Noch ehe ich etwas erwidern konnte, sagte die Nachbarin: »Ach, lassen Sie nur, Edgar, wissen Sie, da wo die Ilse herkommt, da hat man mit den Fingern gegessen. Wie soll sie es besser wissen?«

Die Sauciere schwappte über, weil ich sie so ruckhaft absetzte. Wuttränen schossen mir in die Augen, und ich stürmte aus dem Zimmer, ohne ein Wort zu sagen. Am liebsten wäre ich auf die Straße gerannt und weiter noch, zurück in das Damals, das es nicht mehr gab. Ich wählte Freds Nummer und berichtete ihm heulend, was geschehen war. Er versprach, sofort zu kommen.

Herr Lustig war mir inzwischen nachgeeilt, um sich für die Ungehörigkeit seines Gastes zu entschuldigen. Aber es war zu spät. Eine Stunde später stand Fred in der Tür und sagte zu meinem Dienstherrn: »Sie werden Verständnis dafür haben, dass Ilse unter diesen entwürdigenden Umständen nicht weiter bei Ihnen arbeiten wird. Ich kündige in ihrem Namen!«

Wie ich Fred dort stehen sah, äußerlich gefasst, aber innerlich in Rage, wusste ich, dass er genauso getroffen war wie ich, die ich kein Wort mehr herausbrachte. Dachten alle Menschen so über uns Emigranten? Ahnten sie nicht, dass wir einmal über den gleichen Lebensstandard verfügt hatten wie sie und es einiges an Tapferkeit verlangte, alles verloren zu haben und wieder ganz unten anzufangen?

Sicher, den meisten Briten war es durchaus bewusst. Denn allgemein änderte sich das Klima, und man begegnete den Flüchtlingen längst nicht mehr mit Skepsis wie noch zu Kriegsbeginn. Dass die Internierung der Emigranten blanker

Unsinn war, hatte mittlerweile jeder verstanden, es hatte sogar offizielle Proteste gegeben, und die Internierten kehrten langsam wieder aus den Lagern zurück. Ferdinand Rauter war, nachdem man ihm bescheinigt hatte, dass er ein »eminent musician« war, schon im Dezember entlassen worden und arbeitete jetzt wieder als Musiker.

Das Land brauchte die Flüchtlinge – und es brauchte seine Frauen. Weil die Männer zu Tausenden zum Militär abkommandiert waren, suchte man händeringend nach Ersatz. Die Zeitungen waren voll mit Inseraten, in denen man nach Buchhaltern, kaufmännischen Angestellten, Verkäufern und dergleichen Ausschau hielt. Der Krieg, so schien es, schob die Emanzipation kräftiger an als einst die Suffragetten. Plötzlich sah man Frauen in Männerdomänen eindringen. Sie fuhren die städtischen Busse und kellnerten in den Lokalen, sie arbeiteten bei der »Home Guard« mit der gleichen, sich einbürgernden Selbstverständlichkeit, mit der sie hinter dem Bankschalter und bei der Feuerwehr ihren Dienst versahen. Manche Hausfrau lernte gar das Schießen. Bina hatte eine Stelle als Dolmetscherin bei Selfridges gefunden und empfahl mir, doch auch dort vorstellig zu werden. Weil ich dringend Arbeit suchte, folgte ich ihrem Rat und wurde von einer nur mäßig interessierten Dame empfangen.

»Tut mir Leid«, sagte sie, »aber im Moment haben wir nichts frei. Kommen Sie nächsten Monat wieder.« Als sie meinem Gesicht entnahm, wie viel Verzweiflung dieser Satz darin anrichtete, hatte sie wohl Erbarmen. »Also gut«, lenkte sie ein, »da Sie nun schon mal da sind, füllen Sie doch gleich diese Formulare aus. Tragen Sie ein, was Sie gelernt haben und wo Sie zur Schule gegangen sind.«

Ich tat, wie mir geheißen, und gab ihr die beschriebenen Seiten wieder. Sie warf einen flüchtigen Blick darauf, hielt inne und las noch einmal genauer. »Sie sprechen vier Sprachen?«, fragte sie. »Sie haben eine kaufmännische Ausbildung gemacht und in der Firmenleitung gearbeitet? Und ausgebildete Krankenschwester sind Sie auch?« Ich nickte. »Warten Sie einen Moment«, wies sie mich an und verschwand im Zimmer ihres Chefs.

Dieser kam bald herausgestürmt und schüttelte mir kräftig die Hand. »Miss Lönhardt«, sagte er, »wir würden Sie auf der Stelle einstellen, doch im Moment ist wirklich nichts frei. Aber ich mache Ihnen einen Vorschlag: Sie bekommen ab nächster Woche Ihr volles Gehalt, müssen aber erst in einem Monat bei uns anfangen, wenn in der Buchhaltung eine Stelle frei wird. So eine qualifizierte junge Frau wie Sie darf man sich nicht entgehen lassen.«

Das Lob strömte mir warm ins Innere und dämpfte das kalte Gefühl der Entwertung, das mich in den letzten Anstellungen immer stärker beschlichen hatte. Endlich hatte ich Aussicht auf einen richtigen Bürojob, der mit zwei Pfund und zehn Shilling die Woche auch besser bezahlt war als alle bisherigen Arbeiten. Damit würde ich mir sogar ein eigenes Zimmer leisten können. Und endlich könnte Marianne nach London kommen.

Fred war begeistert, als ich ihm davon erzählte. »Komm, lass uns heute Abend tanzen gehen«, sagte er. »Das muss gefeiert werden.« Wir gingen ins Austrian Center, ich trug mein graues Kostüm mit »no pockets« und Fred bestellte zur Feier des Tages eine halbe Flasche Wein. Wir tanzten einen langsamen Tango. Fred drückte mich sanft an sich und sang mir leise ins Ohr. »So suddenly I found love«, sang er und fuhr, bestärkt durch mein geschmeicheltes Lächeln, fort: »I found love right in front of me, when we danced and I looked at you, love came out of the blue. So suddenly did my heart sing a melody.«

»Was ist das?«, sagte ich. »Ein neuer Song?«

»Gefällt er dir?«, fragte Fred.

»Oh, ausgezeichnet, aber das liegt unter Umständen daran, dass ich den Text persönlich nehme.«

»Sollst du auch«, sagte er und lächelte. »Was glaubst du wohl, an wen ich gedachte habe, als ich ihn schrieb.«

Bald darauf veröffentlichte Hans May den Titel in seinem Verlag Schauer & May. Er war im Radio zu hören und wurde von verschiedenen Tanzorchestern in der Stadt ins Programm genommen. Unter anderem spielte ihn Jack Payne, der sich als Leiter des BBC-Tanzorchesters großen Ruhm erworben hatte. Es dauerte nicht lange, und Fred und ich tanzten zu dem Tango-Foxtrott, und das Orchester spielte sein Lied »So Suddenly«. So plötzlich war sein Leben ein ganz anderes geworden.

Auch meins änderte sich wieder. In Goldhurst Terrace hatte ich endlich eine kleine Wohnung gefunden, die ich mir mit zwei jüdischen Emigrantinnen teilte. Eva war aus Danzig und ebenfalls bei Selfridges angestellt. Friedl, die zweite Mitbewohnerin, stammte aus Berlin. Sie hatte als Einkäuferin im KaDeWe gearbeitet und dabei einen stilsicheren Geschmack kultiviert, der sogar den Entbehrungen des Krieges stand hielt. In London verdiente sich Friedl, die ich über ein Inserat am Schwarzen Brett im Café Cosmo gefunden hatte, ihren Lebensunterhalt als Schneiderin.

Mir gefiel unser Dreimäderlhaus. Die Zimmer waren nur mit dem Nötigsten ausstaffiert, aber dennoch war es unser eigenes Reich. Es erinnerte mich an die Zeit der Freiheit mit Traute Fehres, von der ich schon seit einer Ewigkeit nichts mehr gehört hatte. Abends saßen Eva, Friedl und ich noch lange beisammen und erzählten von unserer Heimat und von unseren Eltern.

Wir alle waren ohne sie in England. Fred, Bina, Paul, Eva, Friedl und viele andere. Die meisten hatten lange nichts mehr von zu Hause gehört. Insgeheim lebte jeder von uns mit der

Ahnung, dass er Vater und Mutter nie wieder sehen würde. Die Nazis hatten uns zu einer elternlosen Generation gemacht, zu Waisen im Exil.

Im Februar schoss die Luftwaffe den Londoner Stadtteil Hendon, in dem ich zuvor gelebt hatte, in einer Nacht zu Trümmerland. Im März wurde das Café de Paris getroffen, und mehrere Menschen starben. Es war ein beliebter Emigrantentreffpunkt gewesen, den auch Fred und ich einige Male aufgesucht hatten. Ich hatte das Gefühl, die Einschläge kämen näher.

In Folge des verheerenden Dezember-Feuers in der City wurden die Firmen verpflichtet, in ihren Bürohäusern Feuerwachen aufzustellen. Fred meldete sich freiwillig als »fire watcher«. Nachts, wenn die Bomben vom Himmel regneten, stand er auf dem Dach eines Firmengebäudes vis-a-vis von der St. Paul's Cathedral und versuchte mit einem Feldstecher zu orten, wo die tödlichen Geschosse einschlugen und Feuer aufloderten. Über ein Feldtelefon wurden die Meldungen an eine Zentrale weiter gegeben. Ich hatte jedes Mal große Angst um ihn, wenn er Nachtdienst hatte. Aber ich verlor kein Wort darüber. Für Fred war es der in seiner relativen Passivität geradezu anrührende Versuch, sich der Nazis zu erwehren. Das wollte ich ihm nicht ausreden.

Nachdem ich nun meine Stelle bei Selfridges angetreten hatte, konnte auch Marianne endlich kommen. Die Gewissheit, für sie sorgen zu können, beruhigte mich. Auch wenn sie das bis heute anhaltende Schuldgefühl, meine Eltern nicht herausgeholt haben zu können, nicht bezwingen konnte, war ich doch heilfroh, wenigstens meine kleine Schwester wieder bei mir zu haben.

Diesmal war ich auch pünktlich am Bahnhof, um sie abzuholen. Doch ich erkannte Marianne fast nicht. Sie war gewachsen und hatte ihre Haare abgeschnitten. Aber das war es nicht.

Marianne sah entsetzlich krank aus. Ihr vormals schlanker Hals war aufgebläht wie der einer Kröte, ansonsten aber war sie spindeldürr. Was war ihr nur widerfahren?

»Mein Kleines«, sagte ich und strich ihr über die Haare, »haben sie dir so wenig zu essen gegeben in Dublin?«

»Ach Ische, ich will gar nicht mehr darüber reden«, sagte sie und schmiegte sich an mich. »Hauptsache, ich bin endlich bei dir.«

Später erzählte sie mir doch, dass sie sich von dem Geld, das ich ihr immer geschickt hatte, nur Kekse und Schokolade gekauft hatte. Ich war entsetzt. Obst hätte sie sich dafür besorgen sollen und Gemüse. »Aber ich war so allein, und ich fühlte mich so schrecklich, und mit Schokolade ging es mir dann wieder besser«, sagte sie. »Nun schimpf mich nicht, Ilse, jetzt bin ich ja bei dir, und wenn du für mich kochst, werde ich ganz schnell wieder gesund.«

Von wegen. Marianne, das bescheinigte mir ein Arzt, den ich mit ihr aufsuchte, hatte eine gefährliche Schilddrüsenvergrößerung, die von der mangelhaften Ernährung herrührte. »Sie müssen das eigentlich operieren lassen«, sagte er in dem ernsthaften Tonfall eines besorgten Mediziners. »Haben Sie denn Geld, um das zu bezahlen?«

Genauso gut hätte er mich fragen können, ob ich denn nicht Lust hätte, einen Teil des Buckingham Palace zu pachten. Ich hatte schlicht keinen Penny für eine Operation. Aber Marianne musste unbedingt behandelt werden, das war keine Frage. Wo könnte ich nur so viel Geld auftreiben?

Ich rief Erika an, eine Freundin von Mundy, die als Ärztin in einem Londoner Frauenspital arbeitete. Sie machte uns einen Termin bei ihrem Kollegen, einem Chirurgen namens Dr. Joel. »Wir müssen die Geschwulst so schnell wie möglich entfernen«, sagte auch dieser. Er bestellte Marianne gleich für den nächsten Wochenanfang in die Klinik. Die Operation dauerte zwei Stunden. Dr. Joel nahm kein Geld dafür.

Menschen wie diese waren das Licht des Krieges. Menschen, die mit großer Selbstverständlichkeit halfen und teilten und schenkten. Natürlich gab es auch die anderen, die ausgebombte Häuser plünderten oder Verletzten die Ringe von den Fingern abstreiften. Die Masse der Briten jedoch war verschworen in einem Geist der Brüderlichkeit, der nicht kleinzubomben war. Fast jeden Morgen wurde ich in irgendeinem Privatauto zur Arbeit chauffiert. Da Busse und U-Bahnen chronisch überlastet waren, hatte sich diese Gefälligkeit rasch eingebürgert. Wer noch Platz in seinem Auto hatte, hielt an den Busstationen an und nahm Passanten mit, die in seine Richtung wollten.

Marianne blieb die ersten Wochen allein zu Hause, um sich von der Operation zu erholen. Quer über ihren nunmehr wieder schlanken Hals faserte eine flammendrote Narbe. »So schaut mich keiner mehr an«, jammerte sie. »Ich sehe doch aus, als hätte man versucht, mir die Kehle durchzuschneiden.«

Ich brachte ihr viele kaschierende Schals und bunte Halsbänder mit, passend zu den Kleidern, die ich für sie kaufte. Aufgeschossen, wie sie war, brauchte sie dringend eine neue Garderobe. Erfreulicherweise bekam ich bei Selfridges auf alle Einkäufe 20 Prozent Nachlass. Marianne sah in ihren neuen Blusen und Kleidern sehr hübsch aus, fast wie eine junge Dame. Neuerdings legte sie auch Lippenstift auf, so wie ich. Allmählich kehrte ihre Schönheit zurück.

Fred entging diese Metamorphose nicht, und er war alarmiert wie ein Vater, der seine Tochter heranreifen sieht. »Deine kleine Schwester wird bald 17«, sagte er zu mir. »Meinst du nicht, du solltest ihr diese Dinge zwischen Mann und Frau einmal erklären? Ich kann mir nicht vorstellen, dass sie dieses Fach in der Nonnenschule unterrichtet haben.« Ich konnte ihn beruhigen. Ich hatte längst mit ihr darüber gesprochen, und sie wusste aller katholischen Hege zum Trotz recht genau Bescheid.

Mehr denn je fühlte ich mich in der Verantwortung einer Mutter. Auch wenn ich es mir Marianne gegenüber nie ankennen ließ, schwand meine Hoffnung auf die Rettung meiner Eltern mit jedem Tag etwas mehr. Was Zeitungen und Rundfunk über Deutschland berichteten, war nur noch entmutigend.

Im April 1941 wurde das Palästina-Büro in Prag geschlossen. Damit war die letzte Tür ins Schloss gefallen. Der letzte illegale Transport nach Palästina hatte das Protektorat fast ein halbes Jahr zuvor verlassen. In Warschau hatten die Deutschen 400 000 Juden im Ghetto zusammengepfercht und von der Außenwelt abgeriegelt. Im vormals polnischen Lodz, das die Nazis jetzt Litzmannstadt nannten, hatten sie ein weiteres riesiges Ghetto errichtet. Von meinen Eltern gab es keine Nachricht mehr.

Ich hatte ihre Fotos immer in einem kleinen Koffer dabei, mit dem man in den Luftschutzkeller ging. Weiterhin verbrachten wir viele Nächte unter der Erde. Für Marianne war das alles neu. Anfänglich nahm sie es wohl mit der Abenteuerlust einer Jugendlichen, aber schon sehr bald hatte sie genug gehört und gesehen. Den schrillen Pfeifton der Bomben, das bange Warten auf die markerschütternde Detonation, den in Flammen stehenden Himmel. Am 16. und 19. April 1941 waren die Angriffe besonders schlimm. Die Deutschen jagten ihre Tiefflieger über die Stadt, die mit gellendem Kreischen dicht über die Dächer flogen und ihre Bomben abwarfen. Es war eine Höllennacht.

Am Morgen danach lag London da wie ein geschlagenes Ungetüm, entstellt von klaffenden Wunden. Ganze Straßenzüge lagen in Trümmern, Kirchen waren zerbombt, Häuser verschwunden. In Mayfair, zwischen Marble Arch und Grosvenor House, gab es kein Gebäude, in dem nicht die Fenster zu Bruch gegangen waren. Mehr als 2000 Menschen waren in den beiden Nächten umgekommen, fast 150 000 Häuser beschädigt oder dem Erdboden gleichgemacht.

Drei Wochen später, am 10. Mai 1941, klebte ein leuchtender Vollmond am klaren Londoner Himmel und die Themse hatte niedrigen Wasserstand. Ideale Angriffsbedingungen für die deutschen Bomber, doch rechnete niemand damit, weil die letzten drei Wochen sehr ruhig verlaufen waren. Es sollte die schlimmste Bombennacht des gesamten Krieges werden. Westminster Hall brannte, das House of Commons und Big Ben wurden getroffen, zwischen Tower und Lambeth waren sämtliche Themsebrücken unpassierbar. Man zählte fast 1500 Tote.

Am Morgen sah man viele Männer unrasiert zur Arbeit gehen. Erschöpfung und Entbehrung gruben sich allmählich in die Gesichter. Jeder sechste Bürger der Stadt hatte inzwischen sein Zuhause verloren. Und doch ließ kaum einer in dieser Zeit den Mut fahren. Die Londoner feilten an ihrem eigenen Mythos, der in allen Köpfen lebendig war und verlangte, den Krieg tapfer, aufrecht und mit einem Maximum an Humor zu ertragen.

Mancher Ladenbesitzer, dessen Geschäft in der Nacht zuvor ausgebombt worden war, hängte am nächsten Morgen ein Schild über seine zerborstenen Schaufenster, auf dem stand: »More open than usual« – offener als sonst. An einer Kirche konnte man lesen: »Wenn Ihre Knie zittern, knien Sie sich einfach drauf!« In den Luftschutzkellern wurden Witze über Hitler gerissen und Spottlieder über die Deutschen gesungen. Das anhaltende Bombardement, so schien es, hatte Standesgrenzen und britisches Klassendenken zum Einsturz gebracht und an deren Stelle eine Gesellschaft errichtet, deren Einigkeit mit jedem Einschlag wuchs. Es hatte die »stiff upper lips« aufgeweicht und die Briten redselig und freigebig werden lassen. Bisweilen schwang sich die Stimmung bis zur Euphorie empor. Die ständige Bedrohung adelte das Leben eines jeden, verlieh ihm doch allein das tägliche Überleben schon etwas Heroisches.

Die Menschen bewahrten kaltes Blut, und jeden Tag machten Geschichten, die den »sang froid« ganz normaler Bürger belegten, die Runde. Im gesamten Stadtgebiet hatten sich die psychiatrischen Kliniken darauf vorbereitet, zuhauf Kriegstraumatisierte aufzunehmen. Doch kaum jemand frequentierte die Sprechstunden, und hier und da wurden sie mangels Nachfrage ganz abgeschafft. Es gab keine Hysterie in London, die Selbstmordrate ging zurück, und die Fälle schwerer Betrunkenheit halbierten sich. Mit Gelassenheit erlebten die Briten das, was sie heute als »Britain's finest hour« bezeichnen.

Die Engländer schienen ihre traditionelle Distanziertheit vergessen zu haben. Wildfremde Menschen sprachen einander auf der Straße an und gaben sich die besten Wünschen mit auf den Weg. Seit erste Nahrungsengpässe spürbar waren, hatte das Essen allen anderen Gesprächsthemen den Rang abgelaufen. In der einen Woche fehlten die Zwiebeln, in der nächsten war der Käse knapp. Ich tauschte meine Teemarken so oft es ging gegen Zutaten für Mehlspeisen ein. Das war eigentlich verboten, aber die wenigsten kümmerten sich darum. Weil die Briten auch in den Zeiten größter Entbehrung nicht auf ihren Tee verzichten wollten, bekam ich immer ein paar zusätzliche Marken für Mehl, Zucker und Butter, aus denen ich Mehlspeisen und Knödel bereiten konnte.

Inzwischen verfügte ich auch über die »Ration Books« von zwei tschechischen Junggesellen, für die ich allabendlich böhmisch kochte. Sie holten ihr Nachtmahl selbst ab und entlohnten mich für den Luxus, die Küche ihrer Heimat serviert zu bekommen, mit ein paar Shilling die Woche. Wenn einige ihrer Lebensmittelkarten übrig blieben, durften wir sie für uns verwenden.

Unsere Mitbewohnerin Friedl zeigte neuerdings reges Interesse für meine Kocherei. Sie hatte kurz zuvor einen Soldaten der tschechischen Exilarmee im Austrian Centre kennen gelernt, der aus Bratislava kam und nachgerade für die böhmische Küche zu schwärmen schien. Er sei wirklich reizend, versicherte Friedl, und dass sie ihn gerne einmal zu uns zum Essen einladen wolle. Allerdings war ihre Kochkunst schon mit der Zubereitung eines Sandwichs erschöpft.

Wir luden Bandy, so hieß er, trotzdem ein, und ich kochte für den Abend. Obwohl die wöchentliche Fleischration seit Januar halbiert war, hatte ich über den Markentausch Fleisch für ein Wiener Schnitzel ergattert. Dazu gab es Bratkartoffeln und als Nachtisch böhmische Mohnnudeln. Es war ein Festessen, das Friedl vereinbarungsgemäß als Eigenproduktion ausgab.

Bandy war es wert, so trickreich umgarnt zu werden. Er war ein guter Kerl, einer, bei dem sich Wagemut mit Warmherzigkeit paarte. Als die Deutschen in Prag eingefallen waren, war er auf eigene Faust illegal nach Polen geflohen. Er war zu Fuß über die Berge marschiert, hatte sich durch die Wälder bis zur Küste von Danzig durchgeschlagen und war von dort nach London gekommen. Hier hatte er sich kürzlich freiwillig zur tschechischen Exilarmee gemeldet.

Viele Juden kämpften dort gegen Hitler. Die tschechische Exilarmee zählte einige tausend Soldaten, die sich Truppen in Frankreich, England, dem Mittleren Osten und der Sowjetunion anschlossen. Einige hatten sich zuvor in kleinen Widerstandsgruppen formiert, und etliche Juden waren sogar aus ihrer Zuflucht Palästina zurückgekehrt, um gegen die Nazis zu Felde zu ziehen. Die jüdischen Soldaten waren nicht immer willkommen. Sie waren bei weitem nicht so nationalistisch wie die tschechischen Berufsoffiziere, die allesamt streng patriotische Militärakademien durchlaufen hatten. Sie sprachen kaum Tschechisch, fanden sich aber in der Kultur und Sprache der Exilländer meist besser zurecht als die tschechischen Patrioten. Für manche Berufsoffiziere machte das die Juden zu »unerwünschten Elementen«.

Zusammen mit rund 4000 tschechischen Soldaten war Bandy im »Battle of Britain« involviert. In der Unabhängigen Tschechoslowakischen Brigade, wie sich die Truppe nannte, die in einem Camp in der Nähe von Chester stationiert war, befanden sich rund 30 Prozent Juden. Unter ihnen gab es viele ehemalige Reserveoffiziere, die nun für den Tagessold von sechs Shilling und sechs Pence im Range herkömmlicher Soldaten ihren Dienst versahen. Wegen des Offiziersüberschusses hatte man sie zugunsten der nichtjüdischen Berufsoffiziere herabgestuft. Immer wieder drangen Klagen aus der Brigade, dass Juden dort wie Soldaten zweiter Klasse behandelt würden. Man hatte deshalb sogar Petitionen an Exil-Präsident Edvard Beneš in London gerichtet. Auch Bandy hatte oft davon wohl schon erzählt.

An diesem Abend aber hatte er nur ein Thema: Friedl und ihr gelungener Herdzauber. Die Augen gingen ihm über, als Friedl eine Köstlichkeit nach der anderen auftrug. »Und das hast alles du gemacht?«, fragte er. Friedl nickte mit gesenktem Blick, und ich lief schamrot an. Aber Bandy schien es gar nicht zu registrieren, er hatte das vierte Mal Bratkartoffeln nachgeladen, und sein Gesicht glühte von der Hitze des Essens. Beim Anblick der nach brauner Butter duftenden Mohnnudeln war es um ihn geschehen. »Friedl, weißt du, dass ich die seit meiner Flucht nicht mehr gegessen habe?«, sagte er und verstummte sodann, um andächtig eine Mohnnudel nach der anderen zu vertilgen. Friedl und ich zählten still mit, er schaffte neun Stück.

Von da an kam Bandy immer, wenn er seine freien Tage hatte, zum Essen zu uns. Den Schürzenschwindel schien er nicht zu merken. Eines Morgens stand Friedl in Tränen aufgelöst vor meinem Bett. Am Abend zuvor hatte Bandy sie zum Tanzen ausgeführt und sie gebeten, sich besonders hübsch anzuziehen. Friedl hatte ein Kleid nach dem anderen anprobiert und war damit wie ein aufgescheuchtes Huhn durch unsere Wohnung getippelt, und all ihre Geschmackssicherheit war verflogen gewesen.

»Was ist passiert?«, fragte ich. »Hat er dich versetzt?«

»Ganz im Gegenteil«, schniefte sie, »er hat mir einen Heiratsantrag gemacht.«

»Na, das ist doch wunderbar«, sagte ich. »Hast du ›ja‹ gesagt?«

»Natürlich habe ich ›ja‹ gesagt.«

»Und wo ist das Problem?«

»Verstehst du denn nicht, Ilse, wenn der Bandy herausfindet, dass ich gar nicht so gut kochen kann, dann will er mich wahrscheinlich gar nicht mehr heiraten.«

Offenbar war es nun wirklich an der Zeit, ihm die Wahrheit aufzutischen. Über kurz oder lang wäre unser abgekartetes Spiel ohnehin aufgeflogen. Friedl zauderte noch eine ganze Weile, aber beim nächsten Date rückte sie doch damit heraus, wer der wahre Urheber der böhmischen Gerichte gewesen sei. Bandys Gesicht fror ein, als er es hörte. Für einen endlosen Moment sagte er kein Wort, dann brach er in Gelächter aus. »Glaubst du im Ernst, ich bin jemals davon ausgegangen, dass du das gekocht hast?«, sagte er.

Als sich die beiden einige Zeit später vermählten, bat Friedl mich, ihre Trauzeugin zu sein. Es wurde eine außerordentlich glückliche Ehe.

Der Krieg schubste Romanzen rascher an. Manchmal konnte man das Gefühl bekommen, ganz London sei verliebt. Auch unter den Emigranten gab es viele Bandeleien. Das Schicksal verschwor die Suchenden, und die vergleichbare Vergangenheit verband sie mehr als die gesichtslose Zukunft.

Eva, die Mitbewohnerin aus Danzig, lernte meinen Ruderkameraden Paul Friedländer bei einem unserer Abendessen kennen. Paul hatte das Chauffieren aufgegeben. Zumindest am Boden – jetzt ließ er sich bei der tschechischen Exilarmee zum Kampfpiloten ausbilden. Zwischen Eva und Paul funkte es sofort. Sie war gefangen von Pauls Humor, nicht indes von seinem neuen Beruf. Doch Paul wehrte jede Sorge mit seiner »Unkraut-vergeht-nicht«-Haltung ab. Sein Drang, gegen Hitler zu kämpfen, war größer als die Furcht, die man sich ohnehin nicht dauernd vergegenwärtigen mochte.

Für Marianne hatte ich eine Kunstgewerbeschule in Chelsea ausfindig gemacht. Sie wurde von einem Tschechen namens Matoušek geleitet. Marianne, die sich bei ihm mit einer Mappe beworben hatte, wurde sehr bald seine Lieblingsschülerin. Abends nahmen Fred und ich meine Schwester jetzt manchmal zum Tanzen mit. Seit die Deutschen ihre militärischen Kräfte auf Afrika und die Sowjetunion konzentrierten und die Luftangriffe nachgelassen hatten, konnte man das wieder wagen. Im West End öffneten viele Theater und Kinos wieder, und der Andrang der kulturell Ausgehungerten war enorm. Fred, Marianne und ich gingen so oft wie möglich ins Kino. Wir sahen *Die Früchte des Zorns, Rebecca* und Charlie Chaplin als den *Großen Diktato*r – in deutschen Kinos lief währenddessen der Hetzfilm *Jud Süß.*

In der bilderlosen National Gallery gab es nach wie vor ein tägliches Mittagskonzert, bei dem auch Ferdinand Rauter und Engel Lund häufig auftraten. Lange Warteschlangen wanden sich vor dem Eingang, denn inzwischen waren die von der Pianistin Myra Hess eingeführten Lunchtime-Konzerte zu einer der wichtigsten kulturellen Institutionen des Landes avanciert. Britische und Exilmusiker traten dort oft gemeinsam auf. Für die kontinentalen Künstler bedeuteten die Engagements eine wichtige Starthilfe im Exil. Dem Publikum, das oft jenseits der Tausend lag, waren ausgerechnet die Werke von Beethoven, Bach, Schubert und Brahms ein Symbol des britischen Widerstands gegen die Deutschen – und zugleich der Nachweis einer erhabenen, unbesiegbaren Welt. Fred und ich haben einige der stets ausverkauften Konzerte besucht. Nie wieder habe ich eine Zuhörerschaft erlebt, die so ernsthaft und mit wachen Sinnen gelauscht und so euphorisch und dankbar applaudiert hat.

Vielleicht war die Musik gerade deshalb so unverzichtbar, weil sie das Gefühl untermauerte, dass die vielen Entbehrungen nicht umsonst waren. Nachdem bei einem Luftangriff auf die Queen's Hall die Instrumente der Londoner Philharmoniker in Flammen aufgegangen waren, schleppten die Londoner ihre Privatinstrumente vorbei, damit die Musik nicht versiege. Fortan spielten die Philharmoniker vorübergehend auf geliehenen Instrumenten in der Royal Albert Hall, wo Fred und ich sie einige Male hörten. Den gewichtigen Mann am Dirigentenpult kannte Fred aus längst vergangenen Tagen, als dieser dem Publikum noch sein Gesicht zugewandt hatte: Es war Richard Tauber, und er dirigierte für einen Bruchteil seiner vormaligen Abendgagen.

Reich machte die Musik niemanden, aber sie bereicherte die Menschen und entließ sie für einen Moment aus der Realität. Wenn die Kapelle »Red Moon Over Havanna« spielte, forderte mich Fred zum Tanz auf. Der Text stammte von ihm, die Musik hatte Fred Prisker, ein Emigrant aus Saaz, komponiert. Prisker hatte nie ein Konservatorium von innen gesehen. Der vormalige Juwelenhändler hatte erst im Exil begonnen zu komponieren und Fred war der Meinung, dass sein Namensvetter über Talent verfüge. Der Erfolg von »Red Moon Over Havanna« gab ihm Recht. Seit es der Tanzkappellmeister Geraldo, dessen Orchester zu den berühmtesten des Landes zählte, in sein Repertoire aufgenommen hatte, zweifelte niemand mehr daran.

Immer wenn er in den Genuss unerwarteter Tantiemen kam, ließ es sich Fred nicht nehmen, mit mir einkaufen zu gehen. Er war sehr großzügig und beschenkte mich mit Kleidern und Schuhen. Sicher hätte er mir auch Geld geliehen, aber das wollte ich nicht. Ich hatte es bisher geschafft, für meine Schwester zu sorgen, und wollte das auch weiterhin tun. Im Moment allerdings war das kein Leichtes. Nach Mariannes Einzug hatten die Hausbesitzer die Miete spürbar erhöht, und Marianne, die nicht aufhörte zu wachsen, benötigte jede Saison eine komplett neue Garderobe. Das Geld war knapp wie selten.

Schweren Herzens entschloss ich mich, ein paar Stücke von zu Hause zu verkaufen. Marianne war entsetzt, als ich sie über mein Vorhaben aufklärte, aber es ging nicht anders. Wir brauchten das Geld. Als ich die Koffer meiner Eltern öffnete, die sie mir damals geschickt hatten, war mir ganz flau zumute. Es kam mir vor wie ein Verrat, diese Dinge, die zum Teil noch aus der Aussteuer meiner Mutter stammten, zu verkaufen, doch es war immer noch besser, als andere Leute um Geld anbetteln zu müssen.

Die kontinentale Tischwäsche verkaufte sich gut. Reiche Briten, und derer gab es noch genug, zahlten bis zu zehn Pfund für ein großes Tischtuch mit Spitzeneinsatz. Auch Vaters goldene Taschenuhr, die Tony mir aus Prag mitgebracht hatte, trug ich in ein Juweliergeschäft. Ich zog sie noch einmal auf und lauschte ihrem zarten Ticken, so wie ich es als Kind oft getan hatte. Tränen liefen mir übers Gesicht. Der Juwelier nahm sie mir ab und betrachtete die surrenden Zahnräder durch seine ins rechte Auge geklemmte Lupe. Es war ein Schweizer Uhrwerk, Vater hatte nur Schweizer Uhren getragen.

Seit September 1941 trugen er und Mutter nun den gelben Stern, so wie alle Juden Prags. In ganz Hitler-Deutschland wurden die Auflagen für Juden verschärft. Der Krieg lenkte davon ab, welche Untaten im Landesinneren geschahen. In Wien war Anfang August ein Auswanderungsstopp verhängt und einen Monat später der Judenstern eingeführt worden. Die bei der »Judenumsiedlung« beschlagnahmten Einrichtungsgegenstände, die Möbel, die Teppiche und die Bilder, die Kleider, die Wäsche und das Geschirr, waren zur Verwaltungsstelle »Vugestap« am Bauernmarkt in Wien geschafft und von dort an autorisierte »Volksgenossen« verschleudert worden. Bis Mitte des Jahres 1941 hatten die Nazis damit mehr als vier Millionen Reichsmark eingenommen. Seit Anfang September gab es wieder Gerüchte über erneut anstehende Deportation. Adolf Eichmann dementierte.

In Prag waren die Juden inzwischen von den meisten Rationen ausgeschlossen. Kleidung, Zucker, frisches Obst und Gemüse, Käse, Fisch, Tabak, Seifen und Konserven wurden ihnen vorenthalten. Jüdische Ärzte, Lehrer, Notare, Übersetzer, Apotheker, Ingenieure und zahllose andere Berufsgruppen durften ihre Profession nicht mehr ausüben. Juden mussten ihre Führerscheine abgeben und durften keine neuen Wohnungen mehr beziehen, sondern allenfalls bei anderen jüdischen Mietern unterschlüpfen. In allen jüdischen Privathaushalten waren die Telefone seit Anfang des Jahres abgestellt.

Vater und Mutter waren schon jetzt gefangen. Der Zutritt zu öffentlichen Parks und Schwimmbädern, zu Theatern und Kinos war ihnen als Juden untersagt, und in nichtjüdischen Geschäften durften sie nur zu festgesetzten Zeiten, vormittags zwischen elf und ein Uhr, nachmittags zwischen drei und halb vier Uhr, einkaufen. Bestimmte Straßen waren für Juden ebenso gesperrt wie die Ufer der Moldau zwischen der Eisenbahn- und der Hlávkabrücke. Im September war Juden nur noch das Postamt in der Ostrovnístraße im zweiten Bezirk zugänglich – zwischen ein und drei Uhr nachmittags. Zu allen anderen Postämtern der Stadt war ihnen der Zutritt verwehrt. Ich frage mich, wie viele Tage vergingen, ehe man dort einen Brief aufgeben konnte. Denn seit September benötigten Juden eine schriftliche Genehmigung der Zentralstelle, um überhaupt ihr Viertel verlassen zu dürfen. Ihr Leben war ein Spießrutenlauf.

Auf dem Postamt in der Ostrovnístraße wird Fritz Lönhardt auch den Brief an Susie Meyer nach New York aufgegeben haben. Er legte dem Schreiben Fotos von sich und seiner Frau bei und bat darum, sie an mich weiterzuleiten. Ob er ahnte, dass dies die letzten Fotos von ihnen beiden waren?

Susie schickte mir die Bilder sofort per Luftpost weiter. Inzwischen war es Mitte Oktober. »Deine Eltern sehen sehr gut aus auf den Fotos«, schrieb sie auf Englisch und dass sie ganz glücklich darüber sei. »Ich hoffe, sie werden sich so halten, bis der ›Butcher from Berchtesgaden‹ – so nennt man ihn hier – ausgeschaltet ist. Und das wird sicher bald der Fall sein. Dann werden wir uns alle wiedersehen.«

Es war rührend, wie sehr Susie sich bemühte, mir Mut zu machen. Aber man musste die Bilder meiner Eltern nur ansehen, um an ihren Worten zu zweifeln. Die eingefallenen Gesichter, die leeren Augen und die Schatten, die sie umgaben. Mutter hatte sich ein Lächeln abgerungen, das den traurigen Ausdruck nur verstärkte.

Eine gute Woche später kam der nächste Brief aus New York. Susies Vater Ernest schrieb in »großer Eile«. Es war der 26. Oktober 1941. Er habe von einem hiesigen Unternehmen die Mitteilung erhalten, dass ein Telegramm meiner Eltern dort angekommen sei, berichtete er. »Besorgt dringend Cubavisa und Schiffskarte«, hatten sie geschrieben.

Er habe sich sofort informiert, schrieb Ernest Mayer. »Es werden 2800 $ gebraucht, von denen nach Einreise vielleicht 1000 $ zurückzubekommen sein werden. Da die Eltern ja wissen, dass ich vermögenslos bin und hier nicht die Möglichkeit besteht, so einen Betrag aufzubringen, nehme ich wohl richtig an, dass ich dieses Telegramm an Dich weiterleiten soll, um Babyson um seine Hilfe zu bitten, zumal sie nicht die Möglichkeit haben, sich mit Dir direkt in Verbindung zu setzen. Wenn das Geld hier ist, sind die Visa in zwei bis drei Wochen zu haben, und es dürfte alles ganz glatt gehen. Es sind aus Deutschland und dem Protektorat einige Tausend solche Telegramme hier angelangt, Du kannst Dir vorstellen, was sich hier tut.«

Ich war in größter Not. 2800 Dollar waren eine aberwitzig hohe Summe. Ein Vermögen, so unerreichbar, dass man daran verzweifeln mochte. Trotzdem setzte ich mich sofort mit Franz Kind in Manchester in Verbindung. Babyson, der uns immer und immer wieder geholfen hatte, ließ uns auch diesmal nicht im Stich. Er werde eine Weile brauchen, sagte er, aber er werde versuchen, den benötigten Betrag so schnell wie möglich aufzutreiben.

Die Wochen vergingen quälend schnell und seit dem Telegramm hatte es keine Nachricht mehr von meinen Eltern gegeben. Ich fand keinen rechten Schlaf mehr, innerlich flackerte eine eigentümliche Alarmiertheit, die mich rastlos machte. Mein Gefühl sagte mir, dass etwas nicht in Ordnung war. Diese Anflüge von Panik waren auch durch Vernunft und Durchhalteparolen kaum mehr zu bezwingen. Ich versuchte sie vor Marianne zu verbergen, die ohnehin pessimistischer war als ich.

Seit die Luftangriffe ausblieben, war London in einem merkwürdigen Zustand des Verharrens. Die Stadt atmete flach, noch nicht wirklich erleichtert, sondern mit eingezogenen Schultern. Eine seltsam mürbe Stimmung machte sich breit. »The Blitz« und die Allgegenwart der Bombardements hatte unsere ganze Aufmerksamkeit verschlungen. So gnadenlos die Luftschlacht war, sie hatte die Londoner zu Helden erkoren und sie den Krieg als Ganzes verdrängen lassen. Nun aber kehrte er schmerzlich in das Bewusstsein zurück. Die Briten waren noch immer siegesgewiss, doch wie lange mochte es bis zu diesem Sieg dauern und für wie viele Menschen käme er zu spät?

Im November war das Geld da. Franz Kind hatte es in Pfund an mich überwiesen. Doch nun gab es Probleme, die Summe an die richtige Stelle weiterzuleiten. Von England aus war ein Kontakt mit Prag ja nicht mehr möglich, und wir waren auf die Kooperation der Flüchtlingsorganisationen in Amerika angewiesen, die hoffnungslos überlaufen waren. Ich schrieb Hans Simon an, den Neffen meiner Großmutter, der inzwischen ebenfalls nach Amerika ausgewandert war, und bat ihn um Hilfe. Vielleicht könnte er das Geld inzwischen vorstrecken, und wir würden es ihm dann nachträglich anweisen.

Am 7. Dezember griffen die Japaner Pearl Harbor an. Vier Tage später erklärte Hitler den USA den Krieg. In England deutete man das als die Wende des Krieges. Ein Sieg der Deutschen galt nun als nahezu unmöglich. Ich wagte aufzuatmen, bis der Antwortbrief von Hans eintraf.

Er habe, so schrieb Hans Simon, mein Schreiben just am 11. Dezember erhalten, am Tag der deutschen Kriegserklärung an die USA. Am selben Tag habe die Regierung von Kuba mitgeteilt, dass man keine weiteren Flüchtlinge aus Europa mehr ins Land lassen werde. Hans wusste nun auch keinen Ausweg mehr. »Wir haben keine Alternative zu der Resignation«, schrieb er und dass all das fürchterlich traurig sei und ich sein tiefes Mitleid habe.

Ich war zerstört. Wer hatte sich gegen uns verschworen, dass die Rettungsversuche immer im letzten Moment scheiterten? Ich ahnte nicht, dass alles Ringen der letzten Wochen ohnehin keinen Sinn mehr machte. Weil es zu spät war. Weil die Entscheidung zur Vernichtung des europäischen Judentums schon gefallen war und der Massenmord schon begonnen hatte. Weil Vater und Mutter schon gar nicht mehr in Prag waren.

Am 26. Oktober, just an dem Tag, an dem ihr um Hilfe rufendes Telegramm in New York eingetroffen war, waren Fritz und Grete Lönhardt mit dem Transport C, einem der ersten von Prag abgehenden Transporte, in das Ghetto von Lodz deportiert worden. Darum die Flut von Depeschen in New York. In Panik hatten die Juden versucht, noch irgendwie heraus zu kommen. Es war nicht mehr als das verzweifelte Kratzen an einer verschlossenen Tür.

Wenige Tage später, am 7. November 1941, hatten auch Taube und Isaak Tisch ihre Wiener »Wohnung« in der Großen Schiffgasse verlassen. Ich habe das erst vor zwei Jahren erfahren, weil ein Verwandter von mir Nachforschungen anstellte und mir inzwischen auch die damaligen Meldezettel von Freds Eltern vorliegen.

Die Tischs, so hatte die »Zentralstelle für jüdische Auswanderung« ihnen und tausend anderen per vorgedruckter Postkarte mitgeteilt, mussten sich in das Sammellager in der Kleinen Sperlgasse 2a begeben. Dort blieben sie mehrere Tage. Früher war das Gebäude eine Schule gewesen, nun wand sich elektrischer Draht über die Außenmauern. Wie alle Internierten mussten Taube und Isaak Tisch an einem Tag mehrere Schreibtische passieren, an denen die Verwalter der Vernichtung saßen. Am ersten Tisch wurden die Dokumente überprüft und der Heimatschein und Reisepass einbehalten. Am zweiten Tisch mussten die Opfer ihre Vermögensaufstellung in zweifacher Ausfertigung abgeben und unterschreiben, dass sie allen Besitz der Gestapo übereigneten. Geld und Wertgegenstände mussten bis auf 100 Reichsmark ausgehändigt werden. Am letzten Tisch wurden die Wohnungsschlüssel und die Lebensmittelkarten eingezogen. Alles, was die Durchgeschleusten am Ende noch übrig hatten, war ein Bündel Gepäck.

16 Tage später, am 23. November 1941, verließ der elfte Transport mit gut 1000 Männern, Frauen und Kindern den Aspangbahnhof in Wien. In den Waggons waren auch Isaak Tisch und seine Ehefrau Taube. Ursprünglich sollten die Gefangenen ins vormals lettische Riga deportiert werden. Der Transport wurde aber in das litauische Kaunas umgeleitet und dort dem Einsatzkommando 3 übergeben. Diese Einheit war ein mobiles Mordkommando, das sich aus ehemaligen Gestapo-Männern rekrutierte. Unterstützt von einheimischen Kollaborateuren waren seine Mitglieder seit Juni 1941 daran gegangen, »Litauen judenfrei zu machen« und hatten dabei mehr als 130 000 Menschen ermordet. Sofort nach ihrer Ankunft wurden die deportierten Wiener Juden im Fort IX, einem Teil der alten zaristischen Befestigungsanlagen von Kaunas, zusammengetrieben. Es gab eine Menge litauischer »Hilfswilliger«, die die Befehle der Angehörigen des Einsatzkommandos ausführten. An diesem 29. November erschossen sie 1000 Männer, Frauen und Kinder aus Wien. Es gab keine Überlebenden.

Fred hat nie erfahren, dass seine Eltern unter diesen Toten waren.

10

Mein Sohn Ian hat mich gebeten, mir eine Waschmaschine mit integriertem Trockner anzuschaffen, damit ich nicht mehr zum Waschen außer Haus gehen muss. Ich bin mir nicht sicher, ob es Sinn macht, so etwas auf meine alten Tage noch anzufangen. All die Jahre bin ich gerne in den Waschsalon gegangen, weil sich auf dem Weg dorthin meist die Gelegenheit zu einem Gespräch mit einem Nachbarn oder Bekannten ergab. Aber ich kann Ian verstehen. Er hat Angst um mich, seit das passiert ist.

Als ich unlängst den Waschsalon aufsuchte, war dort ein junger Mann mit seinen vier kleinen Geschwistern. Er trampelte mit seinen Stiefeln auf den Waschmaschinen herum, und seine Geschwister taten es ihm nach. Das jüngste war nicht älter als drei, und ich konnte nicht mit ansehen, wie es linkisch über die Maschinen balancierte. »Nehmen Sie doch Ihre kleine Schwester da herunter«, sagte ich zu dem Burschen. »Sie kann jeden Moment fallen und wird sich wehtun.«

Der Mann kam auf mich zu, aber er schaute mich nicht einmal an, als er sagte, er könne meinen schrecklichen Akzent nicht verstehen, und im Übrigen solle ich mich gefälligst aus seinen Angelegenheiten raushalten. Er war sichtlich wütend. Als meine Wäsche trocken war und ich sie aus der Trommel in den kleinen Rollwagen laden wollte, nahm der junge Mann den Kinderwagen, in dem seine Schwester gesessen hatte und schob ihn mit voller Wucht gegen mich. Das alles ging zu schnell, um es zu begreifen. Durch den Aufprall riss mir eine Vene auf. Blut quoll hervor, und ich versuchte, meinen Arm notdürftig mit einem frisch gewaschenen Nylonstrumpf abzubinden. Ich war ganz allein. Der Angreifer hatte sich mit seinen Geschwistern aus dem Staub gemacht.

Wäre es klüger gewesen, den Mund zu halten? Und hätte ich eine Chance gehabt, mich zu wehren gegen jenen künstlichen Hochmut, den die physische Überlegenheit manchmal hervorbringt?

Warum haben damals so viele geschwiegen? Und hatten die Juden eine Chance, sich zu wehren? Diese Fragen haben wir uns alle unzählige Male gestellt. Hätten meine und Freds Eltern wenn schon nicht sich wehren, sich wenigstens retten können? Vielleicht, vielleicht auch nicht. An der Überlebensschuld, die die Entkommenen fühlen und für die es keinen Freispruch gibt, ändert es nichts.

Die Frage nach der Wehrhaftigkeit hat man auch den wenigen gestellt, die das Ghetto Lodz und das anschließende KZ überlebt haben. »Wer hungrig ist, macht keine Revolte«, hat ein Lodz-Überlebender jungen Schülern aus der Bundesrepublik darauf entgegnet. Die menschliche Vorstellungskraft, so glaube ich, musste an dem Holocaust scheitern, der im Sinne des Wortes undenkbar war und immer wieder verdeckt von Täuschungen und Hoffnungen. Wohl auch der Hoffnung, ihn durch Anpassung zu überstehen. Als man die ganze Wahrheit zu ahnen begann, war es zu spät, sich zu wappnen. »Das Entsetzen«, sagte einmal ein Jude, »war der beste Wächter.«

Und doch gab es Widerstand. Den kleinen, der es wagte, die Restriktionen der Nazis zu missachten, zu fliehen oder sich zu verstecken, den verzweifelten, der den Freitod wählte, und den kampfeswilligen, der sich in Widerständen formierte. Auch im Ghetto Lodz war es einmal, im August 1940, zu einer Hungerdemonstration der Bewohner gekommen, die mit brutaler Waffengewalt niedergeschlagen wurde. Danach hatte es immer wieder Hungerproteste gegeben, bis der

Älteste der Juden, Mordechai Chaim Rumkowski, im März 1941 den Ausnahmezustand verhängt hatte.

Meiner Mutter, so erfuhr ich später von einer Überlebenden, hatte man gesagt, dass sie im Ghetto ihre schönsten Kleider tragen könne, und so hatte sie alle schicken Sachen eingepackt. Vielleicht waren sie und mein Vater, da sie zu den ersten Deportierten Prags zählten, tatsächlich davon ausgegangen, dass es ihnen dort, im vormals polnischen Lodz ein anderes und besseres Leben beschieden sei. Anfangs hat man den Juden diese Märchen erzählt.

Ich habe mir vor vielen Jahren einen dicken Dokumentationsband über das Ghetto Lodz gekauft. Es fällt mir noch heute schwer, länger als eine halbe Stunde darin zu lesen, also las ich stets in Etappen, das Unerträgliche dosierend. Ich habe auch versucht, mir Vater und Mutter dort vorzustellen und alles zu begreifen. Es ging nicht.

In diesen Oktobertagen 1941 kamen knapp 20 000 Deportierte aus Wien, Prag, Frankfurt und Luxemburg im Ghetto an. Marianne Bauer, die Krankenschwester, die meine Eltern mit geschmuggeltem Essen versorgt hatte, hat Vater und Mutter in Prag zum Sammellager begleitet. Meine Eltern seien schweigsam gewesen, sagte sie mir später. Immer wieder hielten sie einander an den Händen. Marianne half ihnen, die schweren Koffer zu tragen, in die sie gepackt hatten, was man ihnen empfohlen hatte. Spirituskocher und warme Unterwäsche, Handschuhe und Ohrenschützer, Lederfett und Kerzen. Die Koffer waren mit Namen und Transportziel zu kennzeichnen, es waren vollständig ausgefüllte Formulare mitzubringen. Je näher sie dem Sammelort, einer Aufreihung schäbiger Holzhütten in der Nähe des Bahnhofs von Holešovice, kamen, desto dichter wurde die Schar derer, die sich dort hinbegaben. Die zum Abtransport Beorderten trugen den gelben Stern auf der Brust und um den Hals ihre Transportnummer. In der

Mehrzahl waren es ältere Leute. Sie waren fast ausnahmslos gut gekleidet.

Marianne Bauer umarmte meine Eltern zum Abschied. Sie sollten ihr bald schreiben, sagte sie, und dass sie ihnen Päckchen schicken werde und wenn möglich auch Geld. Grete solle nur versuchen, als Näherin zu arbeiten, damit lasse sich sicher auch dort etwas verdienen. Und wenn der Krieg erst einmal vorbei sei, würde man sie beide sicher zu ihren Töchtern ziehen lassen.

Als der Krieg vorbei war, waren noch 253 der gut 5000 Juden, die man in diesen Oktobertagen aus Prag deportiert hat, am Leben.

Meine Eltern durchliefen eine mehrtägige bürokratische Prozedur, ähnlich jener, die Freds Eltern vor ihrem Abtransport aus Wien über sich ergehen lassen mussten. Im tarnenden Dunkel der Nacht eskortierten SS-Aufseher und Gestapo-Männer die Juden zum Bahnhof von Holešovice. Nur einmal hatte man den Fehler begangen, die Juden am helllichten Tag dorthin zu bringen. Die Karawane mit den Alten, den Jungen und den kleinen Kindern hatte die Menge in Aufruhr versetzt. Prager Bürger, die dem langen Zug begegneten, waren sichtlich bewegt gewesen über das, was sie sahen. Männer hatten ostentativ ihren Hut gezogen vor den Gezeichneten, viele Frauen hatten geweint.

Tante Hilde, die Schwester meiner Mutter, war mit dem ersten Transport A am 16. Oktober von Prag nach Lodz gebracht worden, zusammen mit ihrem Mann Robert, dem Vater von Hans. Die Deportierten der Transporte A, B, C und D aus Prag hatten durchschnittlich 50 Kilogramm Gepäck bei sich sowie pro Person 100 Mark. In Lodz fanden sie nicht sofort Quartier, sie mussten in Schulen und still gelegten Lagerhallen warten, und manche irrten wochenlang auf Zimmersuche durch das Ghetto. Am 5. November folgten über 5000

Sinti und Roma, die ins so genannte Zigeunerlager gesperrt wurden. Am 1. Dezember 1941 lebten knapp 163 000 Menschen in dem Ghetto. Typhus brach aus.

Im selben Monat begann im benachbarten Chelmno, etwa 70 Kilometer westlich von Lodz, der organisierte Massenmord durch den Einsatz von Kohlenmonoxid. Bis zum 12. Januar 1942 wurden alle noch lebenden Sinti und Roma aus Lodz in das erste nationalsozialistische Vernichtungslager deportiert und dort in Lastwagen, in die man die Abgase leitete, umgebracht. Bis Ende Mai waren es 55 000, die so den Tod fanden. Einen Monat später lebte nur noch knapp die Hälfte der im Herbst 1941 nach Lodz Deportierten. Die anderen, die »unproduktiven« Juden, hatte man in Chelmno ermordet. Im Ghetto herrschte lange Zeit Unklarheit über das Schicksal der Opfer. Die Nazis hatten die Deportationen als »Aussiedlung« getarnt und niemand wusste, was mit jenen, die zur »Aussiedlung« selektiert wurden, geschah. Doch als später vereinzelt die Kleider der nach Chelmno Verschickten wieder zurück ins Ghetto kamen, zweifelte bald niemand mehr an ihrem Tod.

Nur wer arbeitete, hatte eine Chance. In Lodz arbeiteten die Bewohner um ihr Leben. Zwölf Stunden am Tag, sechs Tage die Woche. Da die Stadt zuvor schon ein Zentrum der Textilverarbeitung gewesen war, hatte Rumkowski den deutschen Behörden angeboten, diese Produktion wieder aufzunehmen und Textil- und Lederwaren herstellen zu lassen, um die Ernährung der Ghettobewohner zu sichern. Er hoffte, dass die ökonomischen Interessen der Deutschen an der billigen Sklavenarbeit ihren Vernichtungswillen bremsen mochten. Das Kalkül befreite Rumkowski aber nicht von der von den Nazis auferlegten Pflicht, die Kinder, die Alten und die Nichtarbeitsfähigen in den Tod zu schicken, um die marginale Chance zu wahren, wenigstens ein paar andere zu retten.

Tatsächlich war Lodz das am längsten existente Judenghetto. Einer der größten Abnehmer war fortan die deutsche Wehrmacht. Die Produktion in Lodz wurde binnen kürzester Zeit gesteigert, die Lebensmittelrationen, die von den deutschen Behörden zugeteilt wurden, blieben dennoch so gering, dass viele Menschen verhungerten.

Die Arbeit bestimmte die Höhe der Lebensmittelzuteilungen. Wer nicht arbeitete, war über kurz oder lang zum Hungertod verurteilt. Viele Ghettobewohner begannen, ihre guten Kleider oder was immer sie an Besitztümern hatten retten können, zu verkaufen, um einen Laib Brot, etwas Fett, ein Stück Seife, Laussalbe oder Toilettenpapier erstehen zu können. Innerhalb des Ghettos war die Reichsmark als Zahlungsmittel nicht mehr zugelassen. Die Juden hatten die Währung abgeben müssen und dafür Ghetto-Geld bekommen, das nichts weiter war als eine Quittung. Außerhalb des Ghettos war diese nichts mehr wert. Aber es gab ja ohnehin kein Außerhalb mehr.

Mutter und Vater wohnten zunächst in der Franzstraße 27, einer langen Straße, die das gesamte Ghetto von Norden nach Süden durchschnitt. Einer späteren Karte von Mutter ist zu entnehmen, dass sie in die Sulzfelderstraße 40 umgezogen waren. Die Brzezińska, wie die Straße auf Polnisch hieß, verlief im Süden des Lagers, in schräger Tangente zur Grenze des Ghettos. Im Osten wurde sie vom Ghettozaun gekappt, der Rest der Straße war den Juden nicht mehr zugänglich. Im Westen mündete sie auf die Hohensteinstraße, die, weil sie als wichtige städtische Durchgangsstraße nicht zu sperren war, nur zu bestimmten Zeiten von Juden überquert werden durfte. Später errichtete man an den Stellen hölzerne Fußgängerbrücken als Übergänge, von denen eine auch auf den Ghetto-Briefmarken abgebildet war. Ich habe mir oft vorzustellen versucht, wie es für Mutter gewesen sein muss, über diese Brücke in den anderen Teil des Lagers zu gelangen. Wahrscheinlich durfte man nicht stehen bleiben, aber es wird gereicht haben für einen kurzen Blick in die andere Welt dort unten auf der Durchgangsstraße, die vorgab, eine irdische zu sein. Dort verkehrte die Straßenbahn, und in ihr saßen andere Menschen.

Im Februar 1942 erhielt ich die Nachricht, dass sich meine Eltern in dem Ghetto befänden und wohlauf seien. Ein direkter Kontakt mit ihnen war nicht möglich, aber sie durften Postkarten zu Verwandten im Protektorat schicken. Es gab ein eigenes Postwesen im Ghetto, und die jüdische Selbstzensur verbot auf Geheiß der Deutschen die Benutzung der polnischen und hebräischen Sprache und forderte eine deutlich lesbare Schrift.

Die Zeit der langen Briefe war allenthalben vorbei. Man sandte einander jetzt Kurzbotschaften, die vom Internationalen Roten Kreuz weitervermittelt wurden. Der Inhalt war stark reglementiert: Man durfte nie mehr als 25 Worte schreiben, es war verboten zu sagen, dass jemand bei der Armee sei oder wohin es ihn verschlagen habe, man durfte keine Details von Radionachrichten oder anderen Korrespondenzen erwähnen und nicht über die Ergebnisse feindlicher Aktionen sprechen. Auch Städtenamen durften nicht fallen. Bei Verstoß gegen eine der Zensurvorschriften wurden die pergamentdünnen Botschaften nicht übermittelt.

25 Worte sind nicht viel. Ein Lebenszeichen, mehr nicht. Oft vergingen ein oder zwei Monate, ehe es eintraf, und selbst dann konnte es ein trügerisches sein. Im Mai bekam ich eine Rote-Kreuz-Nachricht von Großmutter Hedwig aus Aussig. Sie war inzwischen in einem »Altersheim« in Schönwald, einem Ort im Erzgebirge, untergebracht, zusammen mit ihrer Tochter Trude und ihrem Sohn Herbert. Davon und dass Herbert die »Leitung« des Heims innehabe, hatte ich kurz zuvor erfahren. Es kam mir seltsam vor. Trude war gerade

48 Jahre alt, was hatte sie in einem Altersheim verloren? Und warum leitete Herbert, der sich zuvor mit Bauarbeiten durchgeschlagen hatte, nun ein Heim?

Der Kurzbrief aus dem Altersheim Schönwald war in Blockschrift verfasst. »Befinden unverändert gut. Eure Eltern gesund. Letzte Post 20 April« stand da. Als Unterschrift: Großmutti, Trude, Herbert Israel Schnitzer. Es war nicht ihre Schrift, sie hatten es allenfalls diktiert, aber ich schöpfte Beruhigung aus den Worten. Ich war geneigt, es zu glauben. Zu sehr geneigt, mich beruhigen zu lassen, vielleicht. Immerhin hatte ich Nachricht. Fred hatte keine aus Wien. Er war sehr niedergeschlagen, und an manchen Tagen war seine Seele so verhangen, dass ich kaum mehr zu ihm durchdringen konnte.

Fred suchte Zuflucht in seinem Glauben und ging regelmäßig in die Synagoge. Am Freitagabend feierte er zusammen mit seinem Bruder, mit dem er noch immer eine Wohnung teilte, den Beginn des Sabbat. Ich saß oft dabei, still und andächtig. Fred sprach auf Hebräisch den Prolog zum Sabbatessen, mit vielsilbigen Worten, die noch immer fremd für mich klangen. Er trug eine Kippa und den Tallit. Er sprach den Kiddusch, den Segensspruch bei einem Becher Wein. Wenn es keinen Wein gab, sprach er den Kiddusch über zwei Brotlaibe. Ich lauschte seinen in rituellem Takt dahineilenden Worten. In diesen Momenten war Fred wieder Salo, Mundy war wieder Moishe, und die Welt schien unversehrt.

Aber das war sie natürlich nicht. Die britische Luftwaffe hatte begonnen, deutsche Städte zu attackieren, hatte Lübeck im März und Rostock im April 1942 bombardiert. Ende Mai hatten mehr als 1000 Bomber, mehr als je zuvor, die Stadt Köln angegriffen. Es hatte viele Tote gegeben, aber ich fühlte wenig Mitleid für sie. Nur ein toter Deutscher ist ein guter Deutscher, sagte das britische Volk. Ich konnte ihren Hass verstehen.

Man hatte die Flüchtlinge vom Kontinent aufgefordert, Fotos ihrer Heimatstädte einzuschicken, auf denen Fabriken und Industriegebäude zu erkennen waren, vor allem solche, bei denen es sich um Munitionsfabriken handeln könnte. Ich sandte auch ein paar Ansichten von Aussig, wohlwissend, dass sie als Vorlage für eine zielgerichtete Bombardierung dienen könnten. Es war kein Vaterlandsverrat, denn unsere Vaterländer existierten nicht mehr. Bandy und Paul flogen jetzt Kampfeinsätze über deutschen Städten. Sie bombardierten das Land, in dem man ihre Muttersprache sprach, und sie taten es aus tiefer Überzeugung.

Die seltsamen Paradoxien und Zufälle, die der Krieg gebar, schien Tony magisch anzuziehen. Inmitten der Achtmillionen-Stadt und nach anderthalb Jahren, die wir ohne Nachricht voneinander gewesen waren, lief er mir über den Weg. Auch die aus dem Takt geratene Welt ist manchmal beruhigend klein, und in Swiss Cottage, wo ich Tony traf, war sie wohl besonders überschaubar, weil dort Tausende jüdischer Flüchtlinge wohnten. Ich hatte an einer Bushaltestelle in der Schlange gestanden, als mir plötzlich jemand von hinten auf die Schulter tippte. »Bist du das, Ilse?«, fragte Tony. Er sah reifer aus, aber vielleicht lag das auch an der Uniform, die er trug. Um seine Augen lagerten haarfeine Fältchen, die zu einem Strahlenkranz auffächerten, wenn er lachte.

Er lachte längst wieder. »Du hast dich nicht verändert«, sagte er. »Du aber schon«, fand ich und taxierte seine Schulterklappen. »Wie ich sehe, kämpfst du jetzt für Großbritannien.«

»Das ist nicht korrekt.« Tony war plötzlich sehr schmallippig. »Ich kämpfe nicht für England, sondern gegen die Nazis. Ich wäre in jede Armee gegangen, die das zum Ziel hat.«

Tony war schon vor einigen Monaten aus dem australischen Internierungslager nach England zurückgekehrt. Nachdem es sich auch unter den britischen Behörden herumgesprochen hatte, dass von verfolgten Juden keine unmittelbare Gefahr ausging, hatte man ihnen angeboten, bei dem britischen Pioneer Corps anzuheuern. Wer sich freiwillig meldete, wurde umgehend zurück nach England geschifft.

Mit knirschenden Zähnen habe er sich gemeldet, erzählte Tony, der es den Briten nicht verzieh, dass sie die jüdischen Flüchtlinge zuerst verhaftet und sodann nur unter der Bedingung des Armeebeitritts freigelassen hatten. »Und nicht einmal dafür«, entrüstete er sich, »wollen sie uns die britische Staatsbürgerschaft geben.« Inzwischen war Tony vom Pioneer Corps zu einer Spezialeinheit gewechselt, über die er nichts erzählen durfte. Erst sehr viel später erfuhr ich, dass in diesem Geheimkommando »3 Troop« fast ausschließlich jüdische Flüchtlinge ihren Dienst versahen. Nur die wenigsten Militärs der britischen Armee wussten von der Existenz der kleinen, knapp 90 Mann starken Elitetruppe. Die »Threetrooper«, wie sie sich nannten, hatten ein extremes Training an einem geheimen Ort in Nord-Wales absolviert. Sie mussten Meilenmärsche im Laufschritt mit schwerem Gepäck und Waffen zurücklegen. Sie lernten Fallschirmspringen und geräuschloses Heranschleichen, das Senden von Signalen, das Bedienen verschiedenster Waffen und wie man feindliche Gefangene effektiv verhört. Wie alle Kameraden hatte auch Tony seine alte Identität zugunsten einer neuen abgestreift. Er hatte alle persönlichen Unterlagen, Briefe und Fotos verbrennen müssen und einen falschen Pass bekommen, samt einer erdachten Biographie, die den starken deutschen Akzent erklärte. Tonys Legende war recht einfach: Sein Vater sei nach dem Ersten Weltkrieg als Mitglied der britischen Besatzungsarmee im Rheinland stationiert gewesen, und Tony sei dort geboren.

»Wie geht es Marianne?«, fragte er. »Ist sie immer noch so

hübsch? Ich hoffe, sie haben in Dublin keine Nonne aus ihr gemacht.«

Das nun nicht. Marianne malte an ihrer Kunstschule inzwischen sogar männliche Akte. Aber sie schien nicht über die Maßen beeindruckt davon und hatte auch nicht viel darüber erzählt. Ihr Lehrer hatte mir kürzlich in der Sprechstunde die Mappe mit den inzwischen entstandenen Arbeiten gezeigt. Er war sehr zufrieden mit Mariannes Leistungen. In der Mappe fand sich auch die Bleistiftzeichnung eines muskulösen jungen Mannes, der den Schülern Aktmodell gesessen hatte. Es war eine gelungene Studie, nur an einer Stelle, just der männlichsten, hatte Marianne so viel radiert, dass das Papier dort schwarz verschmiert und aufgerieben worden war. Als ich sie zu Hause nach dem Grund fragte, regte sie sich fürchterlich auf: »Dieses Scheusal, das hat der doch mit Absicht gemacht«, sagte sie. »Jedes Mal, wenn ich genau hingeschaut habe, hatte dieses Ding eine andere Größe, und ich musste wieder alles wegradieren.«

Noch schien sich Marianne nicht übermäßig für Männer zu interessieren, sehr zur Erleichterung Freds, der immer Angst hatte, sie könne sich an einen Nichtsnutz vergeuden. Als ich ihr von meiner Begegnung mit Tony erzählte, wurde sie jedoch sehr aufmerksam. Sie wollte ihn zu gerne wieder einmal sehen, aber im Moment war das kaum möglich. Tony war nur selten in London.

Das war ein weiteres Paradox des Krieges: Er zerrte die Freundschaften auseinander und schweißte sie zugleich zusammen. Paul Knepler, der Freund von Fred, arbeitete inzwischen für den BBC. Seit einiger Zeit gab es dort eine eigene satirische Radiosendung für österreichische Emigranten, für die Kneplers Sohn Georg als Pianist engagiert war und in der er neben dem Schauspieler Fritz Schrecker auftrat. Zum Abschluss des Beitrags erklang stets ein Wiener Lied, zu dem

Paul Knepler jeweils einen neuen Text verfasste. Er tat sich mit der alten Sprache immer noch sehr viel leichter als mit der neuen. Oft beriet er sich mit Fred über seine Entwürfe, manchmal schrieb Fred auch einen Text für seinen Freund. Die Kneplers kamen oft zu Besuch. Paul brachte Noten mit und seine Frau ihr Strickzeug. Sie strickte unentwegt und verdiente sich mit den Handarbeiten ein Zubrot. Ich kochte für uns alle. Die Männer saßen meist bis spät in die Nacht beisammen. Knepler inhalierte eine Zigarette nach der anderen und verschleierte die Luft mit grauen Schlieren. Fred, den Nichtraucher, schien das nicht zu stören. Wenn er in seinem Metier versank, geriet alles andere zur Nebensächlichkeit.

Viele kontinentale Künstler und Musiker fanden beim BBC kleine Engagements. Seit 1940 übertrug man dort auch immer wieder kurze Ansprachen von Thomas Mann, der nun in Kalifornien lebte und dessen Worte an die »deutschen Hörer« von deutschen Sprechern vorgetragen wurden. Später konnte man ihn sogar im Originalton hören. Den »German Service« hatte die BBC schon zu Beginn des Krieges ins Leben gerufen. Graham Greenes Bruder Hugh leitete den »Deutschen Dienst«, der nicht nur Hitler-Flüchtlingen in England, sondern auch Millionen heimlich hörenden Deutschen ein Symbol der Freiheit und Wahrheit war. Der Sender intonierte seine Programme stets durch drei kurze und einen vierten langen Paukenschlag. Die vier Schläge erinnerten an Beethovens Fünfte. Zugleich waren sie das Morsezeichen für »V« wie »Victory«. Wer BBC hörte, hatte den Glauben an den Sieg der Gerechtigkeit noch nicht verloren. Goebbels hetzendem Propagandarundfunk setzten die Briten Realismus und Fakten entgegen, auch dann, wenn Letztere ungünstig für sie ausfielen.

Wir hörten jeden Tag BBC. Manchmal versammelten wir uns zu mehreren vor dem Radio. Die politischen Sketche des »German Service« waren wie satirische Salven gegen das Naziregime. Darin mokierten sich Emigranten über die Kriegsentwicklungen und das wackelnde Dritte Reich.

Der Tenor Richard Tauber sang gegen Deutschland. Lange Zeit war er, der seit 1940 die britische Staatsbürgerschaft besaß, der einzige Flüchtling gewesen, der im »Home Service« der BBC als Sänger aufgetreten war. Mit dem Ausbau der Propagandasendungen nach Deutschland und Österreich hörte man ihn nun öfter auch wieder auf Deutsch singen.

Sein Stimmvolumen, befand Fred, sei nicht mehr ganz das alte. Das feuchte Inselklima schien seiner Stimme nicht gut zu tun. Tauber tingelte jetzt durch die Provinztheater und trat noch immer ab und an als Dirigent der Londoner Philharmoniker auf. Die meisten Konzerte waren Wohltätigkeitsveranstaltungen, deren Erlös dem Roten Kreuz oder der »British Legion« zugute kam. Im *Land of Smiles* stand neben ihm eine junge Frau namens Esther Moncrieff auf der Bühne. Sie war erst 25 und seit einiger Zeit Taubers neue Muse. Seine Ehefrau Diana Napier-Tauber, die in einem Lazarett in den schottischen Highlands als Krankenschwester arbeitete, schien es zu dulden. Sie hatte selbst genug amouröse Ablenkung.

Tauber wohnte im Grosvenor House Hotel in London. Von dort erreichte Fred eines Abends ein Anruf. Ich war gerade bei ihm zu Besuch, als das Telefon klingelte. Tauber war am Apparat. Er hatte die Telefonnummer von Freds Agenten Erich Glass bekommen. »Tauber hier«, dröhnte die Stimme. »Freut mich, dass es Ihnen gut geht, Tisch. Ich hörte, Sie arbeiten wieder als Librettist?« Fred bejahte, und Tauber schilderte ihm seine Bredouille. Er hatte eine Operette komponiert, mit der er an seine alte Tauber-Zauber-Ära anknüpfen wollte. Die Handlung stand, die Noten saßen, aber der Text! Er sei nicht sehr glücklich mit den englischen Libretti, gestand Tauber und fragte Fred, ob er nicht in den nächsten drei Wochen neue Texte für ihn schreiben könnte.

Fred sagte natürlich zu. Als er auflegte, war sein Gesicht glutrot vor Aufregung. War das zu fassen? Gerade hatte ihn Richard Tauber angerufen, und am nächsten Morgen würde Fred ihn zum Frühstück treffen, um anschließend mit ihm zu arbeiten. Wenn wir nur irgendetwas im Haus gehabt hätten, um anzustoßen, aber es gab nichts. Also stießen wir mit einem Glas Wasser auf Freds große Chance an. Ich war stolz auf ihn. Und noch mehr freute ich mich über das, was ich in Freds Augen sah: Sie glänzten wieder.

Glücklicherweise bekam Fred so kurzfristig Urlaub. Als er am nächsten Morgen in Taubers Hotelsuite eintraf, wo dieser sein eigenes Klavier stehen hatte, saß der Tenor noch beim Frühstück. Tauber, den der Krieg nicht schlanker gemacht hatte, liebte den schweren Start in den Tag. Auf seinem Teller lag ein fettglänzendes Stück »Spam«, Schweinefleisch aus der Dose. »Das müssen Sie probieren!«, sagte Tauber kauend, der für seinen Gast ein weiteres Gedeck hatte auflegen lassen. »Köstlich, ganz köstlich!« Fred sagte, er habe den Anblick kaum ertragen. Und das nicht nur, weil er sich koscher ernährte, das ganze Frühstücksszenario mutete alles andere als appetitlich an.

Von da an zog es Fred vor, sein Frühstück zu Hause einzunehmen und anschließend ins Grosvenor House Hotel zu fahren. Er kam immer erst sehr spät nach Hause. Tauber, erzählte Fred, sei nicht durchweg beständig in seiner Arbeitsweise. Manchmal spielte er andere Stücke am Klavier, wie versunken in einer unzugänglichen Welt. Dann wieder sollte alles ganz schnell gehen, und der Meister wurde ungeduldig, wenn sich die Texte nicht den Melodien fügten.

Die ursprüngliche Handlungsidee zu *Old Chelsea* stammte von dem Librettisten Walter Ellis, der Tauber damit eines Abends in dessen Garderobe aufgesucht hatte. Die Musik, so hieß es, habe Tauber schon die letzten Jahre parallel zu seinen

Engagements komponiert. Der Exilant Bernhard Grün, der sich nun Grun nannte und in Wien bei Alban Berg in die Schule gegangen war, hatte einige Passagen beigesteuert. Von Grun stammten die leichtfüßigeren Stücke, während Tauber in seinen Nummern aus seinem Hang zu Sentiment und Dramatik kein Hehl machte. Fred sollte sämtliche Tauber-Lieder betexten.

Inzwischen erreichte Tauber nur noch mit Mühe die hohen Töne. Es fiel ihm leichter, sie hervorzupressen, wenn die zugehörige Textsilbe auf einem »I«-Laut endete, erklärte er Fred. Dieser sollte darob Verse mit möglichst vielen »I«-Endungen ersinnen. »Me, tree, knee, she, tea, sea, he, flee, key« – Fred sammelte fortan »I«-Worte für den Heldentenor und trug sie in alter Manier in sein kleines Notizbuch ein.

Die Handlung von *Old Chelsea* spielte im 18. Jahrhundert. Ein emporstrebender Komponist verliebt sich in eine hübsche junge Hutmacherin. Eine Mesalliance, wie abgepaust aus dem Leben des Star-Tenors, der seine Geliebte Esther Moncrieff auch mit der kleinen Rolle einer adeligen Dame bedacht hatte. Er selbst spielte den Komponisten, die Hutmacherin wurde von der erst 22-jährigen Sängerin Carole Lynn verkörpert.

Fred war in diesen Wochen kaum mehr ansprechbar. Acht Tauber-Lieder textete er in dieser Zeit, und natürlich handelten sie alle von der Liebe, die selbstredend auch mit einem Happy End versehen war. Tauber schien sehr zufrieden mit Freds Libretti.

Fortan waren wir in den Dunstkreis des Tenors aufgenommen. Tauber lud uns zu Konzerten ein, bei denen er selbst auftrat, und schenkte uns Karten für andere, für die man ihm zwei VIP-Plätze reserviert hatte. Er konnte ja nur einen Bruchteil seiner Einladungen wahrnehmen, zumal nun die Proben zu *Old Chelsea* begannen.

Einmal musste Fred nach einer Vorstellung noch zu Tauber in die Garderobe. Ich sollte mitkommen. Zum ersten Mal sah ich Tauber jenseits der Bühne. Er hatte schon sein Hemd ausgezogen und trug darunter ein vom Dirigieren nass geschwitztes Korsett, aus dem seine Körpermasse hervor quoll. Der Star hatte mit dem Frack auch jeden Glamour abgelegt.

Fred hatte ihm erzählt, dass ich gut böhmisch koche, und Tauber bestand darauf, einmal bei uns eingeladen zu werden. Er vermisste die Küche seiner Heimat wohl kaum weniger als deren nunmehr geknebelte Kultur. Einige Male war er unser Gast. Er kam allein, ohne Begleitung. In den seltenen Fällen, in denen Fleisch erhältlich war, machte ich Rindergulasch mit Knödeln, andernfalls gab es Mehlspeisen, die Tauber über alles liebte. Einen aus einem einzigen Ei gestreckten Kaiserschmarren mit Apfelmus, Quarkpalatschinken ohne Quark oder Liwanzen. Tauber schwitzte bei Tisch genauso wie am Dirigentenpult, und er schien sich dort mit der gleichen Inbrunst zu verausgaben. Besonders meine Knödel hatten es ihm angetan. Ich weiß nicht, wie viele er auf einmal davon essen konnte. Nur dass ich schließlich den Adelstitel von ihm verliehen bekam. Fortan nannte er mich »Schnappula«, sein Synonym für Dinge und Menschen, an denen er Gefallen fand.

Wir lebten in einer gespaltenen Zeit. Unsere Zwischenexistenz bescherte uns glitzernde Abende und angstschwere Nächte, schleuderte uns hin und her zwischen Hoffnung und Resignation, einer Ahnung von Normalität und dem absoluten Ausnahmezustand.

Im Juni bekam ich einen Brief von einer Bekannten aus Aussig. Ada, so hieß sie, schrieb, dass sie »indirekt« Nachricht von meinen Eltern bekommen habe. Beide seien gesund und wohlauf. Vater habe Arbeit gefunden und verdiene Geld – das sei auch aus moralischen und psychischen Gründen die beste Medizin, lenke es einen doch ab und gebe einem Befriedigung. Großmutter befinde sich weiter in dem Altersheim, das von Herbert geleitet werde.

Zu diesem Zeitpunkt war Vater schon vier Monate tot. Er war am 7. Februar 1942 gestorben.

Im Ghetto Lodz starben die Menschen so schnell, dass man mit dem Beerdigen nicht mehr nachkam. Unaufhörlich wurden die Toten aus der Leichenhalle getragen. Jeden Tag gab es gleichzeitig einige Dutzend Beerdigungen auf dem Friedhof, einem schlammigen Feld am Rande des Ghettos. Die Gräber dort waren schmäler als Holzpritschen, zwei Ellen breit. Das rituelle Waschen der Leichen war verboten, Särge gab es nicht. Die Toten wurden in Papierfetzen gewickelt und zwischen zwei Bretter gelegt. Männer, Frauen und Kinder, die an Unterernährung und Krankheiten gestorben waren. Viele Erwachsene hatten ihrem Leben selbst ein Ende gesetzt.

Man konnte die Toten nicht betrauern, man durfte die Nachricht nicht einmal den engsten Angehörigen hinterbringen. Mein Vetter Hans sandte im Juli aus Dänemark einen Rot-Kreuz-Brief, in dem er mir mitteilte, seine Eltern, Robert und Hilde Frank und mein Vater seien »wieder übersiedelt«, und er wisse nicht wohin. Übersiedelt ist ein seltsames Synonym für gestorben. Auch Hans' Eltern lebten da schon nicht mehr. Seine Mutter hatte sich beim Hantieren mit einem Spirituskocher selbst in Brand gesetzt und war an den Folgen gestorben. Ihr Mann Robert war verhungert.

Kurz zuvor war eine Karte meiner Mutter bei einem Freund in Prag eingetroffen. Es war eine dieser vorgedruckten Karten aus dem Ghetto, auf denen man nur Namen und Adresse, aber kein persönliches Wort eintragen durfte. Der Inhalt war auf zynische Weise vorgegeben. »Grete Lönhardt, wohnhaft hier, Sulzfelderstraße 40/60, befindet sich gesund«, stand da. Mehr nicht. Niemand von uns ist auf die Idee gekommen, dass Grete Lönhardt inzwischen Witwe war, weil der Name ihres Mannes auf der Karte fehlte.

Sie war sicher alles andere als wohlauf. Aber sie wusste, dass man alles tun musste, um einen gesunden und arbeitstüchtigen Eindruck zu erwecken. Ende August 1942, so weiß ich heute, gab es im Ghetto Lodz eine Generalsperre. Alle Einwohner wurden zusammengetrieben und einem Selektionskommando vorgeführt. Mütter hatten versucht, mit ihren Kindern zu fliehen, sich in den Kellern versteckt, aber man hatte sie mit Schäferhunden aufgespürt und viele von ihnen an Ort und Stelle erschossen. An diesem Tag wurden 17 000 Nichtarbeitsfähige selektiert und in die Vernichtungslager gebracht. Unter ihnen waren mehr als 1000 Männer, Frauen und Kinder, die aus Prag nach Lodz gekommen waren.

Mutter wurde nicht selektiert. Sie habe immer einen auffallend gepflegten äußeren Schein gewahrt, sagte man mir, und vielleicht überlebte sie deshalb so lange. Nicht nur, dass sie sich mit der roten Tunke der befeuchteten Zichorie-Tüten die Wangen färbte, sie soll stets tadellos frisiert und sauber gekleidet gewesen sein. Nie klaffte bei ihr ein ausgetretener Saum oder ein Loch in der Kleidung. Weil Wäschewaschen kaum mehr möglich war, habe sie schmutzige Kleidungsstücke oft noch eine Weile mit der Innenseite nach außen getragen, bis sie auch dort unansehnlich wurden. Sie nähte sich auch ihre Kleidung selbst enger. Jeder in Lodz musste nach kurzer Zeit Abnäher anbringen lassen, weil alles zu weit geworden war.

Bestimmt war es von Vorteil, dass Mutter gut nähen konnte. Ich weiß nicht, welche Arbeit sie ausübte. Aber Näher waren gefragt in Lodz. Allein in der Straße, in der Mutter wohnte, gab es fünf Strohschuhwerkstätten, zwei Schuhmacherabteilungen und eine Mützenwerkstatt. Mutter wohnte jetzt mit Else Glaser zusammen, deren Mann Erwin im Juli

1942 gestorben war. Else war Krankenschwester. Ihr Mann, ein promovierter Rechtsanwalt aus Brüx, war eine Zeit lang Justitiar in der Fabrik meines Vaters gewesen. Im Ghetto hatten die Glasers und meine Eltern sich ein Zimmer geteilt, zusammen mit anderen Familien. Sie lebten auf engstem Raum im Zimmer Nummer 60 in der Sulzfelderstraße 40. In manchen Zimmern im Ghetto Lodz lebten 30 Menschen.

Nach dem Tod ihrer Ehemänner schliefen Else und Grete in einem Stockbett, das andere musste für neue Bewohner frei gemacht werden. Sie trösteten einander und schworen sich, dass, sollte eine von ihnen überleben, sie die Angehörigen der Freundin aufsuchen und ihnen alles erzählen würde. Sie waren beide entschlossen zu überleben.

Unterdessen verbündete sich in London die Welt gegen Hitler. Mit jedem Tag schwoll der Zustrom ausländischer Soldaten an. Auf dem Piccadilly sah man Uniformen der französischen und polnischen Armee, kanadische, tschechische und brasilianische Militärangehörige. Am augenfälligsten war die wachsende Präsenz der Amerikaner. Für GIs war London nicht nur eine militärische Schaltstelle, viele in der Provinz stationierte US-Soldaten besuchten die Stadt auch während ihrer freien Tage. In Anspielung auf ihre weißen Helme nannte man die amerikanischen Militärpolizisten »Snowdrops«. Manche Straßenkreuzungen waren mit weißen Schneeflocken übersprenkelt.

Mit den Amerikanern schwappte eine andere Stimmung in die graue, zertrümmerte Stadt, eine selbstgefällige Amüsierlaune, wie sie ein gebetener Gast wohl leichter aufbringt als sein lädierter Gastgeber. Viele Briten beäugten die Gesandten aus Übersee mit einer gewissen Skepsis. Bislang waren es doch sie allein gewesen, die wie David dem Feind getrotzt hatten, und nun kamen die Amis und stahlen ihnen die Schau. Die US-Soldaten verfügten über die besseren Waffen, den besseren

Sold und ein anderes Auftreten. Sie seien, konstatierten die Briten trocken, »over-paid, over-sexed and over here«. Man mokierte sich über englische Mädchen, die mit GIs ausgingen, und Restaurant-Besitzer, die den gut zahlenden Gästen den besten Tisch reservierten. Die Hilfsbereitschaft der Amerikaner jedoch und die Wichtigkeit ihrer Präsenz wurden nie in Zweifel gezogen.

Sporadisch gab es noch Luftangriffe der Deutschen – meist in Vergeltung für britischen Bombenhagel auf Berlin oder andere deutsche Städte. Die jetzigen Angriffe der Luftwaffe waren in keiner Weise mit jenen des Vorjahres zu vergleichen. Und obwohl man sich gegen Schlimmeres wappnete, die Keller ausgebombter Gebäude gegen zu mächtigen Wasserreservoirs umbaute und stählerne Wasserleitungen verlegte, um möglichen Großfeuern besser begegnen zu können, hatte die Angst die Stadt vorerst aus ihrer Umklammerung entlassen.

Die Premiere von *Old Chelsea* in Manchester rückte näher und schluckte einen Teil unserer Aufmerksamkeit. Fred war nervös und steckte mich damit an. Auch Tauber war fiebrig. Es war das erste Mal, dass er mit einem selbst komponierten Musical auf die Bühne trat. Zur Premiere hatte Fred mir ein schwarzes Kleid mit satinierten Manschetten und einem eleganten Schalkragen anfertigen lassen. Es hatte ein Vermögen gekostet, allein jeder einzelne der schimmernden Knöpfe war ein Abendessen wert. Was die Finanzen anging, war Fred eine wahre Künstlerseele. Wenn er Geld hatte, gab er es mit der gleichen Selbstverständlichkeit aus, mit der er sich in mageren Zeiten einschränkte. Im Moment ging es ihm finanziell ganz gut. Er hatte den Text zu dem Lied »Tell Me, Teacher« geschrieben, einem beschwingten Foxtrott, der oft im Radio zu hören war und Fred eine hübsche Nebeneinkunft eingetragen hatte.

Ich ging gerne mit Fred einkaufen, weil er einen sicheren Geschmack und eine genaue Vorstellung davon hatte, was er kleidsam an mir fand und was nicht. »Ich will, dass sich andere Männer nach dir umdrehen«, sagte er immer. Bei ihm, dessen bin ich mir sicher, war das etwas anderes als Trophäenstolz, eher ein Triumph über jene, die ihm alles zu nehmen versucht hatten. »Keine Kunst, sich sofort zu verlieben, wenn man aus dem Konzentrationslager kommt«, hatte ich ihm einmal leichtfertig hingeworfen. Fred war tief gekränkt gewesen, und ich hatte meine Unbedachtheit augenblicklich bereut.

Anlässlich der Premiere hatte Tauber uns eine kleine Suite in einem Vier-Sterne-Hotel in Manchester reservieren lassen. Nie zuvor war ich Gast in einem Luxushotel gewesen, geschweige denn jetzt, mitten im Krieg. Eine kleine Buchhalterin und vormalige Köchin übernachtet in einer Suite. Da fehlte nicht viel zu der Aschenbrödel-Romanze, wie sie am selben Abend auf der Bühne inszeniert wurde. Fred hatte einen Haufen Blumensträuße und Glückwunsch-Telegramme ins Hotel geschickt bekommen. Das hatte sein Lampenfieber zusätzlich befeuert.

Bei der Vorstellung saßen wir in der ersten Reihe und sahen einen Tauber, der sich mit ganzer Verve in seine Rolle warf und so glänzend sang wie lange nicht mehr. Besonders die von ihm mit allem Herzblut angefüllten Stücke »My Heart And I«, »There Are Angels Outside Heaven« und »If You Are In Love« ernteten anhaltenden Applaus. Es gab 15 Vorhänge und Fred wurde auf die Bühne gebeten. Unsere Blicke begegneten sich, und für einen Moment waren wir ganz allein, herausgehoben aus dem brandenden Beifall, wie auf ihm schwimmend. Ich war unsagbar stolz auf ihn.

Eine Zeitung schrieb, einige Lieder würde man auch noch ein Jahr nach der Aufführung summen können, so einprägsam sei die Musik. »My Heart And I« war ohnehin unvergesslich, denn es wurde monatelange im Radio gespielt. Es wurde der größte Hit, den Fred je in England gedichtet hat.

Ohne sein Wissen hatte ich einen Zeitungsausschnittsdienst damit beauftragt, sämtliche Kritiken des Musicals zu sammeln, das fortan durch die Städte tourte, durch Birmingham, Bradford, Liverpool, Glasgow, Edinburgh, Coventry, Nottingham und einige andere. Im Frühjahr 1943 sollte es im London Princess Theatre gastieren. Die Pressestimmen waren sehr positiv. Marianne klebte sie in ein handgebundenes Album aus schwarzem Karton, stellte Fotos und selbstskizzierte Illustrationen dazu und überreichte es Fred einige Monate später als Weihnachtsgeschenk. Das größte Geschenk aber hatte er selbst sich mit diesem Erfolg beschert. Aus eigener Kraft war es ihm gelungen, an die Glanzzeit von einst anzuknüpfen.

Der Krieg schien sich entfernt zu haben. Er fand jetzt mehr in den Schlagzeilen statt, die vom Kaukasus und von Tobruk berichteten, von El Alamein und Stalingrad. Und dann plötzlich platzte er doch wieder mit aller Gewalt in unser Leben. Nie werde ich den Anblick meines Chefs vergessen und dessen kalkweißes Gesicht, als er an einem Oktobertag vor mich trat. Er hatte gerade die Nachricht erhalten, dass Paul Friedländer von feindlichen Bombern über dem Kanal abgeschossen worden war. Unser Paul, der immer lachende, der verwegene und unverdrossene Paul, war tot. Er war nur 28 Jahre alt geworden.

»Sie müssen das Eva beibringen«, bat mich mein Chef. »Sie sind ihre beste Freundin.«

Eva arbeitete bei Selfridges in der gleichen Abteilung wie ich. Sie saß an ihrem Schreibtisch, ahnungslos in ihre Unterlagen vertieft. Es kostete mich viel Kraft, zu ihr hinüberzugehen. Bis dahin hatte ich noch nie eine Todesnachricht überbringen müssen. Ich denke, es gibt keine gelungene Art, dies zu tun. Man kann das Entsetzen nicht dosieren, und man kommt an den drei unverrückbaren Worten nicht vorbei.

»Eva«, sagte ich sanft und nahm sie in die Arme. Eva hatte meine Tränen gesehen, und ich spürte, wie sich ihr Körper vor Anspannung verhärtete. »Paul ist tot«, sagte ich und hielt sie fest. »Er ist über dem Kanal abgeschossen worden. Er ist einen Heldentod gestorben. Für uns alle.«

Evas Beine knickten ein wie die einer Marionette. Sie war ohnmächtig geworden. Ich kauerte heulend neben ihr, hielt ihren Kopf und tätschelte hilflos ihre Wange. Ich glaube, dass ich nicht nur um Paul, sondern in ängstlicher Ahnung um alle anderen Menschen weinte, die ich zu diesem Zeitpunkt, im Oktober 1942, schon verloren hatte.

Erst einige Wochen zuvor hatte der »German Service« des BBC eine Rundfunkansprache von Thomas Mann an die deutsche Bevölkerung übertragen, in dem dieser die systematische Massenvernichtung der Juden angeklagt hatte. Auch die Deutschen konnten sich nun nicht mehr dahinter verschanzen, nichts gewusst zu haben. Seit der Wannsee-Konferenz, auf der die »Endlösung« der Judenfrage beschlossen worden war, gab es keinen Zweifel mehr an Hitlers Willen, die Juden auszulöschen.

Und doch wurde das Verbrechen abgeschirmt, von der Öffentlichkeit betrieben und geschickt getarnt. Das so genannte »Altersheim Schönwald« im Erzgebirge, in das man meine Großmutter, Herbert und Trude geschickt hatte, war in Wahrheit, so weiß ich heute, ein Internierungslager für Juden. Auch das Lager Theresienstadt nannten die Nazis »Reichsaltersheim«. Den dorthin Verschickten aus dem Reichsgebiet hatte man vor ihrer Deportation etwas von einem böhmischen Luftkurort namens Theresienbad erzählt, in dem es Gärten und Spazierwege, Pensionen und Villen gebe. Großmutter, die mit dem ersten Transport, der Aussig am 23. November 1942 verließ, dorthin gebracht wurde, wird das nicht geglaubt haben, da sie die alte Festungsstadt noch von früher kannte. Aber konnte sie ahnen, dass man dort fast 60 000 Menschen auf einer Fläche von wenig mehr als einem Quadratkilometer zusammenpferchte und dass ein jeder dort mit etwa zwei Quadratmetern Wohnplatz auskommen musste? Dass dort alle zu niederer Arbeit verpflichtet waren, Ärzte, Professoren, Rabbiner, Juristen, Fabrikdirektoren, Bankkaufleute, Hausfrauen und Sekretärinnen, Künstler? Dass dort wegen der mangelhaften Ernährung und drangvollen Enge alle erdenklichen Krankheiten wüteten, Scharlach, Diphtherie, Gelbsucht und Tuberkulose? Großmutters Bruder Armin Simon, ein Buchhalter aus Wien, war kurz zuvor nach Theresienstadt verschickt worden und dort binnen zehn Tagen zu Grunde gegangen wie viele gerade der älteren Ankömmlinge, die die so genannte »Einschleusung«, den Eintritt in die außermenschliche Welt, nur wenige Tage überlebten. Auch Malva Schalek, die Malerin, war zu diesem Zeitpunkt schon in Theresienstadt. Tante Trude und Onkel Herbert, die Geschwister meiner Mutter, kamen ebenfalls dorthin, bis zu ihrer weiteren Verschickung in den Tod. Onkel Otto und Tante Olga, die Geschwister meines Vaters, brachte man noch ganz zum Schluss nach Theresienstadt. Dass sie beide in einer Mischehe lebten, hatte sie nicht davor bewahrt.

Viele Jahre später habe ich erfahren, dass meine ehemalige Schulfreundin Traute Fehres in der Kartothek eingeteilt war, in der die Deportationslisten der Aussiger Juden zusammengestellt wurden. Es war, dafür hatten die Nazis in ihrem verwaltungstechnischen Eifer Sorge getragen, ein Leichtes, Juden aus der Aussiger Einwohnerkartei herauszufischen, denn ihre Karteikarten waren mit dem Stempel »J« und je zwei roten Reitern versehen. Die Kartei befindet sich heute im Archiv der Stadt. Traute soll, so erzählte man mir, die Karten jüdischer Familien, die sie kannte, entwendet und verbrannt haben. Ich habe das nie bestätigt gefunden, weil sich nach dem Krieg ihre Spur verlor. Aber es hätte Trautes Gesinnung entsprochen.

Fred war niedergedrückt von der dumpfen Ahnung, dass seine Eltern nicht mehr am Leben waren, da er nun über ein Jahr lang keine Nachricht mehr von ihnen erhalten hatte. Vielleicht, da er die Vergangenheit nicht kannte, verharrte er in einer eigentümlichen Starre, was unsere Zukunft anging. Seit fast drei Jahren waren wir nun ein Paar, aber Fred hatte noch nie von Verlobung oder gar Heirat gesprochen. »Liegt es daran, dass du diese scheußlichen Scheidungsfälle in Wien betreuen musstest?«, fragte ich ihn schließlich, allen Stolz hinunterschluckend. »Glaubst du immer noch, dass alle Ehen so enden müssen?«

Fred antwortete nicht sofort. Er saß still da, als kaute er auf meinen Worten. »Schau, Darling«, sagte er dann, »ich habe mit dir gefunden, was ich für immer verloren glaubte. Ohne dich würde ich nicht mehr leben wollen. Ich meine das ganz ernst. Wenn du morgen tot wärst, würde auch ich mein Leben beenden.«

Manchmal hatte Fred eine seltsam gewaltige Art, mir Komplimente zu machen. Eine, die mir die Tränen in die Augen trieb. Fred nahm meine Hände und streichelte sie versonnen. »Natürlich will ich dich heiraten und mit dir den Rest meines Lebens verbringen«, sagte er. »Doch im Moment ist nicht der richtige Zeitpunkt dafür. Wir wissen nicht, was aus unseren Eltern geworden ist. Wir haben Krieg. Und es wäre nicht gut, wenn du als ›friendly alien‹ durch die Heirat mit mir zu einem ›enemy alien‹ wirst. Du würdest eine Menge Privilegien verlieren. Lass uns übers Heiraten reden, wenn der Krieg vorbei ist.«

Er hatte wahrscheinlich Recht: Die Zeit war nicht adäquat. Auch wegen Marianne, die noch nicht groß genug war, um in die Eigenständigkeit entsandt zu werden. Mir war es lieber, wenn sie noch eine Weile bei mir lebte, und sie selbst wollte ohnehin nicht weg von mir. Weil unsere Vermieter die Miete über die Schmerzgrenze hinaus erhöht hatten, mussten wir uns jetzt eine neue Wohnung suchen. Im Moment diktierte der Markt in Folge des großen Wohnungsmangels horrende Preise. Viele ausgebombte Familien suchten eine neue Bleibe, die Flüchtlinge, die Soldaten, sie alle brauchten ein Dach überm Kopf.

Alles, was Marianne und ich uns ansahen, war gemessen an meinem Einkommen maßlos überteuert. Es war zermürbend. Wider Erwarten hatten wir schließlich doch Glück und fanden eine bezahlbare Wohnung in der Howitt Road in der Nähe von Hampstead Heath. Sie gehörte einem tauben Ehepaar, das im Erdgeschoss wohnte. Wir mussten unterschreiben, dass wir sie bei Sirenenalarm wecken und mit ihnen den »Anderson«-Bunker in ihrem Garten aufsuchen würden. So bekamen wir die Wohnung im ersten Stock, in der wir fortan zu zweit lebten.

Marianne war jetzt 18 und zu einer anmutigen Schönheit herangewachsen. Das war auch Tony nicht entgangen, der sie etliche Male während seiner freien Tage in London getroffen und sich augenscheinlich sehr um sie bemüht hatte. Er hatte ihr sogar die Wahrheit über seine Beschäftigung bei dem Kommando erzählt, was einer Liebeserklärung gleichkam, weil diese Geheimsache nur engsten Vertrauten offenbart werden durfte. Tony bewegte sich des Nachts jetzt häufig im Feindesland. Sein Schiff ankerte vor der Festlandküste, und er ging mit seinen Kameraden von Bord. Sie paddelten in einem Schlauchboot über das nachtschwarze Wasser und stahlen sich an Land. Ihre Aufgabe war es, Fotos von feindlichen

Stellungen zu machen oder sich von hinten an patrouillierende deutsche Soldaten anzuschleichen, diese lautlos zu überwältigen und anschließend an Bord ihres Schiffes zu bringen. Dort wurden die Wehrmachtsoldaten von Männern empfangen, die britische Uniformen trugen und sie in akzentfreiem Deutsch verhörten. Tony sagte, die deutschen Gefangenen seien meist sehr redselig, als schienen sie erleichtert, nicht mehr dem deutschen Größenwahnsinn dienen zu müssen.

Wenn Marianne Angst um Tony hatte, so ließ sie es sich nicht anmerken. Sie war ohnehin viel verschlossener als ich und offenbarte sich nicht allzu sehr. Oft rätselte ich, was in ihr vorging. Ich glaube, sie mochte Tony sehr. Die beiden waren durch ihre gemeinsame, gekappte Vergangenheit verbunden. Tonys Mutter, die man nunmehr ebenfalls in ein Lager verschickt hatte, und unsere Tante Olga waren die besten Freundinnen gewesen. Unsere Väter hatten jahrelang an derselben Universität Chemie studiert. Marianne und Tony waren von derselben Hebamme auf die Welt geholt worden und kannten einander von klein auf. Die ähnliche Herkunft und Erfahrung stiftete ein tiefes, oft schweigendes Einvernehmen.

Trotzdem wollte sich Marianne noch nicht festlegen und ließ Tony immer wieder abblitzen. Ich war darüber nicht traurig, sie war jung genug, um sich Zeit zu lassen. Tony aber gab irgendwann zermürbt auf. Gegen das Manöver, die Festung Marianne einzunehmen, waren seine nächtlichen Spionageattacken offenbar ein Kinderspiel. Der Kontakt brach ab.

Marianne hatte ihre Kunstschule inzwischen beendet und arbeitete für ein tschechisches Kunsthandwerk-Geschäft, das handbemalte Holzartikel herstellte und verkaufte. Sie verdiente nicht viel, aber das war nicht mehr von allzu großem Belang, seit ich im Frühjahr 1943 eine gut bezahlte Anstellung als Buchhalterin beim »Post Exchange«, der »PX« genannten Versorgungsstelle der amerikanischen Truppen in der Oxford Street gefunden hatte. Ich war zuständig für die finanziellen Transaktionen und den Sonderverkauf von wertvollen Artikeln wie Uhren und Füllfederhaltern. In meinem Büro, das ich mit dem Commanding Officer teilte, stand ein Safe, dessen Nummer nur mir bekannt war.

Materiell begann eine bessere Zeit. Freitags durften die Angestellten beschädigte Konserven aus dem anliegenden »Commissary Store« zum halben Preis einkaufen. Obendrein schickte uns Willy Eichberger Care-Pakete aus Kalifornien. Willy war der Sohn von Armin Simon, dem in Theresienstadt umgekommenen Bruder meiner Großmutter. Er war Burgschauspieler in Wien gewesen und war – abermals ein wundersamer Zufall – auch in dem Film *Burgtheater* aufgetreten, zu dem Lengsfelder und Tisch das leise »Servus« geschrieben hatten. In Hollywood, wohin er sich rechtzeitig abgesetzt hatte, verdingte sich Willy Eichberger nun unter dem Namen Carl Esmond als Schauspieler. Er schien gut davon leben zu können und sandte uns Päckchen luxuriösen Inhalts. In Dosen konservierte Ananas, Pfirsiche und feine Pasteten, geräucherten Lachs, Spargel, Kaffee, Schokolade, Kekse und die obligaten Kaugummis.

Jeder, der Verwandte oder Freunde in Übersee hatte, bat sie nun um Essenspakete, denn die Rationen waren nicht üppiger geworden. Inzwischen kultivierten die Londoner auf fast jedem freien Flecken Erde Obst und Gemüse. Im Innenhof des British Museum gediehen Erbsen, Bohnen, Zwiebeln und Salat, vielerorts hielten sich die Leute Hühner in ihren Gärten, die Polizeistation vom Hyde Park nannte eine Schweinezucht mit acht Tieren ihr Eigen.

Marianne und ich kamen auch ohne Garten gut über die Runden. Bei den Amerikanern verdiente ich nun zehn Pfund die Woche, steuerfrei. Aber das war nicht mein Motiv gewesen, mich bei der Armee und zuvor – vergebens allerdings – beim Roten Kreuz beworben zu haben. Ich wollte etwas gegen die Nazis tun. Mochte mein Beitrag als Buchhalterin bei den Amerikanern noch so marginal sein, es war meine Art, mich am »war effort« zu beteiligen.

Inzwischen war es Frühjahr 1943. Die Deutschen hatten vor Stalingrad kapituliert, die alliierten Flächenbombardements dehnten sich auf ganz Deutschland aus. Tagsüber dröhnten die amerikanischen Bomber über die deutschen Städte, nachts waren es die der Briten. Auch auf See mussten die Deutschen hohe Verluste hinnehmen. Das Blatt hatte sich zumindest militärisch gewendet.

Hans schrieb aus Dänemark, dass er noch immer keine Nachricht von seinen Eltern habe. Aus Theresienstadt höre er, dass Großmama verreist sei und es Onkel Herbert gut gehe. Wie so oft tarnten die Herrschenden ihre Gräueltaten durch derlei Lügen, und wir glaubten sie, weil wir nach allem griffen, was einen Splitter Hoffnung gewährte. Doch Großmutter war nicht verreist, sie war einen Tag vor meinem Geburtstag in Theresienstadt gestorben.

Ich habe mich oft gefragt, ob sie ihre Nichte Malva Schalek im Lager getroffen hat. Malva, die dort heimlich Dutzende Holzkohle- und Wasserfarbenzeichnungen von den Insassen und dem Lageralltag anfertigte. Manche, die sie zuvor in ihrer alten, friedlichen Umgebung porträtiert hatte, malte Malva jetzt in der entmenschlichten Welt des Ghettos wieder. Von etlichen schuf sie so das letzte Bildnis. Ein Teil dieser Bilder ist heute sogar im Internet zu sehen. Als ich einige davon viele Jahre später zum ersten Mal betrachtete, tasteten meine Augen sie wie einem Instinkt gehorchend nach bekannten Gesichtern ab, jedoch erkannte ich niemanden darauf.

Ich habe diesen Reflex nie ablegen können, in den Fotos aus den Lagern nach einem mir vertrauten Menschen zu suchen.

Viele Jahre nach dem Krieg sah ich im »Spiro Institute«, dem jüdischen Kulturzentrum in London, eine Dokumentation über Lodz. In einer sekundenlangen Sequenz wähnte ich, meine Mutter erkannt zu haben. Aufgewühlt informierte ich die Mitarbeiter des Instituts. Man begegnete mir mit viel Verständnis und erbot sich, mir den Film noch einmal in einer Einzelvorführung zu zeigen. Wenig später, nach Tagen, die ich in großer Nervosität verbracht hatte, saß ich alleine in einem kleinen, abgedunkelten Vorführraum, die Hände vor innerer Erregung ineinander verkrampft. Ich ängstigte mich vor der Begegnung mit meiner Mutter in dieser Ghettowirklichkeit, der ich sie nie gänzlich zuzuordnen vermochte, und gleichzeitig hoffte ich nichts mehr, als sie noch ein letztes Mal als lebende Person zu sehen. Als die besagte Sequenz kam, bat ich, den Film anzuhalten. Man spielte mir die Szene, auf der eine gut aussehende, dunkelhaarige Frau mittleren Alters zu sehen war, mehrere Male in Zeitlupe vor. Es war eindeutig nicht meine Mutter. Meine Erleichterung war groß, doch ebenso groß war meine Enttäuschung.

Im April 1943 befanden sich im Getto Lodz, so meldete der Älteste der Juden Mordechai Chaim Rumkowski an die deutschen Behörden, 85 884 Personen, davon waren 80 784 in Arbeit. Nichtarbeitsfähige Menschen hatte Rumkowski »aussiedeln« lassen. Alte, Kranke und Kinder waren zu Tausenden nach Chelmno ins Gas geschickt worden. 95 Prozent der Arbeitsaufträge kamen inzwischen von der Wehrmacht, für die Uniformen und textile Ausrüstung genäht wurden. Doch auch private Firmen wie Karstadt oder Neckermann profitierten von der Zwangsarbeit. Meine Mutter, schrieb Hans, sei gesund. Dass schon seit einem Jahr nicht mehr der Name meines Vaters fiel, deutete ich inzwischen längst als unheilvolles Zeichen.

Noch immer hatte Fred nachts häufig Albträume, aus denen er manchmal mit klagendem Schrei hochfuhr. Und nach wie vor zerrte ihn das Geräusch prasselnden Regens zurück in sein Trauma. Inzwischen wusste ich besser damit umzugehen. Ich hatte immer ein leichtes Beruhigungsmittel zur Hand, das ich ihm dann gab. Natürlich war es ein in seiner Vergeblichkeit fast lächerlicher Versuch, damit ein Symptom zu bekämpfen, dessen Ursache unauslöschlich in seiner Seele saß.

Wenigstens finanziell ging es ihm jetzt gut. Die Tantiemen von *Old Chelsea*, mit dem Richard Tauber insgesamt fast 700 Mal auftrat, flossen reichlich, und die Anschlussaufträge ließen nicht lange auf sich warten. Bernhard Grun bat Fred um ein Libretto zu dem Lied »In Queen Victoria's Days«, die Komponisten Alec Blewis und Fred Prisker schickten ihre Noten. Für Richard Tauber schrieb Fred das englische Libretto zu einem Opus von Tschaikowsky. »No More I'll Be Singing« lautete der Titel der Ballade. Tauber nahm sie auf Platte auf, und damit war der Erfolg in Rillen gepresst. Fred benutzte sein Reimnotizbuch kaum mehr, weil er sich eines inneren Wortschatzes bedienen konnte, der mit jedem Tag reicher wurde.

Bisweilen war man versucht, den Krieg zu vergessen und der Illusion einer Normalität zu erliegen, doch über kurz oder lang griff die Realität wieder nach einem. Es war im Spätsommer 1943, das Ende eines warmen, hellen Sommers, als mich die Nachricht erreichte, die alles in mir zusammenfallen ließ. Die Nachricht, dass mein Vater schon seit fast anderthalb Jahren tot war. Er war der erste aus meiner Familie, von dessen Lagertod ich erfuhr. Alle anderen wähnte oder hoffte ich ja noch lebend.

Ich stand tagelang unter Schock. Unzählige Szenen aus unserer Vergangenheit drängten sich in meine Gedanken. Ich sah Vaters Gesicht vor mir, als er mir eröffnete, dass ich adoptiert sei, wie wir zusammen vor dem Radio gesessen waren und die Wahl Hitlers verfolgt hatten, wie er mir beim Abschied am Bahnhof von Bodenbach noch schnaufend nachgelaufen war. Ich dachte an seine innigen, aufmunternden Briefe und seine immerwährende Angst, uns einmal allein lassen zu müssen. All diese Bilder wurden von einer Erkenntnis überschattet: dem Wissen, dass es ihm nichts genutzt hatte, das Unheil vorausgesehen zu haben.

11

Gestern kam ein Päckchen aus Deutschland. Eine befreundete Zahnärztin aus Wiesbaden schickte ein Dutzend kleine Fläschchen mit Kölnisch Wasser und jede Menge kleine Zahnpastatuben, von denen sie meinte, eine anhaltend reisefreudige Person wie ich habe sicher Verwendung dafür. Ich bekomme fast täglich Post aus der Bundesrepublik, wo viele Verwandte und Freunde von mir leben. Ich mag Deutschland jetzt.

Das war nicht immer so. Es hat viele Jahre gedauert, ehe ich zu diesem Land, das zwar nie meine Heimat, jedoch die Wiege meiner Sprache war, eine Beziehung entwickelte, die nicht von Hass und Misstrauen geprägt war. Womöglich hätte ich diesen Weg der Versöhnung nie beschritten, wenn ich nicht durch die Vertreibung meiner Verwandten aus der Tschechoslowakei nach Deutschland dazu gezwungen gewesen wäre. Tante Olga, die Schwester meines Vaters, die von den Nazis nach Theresienstadt gebracht worden war und dort bis zur Befreiung des Ghettos überlebt hatte, ist 1946 von den Tschechen des Landes verwiesen worden. Ihren Schwiegersohn Hugo, der es abgelehnt hatte, sich von seiner »halbjüdischen« Frau Dorothea scheiden zu lassen, und der deshalb von den Nazis für einige Monate in ein »Arbeitserziehungslager« in der Nähe von Kassel gesperrt worden war, haben die Tschechen nach Einmarsch der Roten Armee abermals hinter Gitter gesteckt. Er und seine Frau landeten in einem Straflager für Nazis in Lerchenfeld, vor den Toren Aussigs. Weil er sich dort geweigert hat, eine Sträflingskleidung mit einem aufgenähten Hakenkreuz zu tragen, hat man ihn durch Tritte und Schläge so zugerichtet, dass ihn seine Frau nicht mehr erkannte.

Die Wut der Tschechen auf die Nazis, die, bejubelt von den meisten Sudetendeutschen, ihr Land entweiht und misshandelt hatten, war verständlich. Mitunter aber war sie so blind in ihrem Vergeltungsdrang, dass sie neues Unrecht schuf. Bisweilen erreichte das den Grad des Absurden, etwa bei meiner Cousine Hilde, der Tochter von Tante Olga, der man behördlicherseits drei Mal die Heirat untersagte. 1934 hatte sie sich in einen Deutschen verliebt und durfte ihn nicht heiraten, weil er Reichsdeutscher und sie eine »jüdisch versippte« Tschechin war. Daran änderte sich auch nichts, als das Sudetenland »heim ins Reich« geholt worden war und Hilde einen zweiten Versuch unternahm. Nach dem Krieg verliebte sie sich in einen jüdischen Tschechen und durfte auch diesen nicht ehelichen. Denn nun war sie in den Augen der Tschechen eine Deutsche.

Tante Olga hat nach dem Krieg um die tschechische Staatsbürgerschaft angesucht, ist aber abgewiesen worden. Wenigstens hat man ihr als ehemals Verfolgter erlaubt, einen Teil ihrer Möbel mit nach Deutschland zu nehmen. Den meisten Sudetendeutschen gestattete man nur 50 Kilo Gepäck. Hugo, der vormalige Fabrikbesitzer, hat Aussig bald nach seiner Freilassung mit seiner Frau und den beiden Töchtern verlassen. Tante Olga und Hilde sind ihnen später gefolgt. Sie lebten in ärmlichen Verhältnissen in der bayerischen Domstadt Freising, und ich schickte ihnen in den Jahren nach dem Krieg Pakete mit Kleidung für die heranwachsenden Mädchen, mit Lebensmitteln, Kaffee und Zigaretten für Hugo. Viele meiner Freunde, die in Deutschland noch Verwandte hatten, sandten Care-Pakete in das vormalige Feindesland. Die Welt war eine andere geworden.

Für Fred jedoch war die Schuld seiner Peiniger nicht verjährt. Nach seiner Flucht hat er nie wieder deutschen oder österreichischen Boden betreten. Als ihm sein Freund Paul

Knepler 1955 eröffnete, dass er mit seiner Frau nach Wien remigrieren wolle, war Fred außer sich. »Wie kannst du in ein Land der Mörder zurückkehren?«, fragte er ihn und war entsetzt, dass Knepler seine Ankündigung tatsächlich wahr machte. Vier Jahre später wurde Fred vom Wiener Raimundtheater zur Wiederaufführung von *Warum lügst du, Chérie?* eingeladen. Man erbot sich, alle Reisekosten und ein erstklassiges Hotel zu bezahlen, wenn Fred im Gegenzug der Premiere beiwohnte und am Schluss auf die Bühne käme. Er lehnte ab. »Ein Land, das meine Eltern gezwungen hat, mit Zahnbürsten das Kopfsteinpflaster zu schrubben, ist für mich gestorben«, schrieb er den Veranstaltern. Diese Wunden waren bei ihm wie in Stein gehauen. Fred hat sogar die Entschädigungssumme für seinen KZ-Aufenthalt zurücküberwiesen, weil »Blut an diesem Geld klebt«. Es war eine hohe Summe, ein Betrag, den wir gut hätten gebrauchen können. Aber Fred ließ nicht mit sich reden. »Geld kann nichts ungeschehen machen«, sagte er.

Entsprechend alarmiert reagierte er auf mein Ansinnen, Tante Olga und ihre Familie in Deutschland zu besuchen. »Es wimmelt dort noch von Nazis«, sagte er. Wir sprachen nächtelang darüber. Schließlich hatte er doch Verständnis dafür, dass ich meine Tante wiedersehen wollte. Sie war die einzige nahe Verwandte aus Türmitz, die Hitler überlebt hatte. Ich solle aber auf keinen Fall mit älteren Deutschen sprechen, beschwor mich Fred. Daran hielt ich mich die erste Zeit auch.

Später, beginnend in den 60er Jahren, reiste ich aufgrund meiner Tätigkeit im Buchhandel jedes Jahr zur Buchmesse nach Frankfurt. Auch in dieser Zeit verlor sich ein dumpfes Unbehagen gerade im Umgang mit den älteren Bundesbürgern nicht. Der innere Argwohn und die Frage, ob sie womöglich Helfer oder Täter gewesen sein mochten, begann erst mit dem Verschwinden dieser Generation zu weichen. Gelegentlich wurde ich in Deutschland nach dem Grund für mein perfektes Deutsch gefragt. Auf meine Erklärung reagierten etliche mit verständlicher Verlegenheit, aber es gab auch solche, die eilig betonten, sie hätten nie etwas mit den Nazis zu tun gehabt.

Mein Englisch ist nach wie vor durch einen Akzent gefärbt. In den ersten Exiljahren war dieser noch stärker, so sehr ich mich bemühte, ihn abzulegen. Aus jedem Satz sickerte die Botschaft, dass ich keine Engländerin war.

Auch Ernest Hemingway fiel meine unbritische Aussprache auf, als wir im Frühjahr 1944 miteinander sprachen. Hemingway, der seit der Veröffentlichung seines letzten Romans *Wem die Stunde schlägt* Weltruhm genoss, war seiner Frau Martha Gelhorn kurz zuvor nach London gefolgt und ging im Hauptquartier der amerikanischen Armee ein und aus. Wo immer er auftauchte, folgte ihm die Aufmerksamkeit der Umstehenden wie eine Heckwelle. So war es auch im PX, wo Hemingway wie jeder andere amerikanische Soldat zum Einkaufen erschien.

Ich bat ihn um ein Autogramm und wechselte ein paar höfliche Sätze mit ihm. »Sie haben einen deutschen Akzent«, sagte Hemingway, während er seine Unterschrift mit beiläufiger Rasanz auf ein Blatt Papier warf. »Sind Sie denn Deutsche?« Ich verneinte und erklärte ihm, dass ich aus dem Sudetenland käme und vor dem Einmarsch der Deutschen nach England geflohen sei.

»Sind Sie Jüdin?«, fragte er. Ich nickte. Hemingway fand das »interessant«. Er arbeite gerade an einem Stück über die deutsche Besetzung der Tschechoslowakei, erzählte er, und wollte wissen, ob ich bei Gelegenheit Zeit hätte, mit ihm zum Lunch in die Offizierskantine zu gehen, da er mir gerne ein paar Fragen stellen würde.

Natürlich hatte ich Zeit. In den nächsten Tagen trafen wir uns dreimal mittags in der Offiziersmesse. Ich bestellte mir immer ein warmes Essen, der Schriftsteller hingegen aß nie einen Bissen und begnügte sich all die Male mit einem Drink. Er löcherte mich mit allerlei Fragen, nach der Henlein-Partei und der jüdischen Kultur in Böhmen, nach meinen Eltern und danach, wie es ihnen in den letzten fünf Jahren ergangen war. Oft stockte meine Rede, weil ich nach den richtigen Worten rang, und manchmal, weil mir ein Tränenkloß im Hals steckte. Hemingway war sehr freundlich und aufmerksam. Unentwegt kritzelte er Notizen in ein kleines Buch, und nach einer guten Stunde orderte er die Rechnung. Dass ich ihm sehr weitergeholfen habe, sagte er am Schluss, und dass er mir und meiner Familie alles Gute wünsche. Das Buch oder was immer er zu dem Thema plante, ist allerdings nie erschienen.

Die Gegenwart diktierte andere Prioritäten. In London gab es im April und Mai 1944 nur ein Thema, das alle Welt hitzig diskutierte und mit den wildesten Spekulationen versah: die nahende Invasion der Alliierten an der französischen Küste. Die Szenarios, die sich daran knüpften, waren wenig anheimelnd. Tag und Nacht werde London dann im Bombenfeuer stehen, prophezeiten die einen, und Londons Bürger, weissagten die anderen, würden zu einem langen Maulwurfdasein in den Luftschutzkellern verdammt sein. Französische Flüchtlinge würden die Stadt zu Tausenden überschwemmen. Mitte Mai verstummten die Spekulationen plötzlich, und Ende Mai, gleichsam über Nacht, verschwanden fast alle Uniformen aus der Stadt. Im Süden Englands sammelten sich Heerscharen von Soldaten verschiedener Armeen zum D-Day. Den verbliebenen GIs im sichtlich geleerten Hauptquartier, wohin ich weiterhin zur Arbeit ging, war die Anspannung ins Gesicht geschrieben, sie überlagerte alles wie ein schmerzhaft hoher Ton. Außerhalb der Militärbasen, in den Pubs und den Straßen, schien man von der historischen Dimension des D-Day unbeeindruckt. Am 6. Juni, dem Tag, in dessen Morgendämmerung mehr als 150 000 Soldaten an der Küste der Normandie landeten, folgte London dem normalen Gang des zur Gewohnheit gewordenen Ausnahmezustands. Jeder rechnete mit Vergeltungsschlägen der deutschen Luftwaffe, doch die erste Woche verlief ruhig. Die Deutschen verloren an Terrain, die Alliierten marschierten zügig voran. Meine Unruhe wurde dadurch nicht geringer. Würden sie rechtzeitig kommen, um unzählige Juden vor dem Tod zu bewahren? Ich wusste nicht, ob Mutter überhaupt noch am Leben war. Seit mehr als einem halben Jahr gab es kein Lebenszeichen mehr von ihr. Womöglich war sie schon gar nicht mehr in Lodz.

Eine Woche nach dem D-Day schlug die erste V1-Bombe in London ein. Gerüchte über eine neue Waffe der Deutschen hatte es schon seit Monaten gegeben. Nun setzte man sie uns vor. In den darauf folgenden Tagen prasselten die neuen Flugbomben zu Hunderten vom Himmel. Jede Nacht weckten Marianne und ich unsere taubstummen Vermieter und verkrochen uns mit ihnen im »Anderson-Shelter« im Garten. Sie hörten nicht, was wir hörten. Die unbemannten V1-Bomben kamen mit einem rhythmischen Geräusch angeflogen, das ihnen den bei den Angegriffenen den lautmalerischen Namen »Doodlebugs« eintrug. Vor ihrem Niedergang setzte das Tuckern plötzlich aus, und spätestens 15 Sekunden später hörte man die Detonation des Einschlags. Diese 15 Sekunden waren die ärgsten. In starrer Ohnmacht zählte man innerlich bis zum Einschlag, von dem man nie wusste, ob er vielleicht direkt über einem sein würde, und manchmal suchte man in diesen letzten Sekunden noch hastig Zuflucht. Ein Verhalten, das sich in die Instinkte brennt und Marianne noch Jahrzehnte später dazu brachte, reflexhaft unter einen Tisch zu kriechen, als ein Helikopter ihr Haus in Kanada überflog und sein Knattern plötzlich für einen Moment aussetzte.

Da die V1-Flugbomben zu allen Tages- und Nachtzeiten

über den Dächern von London auftauchten, zerstückelten sie den Alltag und vereitelten den Schlaf. Unentwegt heulten die Sirenen auf, und alle Welt rannte in die Bunker, wieder zurück an den Arbeitsplatz, abermals in den Bunker und so fort, an manchen Tagen ein Dutzend Mal. Die Briten begegneten dem Himmelsfeuer mit Fassung, werteten es als letztes Aufbäumen des angezählten Feindes. Knapp eine Million alliierte Soldaten waren inzwischen, Ende Juni 1944, auf dem Festland gelandet und stießen weiter in Richtung Deutschland vor. Im Osten drängten sowjetische Truppen die Wehrmacht zurück.

Im Ghetto Lodz, so weiß man heute, sickerten die Nachrichten von den Niederlagen der Wehrmacht durch, weil es dort eine Untergrundgruppe riskierte, über ein selbst konstruiertes Radio heimlich ausländische Sender abzuhören. Allein der Besitz eines Radios wurde im Ghetto mit der Todesstrafe geahndet. Einen Tag nach dem D-Day wurde eine solche Abhörgruppe von der Gestapo in der Mühlgasse 9 auf frischer Tat ertappt, und ihre Mitglieder wurden hingerichtet. Der zionistische Leiter der Gruppe beging Selbstmord, um nicht der Gestapo in die Hände zu fallen.

In den Fabriken des Ghettos kam es, nachdem die Neuigkeiten die Runde gemacht hatten, vereinzelt zu Demonstrationen, manche wagten es, der Arbeit fern zu bleiben oder langsamer zu arbeiten, als ließe sich damit die Niederwerfung der deutschen Soldaten beschleunigen. Immer wieder hatte es in den letzten Monaten auch Suppenstreiks gegeben. Vor allem die jugendlichen Arbeiter hatten es wiederholt gewagt, die wässrige Brühe zu verweigern. Aber gegen die Deportationen waren sie machtlos.

Nach der Auflösung des Warschauer Ghettos und der Vernichtung fast aller seiner Bewohner war Lodz das letzte verbliebene Ghetto auf polnischem Boden. Nun, da die sowjetischen Truppen immer näher rückten, sollte es ebenfalls geräumt werden. Am 23. Juni 1944 wurden die Deportationen nach Chelmno wieder aufgenommen, und abermals musste der Ältestenrat die Transporte zusammenstellen und zu den Sammelplätzen bringen. Man sprach von einer »Aussiedlung in das Altreich«. Im Juli trafen 31 Postkarten von angeblich nach Leipzig ausgesiedelten Personen im Ghetto ein. Sie alle trugen den Poststempel vom 19. Juli 1944. Es gehe ihnen gut, schrieben die Leute, sie seien in bequemen Baracken untergebracht und mit ihren Familien vereint. Viele Ghettobewohner in Lodz schöpften daraus Hoffnung. In Wirklichkeit aber hatte nicht einer der über 7000 Menschen, die zwischen dem 23. Juni und dem 14. Juli 1944 ausgesiedelt wurden, je eine Stadt erreicht. Die Transporte waren ausnahmslos in die Vernichtungsstätte Chelmno gegangen, wo alle Deportierten vergast worden waren.

Am 22. Juli 1944 erreichte mich ein Telegramm meines Vetters Hans Frank. Hans hatte Dänemark inzwischen unter abenteuerlichen Umständen verlassen. Antifaschisten hatten ihn und andere Flüchtlinge des Nachts in einem Boot nach Stockholm gebracht. Von dort aus war Hans kürzlich nach England gekommen und der tschechischen Exilarmee beigetreten. Seine Botschaft ließ mich für einen Moment aufatmen, war sie doch nach langer Zeit die erste Nachricht über das Befinden meiner Mutter. Grete sei gesund, schrieb Hans, der das von Tante Olgas Tochter Hilde mitgeteilt bekommen hatte.

Jedoch war Tante Olga, die immer geglaubt hatte, durch ihre Ehe mit einem Nichtjuden geschützt zu sein, Anfang des Jahres zusammen mit 57 anderen Deportierten von Aussig nach Theresienstadt gebracht worden. Sie war inzwischen verwitwet und damit gefährdet. Oft wurden Juden in Mischehen sofort nach dem Tod ihres nichtjüdischen Ehepartners in ein Lager verschickt.

Seit einiger Zeit war auch in London bekannt, was in den

Todeslagern geschah. Das Gerücht über die Gaskammern war keins mehr, nachdem es vormalige Insassen, denen die Flucht aus einem KZ gelungen war, der fassungslosen Welt bestätigt hatten. Mitte Juni hatte auch BBC darüber berichtet. Mehrere jüdische Organisationen hatten daraufhin die alliierte Bombardierung der deutschen Vernichtungslager oder der zubringenden Gleise gefordert, die Kriegsministerien in London und Washington aber hatten alle Anträge zurückgewiesen.

Ende August wurde auch das Ghetto Lodz aufgelöst. Nacheinander wurde den Arbeitern der verschiedenen Betriebe befohlen, sich am Bahnhof Radegast einzufinden. Der deutsche Leiter der Ghettoverwaltung, Hans Biebow, forderte in einer Ansprache dazu auf, sich zu den Transporten zu melden. Er versprach Arbeit und bessere Ernährung. Fast 68 000 Menschen wurden in den folgenden Tagen nach Auschwitz-Birkenau deportiert. Die meisten wurden noch am Tag ihrer Ankunft vergast. Der Älteste der Juden, Mordechai Chaim Rumkowski, wurde am 28. August 1944 dorthin gebracht und ermordet. Dieser Massenexodus lief im Verborgenen ab, ohne dass die Außenwelt davon erfuhr.

Marianne sprach kaum über unsere Mutter und auch nicht über Vater. Es war ihre Art, den Schmerz zu verjagen, und ich akzeptierte es. Man kann sich die Angst nicht ständig vergegenwärtigen. Das Leben, darum mühte sich jeder nach Kräften, musste weitergehen. Freds Lieder handelten unverdrossen von der Liebe, beschworen sie in einer »Serenade For Two«, einem »Skirt Waltz« und dem Walzer »My Most Romantic Memory«. Er schrieb vorrangig Tanznummern, auch für neue Verlage und neuerdings gelegentlich unter dem Pseudonym Irving Lennard. Es schmeichelte mir, dass er meinen Nachnamen zu einem Pseudonym verfremdete. Eine diskrete Art, Verbundenheit zu demonstrieren.

Wir selbst gingen kaum mehr tanzen. Seit der Deportation

unserer Eltern hatte solch dürre Form der Zerstreuung etwas Unangemessenes, und der zurückgekehrte Bombenhagel drängte die Menschen ohnehin wieder mehr in die eigenen vier Wände zurück, sofern diese noch standen. Viele Theater und Kinos mussten schließen, weil die Besucher ausblieben. Kurz zuvor hatten Fred und ich ein Konzert von Ferdinand Rauter und Engel Lund in der National Gallery besucht. Auch sie hatten vor verwaisten Reihen gespielt. Wegen der »flying bombs« waren gut zwei Drittel der üblichen Zuhörerschaft zu Hause geblieben.

Täglich mehrten sich die Gerüchte vom Einsatz der neuen V2-Raketen. Anfang September hatte es eine mächtige Detonation in Chiswick gegeben, die einen gigantischen Krater gerissen hatte. Die mysteriöse Explosion, tuschelten viele hinter vorgehaltener Hand, habe eine dieser neuen deutschen Wunderwaffen verursacht. Laut darüber zu sprechen galt als unpatriotisch, weil es den Deutschen die ungeahnte zerstörerische Kraft ihrer Rakete bescheinigt hätte. Erst im November nahm Churchill zu den V2-Luftgeschossen Stellung und gestand deren enorme destruktive Wucht ein.

Gegen die V2-Raketen gab es keinen Schutz. Sie schossen lautlos aus dem Nichts heran, so schnell, dass keine Sirene mehr davor warnen konnte. Die meisten schlugen im East End und am nördlichen Stadtrand ein. Zwar fielen den Bomben trotz ihrer Zerstörungskraft verhältnismäßig wenig Menschen zum Opfer, doch wurden an manchen Tagen mehr als 10 000 Gebäude beschädigt und einige zur Gänze in Schutt und Asche gelegt. Durch abgedeckte Dächer und zerborstene Fenster krochen Feuchtigkeit und Kälte in die Häuser. Bautrupps waren überall in der Stadt unterwegs, um die Schäden wenigstens notdürftig zu reparieren. Vielerorts wurden Holz- und Metallhütten als Notherbergen errichtet.

Obendrein erlebte London den strengsten Winter seit

einem halben Jahrhundert. Die ganze Stadt war erkältet. Marianne lag mit einer fiebrigen Bronchitis im Bett, schichtweise in warme Leibwäsche gepackt, Fred kämpfte wochenlang mit einer Grippe. Auch ein innerer Überdruss ergriff die Menschen in London und breitete sich gleich einer depressiven Epidemie aus. Seit fünf Jahren befand sich das Land nun im Krieg. Hoffnungen, er möge nach der alliierten Invasion binnen weniger Monate ein Ende finden, erfüllten sich nicht. Das ständige Bombardement, der Schlafentzug, die Nahrungsknappheit, die schneidende Kälte und der Verfall der Stadt addierten sich zu einer allgemeinen Niedergeschlagenheit, die von dem nahenden Weihnachtsfest zusätzlich belastet wurde. In den Ardennen hatte Hitler die deutschen Kräfte konzentriert, um durch eine geballte Offensive die alliierte Front zu durchbrechen und eine Entscheidung zugunsten Deutschlands herbeizuführen. Am 16. Dezember hatten die Deutschen ihren Angriff gestartet, und es war ihnen gelungen, in die Front der Alliierten einzudringen. Die bedingungslose Kapitulation der Deutschen schien wieder in weite Ferne gerückt. Wir hatten gehofft, der Krieg möge Weihnachten vorüber sein, stattdessen gab es Nachrichten von immer neuem Blutvergießen.

Fred zelebrierte Heilig Abend ohnehin nicht, und auch Marianne und ich drängten uns nicht wirklich danach. Wir nahmen eine Einladung von Erika, der Ärztin, die Mariannes Schilddrüsen-Operation vermittelt hatte, an, die am Weihnachtsabend zu einem Cocktail lud. Weil Alkohol so rar war, gab es nur nichtalkoholische Getränke. Ich steuerte ein paar Dosen kostbaren Orangensafts bei, die ich der Heldenhaftigkeit eines Lagerarbeiters im PX-Store verdankte. Eigentlich durfte ich als Angestellte dort nur die beschädigte Ware zum halben Preis kaufen. Die gesamte letzte Lieferung von Saftdosen war aber dummerweise in tadellosem Zustand gewesen.

Als der Lagerarbeiter mein enttäuschtes Gesicht sah, fragte er, wie viele Dosen ich denn kaufen wollte. »Vier«, sagte ich. Daraufhin holte er einen Hammer aus seinem Werkzeugschrank, griff vier Dosen aus dem Regal und verpasste jeder von ihnen mit einem beherzten Schlag eine Delle. »So, nun kosten sie nur noch die Hälfte«, sagte er, und steckte sie mir verschwörerisch zwinkernd zu. »Merry Christmas, Dear.«

Dennoch war es kein frohes Fest. Es war eines der traurigsten, wohl für die meisten Londoner. Des Krieges müde, der Entbehrung und Angst überdrüssig, starteten wir eine Woche später mit dürftigen Erwartungen in das neue Jahr. Manchmal wagte ich gar nicht mehr, an meine Mutter zu denken, denn dann hätte ich mir eingestehen müssen, dass ihre Überlebenschancen mit jedem Tag sanken.

Am 17. Januar 1945 marschierten sowjetische Truppen in der Stadt Lodz ein. Auf dem Gelände des geräumten Ghettos sahen die russischen Soldaten ausgemergelte Gestalten aus ihren unterirdischen Verstecken kriechen. Es waren rund 870 Bewohner, die dem letzten »Aufräumkommando« angehört hatten. Kurz zuvor hatte die Gestapo sie angewiesen, neun große Gräber auf dem Friedhof auszuheben. Ahnend, dass sie ihr eigenes Grab geschaufelt hatten, waren die Menschen zum letzten Appell nicht mehr erschienen und hatten sich in vorbereiteten Aushöhlungen unter der Erde versteckt. Es waren größtenteils Männer. Grete Lönhardt war nicht unter ihnen.

Zehn Tage später, am 27. Januar, befreite die Rote Armee das Vernichtungslager Auschwitz, in dem sich noch etwa 7600 Häftlinge befanden. Zur Zeit des Einmarschs in Lodz hatte man in Auschwitz noch gut 66 000 Häftlinge gezählt, aber bis auf die Gehunfähigen waren sie alle auf einen Todesmarsch in Richtung Westen geschickt worden.

Ich wandte mich an das Central Tracing Bureau in London,

das zwei Jahre zuvor beim britischen Roten Kreuz seinen Dienst aufgenommen hatte. Zu Tausenden belagerten die Angehörigen der im Hitlerreich Verschollenen die Anlaufstelle, und allen wurden monatelange Wartezeiten in Aussicht gestellt. Auch Fred und sein Bruder hatten dort eine Anfrage wegen ihrer Eltern laufen. Gleichzeitig versuchte man, über das Bloomsbury House an Informationen zu gelangen.

Die deutschen Bombardements auf London ließen langsam nach. Dafür dröhnten nun nachts die alliierten Kampfflugzeuge über unsere Köpfe, auf dem Weg zu ihren Luftangriffen nach Deutschland. Berlin erlebte am 3. Februar seinen schwersten Angriff, am 13. und 14. Februar bombten die Briten Dresden zu Tode. Mehr als 35 000 Menschen starben in der mit Flüchtlingen überfüllten Stadt.

Am 17. und 19. April 1945 erfuhr Aussig seine ersten schweren Bombardements durch britische Tiefflieger. Das Innere der Stadt, die Stadtkirche und die Einkaufsmeile Teplitzer Straße wurden schwer getroffen. Eine Lackfabrik und die großen Magazine einer chemischen Fabrik längs der Aussig-Teplitzer Bahntrasse gingen in Flammen auf. Verschiedene Bahnstrecken wurden zerstört, das Haus der Kreisleitung der NSDAP in Aussig brannte vollständig aus. Noch am 30. April 1945 wurden die Lehrer der höheren Schulen dazu beordert, den Bau von Panzersperren im Villenviertel der Stadt zu beaufsichtigen. Am rechten Ufer der Elbe wurden Panzergräben ausgehoben, und im Stadtpark, der bereits von Luftschutzgräben durchfräst war, wurden Schützenlöcher gegraben. Aussig, meine verlorene Stadt, stand noch immer treu zu seinem Führer, der sich am selben Tag in seinem Berliner Bunker eine Kugel in den Mund geschossen hat.

Die damaligen Wochen und Monate zählen zu den schwersten meines Lebens. Denn mit der Niederwerfung der Deutschen und der Befreiung der Konzentrationslager kam auch die ganze Wahrheit ans Licht. Ende April zeigten Londoner Kinos eine Dokumentation über die Nazigräuel in den Lagern von Bergen-Belsen und Buchenwald, die zuvor befreit worden waren.

»Wir sollten uns das anschauen«, sagte Fred mit einer fast trotzigen Entschlossenheit.

»Ich halte das für absolut keine gute Idee«, widersprach ich. »Die Bilder werden dich noch mehr quälen und verfolgen, als es deine eigenen schon tun. Du wirst danach auch mit Beruhigungsmitteln keine einzige Nacht mehr schlafen können.«

Aber Fred ließ sich nicht beirren. »Ich muss die Wahrheit erfahren, die ganze Wahrheit, verstehst du das nicht?«, sagte er. »Es hilft mir nicht, mich dem zu entziehen. Ich muss ohnehin den Rest meines Lebens damit leben. Dann will ich lieber wissen, womit ich es aufnehmen muss.«

Fred hat sich nie geschont, was diese Dinge anging. Er war zeitlebens wie besessen davon, alles über den Holocaust zu erfahren, als würden Wissen, Zahlen und Fakten das Unsägliche begreiflicher machen, als ließe es sich damit der eigenen Biographie leichter eingliedern. Ich habe mich den Wahrheiten auch nicht entzogen, aber ein instinktiver Schutz hat sie mich filtern und die schlimmsten Details mit der Zeit verdrängen und vergessen lassen. Anders hätte ich wohl nicht weiterleben können.

Damals sind wir also in diesen Film gegangen. Vor den Kinos mäanderten lange Warteschlangen, die sich erst nach Stunden auflösten. Fred und ich saßen nebeneinander, doch wir hielten einander nicht an der Hand, vielleicht, weil man im größten Entsetzen ohnehin allein ist. Ich kann mich einzelner Bilder nicht mehr entsinnen. Ich weiß nur, dass die Zuschauer am Ende in schockiertem Schweigen erstarrt waren, wie ich es nie zuvor in einem Kino erlebt hatte. Es war totenstill in dem Saal. Niemand sprach ein Wort, als man dem Ausgang zustrebte, weil es für das Gesehene keine Worte gab.

Die Bilder verfolgten mich wochenlang. Wochen, in denen ich wie hinter einer Wand lebte, unfähig, auch nur die einfachsten Dinge des Alltags anzugehen. Ich musste mich krank schreiben lassen und brachte nur mit der Anstrengung der Vernunft einen Bissen hinunter. Wir beide, Fred und ich, konnten kaum mehr etwas essen. Wir schliefen schlecht, weil in den Nächten immer wieder die Bilder des Terrors aufzogen. Vielleicht hätten wir uns den Film doch nicht ansehen sollen, so wie Marianne, die sich geweigert hatte mitzugehen. »Ich muss mir das nicht antun«, hatte sie gesagt.

Damals habe ich oft gerätselt, wie Fred in diesem gepeinigten Bewusstsein seine Kreativität bewahren konnte. Musste sie, als eine der anfälligsten Disziplinen für seelischen Schmerz, nicht verkümmern? Und wie konnte er weiter von Liebe dichten, wo Unmenschlichkeit eines nie da gewesenen Ausmaßes nunmehr der Welt offenbart wurde? Unser erster Reflex ist es doch, für immer zu verstummen und das Lachen für alle Zeit einzustellen. Ein anderer, sich irgendwann wieder regender Instinkt jedoch ist der des Weiterlebens. Des Fortfahrens, des unter Tränen Lachens.

Fred dichtete an seiner zweiten englischen Operette. *Can Can* variierte verschiedene bekannte Stücke von Offenbach, die Bernhard Grun für die Bühne adaptierte. Es sollte eine aufwändige Produktion unter der Ägide von Jack Hylton werden, der zuvor einer der populärsten Bandleader des Landes gewesen war. Hylton sparte nicht an den Kostümen aus dem Paris des 19. Jahrhunderts und spektakulären tänzerischen Einlagen einer Ballettgruppe. Fred hatte gut zu tun, denn in dem Stück gab es fast zwei Dutzend Gesangsnummern. Er schrieb nach wie vor am Feierabend und am Wochenende an den Texten und gab sie mir zur kritischen Lektüre.

Zögerlich tasteten wir uns in die Nähe einer anderen, kriegsbefreiten Normalität. Nachts waren die Straßen nicht mehr tintenschwarz, sondern, einem Hoffnungsschimmer gleich, sanft beleuchtet, und man konnte ohne Taschenlampe aus dem Haus gehen. Nach fünfeinhalb Jahren der Verdunkelung leuchtete auch Big Ben seit Anfang Mai wieder. Die Sirenen waren verstummt und wurden abmontiert. Rund um die großen Parks wurden neue eiserne Zäune errichtet, die man während des Krieges zu Rüstungszwecken eingeschmolzen hatte. 200 000 Häuser waren noch immer zerstört. In Tottenham wurden die ersten Fertighäuser aufgestellt. Die neue Schnellbauweise zog Scharen von Interessenten an, und bald sah man die genormten Kastenhäuser in vielen Vierteln der Stadt stehen. Der Union Jack war landesweit so gut wie ausverkauft. Die Pubs waren mit Whiskey und Gin beliefert worden. Viele Flaschen trugen eine Aufschrift, die es verbot, sie vor der »Victory Night« auszuschenken.

Am »V.E.Day«, am 8. Mai, dem Tag des »Victory Europe«, floss der Alkohol reichlich, und die ganze Stadt war auf den Beinen. Die Menschen jubelten, sangen »Land of Hope and Glory« und tanzten. Wildfremde fielen einander küssend in die Arme, überall gab es Freudenkonzerte und Feuerwerke. Unter der Oberfläche jedoch waren viele der leuchtenden Gesichter zusammengesunken vor Erschöpfung.

Mir war nicht nach Feiern. Wenige Tage zuvor hatte ich einen Brief von meinem Vetter Hans bekommen. Ein Kamerad hatte ihn getippt. »Heute habe ich eine kleine traurige Nachricht mitzuteilen«, hatte Hans lapidar diktiert. Ob ich mich an den alten General Syrovy aus Türmitz erinnere, fragte er, der nur noch ein Auge hatte und trotzdem frohen Mutes durch die Welt marschiert sei. Es sei nun so, schrieb Hans, dass ihm das gleiche Schicksal widerfahren sei. Er habe ein Auge verloren.

Später erfuhr ich die näheren Umstände. Hans war von der Kugel aus dem Gewehr eines Kameraden getroffen worden, als er bei einem Manöver einen Fluss durchquert hatte. Auch zwei weitere Kameraden waren durch Schüsse verletzt worden. Man konnte nie klären, wie sich die Schüsse gelöst hatten. Weil die beiden anderen verletzten Soldaten ebenfalls Juden waren, verstummten die Gerüchte nie, dass es sich nicht um einen Unfall, sondern um den gezielten Anschlag eines Kameraden gehandelt habe. Nach wie vor gab es in der tschechischen Exilarmee antisemitische Vorfälle. Hans sollte sich von dem Streifschuss, der auch Teile des Gehirns beschädigte, nie mehr erholen. Er verbrachte den Rest seines Lebens in einer psychiatrischen Einrichtung.

Für ihn wie für viele Abertausend Menschen kam dieser Sieg zu spät. Nein, Siegerfreude mochte bei uns nicht aufkommen. Deutschland hatte kapituliert, Hitler und seine Vasallen hatten sich das Leben genommen, aber wir mussten nun mit ihrer Hinterlassenschaft weiterleben und mit der Ungewissheit über das Schicksal von Verwandten und Freunden auf dem Kontinent.

Fred traute dem Frieden nicht. Selbst dann nicht, als schließlich, nach dem Abwurf der Atombomben auf Hiroshima und Nagasaki im August 1945, Japan kapitulierte und der Krieg am 2. September offiziell für beendet erklärt wurde. Ich glaube, den Nazis war es gelungen, sein Urvertrauen zu vernichten und an dessen Stelle ein immerwährendes Misstrauen zu implantieren.

Mindestens einmal wöchentlich ging ich zum Bloomsbury House, wo sich die jüdischen Emigranten drängten, in der Hoffnung auf eine Nachricht über den Verbleib ihrer Angehörigen. Draußen, im Korridor, hatte man Listen aufgehängt, vor denen sich dichte Menschenknäuel bildeten. Auf den Listen standen Namen von überlebenden Juden im ehemaligen

Hitlerreich. Sie waren alphabetisch geordnet. Man spürte die Anspannung der Umstehenden, die hofften, einen der Ihren unter den Aufgelisteten zu finden. Hier entschied sich ihr Weiterleben. Manche kauerten zusammengesunken vor Niedergeschlagenheit auf dem Boden, andere weinten vor Erleichterung und Freude, weil sie einen vertrauten Namen entdeckt hatten. Ich meinte meinen Herzschlag zu hören, als ich die Listen absuchte. Unter »L« wie Lönhardt fand ich nichts, so versuchte ich es unter »S«. Dort entdeckte ich ihren Namen: Schnitzer, Grete stand da schwarz auf weiß. Weitere Informationen musste man im Büro des Bloomsbury House erfragen.

Eine Grete Schnitzer hatte überlebt. Ich weiß, es wäre wohl klüger gewesen, nicht sofort Hoffnung zu schöpfen, aber ich konnte sie nicht im Zaum halten. Augenblicklich öffnete sich eine Zukunft vor mir wie ein weit aufspringendes Tor, das Einlass gewährte in eine neue strahlende Zeit. Heulend rief ich Fred in seinem Büro an, um ihm alles zu erzählen. Ich sprudelte über vor Ideen, und Fred konnte mich in meiner Euphorie kaum bremsen. Ich würde eine Wohnung für Mutz mieten, ich würde sie aufpäppeln, für sie kochen und sie umsorgen. Es würde uns an nichts fehlen.

Fred mahnte mich zur Besonnenheit. Noch war nichts sicher. Ich hatte alle Daten meiner Mutter beim Bloomsbury House angegeben, und man hatte versprochen, mich in den nächsten Tagen zu informieren, ob es sich bei Grete Schnitzer tatsächlich um meine Mutter handle. »Erzähl Marianne noch nichts davon«, riet mir Fred. »Sonst macht sie sich womöglich falsche Hoffnungen.«

Zum Glück beherzigte ich seinen Rat. Denn nur zwei Tage später kam der Anruf vom Bloomsbury House. Mit großem Bedauern teilte man mir mit, dass es sich bei der besagten Grete Schnitzer definitiv nicht um meine Mutter handle.

Mutters Daten stimmten mit den ihnen vorliegenden nicht überein. Von meiner Mutter fehlte weiter jede Spur.

Ich hätte klüger sein müssen. Ich hätte es wissen müssen, dass man sich vor verfrühter Freude hüten muss, weil die Fallhöhe, aus der man stürzt, sofern sich ihr Motiv nicht bewahrheitet, größer ist. Nach dieser Nachricht war ich für Tage zerstört. Ich nahm mir schon aus Selbstschutz vor, meinen naiven Optimismus fortan zu unterdrücken. Warum konnte ich nie wirklich aufhören zu hoffen, so wie Fred, der jede Zuversicht auf ein Überleben der Eltern ein für alle Mal begraben hatte? Vielleicht war es wirklich vernünftiger, so zu leben.

Monate später erfuhr ich dann die ganze Wahrheit. Die Wahrheit kam zu mir, sie klingelte an meiner Tür, und ich ließ sie herein. Sie kam in Person der Else Glaser, der letzten Freundin, die meine Mutter gehabt hatte. Else Glaser hatte Lodz und Auschwitz wie durch ein Wunder überlebt, und nun stand sie vor meiner Tür in London, um das Gelübde zu erfüllen, das sie und meine Mutter einander gegeben hatten. Das Versprechen, dass sie die Hinterbliebenen aufsuchen und ihnen erzählen würde, was geschehen war.

Es fällt mir schwer, diese Stunden der Begegnung im Detail wiederzugeben, weil es die wohl schmerzhaftesten und aufwühlendsten meines Lebens waren. Else Glaser war wenige Tage zuvor in London gelandet. Sie hatte vom Roten Kreuz in Prag erfahren, dass ihre beiden Töchter dort seien. Jede von ihnen war inzwischen mit einem kanadischen Soldaten verheiratet, und alle vier waren auf dem Sprung nach Kanada, wo sie sich eine neue Zukunft aufbauen wollten. Die Glaser-Töchter hatten nicht damit gerechnet, dass ihre Mutter noch am Leben war, und man mag sich ausmalen, wie groß die Wiedersehensfreude war.

Nun saß Else Glaser an unserem Esstisch. Marianne saß neben mir, und ich hielt die ganze Zeit ihre Hand. Wir schwiegen und Else erzählte. Erzählte alles, was sie erlebt hatte, manchmal dahineilend, dann stockend, manchmal lachend, dann zitternd unter Tränen. Sie schilderte die letzten Lebensmonate meiner Eltern, die wir nur aus wenigzeiligen Kurzmitteilungen kannten. Was sie erzählte in diesen langen Stunden, zerstörte den letzten Rest meiner Hoffnung.

Sie erzählte, wie Mutter sich die Wangen mit den Zichorie-Tüten rot gefärbt hatte. Wie es ihr trotz Ermangelung der lebensnotwendigsten Dinge wie Wasser oder Seife gelungen war, adrett und gesund auszusehen. Wie sie versucht hatte, Vater immer wieder Mut zu machen, und wie elendig dieser so bald nach seiner Ankunft gestorben war. Wie Else und Grete einander nach dem Tod ihrer Ehemänner trösteten, ein Bett teilten und sich schworen, all dies zu überstehen, auch um ihrer Töchter willen.

Im Ghetto, so erzählte Else, sei das Gerücht umgegangen, dass Witwen ins Gas geschickt würden. Grete habe deshalb bald nach Vaters Tod formell einen Arzt aus Bodenbach namens Hanak geehelicht, der Älteste der Juden habe die beiden getraut. Tatsächlich, so haben wir später erfahren, hat Mordechai Chaim Rumkowski in Anmaßung der Rabbinerrechte Ghettobewohner vermählt. In einer Liste der Lodz-Gefangenen ist meine Mutter auch mit dem Namen Schnitzer Hanak aufgeführt.

Else sagte, sie und Grete seien am gleichen Tag nach Auschwitz deportiert worden, als das Ghetto schon fast zur Gänze evakuiert war. Unaufhörlich rollten die Züge mit den Deportierten von Lodz nach Auschwitz. Meine Mutter, sagte Else, und ihr formeller Ehemann Dr. Hanak seien mit dem Morgentransport vom Bahnhof Radegast dort hingebracht worden. Sie selbst sei am Nachmittag verschickt worden.

Else Glaser, so erzählte sie, war dort von einem russischen Kriegsgefangenen zur Seite genommen worden, der zu Hilfsdiensten eingeteilt war. Einige gefangene Rotarmisten hatten sich in den Vernichtungslagern freiwillig als Wachen und Hilfspolizisten gemeldet, man nannte sie »Trawnikis«. Der Mann habe ihr gesagt, erzählte Else, dass sie in den sicheren Tod gehe, wie nahezu alle Ankömmlinge aus Lodz. Tag und Nacht rauchten in Auschwitz die Schornsteine der Krematorien. Davor stapelten sich die Leiber der Toten aus den Gaskammern wie aufeinander geschichtete Holzscheite. Er habe, flüsterte ihr der Mann zu, zwei Pässe von deutschen Frauen, damit könne sie die Flucht wagen. Er könne ihr auch ein nahegelegenes Kloster nennen, in dem sie unterschlüpfen und sich verstecken könne.

Else sagte, sie habe noch den verzweifelten Versuch unternommen, meine Mutter zu finden. Aber es war aussichtslos, weil in diesem Chaos der Ankunft an der Rampe, wo sich Tausende wie verängstigtes Schlachtvieh scharten, wo Pfiffe gellten, Kinder schrien, Wachhunde kläfften und Aufseher brüllten, wo Menschen zu Boden taumelten und nieder getreten wurden, wo andere mit dem Schlag eines Gewehrkolbens oder einem Schuss getötet wurden, wo alles Menschsein, jede zivilisierte Regung ohne Belang und für immer beendet war, weil es in dieser Hölle keine vertrauten Gesichter mehr gab. Man sagte ihr, dass die Ankömmlinge des Morgentransports allesamt ins Gas geschickt worden seien.

Else nahm eine andere Frau mit, und beide wagten, so erzählte sie, noch in dieser Nacht die Flucht. Nur einer Handvoll Menschen, das weiß ich heute, gelang es in all den Jahren, aus Auschwitz zu fliehen. Viele wurden sehr bald wieder gefangen und hingerichtet. Elses Fluchtgeschichte konnte ich nirgends dokumentiert finden.

Ich weiß bis heute nicht, wie sie es schaffte, zu entkommen, aber offenbar konnte sie sich tatsächlich bis zu dem Kloster durchschlagen, das einige Kilometer entfernt gelegen war. Dort habe sie, so erzählte Else, bis zum Ende des Krieges in einem Kellerversteck gelebt. Die Ordensfrauen hätten sie mit Essen versorgt und ihr die Haare blond gefärbt, damit sie selbst im Falle ihrer Entdeckung noch eine Chance habe. Nach Ende des Krieges sei sie nach Prag zurückgekehrt, wo sie die Adresse ihrer Töchter in London erfahren habe.

Ich kann mich vieler Einzelheiten nicht mehr entsinnen, die Else uns erzählte. Damals lähmten ihre Schilderungen meine Gedanken; ich stellte ihr wenig Fragen und hörte nur ohnmächtig und fassungslos zu, was sie berichtete. Als später, nach Jahren des Schweigens, etliche noch vorhandene Fragen zu Tage traten, war es zu spät, sie noch zu stellen, denn Else Glaser lebte da schon lange nicht mehr.

Die Spur von Elses Flucht lässt sich zumindest in Teilen zurück verfolgen. Es wird sich bei dem Kloster, in dem sie Unterschlupf fand, um das Seraphitinnenkloster in Auschwitz gehandelt haben, das noch heute existiert. Die Schwestern des Ende des 19. Jahrhunderts dort gegründeten Ordens hielten, so bestätigte eine ihrer ältesten Ordensfrauen, Schwester Bogdana, bis zum Ende des Krieges Flüchtlinge aus Auschwitz im Keller versteckt. Der Keller befand sich in einem benachbarten Haus, das über den Klostergarten mit dem Wohntrakt der Schwestern verbunden war. Ein winziges Fenster auf Kopfhöhe gewährte den Blick auf dahinter liegende Ackerflächen. In dem Kellergewölbe hielten sich in all den Jahren ein gutes Dutzend KZ-Flüchtlinge versteckt, die Klosterschwestern versorgten sie mit Essen. Erstaunlicherweise ist dieses christliche Wagnis, das die damalige Äbtissin verantwortete, die später aus dem Orden ausschied, in keiner der ungezählten Dokumentationen über Auschwitz erwähnt. Sie hätten darüber auch nie zuvor gesprochen, sagte die Ordensschwester Bogdana, die damals eine junge Nonne war und heute fast so betagt ist wie ich.

Else Glaser konnte ich das alles nicht mehr fragen. Sie starb nur ein halbes Jahr nach ihrer Ankunft in Kanada an einem Gehirntumor, und zu ihren Töchtern verlor sich bald darauf den Kontakt. Und sie hätte mir die Frage, die sich wohl alle Hinterbliebenen dieser Opfer viele Male stellen, ohnehin nicht beantworten können, die Frage nämlich, wie es meiner Mutter in den letzten Sekunden ihres Lebens erging. Ob jemand vielleicht ihre Hand hielt, ein Sterbensgenosse, den man neben sie gepfercht hatte und den sie nicht kannte, oder ob sie ganz allein war inmitten Tausender Todgeweihter, in jenem Bruchteil einer Zeitlosigkeit, von dem ich nie erfahren werde, wie langsam er wirklich verging.

12

Nun, wo das Tageslicht immer früher weicht, ist es nicht mehr weit bis zum Lichterfest. Wie all die Jahre werden wir Chanukka wieder gemeinsam feiern, mein Sohn, seine Familie und ich. Acht Tage lang werden wir uns jeden Abend zum Entzünden der Kerzen im Haus meines Sohnes versammeln. Zur Stunde des Sonnenuntergangs, wenn sich der erste Stern am Himmel zeigt, wird Ian eine Kerze des achtarmigen Leuchters entzünden und dazu eine hebräische Segensformel sprechen, so wie sein Vater es immer tat. Ich werde Latkes und Krapfen in Öl ausbacken, zur Erinnerung an das Wunder des nicht versiegenden Öls im Tempel von Jerusalem.

Meine beiden Enkelinnen lieben Chanukka, nicht nur seiner heiteren Feierlichkeit wegen, auch, weil sie an jedem der acht Abende ein kleines Geschenk erhalten. Der Dezember ist der Lieblingsmonat der beiden Mädchen, denn nicht lange nach Chanukka feiern sie das Weihnachtsfest. Schon wegen der vielfachen Geschenke finden die Mädchen ihr multireligiöses Elternhaus »goody goody«. Sie werden weder streng im christlichem noch im jüdischem Glauben erzogen, aber ihre Eltern legen Wert darauf, dass sie beide Kulturen und deren Traditionen kennen lernen. Sie wollen ihnen die Wahl lassen, sich früher oder später für oder gegen einen Gott zu entscheiden.

Fred hätte diese Liberalität wahrscheinlich nicht gutgeheißen. Seine Frömmigkeit ließ nur den einen Gott zu und überwand dabei die Schranken des Rationalen, als gäbe es diese gar nicht. Es war erstaunlich, dass ein der Logik und dem Intellekt verpflichteter Geist wie er so erhaben war über jeden

Zweifel an einer unbeweisbaren Welt des Glaubens. Ich erinnere mich an seine merkwürdige Reaktion, als ich ihm vor vielen Jahren stolz erzählte, dass ich mir einen Organspendeausweis besorgt habe. Fred war davon alles andere als begeistert. »No, wie wird das aussehen, wenn der Messias kommt und die Toten treten vor ihn, und du stehst ohne Nieren da?«, fragte er. Es war sein voller Ernst.

Mein Glauben war nie so stark wie Freds, und nun, am Abend meines Daseins, sind meine Zweifel daran, dass es ein Leben danach geben wird, noch gewachsen. Es wäre schön, alle Vorangegangenen wiederzusehen, und ich beneide die Frommen, die sich in dieses tröstliche Vertrauen hüllen können. Ich aber habe mich innerlich mehr und mehr meinem agnostischen Vater angenähert.

Aus Respekt vor seiner Gesinnung habe ich konfessionelle Gespräche mit Fred vermieden. Insgeheim habe ich mich oft gefragt, wie er weiter an die Allmacht Gottes zu glauben vermochte, wenn dieser den Mord an sechs Millionen Juden zugelassen hatte. Doch bei Fred hatte es eher den umgekehrten Effekt. Je entsetzlicher die Berichte über Nazi-Verbrechen waren, die nach dem Krieg nun langsam ans Licht kamen, desto beseelter schien sich er in seinem Glauben zu versenken.

Es dauerte Monate, oft Jahre, bis wir über das Schicksal verschiedener Verwandten aufgeklärt wurden. Onkel Otto und Tante Olga, die Geschwister meines Vaters, hatten Theresienstadt überlebt. Otto war in dem Lager als Arzt tätig gewesen, Tante Olga hatte sich als Küchenhilfe durchgeschlagen und dank der heimlich vertilgten Küchenabfälle nicht über die Maßen gehungert.

Die beiden waren die einzigen aus meiner Verwandtschaft, die ein Lager überstanden hatten. Malva Schalek, die Malerin, war nach Auschwitz deportiert worden und dort umgekommen. Onkel Herbert und Tante Trude, die Geschwister meiner Mutter, waren ebenfalls in einem Lager gestorben. Ebenso wie ihre Schwester Hilde und deren Mann Robert Frank, von deren Ende in Lodz wir erst jetzt erfuhren.

Immer mehr Todesnachrichten erreichten uns. Fred teilte man mit, seine Eltern Taube und Isaak seien auf dem Weg nach Riga umgebracht worden, indem man Gas in die Zugwaggons geleitet habe. Dass sie in Wahrheit in Kaunas von Mitgliedern des Einsatzkommandos erschossen wurden, hat er nicht mehr erfahren.

Man mag sich fragen, ob es einen Unterschied macht zu wissen, wann und wie genau jemand bei dieser industrialisierten Vernichtung zu Tode kam. Das tut es. Gerade weil man die Opfer gleichmachte, ihnen neben der Würde auch die Individualität raubte, weil sie nicht mehr wert waren, als zunächst ihr Vermögen, später die Effizienz ihrer Zwangsarbeit und schließlich das Gold ihrer Zähne und das Gewicht ihrer Haare, gerade weil man sie in dieser Anonymität beseitigte, klammern sich die Hinterbliebenen an die Zahlen und Daten als letzte Indizien einer genormten und vernichteten Existenz. Und sie klammern sich an deren materielle Belege. Die Bilder und Fotos, ein paar Schmuckstücke, die man vielleicht retten konnte, ein Buch mit einer Widmung.

Gleichwohl man dankbar ist für diese Memorabilien, schneidet es einem doch ins Herz, sie in Empfang zu nehmen. Einige Monate nach Kriegsende bekam ich überraschend eine große Kiste mit Gegenständen aus meinem Elternhaus von einem Herrn Začek aus Prag geschickt. Zděnek Začek war ein ehemaliger Mitarbeiter meines Vaters, der dem Tschechen Jahre zuvor geholfen hatte, sich in Prag selbstständig zu machen. Er schrieb, dass meine Eltern all diese Dinge bei ihm versteckt hätten, um sie dem Zugriff der Nazis zu entziehen.

Ich hatte nicht damit gerechnet, auch nur einen Teelöffel aus unserem Türmitzer Haus je wieder zu Gesicht zu bekommen. Mit keiner Silbe hatten Vater und Mutter dieses Versteck in ihren Briefen aus Prag erwähnt, was sicher richtig war, denn die Nazis hatten es streng verboten, dass Juden ihre Wertgegenstände Freunden oder Bekannten, auch nichtjüdischen, zur Verwahrung anvertrauten.

So saßen Marianne und ich weinend vor der großen Holzkiste und gruben ein Erinnerungsstück nach dem anderen hervor. Den Teppich aus dem Wohnzimmer, den meine Eltern von ihrer Tunesienreise mitgebracht hatten, das Meißener und das Rosenthal-Porzellan, die böhmischen Kristallgläser und das Silberbesteck, das wir zu Festtagen aufgedeckt hatten, den silbernen Leuchter, die Damasttischtücher und die Servietten.

Herr Začek bat im beiliegenden Brief vielmals dafür um Entschuldigung, dass ein Ölbild meines Vaters nicht mehr existiere, welches Malva Schalek gemalt hatte. Er habe es, schrieb Začek, heimlich verbrannt, weil mein Vater darauf so unverkennbar jüdisch ausgesehen habe und er Angst hatte, die Nazis könnten sein Kellerversteck ausheben und dessen Inhalt anhand des Porträts als beiseite geschafftes jüdisches Wertgut identifizieren.

Die anderen Bilder Malvas, die Porträts von Großvater und Mutter, die Kreidezeichnungen von Onkel Herbert, Marianne und mir, habe ich erst Ende der 80er Jahre zurückbekommen. Sie lagerten all die Jahre in Türmitz bei dem ehemaligen Kutscher mienes Großvaters, dessen Familie Kontakt mit mir aufnahm.

Unerwartet war unsere Lebenskulisse damals nun mit vertrauten Dingen aus der Kindheit bestückt. Wir legten den Teppich aus und deckten den Tisch mit der Wäsche und dem Geschirr von daheim. Vielleicht weil es mit Gewalt aus seinem Kontext gerissen worden war, hatte das Vertraute anfangs auch etwas schmerzhaft Befremdliches.

Viele Emigranten lasen wie wir mit gemischten Gefühlen

verstreute Bruchstücke ihrer Vergangenheit auf. Fred hatte von seinem alten Wiener Gefährten Hans J. Lengsfelder eine große Kiste aus New York geschickt bekommen. Lengsfelder, der eine wohlhabende Engländerin geheiratet hatte, lebte in New York und verdingte sich dort als Musikproduzent. Vereinzelt versuchte er sich auch noch als Librettist, doch die englische Sprache fiel ihm schwer. Immer wieder hatte er Fred zu überreden versucht, nach Amerika zu emigrieren, damit sie beide in altbewährter Formation an die einstigen Erfolge anknüpfen könnten. Aber Fred wollte London nicht mehr verlassen.

In der Überseekiste fanden sich all die Dinge wieder, die Fred und Hans damals in Wien im Klofenster des Lengsfelder-Hauses vor den Nazis versteckt hatten. Hans hatte sie so tatsächlich retten können und bei einem Besuch in der Donaustadt wieder in seinen Besitz gebracht. Wie paralysiert saß Fred tagelang zwischen den Stapeln von Notenblättern und Musikalien, Plakaten und Kritiken, studierte jede Zeile, sang mir manche Melodie vor und wischte sich bisweilen verstohlen über die Augen. Die Erinnerung schien ihn in diesen Momenten ganz zu verschlucken.

Ähnlich war es ihm beim Erhalt einiger Hinterlassenschaften seiner Eltern ergangen, die er kurz zuvor von dem Bekannten aus Oslo geschickt bekommen hatte, wohin dieser sie damals, 1938, geschmuggelt hatte. Fred war den Tränen nahe, als er den Pelzmantel in den Händen hielt, den er seiner Mutter von seinen ersten Tantiemen gekauft hatte; den goldenen Schmuck und den schwersilbernen, 250 Jahre alten Chanukkaleuchter. Gedankenverloren waren seine Hände über den schwarzen Persianer gestrichen. »Es wäre sicher im Sinne meiner Mutter, wenn du diesen Mantel trägst«, hatte er gesagt, »Und mir würdest du damit eine große Freude machen.«

Friedls Ehemann Bandy, der sich dank Friedls wachsender Kochkunst einen kleinen Schmerbauch angeschlemmt hatte, bestand darauf, mir den Pelzmantel umzuändern. Ich habe mir nie viel aus Pelzen gemacht und trug den Mantel eher Fred zuliebe. Später landete er in Absprache mit Fred in einem Wohltätigkeitsgeschäft, das sich für Waisenkinder in Israel engagierte. Fred fand, auch das sei sicher im Sinne seiner Mutter.

Was die Spendenfreudigkeit anging, war Fred ein echter Jude. Er spendete pausenlos für irgendwelche Institutionen und konnte an keinem Bettler vorbeigehen, ohne ihm etwas zuzustecken. Als *Can Can* im Mai 1946 im Londoner Adelphi Theatre aufgeführt wurde, freute sich Fred wohl am meisten über die Tatsache, dass ein Teil der Einnahmen an die »Federation of Women Zionists« floss, die sich um nach Palästina geflohene Naziopfer kümmerte. Dass es das zweite Stück aus seiner Feder war, das es ins Londoner West End, das weltberühmte Theaterviertel der Stadt, geschafft hatte, war dabei fast sekundär.

Zur vielbeachteten Premiere von *Can Can* im vorangegangen Dezember war Fred alleine nach Manchester gereist, weil ich keinen Urlaub bekommen hatte. Wie schon bei *Old Chelsea* hatten ihm Freunde zuhauf Telegramme mit den besten Wünschen geschickt; Paul Knepler hatte, Berufsstand verpflichtet, in Reimform telegraphiert.

Can Can hatte einen guten Start. In Manchester, wo es das fast allabendlich ausverkaufte Opera House füllte, wurde die Laufzeit um 14 Tage verlängert. Anschließend tourte die Show durch Edinburgh, Oxford, Blackpool, Coventry und Birmingham. Zur selben Zeit ging *Old Chelsea* ebenfalls erneut auf Tournee, diesmal allerdings ohne Richard Tauber. Auch das Opera House in Manchester nahm, zwei Monate nach dem Ende von *Can Can, Old Chelsea* noch einmal ins Programm. Es war nicht zu vergleichen mit Wien, wo manchmal zwei Stücke Freds gleichzeitig auf verschiedenen Bühnen gespielt worden waren, aber für einen »Language-switcher«, wie man die Sprachfremdlinge nannte, war diese zweifache Bühnenpräsenz, so fand ich, doch ein beachtlicher Erfolg.

In London wurde mit garagentorgroßen Plakaten für *Can Can* geworben. Bei der ersten Tournee von *Old Chelsea*, zur Zeit des Krieges und der Papiernot, war die Werbung noch etwach bescheidener ausgefallen. Aber nun standen die Zeichen auf Aufschwung. Marianne hatte kurz zuvor eine Stelle in einer Malerfirma gefunden, die sich darauf spezialisiert hatte, Wände von Warenhäusern und Brandmauern mit großflächigen Reklamebildern zu dekorieren. Sie verbrachte den ganzen Tag im Freien auf Gerüsten und pinselte an den neuen Konsumaufrufen. Es war noch nicht viel Geld, das die Londoner unters Volk bringen konnten, denn etliche waren durch den Krieg in die untere Mittelklasse abgerutscht. Doch die Befindlichkeit änderte sich zusehends. Man wandte sich wieder mehr dem Äußeren zu – vergaß darüber allerdings auch die einstmalige Verschworenheit und klassenlose Solidarität, die während des Krieges geherrscht hatte.

Nun, da die Zeit des Massenschicksals abgelaufen schien, zimmerte jeder an einer individuellen Zukunft. Sie mochte noch schemenhaft sein, aber zumindest war sie nicht mehr in ihrer Gänze bedroht. Viele Leute heirateten. Auch Fred hatte in letzter Zeit immer wieder davon gesprochen, allerdings ohne wirklich konkret zu werden. Ich ahnte, was ihn bremste und was er nicht auszusprechen wagte. Also tat ich es.

»Ich habe nachgedacht«, sagte ich, als wir beim Abendessen saßen. Fred wagte nicht, weiterzuessen. Wahrscheinlich hatte er verinnerlicht, dass dieser Satz meist heikle Themen einleitete. »Wir wollten heiraten, wenn der Krieg vorbei ist«, fuhr ich fort. »Das ist er nun seit einer ganzen Weile, und du hast mich noch immer nicht förmlich gefragt, ob ich deine Frau werden will. Ich habe deshalb manches Mal an mir gezweifelt, aber inzwischen bin ich auch der Meinung, dass wir nicht heiraten sollten. Noch nicht.«

Freds Augen signalisierten einen Anflug von Alarmiertheit, er holte Luft wie zur Entgegnung, aber ich ließ mich nicht unterbrechen. »Ich möchte dir einen Vorschlag machen«, sagte ich. »Du hast einmal gesagt, dass ich dich in die Synagoge begleiten soll, wenn wir verheiratet sind. Aber bald würden die Leute zu meiner Rechten und Linken bemerken, dass ich nicht Hebräisch lesen kann. Der Gottesdienst dauert zwei Stunden. Zwei Stunden, in denen ich mich zu Tode langweilen würde, weil ich kaum etwas verstehe. Du hast mir zwar die jüdischen Feiertage erklärt und was man an diesen Tagen isst. Aber ich muss wissen, warum man das so macht und wo das geschrieben steht.«

Ich war aufgestanden und hatte begonnen, den Tisch abzuräumen, um meine Anspannung zu kaschieren. Seine Blicke folgten mir. Er sagte kein Wort. »Ich möchte das alles lernen«, sagte ich. »Ich will Hebräisch lernen, ich möchte die Schriften lesen können, und ich will lernen, koscher zu kochen. All diese Dinge, von denen deine Mutter so viel verstand und die eine jüdische Ehefrau kennen muss. Erst wenn ich das weiß, heiraten wir, aber keinen Tag vorher.«

Fred sprang auf und schloss mich in die Arme. Er presste mich so stürmisch an sich, dass ich um Luft ringen musste. »Mein Kleines«, sagte er, so nannte er mich oft. »Das ist das Schönste, was du mir sagen konntest. Du weißt gar nicht, wie glücklich du mich damit machst. Ich hatte das auch schon im Sinn, aber ich wollte es dir nicht vorschlagen.« Seine Augen standen voller Tränen, als er sagte: »Gott muss mich doch lieben, denn er hat mir die beste Frau der Welt geschickt.«

In Golders Green lebte ein aus Deutschland geflohener Rabbiner, der der reformierten Synagoge angehörte. Fred, der ihn aus Erzählungen kannte, fragte ihn, ob er mich unterrichten wolle. Er war einverstanden. Während der nächsten sechs Monate suchte ich ihn jede Woche einen ganzen Nachmittag lang in seiner kleinen, bescheiden möblierten Wohnung auf. Er war ein entzückender, warmherziger Mann mit einer erschreckend hässlichen Frau, die ihren Gatten aber in puncto Herzensgüte noch überbot. Sie schien einen Narren an mir gefressen zu haben. »Ich werde Sie so vermissen, wenn Sie einmal nicht mehr kommen«, sagte sie immer. Ich habe in dieser Zeit sicher einige Pfunde zugelegt, denn jedes Mal, wenn ich zu Besuch kam, versorgte mich die Frau des Rabbiners mit einem guten jüdischen Gericht. »Nun lass das Kind doch erst einmal etwas essen«, sagte sie zu ihrem Mann und mästete mich mit Zimmes, Heringssalat und anderen Köstlichkeiten. Meist hielt sie noch ein Mitnahmepäckchen mit selbst gemachtem Hefegebäck bereit.

Der Rabbiner trug mir Passagen aus der hebräischen Bibel vor und übersetzte Teile davon ins Deutsche. Mit jedem Besuch verloren die kehligen und rauen Laute des Hebräischen die Fremdheit ihres Klangs und verströmten zunehmend eine vertraute Wärme. Der Bärtige referierte über die Bücher Moses und die prophetischen Schriften von Josua, Samuel, Jesaja und Jeremia, die Psalmen und Sprüche, das Hohelied Salomos und die Klagelieder. Er lehrte mich, die hebräischen Buchstaben zu lesen und zu schreiben und hieß mich, das »Schema Jisrael« auf Hebräisch auswendig zu lernen. Er klärte mich über die Pflichten der jüdischen Ehefrau auf, die sich um das leibliche und geistige Wohl der Kinder zu kümmern habe, indes die religiöse Erziehung Obliegenheit des Mannes sei. Er entschlüsselte die Rituale der jüdischen Feiertage, die symbolische Bedeutung der Handlungen zu Chanukka und Jom Kippur, und warum zum Pessach-Fest Gesäuertes und Mehl aus dem Haus zu verbannen seien. Ich erfuhr auch, wie man einen koscheren Haushalt führt.

Fred war sichtbar selig über meine Bereitschaft, ein Leben getreu dem jüdischen Glauben zu führen. Bestimmt ahnte er, dass ich es mehr aus Liebe denn aus frommer Überzeugung tat, aber er verlor kein Wort darüber. Vielleicht hoffte er insgeheim, dass ich mich mit der Zeit doch vollends bekehren lassen würde. Doch so gottesfürchtig wie er würde ich wohl nie werden.

Gerade zu jener Zeit plagte sich Fred mit einem Gewissenskonflikt, in den ihn ausgerechnet Richard Tauber geworfen hatte. Er hatte telefonisch angefragt, ob Fred ihm die »lyrics« für ein »Ave Maria« schreiben würde. Fred hatte das Angebot nach langem Insichgehen abgelehnt. »Was wird der da oben dazu sagen?«, sagte er zu mir und deutete zum Himmel. »Ich kann doch als Jude nicht ein Lied für die Jungfrau Maria schreiben.«

Aber Tauber hörte nicht auf, ihn zu beknien. Er wisse, dass er Fred damit in einen Loyalitätskonflikt bringe, sagte er, und vielleicht erleichtere es die Entscheidung, wenn er, Tauber, aus eigener Tasche das übliche Zeilenhonorar verdopple. Schließlich ließ sich Fred erweichen, nicht des Geldes wegen, sondern aus alter Verbundenheit zu Tauber. In wenigen Tagen schrieb er den Text zu »Pray'r In The Twilight«. Von dem Honorar kaufte er, wohl auch um sein Gewissen zu beschwichtigen, eine kostbare Mesusa aus Silber und Elfenbein. Die kleine Kapsel mit dem Glaubensbekenntnis wird am rechten Türpfosten des Eingangs von jüdischen Wohnungen und Häusern befestigt und symbolisiert den Schutz des Frommen vor der Sünde.

Die Anschaffung kam zur rechten Zeit, denn kurz zuvor hatten Fred und ich eine schöne Drei-Zimmer-Wohnung in Bolton Gardens gefunden, die wir nach unserer Hochzeit gemeinsam beziehen wollten. Bis dahin würde ich mit meiner Schwester dort wohnen.

Marianne war inzwischen mit einem amerikanischen Matrosen namens Louis Meyers verlobt, den ich im Londoner US-Hauptquartier kennen gelernt und einige Male zum Sabbatmahl zu uns nach Hause eingeladen hatte. Er war Jude, hatte sich zu Hause in Amerika als Zeitungskarikaturist verdingt und im Krieg bei der Navy angeheuert. Marianne mochte ihn sehr. Louis brachte sie zum Lachen, wie es vor ihm nur Tony gelungen war, er konnte herrliche Witze erzählen, und wenn er etwas getrunken hatte, zeichnete er kühne Karikaturen von uns beiden. Marianne versah er mit riesenhaften Rehaugen, und mir dichtete er einen melonengroßen Mund an, vom Busen nicht zu reden. Einmal skizzierte er Fred heimlich, als dieser nach dem Essen auf dem Sofa eingenickt war. »Sleeping Jew« untertitelte er das Bild. Es sah sehr komisch aus. Wir mussten so lachen, dass Fred davon aufwachte.

Kürzlich war Louis nun in die Staaten zurückgekehrt. Er wollte dort alles für Mariannes Übersiedlung und die geplante Hochzeit vorbereiten und sie in wenigen Monaten nachholen. Zum Abschied hatte er ihr einen goldenen Verlobungsring mit einem winzigen Brillanten geschenkt. Marianne war im Glück geschwommen, und ich hatte mich bemüht, meine Trauer über ihren bevorstehenden Abschied zu verbergen.

Doch nun waren schon mehrere Wochen verstrichen, ohne dass auch nur eine Zeile von Herrn Meyers eingetroffen war. Zuerst quälte, dann erboste es mich, ohnmächtig mit ansehen zu müssen, wie Mariannes Niedergeschlagenheit mit jedem Tag wuchs. Allabendlich, wenn sie von der Arbeit nach Hause kam, war ihre erste Frage, ob es Nachricht von Louis gäbe. Es gab keine.

Wochen und Monate vergingen. Inzwischen war es Frühjahr 1947. Louis Meyers meldete sich nicht mehr. Jahre später erst erfuhren wir durch einen Zufall die Ursache der vermeintlichen Treulosigkeit. Kurz nach seiner Heimkehr hatte

Louis in Amerika einen schweren Schlaganfall erlitten, der Teile seines Gedächtnisses völlig ausgelöscht hatte. Er hatte sich nicht mehr an Marianne erinnern können, ebenso wenig an viele andere Menschen und Geschehnisse seines bisherigen Lebens. Louis Meyers hatte in den USA geheiratet und war mit seiner Frau nach London gereist, in der Hoffnung, dass sich ihm dort Teile seiner Vergangenheit erschließen mögen. Ich war ihm und seiner Frau auf einer Einkaufsstraße begegnet. Er hatte mich nicht erkannt und auch mit meinem Namen nichts anzufangen gewusst. Als ich ihm erzählte, dass er meiner Schwester die Ehe versprochen hatte, war er sichtlich bestürzt. Er habe immer das klamme Gefühl gehabt, dass irgendwo in London eine Frau auf ihn warte und er diese unglücklich zurückgelassen habe, gestand er, aber er habe sich partout nicht erinnern können.

Damals betäubte Marianne ihren Kummer mit Arbeit. Für unsere neue Wohnung, die bald die erste gemeinsame mit Fred sein würde, nähte sie abends und am Wochenende Vorhänge; sie weißelte die Wände, versah die Fenster mit einem Neuanstrich und die Sessel mit neuen Bezügen. Tagsüber hatte sie in Westminster zu tun. Sie sollte für eine Ausstellung von Nachwuchskünstlern Wandbemalungen in einer Halle anbringen.

In ihrem bekleckssten Kittel, mit dem farbbesprenkelten Gesicht und einer alten Künstlerkappe auf dem Kopf, hat Tony sie zunächst gar nicht erkannt, als er dort eines Tages unverhofft auftauchte. Der Zufall, augenscheinlich Tonys engster Verbündeter, hatte ihn dort hingeweht. Tony war in seiner Funktion als Advertising Manager einer Londoner Kunstschule in die Ausstellungsräume gekommen und erstaunt, als ihm eine mit Flecken übersäte Person nachrannte und seinen Namen rief. Es war Marianne. Gut vier Jahre hatten sie und Tony einander nicht mehr gesehen. Dass Tony während seiner

Armeezeit geheiratet hatte, war Marianne noch zu Ohren gekommen. Die Nachricht, so schien mir damals, war nicht spurlos an ihr vorübergegangen.

»Wie geht es deiner Frau?«, fragte sie ihn. »Wie soll ich das wissen?«, sagte Tony, »ich habe sie seit dreizehn Monaten nicht mehr gesehen.« Tony hatte, so gestand er später, eine attraktive Kneipenbekanntschaft aus seinem Stationierungsort hauptsächlich deshalb geehelicht, weil er wollte, dass jemand um ihn weine, wenn er im Krieg stürbe. Auf der Offiziersschule hatte man ihm erzählt, dass die durchschnittliche Lebenserwartung eines Leutnants seines Kommandos bei Einsätzen zirka zwei Stunden betrage. Überdies fand er es angemessen, die hübsche Rente, die das britische Militär Kriegswitwen zuerkannte, noch an die Frau, welche auch immer, zu bringen. »Unangenehmerweise« sei er nach Kriegsende immer noch am Leben gewesen, sagte Tony. Er war mit den britischen Besatzern nach Berlin gegangen, wo man ihn als Senior British Film Officer damit betraut hatte, die deutsche Filmindustrie zu überwachen. Tony hatte die Bekanntschaft von großen Ufa-Produzenten gemacht und sich mit Hans Albers angefreundet. Seit einigen Monaten war er nun wieder in London. Seine Frau war mit einem anderen Mann durchgebrannt und hatte die gemeinsame Wohnung aufgegeben. Tony regte sich darüber mehr auf als über die Untreue der Gemahlin. »Dass sie mich betrügt, ist mir egal«, sagte er. »Aber bei der Wohnungsnot, wie wir sie zur Zeit haben, ist es ein Unding, einfach ein Appartement aufzugeben. Das gehört sich doch nicht.«

Am Abend ihres ersten Wiedersehens kam Marianne sehr spät nach Hause. Ihre Veränderung war augenfällig. Das Gesicht glühte, und ihre Augen strahlten wie seit Monaten nicht mehr. »Ich habe Tony wiedergetroffen«, erzählte sie. »Er ist wieder in London. Und er hat tatsächlich mir einen Heiratsantrag gemacht.«

Das war möglicherweise etwas vorschnell für jemanden, der noch nicht mal geschieden war. Aus Tonys Sicht jedoch folgte das Eiltempo einer bezwingenden Logik. »Schau«, hatte er zu Marianne gesagt, »das fängt langsam an, albern zu werden. Wir haben uns das letzte Mal vor vier Jahren gesehen und davor ebenfalls vier Jahre lang nicht. Wenn wir jetzt wieder vier Jahre warten, bin ich vielleicht geschieden, aber dann bist du womöglich verheiratet, und wir müssen noch einmal warten. Also lass es uns gleich tun.«

Marianne bat sich ein paar Tage Bedenkzeit aus. Fred und ich waren nicht vollends überzeugt, ob Tony der Richtige sei, dazu war er für unseren Geschmack bisweilen zu leichtlebig. Aber es war Mariannes Entscheidung, und sie schien sehr glücklich zu sein. Wenige Tage später nahm sie seinen Antrag an.

Nach englischem Gesetz konnte man sich damals frühestens nach drei Ehejahren scheiden lassen. Diese Karenzzeit hatte Tony noch nicht hinter sich, vom Geld für die Scheidung ganz zu schweigen. Das junge Glück musste sich noch etwas gedulden.

Dafür rückte meine Hochzeit näher. Wir wollten im August 1947 heiraten, zuvor aber musste ich mir die Tauglichkeit zur jüdischen Ehefrau bescheinigen lassen. Ich wurde von sechs Rabbinern geprüft. Sie stellten mir Fragen nach den jüdischen Festtagen und verschiedenen Bibelsequenzen. Sie wollten wissen, woran der achtarmige Chanukka-Leuchter erinnert und welche Zutaten auf den Seder-Teller zum Pessach-Fest gehören. Sie fragten, ob mein leiblicher Vater ein gläubiger Jude gewesen sei, was ich verneinte, und ob es mein fester Vorsatz sei, einen jüdischen Haushalt zu führen und meine Kinder jüdisch zu erziehen, was ich bejahte. Ich musste das »Schema Jisrael« aufsagen und einige Zeilen der Thora auf Hebräisch lesen, freilich ohne sie zu verstehen. Schließlich stellten sie mir ein Zertifikat aus, das meine Ehefähigkeit bescheinigte.

Ich weiß noch, wie glücklich ich gewesen war, als ich 1934 mein Matura-Zeugnis in den Händen gehalten und das Gefühl gehabt hatte, alle Wege stünden mir offen. Im Gegensatz dazu ebnete dieses Zertifikat nur einen einzigen, ausschließlichen Weg, den gemeinsamen mit Fred. Trotzdem waren meine Freude und mein Stolz darüber noch größer als damals.

Am 24. August 1947, dem Tag unserer Vermählung, leuchtete der Sommer über London und tauchte die Trümmer, die noch immer in der ganzen Stadt verstreut waren, in gnädiges Licht. Fred trug einen maßgeschneiderten dunklen Anzug, ich hatte mir bei Mr. Sigora ein nachtblaues Kostüm nähen lassen; den feinen Stoff hatte wie so oft Josef Hochwald gestiftet. Ein weißes Hochzeitskleid hätte ich unpassend gefunden, denn schließlich war ich keine 20 mehr und auch nicht erst seit gestern mit Fred liiert.

Bis auf meine Freundin Bina, die mit einem gebrochenen Bein im Krankenhaus lag, hatten sich alle unsere Freunde in der Synagoge versammelt. Gedanken an Freds und meine Eltern versuchte ich zu verdrängen. »Sie wären sicher glücklich gewesen über unsere Entscheidung«, hatte Fred gesagt. Ja, das wären sie wohl gewesen. Aber sie waren eben nicht da. Anstelle meines Vaters, dessen Aufgabe es gewesen wäre, die Vermählung der Tochter zu bezeugen, hatte ich Josef Hochwald als Trauzeugen gewählt. Fred hatte seinen Bruder gebeten, sein Trauzeuge zu sein.

So standen Fred und ich unter der Chuppa, dem auf vier Stangen ruhenden Hochzeitsbaldachin, und mein Herz klopfte so laut, dass ich glaubte, alle in der Synagoge müssten es hören. Ich ging siebenmal um den Bräutigam herum. Der Rabbiner sprach die sieben Hochzeitssegen und verlas die reich verzierte Kettuba, den Ehevertrag, den wir anschließend unterzeichneten. Meine Hand zitterte, als ich Dvora, meinen hebräischen Namen, darunter setzte. Fred, der mit Salomon unterschrieb, erging es nicht anders. Wie es der Brauch gebietet, tranken wir aus einem Weinbecher, bevor wir die Ringe tauschten und uns küssten. Anschließend zertrat Fred ein Glas. Das soll auch in den glücklichsten Augenblicken des Lebens an die Zerstörung des Tempels erinnern. Wenn das Glas nicht zerbricht, wertet man das als schlechtes Omen für die Ehe. Trotz seiner zierlichen Statur trampelte Fred wie ein Elefant auf das Glas, so dass es in viele Stücke zersprang. Ich bin mir sicher, er hatte zu Hause heimlich mit leeren Senfgläsern geübt.

Wir feierten mit 52 Gästen im Souterrain eines Hotels in Paddington. Wie in Emigrantenkreisen üblich, war es eine überschaubare Hochzeitsgesellschaft, nicht nur, weil den meisten für große Gelage das Geld fehlte, auch, weil einige der alten Freunde nicht mehr am Leben oder aber in alle Welt verstreut waren. Dafür hatten wir Dutzende von Glückwunschkarten und Paketen erhalten, von Lengsfelder aus New York, von den Lavers, den Schwestern Sally Citron und Rosy Wine aus Dublin, von jüdischen Verwandten und Künstlern aus Freds Wiener Tagen, die in die verschiedensten Erdteile emigriert waren.

Mundy hatte es sich nicht nehmen lassen, unsere Hochzeitsfeier zu bezahlen. Nach dem Festmahl hielt er eine kurze Rede. Dann erhob sich Fred und trug aus dem Stegreif ein Dankesgedicht vor, das viele Lacher erntete. Ich war zu aufgeregt, um mich heute einzelner Formulierungen entsinnen zu können. Ich weiß aber noch, dass Fred sich in Reimform für die großzügigen Geschenke bedankte und für die Freundschaft, die alle Fährnisse der letzten Jahre überstanden hatte. Er bedankte sich bei Gott, dass er diesen Tag erleben dürfe. Und bei mir, die ich ihn ins Leben zurück geholt habe.

Aber ganz hatte ich ihn nicht zurück holen können, das erkannte ich sehr bald. Einige Monate nach der Hochzeit widmete Fred mir ein Gedicht zum 33. Geburtstag. »You're the sun that kills the blues«, schrieb er und dass er mich jetzt und für alle Ewigkeit glücklich machen wolle. Er sagte auch, dass er um seine Fehler wisse. »We have faults, we don't deny, but we will lose them, by and by. At least – we'll try.«

Ist es ein »Fehler«, wenn ein ehemaliger KZ-Häftling schwermütig und pessimistisch ist? Eine Charakterschwäche, derer man sich mit etwas Elan entledigen kann wie einer unziemlichen Tischmanier? Vielleicht hatte ich insgeheim die Hoffnung gehegt, einige von Freds Wunden würden durch die Heirat und unser Zusammenleben ein für alle Mal ausheilen. Allmählich aber musste ich mir die Naivität dieser Hoffnung eingestehen. Es würde viel länger dauern, manches davon länger als ein Leben.

Gerade in den vorangegangenen Wochen war Fred wieder sehr niedergeschlagen gewesen; denn kurze Zeit zuvor war Richard Tauber im Alter von 56 Jahren gestorben. Verarmt und seiner Stimme beraubt war er am 8. Januar 1948 in seiner Londoner Wohnung einem Lungenkrebsleiden erlegen. Zuletzt hatte man ihm noch einen Lungenflügel entfernt, aber da war es schon zu spät gewesen.

Am 20. Februar besuchten wir das Richard Tauber Memorial Concert in der Royal Albert Hall. Die Halle war zum Bersten gefüllt. Man spielte die Tauber-Komposition »Sunshine Suite« und auch Zitate aus *Old Chelsea*. Fred war empört, als ausgerechnet die Sopranistin Elisabeth Schwarzkopf auftrat, von der bekannt war, dass sie um ihrer Karriere willen NSDAP-Mitglied geworden war. Am Schluss des Konzerts stand das Publikum geschlossen auf und sang, begleitet vom Orchester, das Lied »You Are My Heart's Delight«. Viele weinten, auch Fred war zu Tränen gerührt.

Die Abschiede häuften sich in diesen Nachkriegsjahren, in der viele Emigranten ein weiteres Mal aufbrachen und London den Rücken kehrten. Vereinzelt zogen sie in ihre Heimat zurück, die meisten aber wanderten nach Amerika, Kanada oder in den neu gegründeten Staat Israel aus.

Marianne und Tony heirateten zwei Jahre nach uns und bezogen eine gemeinsame Wohnung. Fred hatte Tony die Scheidungskosten vorgestreckt. Er hatte kurz zuvor die Ballade »Beware Of April Rain« für die von den Briten glühend verehrte Sängerin Gracie Fields geschrieben, deren Erfolg ihm reichlich Tantiemen eingetragen hatte.

Die einstmals verschwommene Zukunft nahm allenthalben wieder Gestalt an. Fast sämtliche Freunde waren inzwischen verheiratet, die meisten hatten auch schon Kinder. Wir hatten keine, weil Fred keine wollte. Ich hatte ihn mehrmals, auch schon vor unserer Hochzeit, darauf angesprochen. Er war immer ausgewichen. Und einmal, als ich ihn wieder mit dem sensiblen Thema bedrängte, hatte er diesen Satz gesagt, der mich erschreckt verstummen ließ. »Judenkinder werden nur ermordet«, hatte er gesagt.

Ein im zynischen Sinn des Wortes Totschlagargument, dem es nichts entgegenzusetzen gab. Mochte meine Sonne noch so strahlen, diese Schatten würden ihr nicht weichen. Dabei hatte ich immer Kinder gewollt, am liebsten eine ganze Bande. Ein kinderloses Leben konnte und wollte ich mir nicht vorstellen. Aber Fred ließ nicht mit sich reden. Er wolle nicht, dass das, was er durchgemacht habe, einem seiner Kinder widerfahre, sagte er. Alles Dagegenhalten, dass sich die Zeiten gewandelt hätten und die Gefahr vorüber sei, konnte ihn nicht überzeugen. »Jederzeit kann sich das wiederholen«, beharrte er.

Mit der Zeit hörte ich auf zu strahlen. Ich ertrug es kaum, Freunde zu besuchen, die Kinder hatten, weil ich mir nichts sehnlicher wünschte, als ein Leben wie das ihre. Auf der Straße machte ich einen Bogen um die Kinderwagen. Manchmal genügte schon der Anblick eines Babys, um mich in Tränen ausbrechen zu lassen. Niemandem in meiner Umgebung entging mein Wandel. Auch Fred nicht, und er wurde darüber sehr besorgt.

Wahrscheinlich aber schrieb er einen Großteil meines Kummers auch meiner Arbeit zu, die sich auf unangenehme Weise gewandelt hatte, seit mein Chef wusste, dass ich praktizierende Jüdin war. Ich hatte ihn nach meiner Hochzeit einige Male anlässlich jüdischer Feiertage um Urlaub gebeten, und irgendwann hatte er mich nach dem Grund gefragt. »Ich bin Jüdin«, hatte ich gesagt, und dass ich diese Tage zusammen mit meinem Mann feiere. Ich hatte einfach nicht damit gerechnet, dass es auch judenfeindliche Amerikaner gab. Doch Mr. Braun, so sein angemessener Name, war deutscher Abstammung. Von da an war er wie ausgewechselt. Er drangsalierte mich, wo es ging. Freitags schickte er mich in den Urlaub. Er brauche mich nicht, sagte er, und dass ich ja sicher das Sabbatmahl vorbereiten müsse. Dabei wusste er genau, wie wichtig der Freitag für uns Angestellte war. Nur an diesem Tag durften wir im PX zum halben Preis lädierte Ware einkaufen. Einmal kam ich von der Lunch-Pause zurück, und Mr. Braun hatte den Inhalt sämtlicher Schubladen meines Schreibtischs auf den Boden gekippt. »Sie müssen endlich lernen, Ordnung zu halten«, sagte er. »Vielleicht lernen Sie es ja so.«

Ich bin heulend auf dem Boden herumgekrochen, ein paar Kollegen kamen hinzu und halfen mir, die Haufen wieder einzusortieren. »Du solltest dir das nicht gefallen lassen«, sagten sie. »Du musst dich an höherer Stelle beschweren.«

Ich tat es nicht. Fred meinte, es würde davon nicht besser werden und ich solle lieber kündigen. Seit Monaten krampfte sich mein Magen jeden Morgen zusammen, wenn ich mein Büro betrat. Mein Hausarzt hatte mir attestiert, ich laufe Gefahr, ein Magengeschwür zu bekommen, wenn sich mein Leben nicht bald ändere.

Also reichte ich die Kündigung ein, nachdem ich eine neue Stelle in einem deutschen Buchladen namens Barmerlea Book Sales gefunden hatte. Das Geschäft lag unweit meines alten Arbeitsplatzes. Ich hatte dort oft in der Mittagspause gestöbert und die Bekanntschaft der Besitzerin, einer Wiener Jüdin, gemacht, die nach einer Buchhalterin suchte.

Nun endlich würde alles besser werden, hoffte Fred. Zum Teil tat es das auch, meine Magenkrämpfe hörten schlagartig auf. Aber ich konnte es nach wie vor kaum ertragen, wenn Mütter mit kleinen Babys in das Geschäft kamen. Sie waren ausnahmslos jünger als ich. Ich stand kurz vor meinem 38. Geburtstag – und kurz vor einer schweren Depression wegen meiner Kinderlosigkeit. Das zumindest behauptete Erika, die befreundete Ärztin, der mein wachsendes Elend zu Herzen ging und die Fred schließlich ohne mein Wissen ins Gebet nahm. »Du wirst Ilse verlieren, wenn du ihr den Kinderwunsch versagst«, sagte sie ihm. »Sie hat dich glücklich gemacht, nun solltest du auch alles tun, damit sie es wieder wird. Wenn das so weitergeht, ist sie bald ein Fall für die Psychiatrie.« Sicher ein stark übertriebenes Szenario. Aber es verfehlte nicht seine Wirkung.

Wenige Wochen später war ich schwanger. Als mir mein Arzt die freudige Mitteilung machte, bin ich ihm um den Hals gefallen, so glücklich war ich. Je größer mein Bauch wurde, desto mehr schien auch Fred sich zu wandeln. Er freute sich auf das Kind und insgeheim war er wohl wie die meisten Männer auch stolz über die zügig geglückte Zeugung. Fred begleitete mich in die Baby-Ausstattungsgeschäfte; er kaufte mit mir Kinderwagen, eine Wiege und Säuglingswäsche und richtete das Kinderzimmer ein. Oft lauschte er an meinem Bauch nach den Herztönen des Kindes. Die ganzen neun Monate lang war er rührend darum bemüht, jede Anstrengung von mir fernzuhalten. Manchmal kam es mir so vor, als wende er sich erst jetzt, da ihm die Verantwortung eines Vaters auferlegt wurde, mit ganzer Kraft seiner Zukunft zu – und auch der unseren.

Am 21. Juli 1953 kam unser Kind zur Welt. Mein Frauenarzt hatte mich schon vier Wochen vor dem Geburtstermin in das Hammersmith Hospital eingewiesen, weil er wegen meines erhöhten Blutdrucks Komplikationen ausschließen wollte. Fred besuchte mich jeden Tag, und seine Anspannung wuchs genauso, wie mein praller Bauch nicht aufhörte, an Umfang zuzulegen. Am Vorabend der Geburt waren er und Marianne gemeinsam zu Besuch gekommen. »Wenn es losgeht, möchte ich gerne dabei sein«, sagte Fred zum wiederholten Mal. Ich legte keinen allzu großen Wert darauf. Damals war es nicht üblich, dass Väter der Geburt beiwohnten, und Freds Anwesenheit hätte mich nur nervöser gemacht. Man hatte mir ohnehin die Möglichkeit einer schwierigen Entbindung avisiert, weil ich nicht mehr die Jüngste war. Als an diesem Abend die Wehen einsetzten, wollte ich nicht, dass Fred es bemerkte. Er hatte angekündigt, nötigenfalls auf einer Parkbank im Klinikgarten zu nächtigen, um im entscheidenden Moment zur Stelle zu sein.

Die Wehen rollten alle fünfzehn Minuten an. Jedes Mal, wenn sich mein Bauch verhärtete, suchte ich irgendeinen Vorwand, um zu lachen und so den Schmerz zu überspielen. Als sich Fred und Marianne verabschiedeten, ahnten sie nicht, dass die Geburt schon begonnen hatte.

Am nächsten Morgen ging alles ganz schnell. Es war eine komplikationslose, schöne Geburt. Um halb acht Uhr früh, der hinzugerufene Arzt kaute noch an seinem Frühstückstoast, rutschte unser Kind in die Welt. Erika, unsere Freundin, die als Ärztin auf einer anderen Station im Hammersmith-Krankenhaus arbeitete, rief Fred in seinem Büro an. »Was ist es?«, war seine erste Frage.

Es war ein Junge. Wir gaben ihm den Namen Ian, weil Fred sich einen Namen wünschte, dessen Initial an seinen Vater Isaak erinnerte. Fred kam sofort ins Krankenhaus. Er hatte alles liegen und stehen lassen und den Taxifahrer unterwegs zur Eile angehalten, als gelte es, nicht eine einzige der ersten Lebensminuten seines Sohnes zu versäumen. Als er Ian an diesem Tag zum ersten Mal im Arm hielt, konnte er ein leichtes Zittern nicht verbergen. »Ich will mich lieber hinsetzen«, sagte er. »Nicht dass ich ihn vor lauter Aufregung noch fallen lasse.«

Er küsste den Kleinen behutsam auf die runzelige Stirn. Als er mich ansah, waren seine Augen nass. Aber sie strahlten.

»Danke«, sagte er.

Danksagung

Mein erster Dank gilt meiner Großcousine Ilse Tysh, die damit einverstanden war, dass ihr Leben in ein Buch einfließt, und mich wochenlang beherbergte, um sich meinen Fragen zu stellen und mich in ihren Schränken und Speicherkisten wühlen zu lassen. So schmerzhaft es oft für sie war, sich an viele, auch die aus gutem Grund verdrängten Details erinnern zu müssen, zweifelte sie jedoch nie am Sinn dieser Anstrengung und bewies eine eingedenk ihres Alters unglaubliche Arbeitsdisziplin.

Ich möchte besonders Dr. Brigitte Riebe danken, welche die Entstehung des Buchs mitinitiierte, und Dr. Martin Scherer, der mich dabei unermüdlich begleitete, seinen Rat und kostbare Recherchen beisteuernd. Werner Hanak vom Jüdischen Museum Wien danke ich für das Bereitstellen von Ausstellungsmaterial über Salo Tisch, Marcel Prawy für Einblicke in sein unerschöpfliches Wissen über die Wiener Theaterwelt, Dr. Primavera Gruber vom Wiener Orpheus-Trust und Birgit Peter vom Wiener Institut für Theaterwissenschaft für ihre reichen Informationen und die Vermittlung wertvoller Kontakte. Die Damen Joan Lengsfelder, Edith Tersch und Ingrid Kreuder sandten e-mails und Fotos aus den USA, Bina Wallach nahm sich für Korrespondenz und Anthony Firth für Interviews Zeit. Prof. Jonny Moser vom Dokumentationsarchiv des Österreichischen Widerstands und Dr. Peter Heumos vom Münchner Collegium Carolinum stellten ihr Wissen zur Verfügung und halfen bei Bibliotheksrecherchen. Renate Publig vom Doblinger Verlag führte mich in die untersten Kellergewölbe des Wiener Stammhauses, wo sich alte Textbücher der *Warum lügst du, Cherie?*-Operette fanden – und auch das bis dahin unbeachtete Buch des Plagiats. Die Schwestern des Seraphitinnenklosters in Auschwitz empfingen Martin Scherer mit selbst gebackenen Krapfen und Erzählungen über das klösterliche Flüchtlingsversteck.

Ich danke den Mitarbeitern der Gedenkstätten Dachau und Buchenwald, des Kunsthistorischen Museums Wiens und des Magistrats der Stadt Wien, des weiteren Tomáš Federovic vom Denkmal Theresienstadt, Peter Klein vom Hamburger Institut für Sozialforschung, Prof. Josef König vom Museum Leopoldstadt, Rudolf Schröder vom Meisel-Verlag, Wladimir Kaiser vom Stadtarchiv Ústí nad Labem, Günter Krenn vom Filmarchiv Austria sowie Dr. Francesco Bono, Günther Schwarberg und Dr. Catherine Stodolsky für ihre hilfreichen Informationen.

Filip Hlusicka vom Institut für Geschichte Ost- und Südosteuropas durchforstete tschechische und deutsche Bibliotheken, Heidi und Colin Berry brachten ihr Wissen und persönliches Engagement ein, Gudrun Rohe Professionalität und Herzblut, Gabi Gugetzer Rat und Tat, Wolf-Erich Eckstein seine Insiderkenntnisse über vielerlei genealogische Details. Ihnen allen gebührt mein aufrichtiger Dank.

Literatur

Benz, Wolfgang (Hg.): *Das Exil der kleinen Leute. Alltagserfahrung deutscher Juden in der Emigration.* C.H.Beck'sche Verlagsbuchhandlung, München 1991

Berghahn, Marion: *German-Jewish Refugees in England.* St. Martin's Press, New York 1984

Bosl, Karl (Hg.): *Die Erste Tschechoslowakische Republik als multinationaler Parteienstaat.* Oldenbourg Verlag, München/Wien 1979

Brinson, C., Dove, R., Grenville, A., Malet, M., Taylor, J. (Hg.): *Keine Klage über England? Deutsche und österreichische Exilerfahrungen in Großbritannien 1939–1945.* iudicum Verlag, München 1998

Dagan, Avigdor: *The Jews of Czechoslovakia (Volume I, II, III).* Philadelphia, New York 1984

Diamant, Adolf: *Getto Litzmannstadt. Bilanz eines nationalsozialistischen Verbrechens.* Eigenverlag, Frankfurt a.M. 1986

Frey, Stefan: *Was sagt ihr zu diesem Erfolg? Franz Lehár und die Unterhaltungsmusik im 20. Jahrhundert.* Insel Verlag, Frankfurt a.M. 1999

Gedenkstätte Buchenwald (Hg.).: *Konzentrationslager Buchenwald 1937–1945.* Wallstein-Verlag, Göttingen 1999

Gutman, Israel (Hg.): *Enzyklopädie des Holocaust. Die Verfolgung und Ermordung der europäischen Juden (in drei Bänden).* Argon, München 1995

Haider-Pregler, Hilde / Reiterer, Beate (Hg.): *Verspielte Zeit. Österreichisches Theater der dreißiger Jahre.* Picus Verlag, Wien 1997

Heister, Hans-Werner / Maurer Zenck, Claudia / Petersen, Peter (Hg.): *Musik im Exil. Folgen des Nazismus für die internationale Musikkultur.* Fischer, Frankfurt a.M. 1993

Heumos, Peter: *Die Emigration aus der Tschechoslowakei nach West-*

europa und dem Nahen Osten 1938–1945. Oldenbourg Verlag, München / Wien 1989

Heumos, Peter: *Drehscheibe Prag. Zur deutschen Emigration in der Tschechoslowakei 1933–1939*. Oldenbourg Verlag, München / Wien 1992

Hilberg, Raul: *Täter, Opfer, Zuschauer. Vernichtung der Juden 1933 bis 1945*. Fischer, Frankfurt a. M. 1999

Jürgs, Michael: *Gern hab' ich die Frau'n geküsst. Die Richard Tauber-Biographie*. List Verlag, München 2000

Lichtfuss, Martin: *Operette im Ausverkauf – Studien zum Libretto des musikalischen Unterhaltungstheaters im Österreich der Zwischenkriegszeit*. Böhlau, Wien / Köln 1989

Loewy, Hanno / Schoenberner, Gerhard: *Unser einziger Weg ist Arbeit. Das Getto Łódź 1940–1944*. Jüdisches Museum, Löcker Verlag, Frankfurt a. M. 1990

Masters, Peter F.: *Striking Back. A Jewish Commando's War Against the Nazis*. Presidio Press, Novato (CA) 1997

Pass, Walter / Scheit, Gerhard / Svoboda, Wilhelm: *Orpheus im Exil. Die Vertreibung der österreichischen Musik von 1938–1945*. Verlag für Gesellschaftskritik, Wien 1995

Prieberg, Fred K.: *Musik im NS-Staat*. Fischer Taschenbuch Verlag, Frankfurt a.M. 1982

Pross, Steffen: *In London treffen wir uns wieder. Vier Spaziergänge durch ein vergessenes Kapitel deutscher Kulturgeschichte*. Eichborn, Frankfurt a.M. 2000

Raab-Hansen, Jutta: *NS-verfolgte Musiker in England. Spuren deutscher und österreichischer Flüchtlinge in der britischen Musikkultur*. Bockel Verlag, Hamburg 1996

Rabinovici, Doron: *Instanzen der Ohnmacht. Wien 1938–1945. Der Weg zum Judenrat*. Jüdischer Verlag, Frankfurt a.M. 2000

Schwarberg, Günther: *Dein ist mein ganzes Herz. Die Geschichte von Fritz Löhner-Beda*. Steidl Verlag, Göttingen 2000

Spiel, Hilde: *Die hellen und die finsteren Zeiten. Erinnerungen 1911 bis 1946*. List Verlag, München 1989

Umlauft, Franz Josef: *Geschichte der deutschen Stadt Aussig*. Isar-Post Druck- und Verlagsgesellschaft, Landshut 1960

de Vries, Willem: *Sonderstab Musik. Music Confiscations by the Einsatzstab Reichsleiter Rosenberg under the Nazi Occupation of Western Europe*. Amsterdam University Press, Amsterdam 1996

Weissweiler, Eva: *Ausgemerzt! Das Lexikon der Juden in der Musik und seine mörderischen Folgen*. Dittrich Verlag, Köln 1999

Wlaschek, Rudolf M.: *Juden in Böhmen*. Oldenbourg Verlag, München 1990

Zelman, Leon: *Ein Leben nach dem Überleben*. Kremayr & Scheriau, Wien 1995

Ziegler, Philip: *London at War 1939–1945*. Alfred A. Knopf, New York 1995